项目评估学

（第二版）

主　编　戚安邦

副主编　孙贤伟

科学出版社

北　京

内 容 简 介

　　本书是一本全新的项目评估学原理和方法的教材,而且这是唯一包含现代项目前评估、项目跟踪评估和项目后评估三方面的原理和方法的项目评估学教材。本书与其他同类教材在内容上的主要区别是:本书不但包括项目初始决策所需的前评估的原理和方法,而且包括现代项目跟踪评估所需的项目绩效评估、项目变更投资评估和项目变更实施评估等全新的内容。本书新增了项目宏观环境评估,并突出了项目风险评估,增加了全新的项目实施绩效评估、项目变更投资评估、项目变更实施评估。特别是本书还包含对于各种专业项目的评估原理和方法。全书注重项目评估理论与方法的融合,力求培养读者分析问题、解决问题的能力。

　　本书不仅可以作为各管理类专业本科生的教材使用,更可以作为项目管理工程硕士和工商管理硕士等专业学位的教材使用,同时也可以作为项目管理人员和相关研究人员的专业参考用书使用。

图书在版编目(CIP)数据

项目评估学/ 戚安邦主编. —2 版. —北京:科学出版社,2019.7

ISBN 978-7-03-061707-1

Ⅰ. ①项… Ⅱ. ①戚… Ⅲ. ①项目评价—高等学校—教材
Ⅳ. ①F224.5

中国版本图书馆 CIP 数据核字(2019)第 121042 号

责任编辑:刘英红　方小丽 / 责任校对:王丹妮
责任印制:吴兆东 / 封面设计:　蓝正设计

科 学 出 版 社 出版
北京东黄城根北街 16 号
邮政编码:100717
http://www.sciencep.com
天津市新科印刷有限公司印刷
科学出版社发行　各地新华书店经销
*

2012 年 7 月第　一　版　　开本:787×1092　1/16
2019 年 7 月第　二　版　　印张:23 1/2
2024 年 1 月第十二次印刷　字数:557 000
定价:68.00 元
(如有印装质量问题,我社负责调换)

前　言

本书是在《项目评估学》的基础上编写而成的，这是笔者自 1984 年师从吉林工业大学沈景明教授至今 35 年学习和研究成果的集成。我师沈景明先生在 20 世纪 70 年代末最早引进了国际上先进的项目评估与可行性研究的技术与方法，所以本书也是笔者继承恩师衣钵之作。另外，本书在现有项目评估原理和方法的基础上，增加了部分项目评估必需的全新内容。

首先，本书增加了一章"项目宏观环境评估"的内容，具体内容包括项目的政治、经济、社会、技术、生态和法律宏观环境方面的评估原理、内容和方法。这些在现有多数项目评估教科书中是没有的，但这些又是当今经济全球化和市场化的情况下，各种项目评估所必须开展评估的内容。所谓"天下大势，顺者昌，逆者亡"，如果没有项目宏观环境方面的评估就做出项目起始决策或变更决策，那显然是不应该和十分错误的。

其次，本书增加了第 3 篇共计 3 章全新的项目跟踪评估内容，这是在现有项目评估教科书中基本没有或根本没有的评估原理、内容和方法。其中，第 12 章的"项目实施绩效评估"从美国国防部和美国项目管理协会的项目挣值管理方法的成本和时间两要素绩效集成评估入手，结合笔者多年在这方面的研究成果而给出了项目范围、时间、质量、成本、资源价格五要素集成的项目实施绩效集成评估的原理、内容和方法。

更进一步的，本书第 13 章"项目变更投资方案评估"从项目业主角度出发，讨论了项目跟踪决策（变更）方案的评估原理、内容和方法。这是首次发布的内容，因为即便是世界银行等项目评估的先驱，他们也没有很好的项目跟踪评估原理和方法的研究成果，所以这一章的内容是我们具有首创性的研究成果的汇集。

最后，本书第 14 章"项目变更实施方案评估"是从项目承包商的角度出发，讨论了项目跟踪决策（变更）方案的评估原理、内容和方法。这两章的内容不但是现有项目评估教科书中没有的内容，而且是首次从项目承包商的角度去讨论对项目实施可行性的评估。因为现有项目评估教科书的内容多是为投资者服务的，所以这也是本书的创新之一。

另外，本书笔者在原有教科书的基础上全面改写了剩余的各章内容。其一是简化了某些章节中的预备知识，如第 6 章"项目财务评估"和第 7 章"项目国民经济评估"中涉及工程经济学的现金流量折现和运筹学对偶问题的影子价格计算等方面的内容；其二是全面改写某些章节的内容，如第 9 章"项目社会影响评估"和第 10 章"项目风险评估"以及第 11 章"项目综合评估"中都增加或改写了绝大部分的内容。特别是第 10 章"项目风险评估"的内容在很大程度上颠覆了原有的评估原理和方法，而更多地按照笔者出版的《项目风险管理》以及《中国人的项目风险管理》等书中的全新研究成果进行了全面的修订和改编。

本书由南开大学戚安邦教授任主编，天津理工大学的孙贤伟教授任副主编，戚安邦教授的博士生们参与了本书初稿的编写工作，其中：李艳飞参与了第 1 章和第 2 章的初稿编写工作，尤获参与了第 3 章和第 4 章的初稿编写工作，陈海龙参与了第 5 章和第 6 章的初稿编写工作，高跃参与了第 7 章和第 8 章的初稿编写工作，陈丽兰参与了第 9 章和第 10章的初稿编写工作，刘俊业参与了第 11 章和第 12 章的初稿编写工作。最终的书稿是由戚安邦教授全面修订而成。尽管本书在编写过程中进行了反复的推敲和仔细而深入的研究与撰写，但是由于笔者本身的能力和水平有限，不足在所难免，恳请读者见谅并提出宝贵意见与建议。

　　本书主要用作项目管理专业的本科生和研究生的教材，也可以供从事项目管理和项目决策的中高级管理人员使用。本书中的项目前评估、项目跟踪评估和项目后评估的原理与方法不仅可用在工程建设项目和投资项目中，而且可以用在具有一次性、独特性和不确定性的广义项目评估中。本书同时可供项目业主和项目承包商开展项目评估使用。

戚安邦

2019 年 5 月 8 日于南开大学

目　　录

第1篇　绪　　论

第2篇　项目的专项评估

第3篇 项目跟踪评估

第 4 篇　项目后评估与专业项目评估

第1篇 绪 论

　　管理的根本就是要"用正确的方法去做正确的事情"，所以管理首先要做的就是找到正确的事情。因为任何独特的事情都属于项目的范畴，所以项目评估就是找到"正确的事情"，即项目的根本方法。然后，人们才可能使用正确的方法去做好找到的正确的事情，即用项目管理的正确方法去做好项目。因此，项目评估学和项目管理学就是管理学中重要的两个领域，前者是用来找到"正确的事情——项目"用的，后者是用来做好"正确的事情——项目"用的。虽然，管理学中还有很多关于日常运营管理方面的学科或分支，但是企业中的所有事情都是先有项目，项目成功后才能投入运营，所以项目评估学和项目管理学在管理学中占有举足轻重的地位。尤其是项目评估学更为重要，中国人说的"凡事预则立，不预则废"，指的就是任何事情或项目必须有项目评估作为保障，而没有项目评估就只有失败一条路。

第1章 概 论

本 章 介 绍

　　本章先给出项目评估概述，包括概念、作用和发展历程等方面的介绍。然后，讨论了项目生命周期与项目评估的关系，包括在项目定义与决策、设计与计划、实施与控制和完工与交付各个阶段中的项目评估。进一步阐述了项目决策和项目评估的关系，即项目评估都是为开展项目决策服务的，而项目决策必须以项目评估结果为依据。此后，进一步讨论了项目评估的基本内容和原则，包括实事求是、客观公正、成本效益、比较择优等。最终阐明了项目评估的主体和客体，即项目评估的主体和客体之间的关系。

　　按照美国项目管理协会（Project Management Institute，PMI）的定义：项目就是一个组织为实现自己既定的目标，在一定的时间、人员和资源约束条件下，所开展的一种具有一定独特性和不确定性的一次性工作。所以项目可以是建造一栋大楼或建设一个油田，也可以是开展一次创新或创业活动。从孩子的教育"小"项目到三峡工程建设这样的大项目，每个项目都需要开展项目的评估工作，从而确保项目决策的科学性、可行性与有效性。因此项目评估就成了管理学中的一项十分重要的内容，并且正在形成自己的知识体系而独立成为一门项目评估学的专业学科。

1.1 项目评估概述

　　人们在对各种事情（项目）的评估过程中，有关事情（项目）的价值与成本、投入与产出等都是主要考虑的问题。实际上在开展一件事情（项目）的事前、事中和事后人们都需进行必要的评估，虽然不同项目的复杂程度、规模和风险性程度的不同而使得评估的难易程度不同，但是都必须做项目的评估。项目评估学就是对于人们在进行各种项目评估中所使用的原理、程序、方法和工具的总称。虽然这自古就有，但作为专门的学问和方法则是在20世纪60年代由世界银行等创建的，我国是在20世纪70年代末期将其引进和发展起来的。

　　虽然至今国内外对项目评估有多种不同的名称和叫法，如项目评估、项目评价、项目评审、项目审查或项目可行性研究等，但这些都是从某个角度出发或强调某个方面的项目评估的叫法而已。项目评估的核心和实质是对于项目进行科学的评估、评审、分析与评价，这方面既有专门的原理和方法以及相关国家要求与规范，也有国际惯例和规定以及企业自己的各种项目评估、评价和审查的方法与程序。

1.1.1 项目评估的概念

在讨论项目评估的概念之前,首先要讨论清楚项目的概念,即对本书中关于项目的内涵和特性进行相应的界定,需要注意的是:本书的项目与传统工程项目有很大的不同。

1. 项目的概念

按照上述美国项目管理协会对于项目的定义,现代项目所具有的特性包括如下几个方面。

(1)目的性。任何项目都是为实现组织的某些既定目标服务的,这些目标可以是经济的、技术的或者是竞争方面的,因此可以说项目都是目标导向的。

(2)独特性。任何项目都有自己不同于其他事物的特性,这是项目与其他事物的本质区别,这是一次性的项目与周而复始的日常运营的最大区别。

(3)一次性。任何项目都是有始有终的,都有自己的起始与结束时间的限制,所以项目都是一次性的。这也是项目不同于日常运营的一个方面。

(4)风险性。项目具有的独特性和一次性导致项目的风险性远远高于日常运营。正是由于项目具有较大的风险性,人们才需要开展项目评估。

(5)制约性。任何项目都有自己资源限制条件和环境限制条件,都有既定的限制因素和特定环境与条件,等等,这些对于项目的决策和实施造成了很大的限制与制约。

(6)其他特性。由于项目具有上述特性,因此项目衍生了一些其他的特性。例如,项目的不确定性和渐进性,项目后果的不可挽回性和项目组织的临时性,等等。

正是项目的这些特性,使得人们在项目决策和管理中必须对项目进行评估,这就使得项目评估学成为管理学中必不可少和最为重要的内容与环节。

2. 项目评估的概念

项目评估是一个整体的概念,它又可以进一步分成项目论证与项目评估两大部分。其中,项目论证主要是指在项目方案的设计和变更过程中所做的论述、推理和证明等方面的工作,而项目评估则主要是指在项目方案完成之后对于项目方案的评价、评审和审查等方面的工作。虽然二者是有区别的,并且二者在内容、作用和方法等方面都是不同的。但是,由于二者的根本作用都是为项目决策提供支持和依据,因此本书将二者统称为项目评估。

另外,项目评估的范围也有广义与狭义之分。广义的项目评估是指在项目管理决策过程中所开展的一系列评估工作,这包括在项目决策和计划阶段对于项目必要性、可行性、合理性和项目不确定性等方面的项目前评估,在项目实施阶段对项目实施情况和未来发展变化所进行的项目跟踪评估,在项目完成并投入运营以后对项目进行的后评估。狭义的项目评估是指对于一个项目经济可行性的评估,即分析和权衡项目经济得失方面的评估。因此,本书中的项目评估具有如下几个方面的特性。

(1)决策支持特性。所有的项目评估都是为项目决策提供支持和服务的,不管是项目前评估、项目跟踪评估,还是项目后评估。因为人们需要借助项目评估给出的分析研究结果,再加上自己的判断和选择才能做出正确的项目决策。

（2）比较分析特性。任何项目评估都必须具有比较分析的特性，因为人们只有比较项目各种备选方案在各种可能情况下的投入和产出结果，才能从比较分析中找出相对最优的项目方案，从而做出正确的项目决策。

（3）假设前提特性。在项目评估中所使用的各种数据有两种：一种是项目既定实际情况的描述数据，另一种是根据项目各种假设前提条件确定的预测数据。人们必须对项目尚未确定的各种情况做出必要的假设，并据此去做项目评估。

项目评估还有许多其他的特性，如项目评估的时效性（项目评估结果过一段时间就会失效），项目评估的主观与客观的集成性（主观假设与判断和客观情况与数据的结合等），项目评估的目的性（为项目决策和项目实施提供支持），等等。

1.1.2　项目评估的作用

项目评估的根本作用是为项目管理提供决策支持，不管是项目前评估、项目跟踪评估还是项目后评估都是如此。因此在项目决策中人们必须运用项目评估的方法，对项目及其各备选方案和各种情况的可能结果进行全面而综合的分析与评价，从而提高项目决策的科学性和项目的实施绩效。由于项目的独特性、一次性和风险性等特性，因此项目决策不能单纯凭借个人的判断和经验，而必须依据项目评估结果作为决策支持和依据。项目评估的主要作用包括如下几个方面。

1. 项目评估是项目决策的前提和保证

在项目决策过程中，人们首先必须开展项目评估，以获得必要的信息和做出未来项目环境等方面的预测。实际上，项目决策的正确如何，最主要取决于项目评估结果的有无与好坏。确切地说，项目评估所给出的项目及其备选方案的分析和比较数据，以及其他各种项目评估的结果都是项目决策的前提和保障，这不但能够为减少或避免项目决策失误或错误提供保证，而且能够大大改善项目决策及其方案优化的结果。

2. 项目评估是获得项目融资的凭证和依据

任何项目都需要投资和成本，在很多情况下项目投资会有一定比例是通过融资获得的，而项目融资多是以项目评估结果作为依据和前提条件的，特别是采用项目融资（有限追索权）的情况更是如此。因此绝大多数项目融资机构都会要求申请融资者提供项目评估文件，而且融资机构多数还会自己对项目融资做进一步的评估。所以各种国际和国内外金融机构都设立有项目评估组织部门，或者使用第三方项目评估机构为自己提供这方面的服务。

3. 项目评估是提高项目管理的手段和方法

项目评估所提供的各种信息与预测数据都是项目业主、投资人或实施者以及供应商等开展项目管理的出发点和主要依据。人们通过项目前评估去预见项目可能出现的情况与变化，通过项目跟踪评估去发现项目实施中的问题和变更，通过项目后评估去找出项目决策中的问题和指导以后的项目管理实践。特别是在项目实施中的跟踪评估可使人们及时地发现项目管理问题，进而采取措施或开展项目变更，所以说项目评估是提高项目管理的手段和方法。

4. 项目评估是政府开展宏观经济管理的手段

项目评估是政府主管部门开展宏观经济调控的重要手段之一。根据全球多数国家的规定，超过一定规模的投资或建设项目就需要由政府的主管部门进行项目国民经济评价、项目社会影响和自然环境影响评价。政府主管部门有权依据这些方面评价的结果做出批准和不批准项目的决定，以确保整个国民经济的正常运转和整个环境的不受破坏。实际上这也是全球多数国家和地区的政府部门合理调整与优化投资结构和产业结构、保护社会环境和自然环境、协调企业经济效益与国民经济效益矛盾的手段和途径。

1.1.3　项目评估学的发展历程

项目评估学作为一个专门的学科或学术领域，最早起源于西方的发达国家，然后在世界范围内得到了广泛的应用和推广。这一学科的发展历程主要经历了下面几个阶段。

1. 国际项目评估学的发展历程

国际项目评估学的发展历程基本上有下述三个阶段。

（1）初创阶段。20 世纪 30 年代，世界范围内的经济大萧条使西方发达国家的经济和政策都发生了重大变化。随着自由经济体系的崩溃，一些西方发达国家的政府开始实行新的各类经济政策。其中，在加大公共投资项目和兴办基础设施与公共工程中出现了最初的公共项目评价方法，从而产生了现代项目评估学最初的原理和方法。例如，1936 年美国为有效控制洪水和大兴水利工程颁布了《全国洪水控制法》[①]，该法规定要运用成本效益分析方法评价洪水控制和水域资源开发项目，该法认定只有当一个项目产生的效益大于其投入成本时才能被认为是可行的。此后，美国、英国、加拿大等国家政府公布了一系列的相应法规，对项目评估的原则与程序做出了规定和要求，这就是项目评估学最初的创立阶段。

（2）形成阶段。项目评估学的系统方法形成于 20 世纪 60 年代末期，此时有一些西方发展经济学家致力于研究对于发展中国家投资项目的评估理论和方法。例如，英国牛津大学的里特尔教授和米尔里斯教授于 1968 年合作出版了《发展中国家工业项目分析手册》[②]一书，首次系统地阐述了项目评估学的基本原理和方法。随后在 1975 年世界银行的经济专家恩夸尔等共同编著出版了《项目经济分析》一书，该书对于项目评估的程序和方法做了系统的论述。1980 年联合国工业发展组织与阿拉伯工业发展中心联合发布了《工业项目评价手册》，这些著作的出版标志着项目评估学的原理与方法在不断成熟、发展和广泛地应用。

（3）推广阶段。到了 20 世纪 80 年代，人类社会进入知识经济和信息时代。整个社会创造精神和物质财富的手段越来越倚重于各种以项目形式出现的 IT（information

---

① Flood Control Act，74th CONGRESS. SESS. II. CHS. 651-688. JUNE 20，1936.

② Little I，Mirrlees I.发展中国家工业项目分析手册. 经济合作和发展组织（OECD），1968.

technology，信息技术）项目、创新项目、研发项目与创业项目等，这些全新的项目同样需要项目评估，所以项目评估学的发展越来越受到各国政府和企业重视，并且项目评估学在全世界也获得了极大的应用和推广。现在不管是项目业主还是项目承包商或政府主管部门以及金融机构，在他们做出各种项目决策前都要进行项目的评估。例如，每个项目的贷款银行和政府的经济与环境保护部门等，在做出各种项目决策时都要以项目评估为依据，没有项目评估是无法进行融资和获得批准的。

2. 我国项目评估学的发展历程

我国的项目评估学从 20 世纪 50 年代末开始，大致经历了下述几个阶段。

（1）初期引进阶段。我国是从 20 世纪 50 年代末开始引进，当时主要是学习苏联各种计划经济体制下的项目评估的方法（部门经济学的方法）。到了 20 世纪 60 年代初，我国将项目评估的发展正式列入全国科学发展规划，然而在随后的"文化大革命"时期，这方面的工作遭到冲击而停滞。

（2）后期引进阶段。20 世纪 70 年代末期，在我国改革开发政策开始实施的同时，西方先进的项目评估学方法受到国家和企业的极大重视。所以自 1978 年开始我国首先是全面介绍和引进西方国家与世界银行等国际金融组织以及联合国工业发展组织的项目评估的原理和方法（当时叫作"技术经济分析"）。

（3）推广和应用阶段。其后，随着我国改革开放的投资项目增多，特别是 1980 年恢复在世界银行的地位以后，我国有大批专业人员在世界银行的经济发展学院接受了相关培训，这推动了我国与国际上投资项目评估做法的接轨。此时我国很多高等院校和科研单位建立了项目评估研究机构，有关的译文、译著、论文、论著大量出现[①]。

（4）改进和提高阶段。进入 20 世纪 80 年代，国家管理部门对投资项目评估的研究和推广给予了高度重视，原国家计委和建设部 1982 年还在北京召开了"建设和改造项目经济评价讨论会"，1986 年国务院发展研究中心和中国人民建设银行又在昆明召开了"可行性研究与经济评价讨论会"，1986 年由前国家计委和建设部成立编制组并在 1987 年推出了《建设项目经济评价方法与参数》[②]，这为国内建设项目评估提供了必要的方法和依据。

（5）现代化的阶段。随着我国经济与社会从工业社会向知识社会的转型，现在我国的项目评估学发展进入了一个全新的阶段。最重要的表现是现在我国开展的"大众创业，万众创新"涌现出大量的创新创业项目的评估，这需要全新的项目评估原理和方法。同时，我国的"一带一路"建设带来了大量跨国项目，这种跨国界、跨组织、跨文化、跨语言和跨治理结构等"跨越性"项目的评估也需要全新的项目评估原理和方法。

1.2　项目生命周期与项目评估

任何项目都有自己的起点和终点，其中的项目阶段构成了一个完整的项目过程，即一

---

① 沈景明. 技术经济学. 北京：机械工业出版社，1984.
② 建设项目经济评价方法编制组. 建设项目经济评价方法与参数. 北京：计划出版社，1993.

个项目的生命周期。不同项目的生命周期虽然会有所不同，但是多数项目的生命周期都包括项目定义与决策阶段、计划与设计阶段、实施与控制阶段和完工与交付阶段四个阶段[①]。在项目生命周期中，人们需要对项目不断地进行相应的评估。其中，项目定义与决策阶段的评估属于项目前评估的范畴，项目组织与实施阶段的评估属于项目跟踪评估的范畴，项目完工与交付阶段及其之后开展的项目评估就属于项目后评估的范畴了。

1.2.1   项目生命周期的方法

项目作为一种创造独特产品与服务的一次性活动是有始有终的，项目从始到终的整个过程构成了一个项目的生命周期[②]。这是指一个项目从提出，经过项目立项和决策，然后到项目计划与设计，进一步到开展项目开发与实施，最终到项目完工和交付使用的完整过程。虽然每个项目的内容和所属专业领域不同会使得不同项目的生命周期有很大的不同，但每个项目都必须经历一个由诞生到结束的生命周期。图 1-1 所示为工程建设项目生命周期示意图，它给出了该类项目的各阶段任务、里程碑、产出物等的描述。

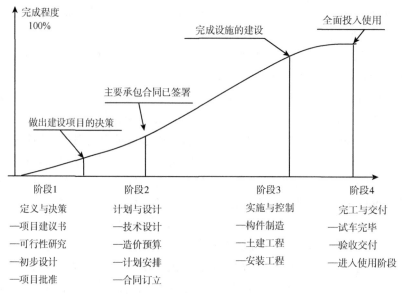

图 1-1   工程建设项目生命周期示意图

1.2.2   项目生命周期的内容

不同项目有不同的生命周期，这包括不同的项目阶段划分，不同的项目阶段产出物和项目里程碑，等等。但是任何一个项目的生命周期中都应该包括以下几个方面的基本内容。

---

① 戚安邦. 项目管理学. 北京：科学出版社，2013.

② Project Management Institute. A Guide to the Project Management Body of Knowledge. PMI，2016.

1. 项目的时限

这是指由一个项目的起点和终点以及一个项目各个阶段的起点与终点所构成的对于项目的时间限制,任何一个项目的生命周期都必须严格给出项目的时间限制。

2. 项目的阶段

这是指一个项目的阶段划分,一般的项目都需要划分阶段,每个阶段都有自己的产出物和里程碑,各个阶段之间一般必须排定先后,不能跨阶段开展项目活动。

3. 项目的任务

这是指项目各个阶段的主要任务以及项目各阶段主要任务中的主要活动。它们是项目阶段的具体内容,所以在项目生命周期中必须给予具体的说明和描述。

4. 项目的成果

这是指项目各阶段的成果以及描述项目各阶段成果的项目阶段里程碑和项目阶段产出物等方面的内容。一个项目的生命周期及其阶段划分必须用这类项目成果予以标示。

5. 项目生命周期描述

这是指使用不同的方法对于不同的项目生命周期给出相应的描述。这方面的描述方法可以采用文字描述的方法,也可以使用图表和核检表等描述方法。

1.2.3 项目生命周期的特性

项目生命周期有其基本特性,它们对于项目评估的直接影响主要有如下几方面。

1. 项目不确定性在生命周期中不断降低的特性

这是指随着项目生命周期的展开,人们所获项目信息会逐步增多,从而使得项目信息缺口不断缩小,因此项目的不确定会不断下降的特性。因为人们对项目的认识会随着项目和项目评估的展开而不断深入、全面和更接近实际,人们会获得更多的项目和项目环境的实际数据与信息,从而使得项目的不确定性不断降低。实际上在项目评估的内容中,最为重要的是项目不确定和风险性的评估,其根本目的就是要不断降低项目的不确定性。另外随着项目的展开,人们在项目跟踪评估中会有部分项目已实施情况的实际数据和更为接近实际的预测资料,这样做出的跟踪评估结果更接近项目实际情况,所以它的不确定性相对较低。

2. 项目资源投入在生命周期中不断累积的特性

任何项目资源的投入都是随着项目生命周期的展开而不断积累,这使得绝大多数项目的资源消耗会呈现一种"S"曲线的特性。因为多数项目在生命周期的前期阶段资源投入相对较少，在项目生命周期的中间阶段资源投入较多，而在项目生命周期后期阶段的资源投入又会相对较少。因为在项目初期阶段主要进行项目的评估以及项目设计与计划工作而投入资源较少就形成了"S"曲线前段的平缓部分，在项目实施与控制中需要投入较多资源就形成了"S"曲线中段的急剧增加部分，而在项目完工交付阶段的资源投入急剧下降而形成了"S"曲线后面的平缓曲线。由此可见，项目资源具有在项目生命周期中不断积累的特性。

3. 项目生命周期中的分阶段特征

根据项目生命周期理论，任何一个项目的过程都可划分成不同阶段，项目阶段不但是相互接续的，而且多数项目阶段是不能并行的。因为项目后续阶段要以项目前一阶段的产出物和工作作为基础与前提，而且跨越不同阶段的项目工作会将上一阶段中的问题导入后续阶段，从而造成项目失误或问题的扩散以及项目管理的混乱和项目损失的扩大。同时，项目的各个阶段的前后接续是一次性的而不是周而复始不断重复的，因为项目本身是一次性的。这些就是项目的过程性和阶段性的特征。

1.2.4　项目生命周期中的评估工作

不同专业领域的项目会有不同的项目生命周期，但典型的项目生命周期是划分成四个阶段的，这可以由图 1-2 给出。在这一典型项目生命周期中，项目定义与决策阶段涉及的是项目前评估的工作，在项目计划与设计阶段和实施与控制阶段涉及的是项目跟踪评估的工作，而在项目完工与交付阶段以及后续的项目运行阶段涉及的则是项目后评估的工作。因此项目评估与项目生命周期是紧密相关的，最主要的相关关系表现为项目评估就是项目生命周期中各阶段工作的一个重要组成部分。

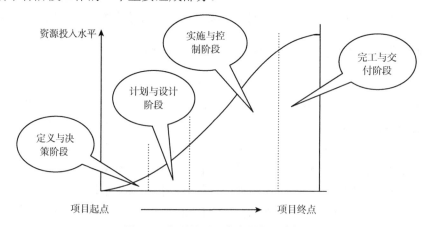

图 1-2　典型的项目生命周期示意图

为更进一步说明项目评估与项目生命周期的关系，以及项目评估在项目生命周期各阶段的作用，图 1-3 给出项目全过程中的项目评估工作的示意。从图中可以看出，典型项目生命周期各阶段中都有某种项目评估工作，只是各阶段的项目评估工作内容、对象和详细程度不同而已。图中（1）和（2）两个阶段中开展的是项目前评估，（3）和（4）两个阶段中开展的是项目跟踪评估，而（5）和（6）两个阶段中开展的是项目后评估。

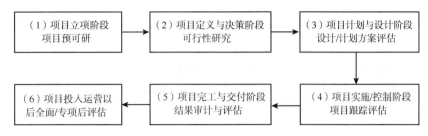

图1-3 项目生命周期和项目评估的关系示意图

项目前评估、项目跟踪评估和项目后评估各自的作用、内容、对象和方法都有所不同。项目前评估是为项目起始决策服务的，是对项目和项目所涉及的各种因素与条件所做的预先分析和评价，它所评估的对象是项目、项目环境以及项目的各种备选方案。项目跟踪评估是在项目计划与设计阶段和项目实施与控制阶段对项目方案与具体实施情况所做的评估，而项目后评估则是在项目完工与交付阶段和项目投入运营一段时间以后对已经完成的项目实际情况所做的评估，它的评估对象包括项目前期决策和项目实际实施结果。

需要特别说明的是，这三种不同的项目评估与具体项目阶段并不都是一一对应的，如国内以前用的相关术语"预可研"和"工可研"就都是指项目前评估的不同阶段。其中，最大的不同在于"工可研"（现在的项目详细可行性研究）包括对于项目计划和设计方案的评估，这种"工可研"还可进一步分成对于初步设计、技术设计和详细设计等不同项目计划与设计子阶段的项目评估工作。当然，它们的基本作用都是为项目决策提供支持和服务，只有项目后评估是为项目运营期的可持续发展和改善组织未来项目决策服务的。

1.2.5 项目评估对项目生命周期的影响

项目评估对于项目决策的支持作用会使项目评估对项目的生命周期造成实质性的影响，这方面的影响包括如下几个方面。

1. 项目生命周期的中断

这方面最重要的影响是会出现项目生命周期的中断，即当人们通过项目评估发现项目的定义和决策存在错误或与项目环境的发展变化严重不符的情况时，人们就会采用中断项目或续阶段的做法，去避免造成更大的实质性损失。此时，人们需要重新审视项目的必要性和可行性，然后最终做出全新的项目决定。

2. 项目生命周期的改变

当人们通过项目评估发现项目决策存在错误或项目环境发生了重大发展的情况时，人们会全面修改项目生命周期的阶段和内容，以消除项目决策的错误和应对项目环境变化带来的影响。此时，人们需要重新修改项目和项目阶段的目标、内容和任务，重新做出全新的项目生命周期或项目阶段的决策。

3. 项目生命周期的终止

项目评估对于项目生命周期造成的最大影响是全面终止项目生命周期，这是当人们通过项目评估发现项目的决策存在颠覆性错误，或项目各种环境和条件发生了重大的实质性改变时所做的决策。这种"亡羊补牢"的办法是避免决策错误和环境变化带来更大损失的唯一出路，此时终止项目生命周期是因为项目已经无法继续且人们已经"无能为力"了。

1.3　项目决策和项目评估

项目决策是项目管理中的首要任务，它涉及项目目标决定和项目最优方案选择等一系列工作，因此项目决策与项目评估有直接的关系。其中，项目评估为项目决策提供信息支持，而项目决策为项目评估提供评估对象和内容。

1.3.1　决策与项目决策的概念

在管理学中，狭义的决策是指"抉择方策"，即在几种备选行动方案中做出抉择；广义的决策包括狭义的决策和各种决策支持活动，这包括发现问题、收集信息、确定目标、拟订方案、评选方案等为决策提供支持工作的总和。因此"决策"的核心概念有三点：其一是人们在认识客观世界的基础上为能动地改造世界所开展的一种思维和选择活动；其二包括确定行动目标、分析相关环境条件与约束、选择满意行动方案等管理活动；其三是一个由一系列阶段组成的过程，主要阶段是：数据收集与加工阶段，备选方案设计阶段和评价与抉择满意方案阶段。所以项目决策是项目相关利益主体为实现既定目标，运用相关的原理与方法对项目进行评估和方案抉择的工作。

1.3.2　项目决策的内容和程序

项目决策涉及很多方面的工作，其中最主要的工作包括以下几方面。

1. 调查研究与收集信息

在项目决策中人们首先必须进行调查研究和收集相关的数据与资料，这是项目决策的基础性工作。因为不管项目目标确定还是最终的项目方案优化抉择，这些项目决策都需要以项目信息和资料为依据。项目决策中所需的信息既有与项目相关的历史信息，也有对未来的预测信息；既有确定性信息，也有不确定性信息；既有与项目相关的技术信息，也有相应的经济信息；等等。所有可以为项目决策提供支持的信息都属于被收集的范畴。

2. 确定项目目标

项目决策的第二项任务是确定项目要达到的目标，从而根据项目目标去进一步开展项目决策后续工作。相反，如果项目目标不明确或不切合实际，最终的项目决策也不可能正确和有效。项目目标的确定通常都是从组织战略规划出发的,因为实际上任何一个项目都是为实现组织的战略规划服务的。因此项目目标需要从组织的战略目标中获取和提炼,然后要按照目标明确、具体、系统、便于度量和切实可行等原则确定出项目目标或项目目标体系。

3. 确定项目产出物

在确定了项目目标以后需要进一步确定为实现项目目标所必须生成的项目产出物,这包括实物性的项目产出物和非实物性的项目产出物(如各种服务等)。确定项目产出物的根本原则有两条:所有能够为实现项目目标服务的项目产出物一项也不能少,而任何不是为实现项目目标服务的项目产出物一项也不能要。在项目决策中必须严格把握这两条原则,使最终确定的项目产出物能够很好地为实现项目目标服务,否则无法保障项目目标的实现。

4. 拟订项目备选方案

有了项目目标和项目产出物,人们就可根据它们去拟订各种可行的项目备选方案了。项目备选方案的拟订需要从项目产出物的特性和要求出发,因为任何项目备选方案都是为生成项目产出物服务的,只有能够生成项目产出物的项目备选方案才是可行的方案或者叫可替代的项目备选方案。同时在项目备选方案的拟订过程中还必须考虑各个项目备选方案的可替代性和可比性,以确保后续的项目备选方案评估和优选的有效性。

5. 评估各备选方案的可行性

在拟订项目备选方案后,就可对项目各备选方案的收益和成本、资源和条件、风险和问题等各方面进行分析、预测和评估了。这种分析、预测和评估包括对于项目现有条件和未来发展变化的预测与风险的分析,对于项目技术、经济、运行条件和环境影响等多方面的可行性评估,以及对于项目不确定性的分析预测和各种敏感性风险因素的分析等。这一工作的最终结果是给出各个项目备选方案的可行性分析与评价的结论,以及相关信息资料以供“抉择方策”时　　使用。

6. 选择项目备选方案做出项目决策

在有了各项目备选方案的可行性分析以后,首先人们可以筛选掉那些不可行的项目备选方案,然后就可以通过对可行项目备选的选优,最终做出项目决策了。这一项目决策工作就是前面提到的狭义的项目决策工作,在这种项目备选方案优化选择的过程中必须坚持一个基本原则,即满意原则。这是指在项目备选方案的选择中不必坚持去选择绝对最优的项目备选方案,只要找到能够使项目各相关利益主体都满意的项目备选方案即可。

1.3.3　项目决策中的项目评估工作

项目决策中的项目评估工作以及二者之间的关系如图 1-4 所示。

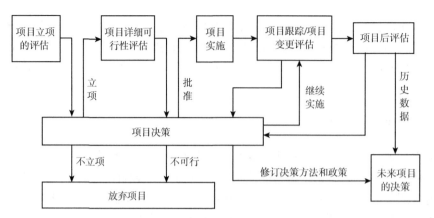

图1-4 项目决策中的评估

由图 1-4 可以看出二者之间有两种特殊的关系：其一，项目评估是项目决策的前提条件和依据。人们在项目决策前先要对项目备选方案进行必要的评估，人们在项目决策中必须以项目评估的结果为依据，这样项目决策才能够选出正确的决策。其二，项目评估的对象是项目决策的备选方案，项目评估就是对于项目或项目备选方案的合理性、可行性和必要性做出的分析、评估或评价。另外，由图 1-4 可知有三种不同的项目评估：其一是项目前评估，这是项目起始决策的前提和依据；其二是项目跟踪评估，这是项目跟踪决策和变更决策的前提与保障；其三是项目后评估，这包括对于项目起始决策和项目跟踪决策的检验以及找出项目运营期的可持续发展机会的评估。

1.4 项目评估的原则

科学的项目评估对于提高项目管理水平、实行项目科学决策和提高项目经济效果等方面起着相当关键的作用。为此在做项目评估时必须明确和掌握以下原则。

1.4.1 实事求是与客观公正的原则

实事求是是指从实际情况出发找出事物的客观规律，客观公正是指不掺杂主观意志。

1. 实事求是的原则

在项目评估中人们必须坚持实事求是的原则，即人们不能为了争取项目能够获得批准而人为地缩小项目所需投资和风险，同时又夸大项目所能带来的社会效益和经济效益，更不能为了应付国家有关规定程序或屈从某方面的压力，在项目评估中弄虚作假，甚至将项目可行性研究搞成了"可批性研究"，等等。在项目评估中坚持实事求是的原则，意味着人们要坚持科学的态度、采用科学的方法和遵循科学规范的程序去开展项目评估。其中，坚持科学的态度就需要项目评估工作人员深入实际，对项目本身及其各种条件做周密的调查和研究，全面而系统地掌握可靠而相对完备的项目信息与资料，并进行认真而深入的分析与研究。采用科学的方法是指在项目评估中必须使用国内外实践证明了的项目评估方法。例如，项目净现值（net present value，NPV）的经济评估方法、敏感性分析的项目风险评估方法和技术预测的方法等。遵循科学与规范的程序是指项目评估要按照一定的程序进行，以便从过程控制上保障项目评估的实事求是原则。

2. 客观公正的原则

客观是指项目评估中必须尊重客观实际，不能具有主观随意性和自以为是。公正是指项目评估者的立场必须中肯，在分析和评价中不能够受权威或利益的干扰。项目评估既不能屈从权威的任何压力而违心地进行，也不能出于私心和小团体的利益而放弃公正立场。因为只有这样，项目评估才能为项目决策者提供客观、科学而公正的支持信息和依据。在项目评估中坚持客观公正的原则就是要坚守项目评估的职业道德，即项目评估者不管是为谁进行项目评估工作，都必须坚持尊重事实的原则。特别是不能只采信项目相关利益主体提供的数据和资料，或自己凭想当然地去进行评估。坚持出于公心是指项目评估者在评估中不能有任何徇私的行为，必须从国家和组织利益的高度出发去开展项目评估工作。

1.4.2 成本效益与比较择优的原则

项目评估更必须坚持成本效益原则和比较择优原则。

1. 成本效益原则

这是指任何项目评估都必须从成本和效益两方面进行评估，不能单纯强调或突出项目效益而忽视项目成本，或是强调或突出项目好处而弱化项目坏处。实际上任何项目的效益都是以成本为前提和代价的，只有认真比较和衡量这两个方面才能够客观地评估一个项目。项目评估的成本效益原则也是人类经济生活中最根本的原则，即任何人类的社会活动最终都是要以较小的成本去获得更大的效益。项目评估就是为此服务的，所以必须坚持项目效益大于项目成本的原则。同时，人们在项目评估中需要考虑项目成本和效益时必须涉及微观与宏观两个方面。其中微观方面是指项目业主或项目承包商等组织成本和效益，而宏观方面是指考虑到整个国民经济的成本和效益。按照我国的要求，如果这两方面的成本效益评估结果相互矛盾，项目最终的取舍决策应该以宏观的国民经济成本和效益评估为准。

2. 比较择优原则

这是项目评估的另一个重要原则，即任何项目的评估必须包括对于多个项目备选方案比较分析和优化选择的工作。项目评估是一种项目决策支持工作，所以它必须为项目决策提供比较后得出的优秀"方策"以供人们"抉择"。因此项目评估不能只是对于单个项目备选方案的评估，还必须对于多个项目备选方案进行评估和优化以及最后的择优。项目备选方案的择优包括两方面内容：其一是项目备选方案本身的优化，其二是项目各备选方案的比较和优选。前者是在项目评估中随着项目信息的增多和对项目认识的深入而对各项目备选方案的不断修订与改进和优化的结果，后者是对最终的项目备选方案所做的评估分析和比较排序。由此将给项目决策者提供有关各个"备选方策"优劣的信息，以供他们进行决策和选择。

1.4.3　系统性和规范化的原则

项目评估中的另外两个原则是系统性原则和规范化原则。

1. 系统性原则

这是指在项目评估中要全面系统地评估项目的各方面并综合评估项目各方面的情况，最终给出一个项目的整体评价。因为任何项目都是一个系统，任何项目的环境和外部条件都构成了与系统有广泛联系的更大系统。因此要评估项目可行与否就必须坚持系统性的原则，就必须全面评估项目的各方面及其相关的各种环境条件。所以在项目的评估中必须涉及项目自身系统，以及项目微观环境系统和项目宏观环境系统的评估。在项目评估中坚持系统性原则还意味着人们在评估中必须有系统的观念，即要有系统地考虑问题、系统地收集信息、系统地确定评估指标体系和系统地综合评估项目各个方面的思想。

2. 规范化原则

这是指在项目评估中所使用的方法和程序应该符合统一的规范，这包括国家或地方政府以及组织自身的各种规范化的评估办法、规范化的评估参数和指标以及规范化的项目评估程序与步骤等。人们需要参照相关权威部门发布的具体方法和规定去进行评估，至少项目评估的方法必须符合国家和地方政府的相应法律与规定，如国家现行的财税法律所规定的方法。对于项目评估参数和指标的规范化而言，人们需要采用国家或地方甚至行业规范的统一评估指标进行评估，这包括项目评估中要使用国家或地方主管部门发布或规定的技术经济等方面的评估参数。例如，国家物价部门发布的物价上涨指数和劳动力价格指数等就是这种规范的参数。同时，项目评估的规范程序，因为只有这样才能保障项目评估结果的有效性。

1.4.4　静态评估和动态评估相结合的原则

项目的评估还必须遵守静态评估和动态评估相结合的原则。

1. 静态评估和动态评估的区别

这包括两个方面：其一是指在评估中必须考虑项目投资的货币时间价值，其二是指评估工作本身必须坚持动态滚动的原则。特别是当一个项目生命周期和运营周期的时间跨度比较大的时候，项目评估就必须按照动态滚动的原则评估进行，而不能只进行静态的项目评估。这种动态评估的主要内容有：评估中需要全面考虑货币的时间价值，即需要采用对于项目全生命周期各个时点的现金流量进行贴现，然后计算有关项目动态评估指标。

2. 静态评估和动态评估的结合

在项目评估中坚持动态滚动评估的原则要求人们随着不断获得更多的项目信息和对项目有了更为深刻的认识，人们对于项目的评估也要逐步深化，这样也形成了一种动态滚动的过程。同时，项目评估中还要联系项目的具体实际，结合不同行业、不同部门和不同专业领域的项目进行评估。另外，由于项目也会因项目的时间变迁和外界环境与其他条件的变化而不同，所以任何项目的评估都必须从实际出发和发展变化出发，重视被评估项目的特点和发展变化情况，做好动态的项目评估。

1.5　项目评估的内容

项目评估的内容包括两个不同的分类：其一是涉及项目前评估、项目跟踪评估和项目后评估的分类，其二是项目评估中的单项评估和综合评估的分类。前者是按照项目的时间进度划分的，后者是按照项目涉及的主要条件和制约因素划分的。有关项目评估的主要内容如下。

1.5.1　项目专项评估的内容

不管是项目前评估、项目跟踪评估还是项目后评估，一般都必须包括两个方面的内容：其一是项目单项评估，其二是项目综合评估。项目专项评估的主要内容包括下列几个方面。

1. 项目经济评估

这是指对于项目各种经济特性的分析和评价，可以分为项目财务评价和项目国民经济评价两个方面。其中，项目财务评价是以国家现行财税制度为依据，从企业的经济效益出发所做的项目经济特性的评价。这一评价中所使用的主要指标包括项目投资利润率、项目投资回收期、项目财务净现值和项目内部收益率等。这一评价的根本目的是分析和确认项目在企业财务与成本效益方面的必要性及可行性。项目国民经济评估是从国家（行业）和整个社会的角度出发，对项目的国民经济方面的成本效益进行的全面评价，即从国民经济全局出发所做的项目评估。其根本作用在于防止出现对企业有利而有损国家和全社会利益的项目，确保全社会投入的项目能够达到对国家和企业的经济效益都好的目标。在这一评价中所用的数据都是以影子价格为基础的各种数据，这种评估的主要指标是项目投资利税率、项目经济投资回收期、项目经济净现值和项目经济内部收益率等。

2. 项目技术评估

这方面评估的主要内容也有三个方面：其一是对于项目生产运营技术的可行性和先进性的评估，其二是对于项目实施技术的可行性和先进性的评估，其三是对于项目实施和运行中所使用技术装备的可行性评估。其中，对于项目运营工艺技术的评估是首要的，因为这是实现项目经济效益的技术保障条件和前提。项目技术评估还包括对项目实施技术的科学性、可行性和先进性的评估，以及对于项目实施中所采用的施工组织技术的评估，等等。这种评估在很大程度上还需要考虑项目实施技术的经济特性，所以人们要对项目技术进行必要的价值分析（价值工程），识别并给出能够在确保项目质量的前提下以较低投资或成本去实现项目目标的实施技术及其所需的技术装备及其选用方案。因为任何一个项目的工艺技术和实施技术的构成都应该包括技术诀窍、技术装备、技术人员和技术支持体系四个要素，所以在项目技术评估中应该从系统角度评价项目技术装备的可行性和科学先进性。

3. 项目所处环境的评估

这是指对项目实施和投入运营后所面临的各种微观与宏观运行环境和支持条件方面的评估，因为这些环境与条件直接关系到项目的经济效益和技术运行。这方面评估的内容包括项目微观环境评估中的项目实施与运行所需各种资源供应条件的评估（包括人力资源、物力资源和财力资源的供应条件等），项目实施和运行产出所面对的市场等环境与条件的评估（包括项目市场需求情况、市场竞争情况和市场运行情况等），这是针对项目的直接"输入和输出"微观环境与条件的评估。项目实施与运行的宏观条件评估包括项目运行的国民经济环境条件、国家和地方的政治法律环境条件、社会文化环境条件、自然环境条件等方面的评估，这是对于项目实施和运行所涉及的各种支持环境与条件的评估。

4. 项目对环境影响评估

这是指对项目实施和运营给项目所处自然环境与社会环境所造成的各种影响的全面评估。其中，项目对于自然环境的影响包括项目实施与运营造成的生态、大气、水、海洋、土地、森林、草原等方面的影响。这方面评估必须包括两个方面的内容：其一是项目对自然环境造成的负面影响的评估，其二是对于项目有关消除污染和自然环境影响的各种措施的评估。项目对于社会环境的影响包括项目对于社会文化、文化遗迹、少数民族文化风俗、风景名胜区等方面的影响，这方面评估主要是分析和评价由于项目的实施与运营造成的社会文化风气、文化遗产、少数民族文化、社会道德等方面的评估。这方面的评估也包括两个方面：其一是项目对于危害社会环境的影响极其应对措施的评估；其二是项目对社会环境带来好处及其运营措施的评估，如项目实施与运行带来的当地居民就业增加的影响和措施等。

5. 项目风险评估

这是对于项目的不确定性及其可能带来的损失或收益的一种评估，由于任何项目的实施和运营过程都存在有不确定性的情况，这些不确定性可能带来收益或损失。为了达到"趋利避害"的目的，人们就必须对项目的风险进行全面的评估。由于项目前评估和项目跟踪评估中都使用带有各种假设前提条件的预测数据，而随着项目实施和运行的展开实际情况会与这些预测和估算背离与差异，这样就会对项目造成损失或收益的可能性，从而形成项目风险。任何项目都会有风险，这种评估就是要识别和度量项目风险并给出应对这些项目风险的措施。这种评估从项目各种不确定分析入手，借助分析项目风险带来的各种影响，来分析和预测人们是否能够与愿意承担这些项目风险。项目风险评估通常需要使用像盈亏平衡分析、敏感性分析、概率分析和仿真模拟等多种方法。

6. 项目综合评估

这是对上述项目各专项评估内容所做的汇总性和综合性的全面评价，是采用相应的方法对项目专项评估结果所进行的综合与集成。在项目综合评估中使用最多的是连加性方法、连乘性方法、专家打分法和层次分析法等一系列的方法。需要注意的是，在连乘性方法中存在某些评估指标有对项目可行性的"一票否决权"，而连加性方法没有这种"一票否决权"。层次分析法则是将项目评估的定性指标和定量指标集中在同一模型中进行项目综合评估的方法，它是用两两对照的比较矩阵法去获得项目指标的量化及其权重的量化，最终获得项目综合评估结果。不管采用哪种方法去综合项目专项评估的内容和结果，最终得出的项目综合评估结论或结果都是项目决策者所需的项目决策支持信息和决策依据。

1.5.2　项目前评估的主要内容

项目前期所开展的评估被称为项目前评估，也有人称其为项目可行性研究，因为其根本任务是对项目的必要性和可行性进行分析研究与评估，所以项目前评估的目标有两个：第一是分析并确认项目的必要性和可行性，第二是给出各种可替代项目备选方案的优先序列以供项目决策者选择。项目前评估中对于项目本身的评估主要内容包括如下几个方面。

1. 组织发展战略评估

项目是为组织生存和发展战略服务的，是为实现组织的发展或竞争战略的具体手段，因此项目前评估首先要从整体上评估组织的生存发展战略的科学性和可行性，从而明确组织的发展战略与组织的使命、愿景、宗旨和目标，以便为后续的项目前评估奠定基础。

2. 项目的机遇研究

项目是为实现组织既定战略或目标服务的，但项目还必须适应其所处的适当环境条件和机遇。因此项目前评估第二项内容就是研究项目的机遇情况，即现实的各种社会、经济、市场、技术等条件是否具备和是否有利于开展项目，这是项目前评估的一项重要内容。

3. 项目的必要性研究

在研究了组织战略和项目机遇后，人们还必须对项目必要性进行研究和评估。这主要是分析项目是否能为实现既定的战略目标服务，要实现战略目标是否一定要开展该项目，是否可以有替代的解决方案，等等。这方面研究是决定项目是否进一步展开的前提条件。

4. 项目的可行性研究

这包括对于项目各专项和综合可行性的研究。其中，项目专项可行性研究包括上述的经济、技术、运行条件、自然和社会影响等方面的评估，项目综合可行性研究是对于综合项目各个专项可行性的集成结果和综合结论的研究。

5. 项目备选方案的比较研究

在确认项目可行以后，人们还需要对项目各备选方案进行比较研究，从而找出相对最优的项目方案和可行的各种项目方案以供项目决策者选择。一个项目不但应有"干"和"不干"两个基本的备选方案的比较研究，还应有至少两种具体行动方案的比较研究。

1.5.3 项目跟踪评估的主要内容

在项目实施阶段，人们为了不断地认识项目及其环境与条件的发展变化，还必须开展项目的跟踪评估。因为随着项目实施的不断推进，项目本身及其环境条件都会发展和变化，这些发展和变化可能会使项目的必要性与可行性发生改变，所以必须对项目及其环境条件做不断的跟踪评估。这种评估的内容有一部分与项目前评估是相同的（只是评估的时点不同而已），二者不同的内容主要包括如下几个方面。

1. 项目实施绩效的评估

这是对照项目方案和项目计划对项目整体实施情况与结果的评估，这种评估首先要度量项目实际的实施情况，然后要对照项目的实施方案和计划进度找出存在的绩效偏差与问题。其主要目的是分析和确认项目的实际实施绩效情况，并以此作为项目跟踪评估的基础数据和出发点。因为如果项目的实施绩效情况偏离了项目方案和计划，那么人们就应该根据项目的全新情况去决定是否还继续进行整个项目以及如何开展项目变更。

2. 项目环境与条件发展变化的评估

这是使用项目实施过程中所获得实际信息和最新数据，对照项目决策阶段给定的各种约束条件、假设前提条件和环境情况，分析和评估项目各种环境条件的发展变化情况的工作。如果由此发现项目的环境和条件已经发生了变化，就需要对项目开展变更或不得不放弃整个项目。例如，如果组织战略发生变化或者项目市场情况发生改变，所有这些项目环境与条件的变化都会造成项目变更或项目实施的放弃。

3. 项目未来情况发展变化的预测

这是根据已经发展变化了的项目实施情况和项目环境与条件，对项目的未来结果和情况的分析与预测，以及项目未来环境发展变化后项目可能的最终结果的预测数据，而这些数据是项目跟踪评估后续工作中有关项目必要性和项目可行性变动评估的基础数据。通常这种项目未来情况发展变化的评估是基于项目跟踪评估时点的数据，以及由这一时点人们向后做出的预测分析和给出的结果数据，这要比项目前评估时所使用的数据更加真实和客观。

4. 项目必要性和可行性的跟踪评估

在完成上述跟踪评估之后，人们就可以进行新情况下的项目必要性和可行性的跟踪评估了。其关键是根据项目实施绩效情况、项目环境与条件的变化情况以及项目未来发展变化的预测情况，对于此时项目的必要性和可行性做再次的评估，从而确认在新情况下项目是否仍然有必要进行下去。在某些情况下的项目会变得不必要或不可行了，此时人们就应该及时放弃项目或对项目做出变更，这就是人们开展项目跟踪评估的关键和意义所在。

5. 项目变更方案的评估

如果上述评估的结果认为项目需要进行变更以应对已经发展变化的项目环境和条件，项目跟踪评估就需要对项目变更方案的可行性进行评估。这种评估需要从投资、实施和运行等各方面对项目变更方案的可行性进行评估，而且需要根据项目环境与条件的新情况做全新的可行性分析研究，从而确认项目变更方案在新情况下的可行性如何。这同样是项目跟踪评估的关键内容和意义所在，因为这是为做出项目变更决策提供支持和依据的评估。

1.5.4　项目后评估的主要内容

项目后评估是在项目实施完毕并运营一段时间后所做的评估，其主要内容包括对项目本身实际情况的评估和对项目前评估与项目前期决策正确性的评估。这种评估的根本目的是总结经验教训，及时做出项目可持续发展方面的变更和修订未来项目决策的指标与标准。项目后评估的时点可以是在项目完工与交付之时，也可以是在项目投入运营一段时间之后（多为 3 年之后），以及项目最终拆除的时候。这种评估所使用的数据是项目实施的实际数据、项目已运行时间的实际数据以及从项目后评估时点开始到项目拆除时的各种数据。这种项目评估的主要内容包括如下几个方面。

1. 项目实施情况的后评估

这是使用项目实施的实际情况数据，对照项目前评估的结果和项目计划数据所做的一种"前后比较"型的评估。其根本目的是找出项目实施的实际情况与项目前评估中项目计划中的数据指标的差异，以便人们据此去总结经验和教训，从而起到"吃一堑，长一智"的作用。这种后评估是确认项目实施的成败和总结评价项目实施经验的工作，是检查和验证在项目前期所做预测、判断和决策的正确性的评估，也是为未来新项目评估和决策提供经验的工作。

2. 项目可持续发展情况的后评估

这是在项目实施并投入运营一段时间以后（一般为 3 年左右），人们根据项目实施和运营的实际数据，以及项目后续整个运营周期的预测数据，对于项目可持续发展所做的全面评估。这种评估有两个作用：其一是通过评估发现问题，其二是为做出项目可持续性发展改进提供决策支持。所以这种评估有两方面的内容：其一是对于项目运营问题的评估，其二是对于项目可持续性发展方案的评估（如追加投资和增加设备可提高多少项目运营的效益）。

3. 项目拆除时的后评估

这是在项目运营终结并最终拆除后，人们根据项目实施和运营的实际情况数据，对于项目实际和运营全生命周期情况的全面评估。这种评估既有"惩前"的作用，即针对最终发现的项目实施和运营中的问题追究责任的作用；也有"毖后"的作用，即为修订组织的项目决策大政方针和具体方法的作用。所以它有两个方面的内容：其一是对于项目实施和运营全生命周期所存在问题的评估，其二是对于项目与组织项目决策的大政方针、方式方法、程序和规则等方面的改进方案的评估（以便实现"吃一堑，长一智"的作用）。

1.6　项目评估的主体和客体

项目评估的主体与客体也是项目评估十分重要的两个基本要素，因为项目评估的主体不同项目评估的角度就不同，项目评估的内容也会有所不同，而如果项目评估的客体不同，则项目评估的内容和方法也会有很大的不同。

1.6.1　项目评估的主体

项目评估是为项目决策者提供决策支持的，这些决策者的信息需求决定了项目评估的内容和所使用的评估方法，因此这些项目决策者就是项目评估的主体。不同的项目评估主体会有不同的项目评估目的和要求，所以项目评估会有不同的内容与方法。项目评估主体主要有项目业主或发起人、项目实施者或承包商、贷款银行或融资者和政府或主管部门等，他们分别从各自的角度对项目做出不同的评估。这些项目评估主体的项目评估内容及其项目评估方法分述如下。

1. 项目业主或发起人

他们进行项目评估的主要目的，是要保证项目能够为实现自己组织的战略目标服务。所以这种评估主要是从他们自身的利益出发，根据国家现行财税制度、价格情况和经济状况，对项目财务、技术、运行和风险等方面开展的项目评估。其中，他们最关心的是项目能否盈利和项目风险是否在可接受范围之内。同时，他们的项目评估所使用的指标和方法都偏重于确保自己的利益不受损失和努力实现项目利益的最大化。通常，他们的项目评估是比较全面的，所以这是其他项目评估主体进行评估的基础或数据基本来源。

2. 项目实施者或承包商

他们是承担整个项目工作的组织，其开展项目评估的根本目的是确认他们能否通过项目实施而获得最大的经济利益和规避相应的项目风险。实际上，他们与项目业主或发起人是项目实施合同的两个不同利益主体，所以他们需要从保护自身利益的角度出发对项目实施的可行性进行自己的评估。这种项目评估的主要目标是在给定资源和环境条件下完成项目实施的可行性以及相应的实施风险与成本效益情况。这种评估内容主要包含：项目的可实施特性评估，项目实施条件的评估，项目实施的经济特性评估，项目实施的风险评估，等等。

3. 贷款银行或融资者

他们作为项目重要的相关利益主体，也需要从自己的角度对项目进行相应的评估。他们进行的项目评估主要是从贷款银行的利益出发，对项目及其贷款的经济、技术、运行和风险等做全面性评估。确切地说，项目贷款或融资本身就是一个独立的投资项目，所以他们必须对这一贷款项目从贷款到宽限期收息一直到还本付息的整个生命周期进行全面的评估。这种项目评估的主要内容包括对于项目机会的评估、市场和运行环境的评估、财务评估与国民经济评估以及项目不确定性和贷款风险的评估等。

4. 政府或主管部门

它们对于项目的评估工作主要是从发展国民经济和保障全社会利益的角度出发，对项目的国民经济可行性和项目对于社会与自然环境的影响进行全面的评估。这种项目评估涉及社会政治、经济、文化、环境、技术政策等许多方面，并且要全面考虑项目业主和全社会的总体利益与长远利益，全面考虑项目对于整个社会的稳定和健康发展与繁荣的利和弊，以及项目是否会对国家或地方的自然生态环境和社会文化环境造成危害与不利影响。政府或主管部门的项目评估在很多时候还是一种审查批准性的项目评估，即对项目业主所做项目评估结果等进行全面审查的一种评估。

1.6.2 项目评估的客体

这是指项目评估的对象，即项目和项目备选方案以及项目所处环境与条件，只是不同阶段项目评估和不同项目评估主体所做的项目评估，项目评估的客体会有所不同。

1. 不同阶段的项目评估客体

在项目前评估、项目跟踪评估和项目后评估这三个不同阶段中，项目评估的客体是不同的，甚至在项目前评估中不同阶段的项目评估客体也不同。项目前评估的客体多是项目方案和项目环境与条件，项目跟踪评估的客体是项目按照某个既定方案和计划开展实施以后的在一定时点上的项目绩效情况、项目环境与条件和项目变更方案等，项目后评估的客体是已经完成了项目情况。总之，不同项目评估各有自己的评估对象。

2. 不同评估主体的项目评估客体

对于不同的项目评估主体而言，他们的项目评估客体也是不同的。项目业主评估的客体就是其投资项目本身和项目各种备选方案以及项目所处的环境与条件。项目实施者评估的客体是项目的实施方案、项目实施的环境与条件以及如项目合同之类的有关文件。项目融资者评估的客体是项目的融资方案、项目融资的环境与条件以及项目融资的还本付息计划安排等。政府及其主管部门的评估客体除了对于项目业主所做项目评估结果的全面审查外，最主要的是以与国家利益和全社会福利有关的项目。

 思 考 题

1. 项目评估的基本特性有哪些？
2. 项目生命周期的基本特征是什么？
3. 项目评估的原则有哪些？
4. 简述项目决策的内容和程序。
5. 项目跟踪评估的主要内容包括哪些方面？
6. 项目评估的主体有哪些？为什么？

第 2 章　项目全生命周期中的项目评估

本 章 介 绍

　　本章首先给出项目生命周期中各个阶段所需的不同项目评估，包括世界银行和亚洲开发银行的项目全生命周期中的项目评估惯例与做法。在此基础上说明了项目生命周期中前期、中期和后期三个阶段中所需的项目前评估、项目跟踪评估和项目后评估。这包括项目前评估、项目跟踪评估、项目后评估的基本概念、特性、作用、原则、流程和方法，以便读者能够对整个项目全生命周期中的评估有一个整体概念。

　　任何事物都有从生到死的过程，这个过程被称为生命周期。项目也有自己的生命周期，并且这种项目生命周期还有狭义和广义之分。狭义的项目生命周期是不包括项目运行阶段和拆除阶段等后序阶段，只有项目是现阶段的生命周期。广义的项目生命周期（全生命周期）则包括项目决策、建设、运营和拆除等所有阶段的生命周期。在项目的全生命周期中，人们都需要做出一些决策，所以每个阶段就都需要开展项目评估。因此人们需要学习项目全生命周期中各阶段的项目评估不同的要求、评估原理和评估方法等。

2.1　项目全生命周期中的评估工作

　　项目生命周期理论是现代项目管理理论和方法的重要内容之一，同时它也为项目评估的展开提供了很好的理论和依据。

2.1.1　项目生命周期和项目全生命周期

　　在对于项目生命周期的概念的理解上，项目全生命周期和项目生命周期是不同的。从概念上说：项目为创造独特产出物而从始到终的过程构成了一个项目的生命周期，进一步加上项目后期的运营和拆除阶段就构成了一个的项目全生命周期。

　　1. 项目全生命周期

　　项目全生命周期可以用英国皇家特许测量师协会（Royal Institution of Chartered Surveyor，RICS）给出的界定，具体表述是："项目的全生命周期是指包括整个项目的建造、使用以及最终清理的全过程。项目的全生命周期一般可划分成项目的建造阶段、运营阶段和清理阶段。项目的建造、运营和清理阶段还可以进一步划分为更详细的阶段，这些阶段构成了一个项目的全生命周期。"①由此可看，项目全生命周期包括项目建造阶段、运营阶段和清除阶段的全过程。

2. 项目生命周期

项目生命周期的概念可以用 PMI 给出的定义："项目是分阶段完成的一项独特性的任务，一个组织在完成一个项目时会将项目划分成一系列的项目阶段，以便更好地管理和控制项目，更好地将组织的日常运作与项目管理结合在一起。项目的各个阶段放一起就构成了一个项目的生命周期。"②由此可知，这种项目生命周期中只有项目定义与决策和项目实施两个主要的阶段。

2.1.2   项目全生命周期中的评估

项目评估是为项目决策提供支持的，由于在项目全生命周期的每个阶段都有不同的项目决策，因此项目各个阶段都需为项目决策提供支持。按照项目全生命周期理论，项目全生命周期可分为三个主要阶段：项目定义与决策阶段（图 2-1 中的 A 点到 C 点），项目实施阶段（图 2-1 中的 C 点到 E 点），项目运行阶段（图 2-1 中的 E 点到 H 点）。

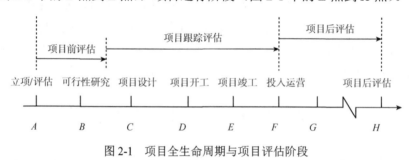

图 2-1   项目全生命周期与项目评估阶段

由图 2-1 可以看出，在项目全生命周期的不同阶段需要不同的项目评估工作。因为这些阶段项目决策所需的信息不同，所处条件和决策内容等都有所不同。其中，项目前评估是在具有很多假设前提条件下（对于不确定性因素的假定），使用预测数据对于项目可行性和项目备选方案所做的评估。项目跟踪评估是在相对比较确定的情况下，使用预测和部分实际数据对项目实施情况与绩效所做的评估。项目后评估则是在项目投入使用后使用较多项目实际数据和较少预测数据对项目建设与运行中的项目决策所做的评估。因此，任何项目在全生命周期中都需要开展项目前评估、项目跟踪评估和项目后评估。

2.1.3   世行和亚行的项目全生命周期评估

国际金融组织多数都有自己的贷款项目的评估，下面是世界银行（以下简称"世行"）

① Royal Institution of Chartered Surveyors. Life Cycle Costing. London： Surveyors Publication，1987.

② Project Management Institute. A Guide to the Project Management Body of Knowledge. PMI，2004.

和亚洲开发银行（以下简称"亚行"）给出的项目全生命周期各阶段中项目评估工作的解释说明。

1. 世行贷款项目全生命周期

世行及其下属的国际金融组织为了做好自己的贷款项目评估和管理专门规定了自己的项目全生命周期[①]。下面是世行规定的项目全生命周期六个阶段的描述。

（1）项目立项阶段。世行贷款项目的立项以贷款国家的经济和行业状况分析为背景，由本国政府提出借贷援助的项目建议书。贷款项目必须符合借贷国和世行双方的共同利益与目标，并得到双方的支持方可列入世行的贷款计划。

（2）项目准备阶段。世行贷款项目立项以双方商定的项目目标为基础，借款国在获得立项后要做项目准备工作，即提出多种项目方案并比选出最好的方案提交世行，项目准备工作必须充分考虑项目各方面的因素，主要包括技术、经济、财务、社会和体制等方面的因素。

（3）项目评估阶段。在项目准备完成以后，世行要对借款国提交的项目方案进行全面的评估。这种项目评估多数是由世行官员或是在世行官员的指导下进行的，有时这种评估也需要聘请外国或当地的项目咨询专家帮助工作。

（4）贷款谈判和执董会批准。此后，借款国和世行即可开始贷款项目谈判了。这包括对于项目贷款实施进度和项目采购的安排以及利率与还款期的安排等。在通过谈判形成贷款文件后上报世行执行董事会报批，批准后双方即可签订贷款协议等具有法律效应的文件。

（5）项目执行和监督。贷款项目批准后，贷款资金即可启用。被贷款项目的实施工作由借款方负责，世行不是被贷款项目的执行主体。借款方必须严格按协议文件实施，世行有权监督贷款项目执行和采购工作，在这个过程中世行要开展不断的项目跟踪评估工作。

（6）项目后评估。在贷款项目完成后，世行会在建成的项目运行一段时间以后对其进行项目后评估。这种项目后评估内容包括专项评估和综合评估两类，世行的根本目的是检验项目决策的正确性，以便能够吸取项目实施中的经验教训，进而修订世行的贷款政策。

2. 亚行贷款项目全生命周期

亚行贷款项目全生命周期与世行的大体相同，但是相对比较详细和烦琐。亚行的贷款项目分为 13 个步骤来实施（详见表 2-1）[①]。其中主要的项目实施步骤包括选项立项、可行性研究、实地考察和预评估、贷款谈判与批准、项目监控评估和项目后评估。

[①] 张三力. 项目后评价. 北京：清华大学出版社，1998.

表 2-1 亚行贷款项目全生命周期及主要工作

各阶段工作步骤	主要工作
立项（选项）	研究国别经济和发展规划，形成亚行国别业务战略，政府要求亚行提供援助，确定国别规划团，制订国别规划，与援助机构进行协调
可行性研究	政府做项目准备，聘请咨询专家，可行性研究（通过亚行技拨或其他资助）
实地考察和预评估	检查项目可行性研究，现场考察和讨论，要求提供进一步信息或采取进一步行动，亚行内部审查和预评估，项目现场考察
派出评估团	与政府和执行机构讨论，检查项目的技术、经济和财务，讨论项目有关的问题和政策，决定贷款期限和条件，签署谅解备忘录
准备董事会文件	行长报告和推荐书，评估报告，贷款协定和项目协议，亚行内部审查，向政府发出贷款文件草本
贷款谈判	讨论贷款协定和项目协议草本，签署贷款谈判纪要
董事会传阅	行长报告、评估报告和其他文件的最终定稿，将全套文件送董事会传阅
批准贷款	董事会开会讨论，审查项目和有关国家的经济状况，董事会批准
贷款签字	由行长和政府及执行机构的代表签署
项目执行	（1）执行机构方面：选择和聘请咨询专家，完善工程设计并准备招标文件，采购机器设备，土建工程安装； （2）亚行方面：审查和批准执行机构的工作计划，检查执行机构提交的进展报告，派出考察团，贷款拨付
项目完成	启用项目设施，关闭贷款拨付账户，准备项目完成报告
项目效益的监控评估	详细检查项目的社会经济影响
项目实施效果后评估	对照原计划和目标评价项目实际执行情况，对项目的财务经济和社会效益进行评价，总结经验教训用于未来项目的准备和执行

综上所述，不管是国际银行组织还是企业，要做好项目的决策，都必须在项目全生命周期中很好地开展项目前评估、项目跟踪评估和项目后评估。

2.2 项目前评估

项目前评估是选择和确定项目所需开展的项目评估工作，这涉及项目投资决策之前对项目所进行的各种可行性分析和综合评价。这种项目评估是减少甚至避免盲目和错误项目投资决策的根本方法，是各种项目评估中首要的项目评估工作。

2.2.1 项目前评估的概念和特性

项目前评估是全部项目评估中最重要的一个部分。目前，我国多数有关项目评估的书中所讲的项目评估都是指项目前评估。

1. 项目前评估的概念

项目前评估是指在项目前期决策阶段,从整个项目的全局出发对项目及其备选方案所进行的评估,以评估项目及其备选方案的可行和优劣并决定项目的取舍。根据评估主体的不同,项目前评估可分成项目业主的评估、贷款银行审查贷款项目的评价和承包商投标项目前的评估等。项目前评估主要是对项目可行性、必要性和项目被选方案的技术、经济、运行条件和社会与环境影响等方面所进行的全面评估的工作。

根据项目前评估的时间、内容和作用的不同,它还可以做进一步的划分,最主要的有四种:其一是组织发展战略和项目机会评估,这是分析和确认是否有开展项目机会的评估;其二是项目必要性评估,这是关于组织是否有必要开展项目的评估;其三是项目可行性研究,这是对项目的经济、技术、运营和环境影响等方面的必要性和可行性所进行的分析与评估;其四是项目备选方案的评估,这是关于项目备选方案比较优选的评估工作。

2. 项目前评估的特性

项目前评估是为项目起始决策开展的评估工作,其主要特性有如下几方面。

(1)预测性。因为它是在项目起始决策之前进行的评估,所以它所使用的数据资料主要是与项目类似的历史项目数据和项目相关的各种预测数据。因为项目尚未开始而使用的都是未来的预测数据,包括与项目有关的经济、技术、市场、运行条件和社会环境等诸多方面的预测与分析数据,所以预测性就成了项目前评估的一个重要特性。

(2)系统性。由于项目前评估是对项目及其备选方案是否可行和优劣的全面评估,因此这种评估还必须运用系统理论与观点去全面评估项目自身和与项目有关的各种系统要素。其中,特别强调的是项目、项目所处微观环境和宏观环境(包括技术、经济、政治、法律、自然、社会等全部环境要素)的系统性评估,所以它还具有系统性的重要特征。

(3)科学性。项目前评估还必须具有很高的科学性,即这种评估需要使用科学的评估方法和评估过程等去保证评估结果的科学性。这就要求项目前评估不能流于形式,不能受“长官意志”的干预和经验主义的主观臆断等误导,更不能将项目可行性研究做成项目“可批性研究”。另外,项目前评估的科学性还表现在要遵守相关的国家法律和标准。

(4)实践性。项目前评估的原理和方法都是来源于实践与为项目决策实践服务的,这就要求项目必须来自实际需求,而项目备选方案必须符合项目环境与条件的客观实际。项目前评估所用的数据和参数必须来源于实践而不能依赖纯粹的理论探讨。另外,项目前评估的结果最终要经得起实践的检验。

2.2.2　项目前评估的作用和原则

项目前评估是为项目起始决策服务的,所以项目前评估有其独特的作用和原则。

1. 项目前评估的作用

由于项目前评估是为项目起始决策服务的,因此它必须具有如下主要作用。

(1)项目前评估是项目起始决策的保障。人们开展项目前评估的根本目的是为项目起始决策提供决策支持。如果没有项目前评估所做的一系列调查研究、收集数据、比较分析等工作，人们就无法做出正确的项目起始决策。实际上人们对于项目必要性和可行性的认识都是通过项目前评估来实现的，而且人们对于项目各种不确定性和风险性的认识也都源于项目前评估。

（2）项目前评估是项目融资的必要条件。多数项目因为各种原因而需要从银行等组织进行融资，任何融出资金的一方都需要以项目前评估结果（项目可行性研究报告）作为融资或贷款决策的依据。所以不管是向银行贷款还是从其他方面融资，都需要使用项目前评估的结果作为贷款或融资决策的依据。因此，项目前评估就成了项目融资的一个必要条件。

（3）项目前评估是确保国家利益的一种手段。在所有关乎国计民生项目的前评估中都要从国民经济和整个社会的角度出发去开展项目前评估，这样就使得项目前评估在评估项目给企业带来的经济成本与效益的基础上，进一步评估了项目的社会效益与项目对宏观社会和自然环境影响的可行性，从而使得项目前评估成为确保国家利益的一种手段。

（4）项目前评估是项目管理的出发点和重要依据。项目前评估得出的结果既是项目起始决策和项目后续实施与运行过程中管理的重要依据，也是项目起始、实施与运行管理的出发点。因为项目起始和实施与运行管理的首要目标就是能够确保项目前评估所给出的项目目标和方案得以实现，所以人们就是根据项目前评估给出的信息去开展项目管理工作的。

2. 项目前评估的原则

除了第 1 章中给出的有关项目评估的一般原则外，项目前评估还必须遵守本身所固有的一些原则，主要包括如下几个方面。

（1）遵纪守法的原则。开展项目前评估既要严格遵照国家法律和必须符合国家的各种标准与规定，还应该符合党和国家制定的国民经济与社会发展规划及经济建设方针政策，严格遵守国家有关经济工作的各项规章制度和各种技术经济参数，等等。

（2）实事求是的原则。这包括实事求是地收集和预测数据，实事求是地分析和评估项目，实事求是地评估项目的必要性和可行性，等等。甚至在有些项目前评估中，人们还要实事求是地去通过实验或其他手段去证明项目预测数据的真实可靠性。

（3）可比性的原则。这是指对项目成本和项目收益、项目优势和劣势、项目风险和损失等方面的计算口径要保持一致，针对不同项目备选方案所使用的各种成本、收益和价格等参数也要保持一致，这样才能使项目前评估具有可比性和科学性。

（4）动态分析的原则。虽然在项目前评估中有动态分析和静态分析两种方法，但是因为动态分析必须计算资金的时间价值，所以动态分析相对比较科学和精确，因此项目前评估要求坚持以动态分析为主、静态分析为辅的原则。

（5）公正可靠的原则。项目前评估中还必须坚持公正和可靠的原则。其中，公正是指项目前评估者要站在公正的立场上（第三者的立场）去评估，可靠是指项目所用预测数据、技术方案、投资估算、实施进度测算等数据及其评估方法要有可靠性。

2.2.3 项目前评估的流程和方法

项目前评估工作流程示意图如图 2-2 所示。由该图可以看出，项目前评估有两个循环：其一是项目批准立项以前的项目初步可行性研究循环，其二是项目可行性报告的批复与项目投资决策的研究循环。这两个循环也被称为"两上两下"的项目评估与决策循环。

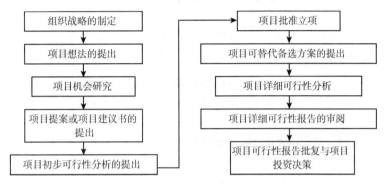

图 2-2 项目前评估工作流程示意图

综上所述，在项目前评估中需要使用的方法最主要的是项目财务评价和国民经济评价的方法，其次是项目技术评价的方法、项目社会环境与自然环境影响的评价方法和项目综合评价的方法。特别是项目不确定性和风险评价的方法与项目备选方案的比选方法也是必不可少的，这些方法将在后续章节中详细进行讨论。

2.2.4 项目前评估中备选方案的评估

在项目前评估中人们需要去比较不同项目和不同项目方案的优劣，以便最终做出选择和决策，这就是项目及其备选方案的优选评估工作。人们在项目及其备选方案的优选评估中要对项目及其备选方案的各种可能发生情况及其后果进行全面的评估。

这种项目及其方案的优选评估主要是在项目及其各种备选方案的形成过程中，为项目决策者提供支持服务的。这包括对项目所面临的各种条件和可能的情况进行必要的评估，然后对适应这些条件和情况的项目及其备选方案的合理性与可行性进行评估。特别需要指出的是，在这种优选评估中人们还需要对项目及其备选方案进行优化和完善工作。

其中，对于项目所面临的各种条件和情况所开展的分析与评估包括三个方面：一是对于项目所面临的各种确定情况的评估，这是一种对于 $P=1$（P 为可能性，即发生概率）的项目环境情况的评估；二是对于项目各种不确定性情况所进行的评估，这是一种对于 $P<1$ 的项目情况的评估；三是对于项目所面临的完全不确定性情况所进行的评估，这是一种对于 $P=?$（人们不知道其可能性）的项目情况的评估。

在项目的前评估中，人们更需要根据这三种项目情况去评估项目及其备选方案的合理性和可行性。这方面评估的主要内容包括：一是评估项目及其备选方案是否适合项目的实际情况，即项目及其备选方案是否是针对项目条件和情况给出的（针对性的评估）；二是评估项目及其备选方案与项目情况匹配的科学合理性，即项目及其备选方案能否很好地适合项目的情况（优选性评估）。所以在项目前评估中不但需要对项目情况进行全面的评估，而且还要对项目及其各种备选方案进行评估，这都是项目前评估中的项目评估工作的核心内容。

2.3　项目跟踪评估

在项目的实施过程中，人们必须开展项目跟踪评估，以便评估项目的实施绩效、项目环境与条件的发展变化情况，以及项目所需的变更情况与方案，从而确保项目最终能够取得期望的效益和效果。不管是建设项目还是创新与创业项目都需要有项目跟踪评估，因为这是为项目实施过程中的各种项目决策提供支持和服务的一种项目评估。

2.3.1　项目跟踪评估的概念和特性

在项目的实施过程中，项目的条件和环境情况都会发生变化，从而导致项目绩效与计划的偏离，甚至导致项目方案和计划会发生变更。在人们需要做出各种项目变更的决策时，人们就需要开展项目跟踪评估以作为项目变更决策的支持。

1. 项目跟踪评估的概念

项目跟踪评估的概念中包括跟踪和评估两个方面。其中，跟踪是指对项目开展中的各种环境与条件发展变化信息的收集和加工处理；而评估是指根据项目实施情况和项目环境与条件的各种变化，去评估项目计划与设计方案能否完成，以及若无法完成则应该采取何种变更方案。对项目进行跟踪可以及时向人们提供项目的各种信息反馈，对于项目实施进行评估可以及早地发现问题和尽早地对项目进行变更。所以项目跟踪评估的主要内容包括：对于项目实施绩效的评估，项目环境与条件变化情况的评估，项目未来情况发展变化的预测，项目变更方案的评估，等等。

2. 项目跟踪评估的特性

项目跟踪评估属于事中评估的范畴，这种评估主要是为项目管控服务的，其主要特性包括如下几个方面。

（1）监测性。这种项目评估是针对项目实施情况和项目环境与条件的发展和变化所开展的评估，所以它所使用的数据主要是项目实施绩效和项目环境与条件发展变化的实际数据，以及项目环境情况后续发展的预测数据。这种项目评估具有监测性。

（2）动态性。这种项目评估是在整个项目实施中反复进行的一种跟踪和评估工作，所以它具有很强的动态性。这包括对于项目实施绩效和情况的动态跟踪，对项目实施所带来影响的动态评估，对于项目实施方案和项目变更方案的评价，等等。

（3）阶段性。由于这种评估中的跟踪工作是连续的，而其中的评估工作是阶段性的（各项目阶段决策都需要开展评估），因此这种项目评估具有阶段性的特性。项目跟踪评估的频率取决于项目及其环境情况，如创新项目就比工程项目需要更多的跟踪评估。

（4）管控性。项目跟踪评估的根本目的是为项目实施中的管理和控制决策提供决策支持或服务，因此它还具有管控性的特性。这表明项目跟踪评估的方法、内容和评估时间的选择都必须为项目实施的管理控制与决策服务。

（5）集成性。这是指这种评估要综合评价项目成本、工期、质量、范围、资源和风险变化等目标要素与约束要素，要对于项目某个要素出现的偏差和项目变更方案都进行集成性的综合评估，因为一个项目要素的变化会影响整个项目的各个方面。

2.3.2　项目跟踪评估的作用和原则

项目跟踪评估是为项目实施的决策与管控服务的，所以它具有如下作用和原则。

1. 项目跟踪评估的作用

项目跟踪评估的主要作用包括如下几个方面。

（1）项目跟踪评估是项目实施的保障。项目跟踪评估的根本目的是为项目实施中的跟踪决策与管理控制提供支持和保障，因为任何项目实施中都需要不断地评估项目实施的实际绩效与项目计划和设计之间的差异，并且根据这些差异去调整变更项目的计划和设计方案，以确保项目最终能够生成既定的产出物和实现项目既定的目标。

（2）项目跟踪评估是项目变更的前提。项目在实施过程中可能会出现变更，这包括由于客观情况的变化而引起的项目变更、由于项目前期决策失误所引起的变更和由于项目实施过程中的工作失误所造成的项目变更等。这些项目变更都必须以项目的跟踪评估作为其前提条件，即任何项目决策都必须以相应的项目跟踪评估工作作为前提条件。

（3）项目跟踪评估是绩效度量的手段。项目跟踪评估的作用之一是作为项目绩效度量的一种手段，以便对项目实施过程中的实际绩效做出科学的度量，并使用这种项目绩效度量去作为项目后续管理决策的依据之一。虽然项目绩效度量工作更多地属于跟踪的范畴，但是这种项目跟踪工作是项目跟踪评估中评估工作的前提条件和依据。

（4）项目跟踪评估是跟踪决策的依据。所有项目跟踪评估工作都是为项目跟踪决策服务的，因为在项目实施过程中有很多情况需要对项目的初始决策做出必要的修订（项目跟踪决策），包括对于项目初始计划和设计的必要修订与项目变更方案的评估等。人们在开展这种项目跟踪决策时必须使用项目跟踪评估的结果作为开展项目跟踪决策的根本依据。

2. 项目跟踪评估的原则

除了第 1 章中有关项目评估的一般原则外，还要遵守项目跟踪评估本身所具有一些基本原则，这主要包括如下几个方面。

（1）计划对比的原则。在这种评估中人们必须遵守对照项目前期决策的计划与安排去开展跟踪评估的原则，即要求人们在项目跟踪评估工作中必须对照项目起始决策和随后的一系列已经完成的工作跟踪决策的项目目标、计划与指标去评估项目实施绩效和项目环境与条件的发展变化，这要求项目跟踪评估必须以项目前期计划和目标作为主要判据。

（2）统计分析的原则。这是指在这种评估中要使用项目工作统计的原始凭证作为根本依据，要使用统计分析方法去分析和评价项目实施绩效，以及项目环境与条件的发展变化。这要求人们坚持不断收集、处理和保存项目实施与环境发展变化的各种统计数据并使用统计分析方法去评估，只有这样才能够保障项目跟踪评估的可靠性和有效性。

（3）内外结合的原则。这是指在项目跟踪评估中对各种项目实施绩效和环境与条件发展变化的评估都必须结合项目或组织内部和组织外部两方面的变化情况去开展，从而全面跟踪和评估造成项目绩效偏差的原因。因为实际上组织或项目内部原因导致的绩效问题是因主观努力不够造成的，而组织或项目外部环境与条件变化是客观环境造成的。

（4）问题和对策并重的原则。项目实施绩效的问题及其对策方案的评估并重原则也是项目跟踪评估的一项基本原则，这要求人们在评估项目实施绩效问题及其成因的同时，还要提出各种解决问题的对策或变更方案，并且要对其进行全面的评估。因为如果没有解决项目实施问题的对策方案的评估就无法为项目跟踪决策提供全面的决策支持。

2.3.3　项目跟踪评估的流程和方法

项目跟踪评估工作流程示意图如图 2-3 所示。由图中可以看出，项目跟踪评估涉及三方面的内容：一是项目实施情况和项目环境的发展变化情况的评估，二是项目变更方案的评估，三是项目变更后的项目可行性的全面评估。这三个方面的评估工作并不是在每一个项目阶段的跟踪评估中都必须有的，当项目实施绩效情况与项目计划安排相对比较一致的时候，人们不需要对项目做出变更以及项目变更后的新项目进行可行性评估了。

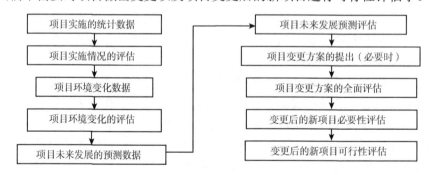

图 2-3　项目跟踪评估工作流程示意图

另外，在项目跟踪评估过程中人们需要使用很多种技术和方法，其中最主要的是项目专项指标的计划完成情况评估方法（绩效评估方法）和项目工期、成本和范围的集成评估方法（如项目挣值管理方法），统计预测分析方法以及在项目备选方案的评估方法，等等。对于项目跟踪评估中所用的各种技术与方法同样将在后续章节中详细予以讨论。

2.3.4　项目跟踪评估中的变更方案评估

如果需要开展项目变更决策，人们就需要认真地评估项目变更方案的科学合理性和可行性，这是项目跟踪评估中十分重要的任务。实际上，任何项目的条件与环境都是发展变化的，一旦项目的条件和环境发生了变化，则项目的计划和设计方案也需要随之变化，所以在项目实施中就需要开展项目变更方案的评估。对于项目变更方案也必须进行必要的可行性以及科学合理性等方面的评估，只是这种评估与项目起始决策方案的评估有很大不同。这主要表现在项目起始决策方案是一种"零基"决策的评估，而项目变更方案评估是一种"非零"决策的评估（因为项目已有一部分实施完成，所以是"非零"起点）。

因此，对于项目变更方案的评估是一种独特的评估，是一种为应对变化的项目条件和环境而开展的针对项目变更方案的评估。在项目评估学的理论和实践中，人们对于项目前评估的研究是比较详尽的，但是对于项目跟踪评估（特别是项目变更方案的评估）的理论和方法的研究还比较欠缺，甚至没有十分明确的评估客体（如没有将项目变更方案作为评估客体）和方法。结果造成了很多项目失败的案例，甚至由此造成了很多灾难性的后果。为此，本书作者将自己多年的研究结果在本书中专门增加了章节去讨论项目跟踪评估的原理和方法。这既可指导人们开展项目跟踪评估的实践，也丰富了项目跟踪评估的理论和知识。

2.4　项目后评估

多数项目在投入运营之后或项目终结（拆除）之时需要做项目后评估，这种评估的主要目的有三个方面：其一是对于项目最终结果做客观的评价，其二是对项目前评估及其相关决策的正确性做评估，其三是总结项目的经验教训和修订组织今后的项目决策准则与政策。

2.4.1　项目后评估的概念和特性

这是在项目完成或投入运营后所做的项目评估，这种项目评估有其独特的概念和特性。

1. 项目后评估的概念

项目后评估是指对已经完成的项目的目的、实施结果、效益、作用、影响、可持续发展情况，以及已完成项目的前评估和跟踪评估所进行的系统性评价。借此人们可以去检查总结项目工作和项目预期目标的实现情况，并分析找出项目成败的原因，从而为项目后续运营提出可持续发展的改进建议，以及总结经验教训去改进未来的项目决策。所以项目后评估主要是一个学习和改进的工作，因为它是在项目完成以后开展的，项目实施结果已经无法改变，但是对于吸取经验教训和改进项目管理是十分有意义的。其中被称为可持续发展性的项目后评估，也只是为投入运行的项目进行改进和完善提供决策支持。

2. 项目后评估的特性

项目后评估这种"事后"评估的工作也具有自己的特性，主要包括如下几方面。

（1）信息反馈的特性。项目后评估所依据的数据资料大部分是项目实际发生的真实数据，而且这种评估的结果主要是用来说明和反馈项目实施与项目运行的实际情况的，所以这种项目评估最主要作用是信息反馈，所以它具有信息反馈的特性。

（2）事后评估的特性。项目后评估中除了可持续发展用的后评估之外，最主要的是用项目实施和运行结果的实际数据，对照项目前评估结果进行比较，从而确认项目前评估和跟踪评估的情况，所以项目后评估具有很强的事后评估的特性。

（3）为项目运营决策服务的特性。这是指被称为"可持续发展"的项目后评估，这种项目后评估是根据项目运营一段时间的实际情况，按照必要和可行的原则对项目后续的运营阶段提出必要的项目改进决策服务，以便提高项目后续运行阶段的绩效。

（4）组织项目决策改善的特性。项目后评估可为组织改进项目决策的大政方针和方法提供服务与支持，所以这是一种"吃一堑，长一智"性质的项目后评估。这是借此找出组织在项目评估和决策中的问题，然后修订组织未来的项目评估与决策方针和办法的工作。

2.4.2　项目后评估的作用和原则

项目后评估具有提高组织项目决策科学性和改进组织项目决策方法等方面的作用。

1. 项目后评估的作用

具体地说，项目后评估的作用主要表现在以下几个方面。

（1）项目后评估是总结项目经验教训的基本手段。由于项目和项目管理的一次性、独特性和不确定性等，因此人们需要通过项目后评估对已完成项目实施和运行进行评估，从而全面地总结项目整个过程中的各种经验和教训，反映整个项目实施过程中所存在的问题和失误。

（2）项目后评估是提高组织项目决策水平的工具。项目后评估可以为提高组织的项目管理和决策水平服务，因为人们可以运用项目后评估来发现项目起始和跟踪决策中的各种问题与失误，从而去改进组织的项目决策、大政方针和方法，以提高组织的项目评估和决策水平。

（3）项目后评估是实现项目可持续发展的需要。有一种项目后评估是专门对项目未来的可持续性发展做出评估，以便借此找出改进项目运行的出路与方案。这是对项目运行的现状和未来改进做出相应的分析与评价，最终提出和实施能够使项目可持续发展的决策。

2. 项目后评估的原则

除了前面有关项目评估的一般原则外，项目后评估还有如下几个方面的基本原则。

（1）前后对照的原则。项目后评估是运用项目实施和运行的实际结果数据，去对照项目起始决策和跟踪决策进行评估，从而找出项目决策中的问题和差距。所以这种评估需要坚持前后对照的基本原则。通常，由此找出的问题还必须区分形成问题的原因，究竟是由项目前评估和跟踪评估不当造成，还是由项目环境与条件发展变化造成。

（2）惩前毖后的原则。这是指项目后评估必须为惩前和毖后这两个基本目的服务。其中，惩前是指通过项目后评估去发现项目前评估和跟踪评估中存在的人为问题与错误时应该追究造成错误者的责任；而毖后是指通过项目后评估发现的项目管理问题与错误必须修订组织的项目评估与决策的政策、准则和方法，以免重蹈覆辙。

（3）独立评估的原则。这是指项目后评估的主体应该具有相对的独立性，即一般不应该由项目前评估或跟踪评估者去做项目后评估，而应该聘请独立的第三方完成或有独立身份的专家去开展项目后评估。例如，世行的项目后评估局就是独立的第三方。

（4）发现和解决问题并重的原则。项目后评估还有一项原则就是一定要为发现和解决项目问题服务、项目后续可持续发展服务的原则，即项目后评估的根本目的是在发现项目决策问题的基础上，要找出组织在后续项目管理中如何进行改进的措施和方法。因为人们开展项目后评估的根本目的并不是发现问题，而是解决问题。

2.4.3　项目后评估的流程和方法

项目后评估工作流程示意图如图 2-4 所示，由该图可知项目后评估有不同的种类和内容，人们需要根据项目后评估的作用去决定项目后评估流程中所需的具体步骤和内容。项目后评估主要涉及四类：其一是对照项目前评估和起始决策的项目后评估，其二是对照项目跟踪评估和后续决策的项目后评估，其三是为项目未来的可持续发展所做的项目后评估，其四是在项目拆除时对于项目最终结果所做的后评估。它们各自具有不同的目的，需要使用不同的评估方法，其一和其二都是为检验项目前期决策服务的，需要采用比较对照评估的方法；其三是为项目未来发展服务的，需要采用改进及其方案的评选方法；其四是为总结经验教训"以利再战"服务的，所以需要采用全面评估的方法。

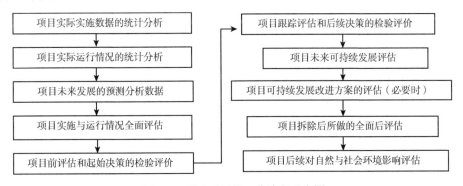

图 2-4　项目后评估工作流程示意图

实际上，无论如何项目后评估都是一种"亡羊补牢"的工作，这种评估并不能消除和解决人们此前在项目决策与评估中所犯的错误或失误，但却可以降低和消减人们所犯项目决策与评估错误的后续影响以及改进组织日后的项目决策和评估。

2.4.4　项目后评估中的项目最终结果评估

这种对于项目最终结果评估的内容包括多种不同角度的评估：第一是从评估项目最终结果是否能被项目各方面相关利益主体所接受（如项目业主、承包商和供应商等）的角度开展的后评估，第二是从项目最终结果是否与项目前评估和项目跟踪评估的预期结果相一致（各项指标值的对照比较）的角度开展的后评估，第三是从项目的实际结果是否需要进行必要的改进以便项目今后能进一步地持续发展下去的角度开展的后评估，第四是从"吃一堑，长一智"的角度而开展的对项目最终结果的全面后评估。

其中，第一种角度的项目后评估是以"满意原则"开展的项目后评估，这种项目后评估要给出项目相关利益主体对项目最终结果的满意度的评价。由于"满意与否"具有主观性，所以这种项目后评估也具有某种主观色彩。第二种角度的项目后评估是一种相对客观的评价工作，所以这种后评估是没有主观评价色彩的。第三种角度的项目后评估实际上是一种项目全生命周期中点（运行一段时间后）所开展的项目后评估，这种评估必须按照科学、合理、可行的原则去开展。第四种项目后评估是总结项目全生命周期中决策和评估问题并提出组织后续项目决策与评估的改进措施和方案，所以这也是一种客观性的评估。

 思 考 题

1. 项目前评估的特性和作用是什么？
2. 项目前评估的流程、步骤和方法有哪些？
3. 项目跟踪评估的概念、特性及作用是什么？
4. 项目跟踪评估的流程、步骤和方法有哪些？
5. 项目后评估的基本原则和作用有哪些？
6. 项目后评估的种类、流程和方法有哪些？

第3章 项目微观环境的评估

本章首先给出项目实施和运行所处微观环境对于项目成败的影响，进而给出项目微观环境评估的基本概念、原理和方法。随后按照项目微观环境与项目所存在的"输入"和"输出"的关系，分别讨论了项目所需资源供给的环境与条件的评估的内容、原理和方法，以及项目产品或服务"输出"的微观环境与条件的评估的内容、原理和方法。更进一步，本章讨论了项目及其产品或服务所处的竞争环境与条件的评估，这包括相关的评估内容、原理和方法等。最后，本章给出了项目实施和运营所处微观环境的综合评估的内容、原理和方法。

项目都会受到微观和宏观环境与条件的制约，不同的项目环境与条件会直接影响项目可行性和项目的结果。所以项目评估的主要任务是"审时度势"，分析和评价项目所处环境和条件能否为项目的成功提供保障。其中，项目微观环境主要是项目所处的市场环境和所需资源的供应环境以及项目所处竞争环境等，这些项目微观环境的好坏会直接决定一个项目的成败。否则就会使项目陷入"无源之水"和"巧妇难为无米之炊"的境地。

3.1　项目微观环境评估概述

以前的项目评估学对项目技术经济方面的评估十分注重，但是对于项目微观和宏观环境的评估重视明显不足，很少有教科书单独将项目微观和宏观环境评估作为独立章节。图 3-1 给出了项目微观环境与项目之间的"输入"和"输出"的关系，即项目需要从微观环境直接获得各种资源的"输入"，而项目最终生成的产品或服务要"输出"到项目所处微观环境之中（项目产品所处的市场环境）。由此可知，项目的成败直接与项目所处环境与条件紧密相关，而项目微观环境更是关系到项目的生死存亡，所以项目微观环境评估通常包括对于项目实施和运行两个阶段的微观环境的评估。

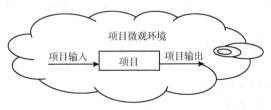

图 3-1　项目及其微观环境之间的关系

举例来说，一个化工产品生产的投资项目建设和运营必然会依赖于项目实施与运行所需的各种原料、能源、动力等环境和条件的支撑与保障，最重要的是还需要依赖项目所处微观环境中的市场作为"输出"的条件和环境的支撑与保障。因此，在项目评估中人们必须对项目实施和运行的微观环境与条件做全面而科学的评估。

3.1.1　项目微观环境评估的作用与原则

项目微观环境进一步分为针对项目实施和运行两个阶段，所以项目微观环境评估就必须包括这两个方面的环境评估。

1. 项目微观环境评估的作用

从具体作用上这分成两种评估，即对项目所需资源和条件方面的微观环境评估，和对项目所生成的产品或服务所依赖的微观环境与条件的评估。具体而言，项目微观环境的评估内容主要包括：项目所需资源的供应环境评估，项目未来的销售市场环境评估，项目产品或服务的竞争环境评估和项目所处微观环境的综合评估。这是一种对项目管理者自身无法控制和改变的微观环境与条件因素所进行的评估，所以人们需要客观评估项目既定的微观环境及其发展变化的情况。这种评估的根本作用就是：借此去确定项目的可行性，项目未来的效益情况的风险性，项目方案中针对各种微观环境发展变化问题的应对措施的针对性和有效性，以及项目未来产品或服务的竞争方案可行性，等等。

2. 项目微观环境评估的原则

由于项目微观环境是项目实施和运行的必要与前提条件，人们必须评估项目微观环境是否能够满足项目要求或项目是否与之相适应，因此这种评估必须遵循以下原则。

（1）客观性原则。项目的微观环境及其对于项目的影响都是不以人的意志为转移的客观存在，因此在项目微观环境的评估过程中必须以客观实际为依据和出发点，结合项目自身的具体情况进行科学而中肯的分析和评估。

（2）系统性原则。项目的微观环境是一个包含多种不同的条件要素，它们之间既相互作用又相互关联，是一个有机整体，具有系统的整体性。因此在对项目微观环境进行评估的过程中要把握各环境要素之间的关系，并对整个环境系统进行全面的分析研究。

（3）动态性原则。项目微观环境条件是不断发展变化的，如项目资源环境条件、市场环境条件、竞争环境条件和宏观运行环境都是随时间变化而不断发展变化的。因此在项目评估中还要遵循动态性原则，对项目现有环境情况和未来的情况做出科学的预测与分析。

3.1.2　项目微观环境的分类及其评估

项目的微观环境是指项目实施和运行所处的微观环境系统，这涉及项目微观的硬环境和软环境两种不同类别的评估。

1. 项目微观硬环境的评估

这是要对项目所处地域环境和硬件条件进行评估，以便从项目所在具体地区的角度探讨项目微观环境的要素组合及其变化将会对项目实施和运行的影响与作用，其目的是要找出项目放在何处能够获得最大效益和效率。对于项目所处地域环境和硬件条件的评估主要用于项目选址决策，以及项目所处硬环境因素对于项目影响好坏的评估，其主要研究影响项目的各个地域环境和条件要素的优劣及其可能造成的对于项目实施与运行的影响情况。

2. 项目微观软环境的评估

这是指对于项目所在地区的社会、政治、法律、文化、观念、风俗、行政管理效率等诸多因素和条件的评估。项目微观软环境条件评估的地位正在不断地上升，甚至有人认为一个项目微观环境的好坏更多取决于项目微观软环境的好坏。因为毕竟项目微观硬环境中有些是可以人为改造的（如采取基础设施配套措施），但是项目微观软环境的改变或改进是需要更长时间和努力的（这就是很多发展中国家难以吸引到海外投资的根本原因）。

3.1.3　项目微观环境评估的主要内容

项目微观环境评估涉及对于项目微观环境与条件的分析和评价，其主要内容如下。

1. 项目所需资源供应条件的评估

项目所需资源的供应情况是一个重要的项目微观环境与条件，在很多情况下这一环境条件在短期内是不变的，所以必须对项目所需资源供应条件进行评估，这包括对于项目本身必须得到的各种资源（项目"输入"）的条件情况进行评估。

2. 项目所处市场环境条件的评估

项目所处市场条件会直接影响项目最终产出的产品或服务的销售情况，所以在项目微观环境的评估中必须对于项目产出的产品或服务的市场需求、市场细分和市场环境影响因素（项目"输出"）等进行评估，这将涉及项目相应的市场调查和预测分析等方面的工作。

3. 项目产品竞争环境条件的评估

项目产品竞争环境条件评估是指对项目及其产品或服务未来的市场占有率情况、未来的竞争优势情况、现有的竞争者、潜在的市场进入者、可能的替代品等对项目的竞争力有影响因素的评估，它是对于项目未来"竞争"激烈程度的微观环境分析所做的评估。

4. 项目微观环境的综合评估

这是指对于上述各种项目微观环境条件评估结果的全面集成和综合的评估与评价。这种评估需要运用定性与定量相结合的方法，按照一定的原则和方法对于上述各方面评估结果进行综合而得出最终结果，并用其去指导人们做出项目决策。

3.2 项目所需资源环境与条件的评估

项目所需资源环境与条件是项目实施和运行的物资基础，是保证项目顺利完工和运行的基本条件。因此，这方面评估是项目微观环境评估的首要任务。

3.2.1 项目所需物资的环境评估内容

这方面的评估主要是指对于项目实施和运行所需各种物资的供应情况的评估，这包括项目所需各种原材料和自然资源等各种物资的供应情况的评估，具体包括如下内容。

1. 项目所需原材料供应环境的评估

不同项目所需原材料品种和规格千差万别，而且每个项目对原材料的需求多种多样，它们当中有任何一种出现供应问题就会直接影响到项目的可行性，所以必须对这方面的情况进行分析评估。通常要根据项目的类型和性质对其实施与运行所需原材料的来源、数量、价格、质量、运输条件甚至存储设施等方面都给出评估，具体评估的主要内容如下。

（1）评估项目所需原材料品种和数量能否满足需要。应根据项目实施和运行情况与要求以及项目及其产品或服务所需基本原料和各种材料的投入数量与相应的预测情况对项目所需原材料的供应来源的有无、可靠性和保证程度进行评估。

（2）评估项目所需原材料质量和性能能否满足要求。应分析项目实施和运行对各种原材料在质量和性能上的特殊要求，因为它们直接影响到该项目实施和运营所需技术、工艺、设备，原材料质量和原材料利用程度都有影响，原则上这方面必须满足项目设计的要求。

（3）评估项目所需原材料的价格及其变动的影响。项目所需原材料的价格对于确认项目的可行性和合理性具有制约与决定作用，因此在项目评估中应根据原材料供应的发展变化情况预测其未来变化趋势，以确保项目实施和运行的可行性。

（4）评估项目所需原材料运输距离和费用的影响。项目实施和运行所需原材料的运输方式、运输距离和运输费用对项目的可行性与项目成本效益有很大的影响。因此在项目评估中应对原材料运输方式、运输距离和运输费用进行详细的计算分析与评估。

（5）评估项目所需原材料的存储及其费用的影响。项目所需原材料的合理储备量及其相应的存储设施条件也是项目可行性的保证，特别是在原材料来源和运输具有一定的不确定性时，全面评估项目原材料储备量和存储设施尤为重要。

（6）评估项目所需原材料的国内和国际来源情况。项目所需原材料的供应首先要立足国内，如果必须从国外进口时则应对进口原材料的情况、供应来源的稳定性和安全性进行评估，并应有应急预案和应变措施。

2. 项目所需自然资源和环境的评估

这是指项目直接从自然资源的需求和供给方面的评估。由于自然资源所具有的两个显著特点，即有限性和不均衡性，因此项目所需自然资源的供应一定是有限的，从而就会对项目造成制约。所以项目微观环境评估就必须分析自然资源对于项目的制约性，以及项目需求与自然资源环境的能力的均衡性。这方面评估具体包括如下内容。

（1）评估项目所需自然资源是否充分具备。例如，以矿产资源为开发对象的采掘业项目必须具备国家矿产储备委员会批准的关于资源储量、品位、开采价值及运输条件等资源报告，以确定资源是否符合项目的基本要求。

（2）评估项目所需自然资源的数量是否充分。例如，对于开发矿产资源的投资项目而言，人们还必须分析和评估项目所占有矿产资源的矿床规模、类型、特征、矿体形态及其大小、矿产品位和结构等方面的要素。

（3）评估项目所需自然资源可供质量和年限。例如，对于矿产资源开发项目还必须分析矿产储量和可供开采量以确定项目年开采量与服务年限以及开采方式等，同时还要分析矿产资源的性质以拟订资源的综合利用方案等。

（4）评估项目所需自然资源需要加工运输的情况。一般情况下，项目所需资源都需要进行必要的加工和运输，而加工的程度越深和运输的距离越远，其成本就会越高，所以还需要对评估项目所需自然资源的加工和运输情况进行评估。

（5）评估项目所需自然资源的稀缺程度。对于需要利用自然资源的项目必须进行项目所需自然资源的稀缺程度的评估，甚至还要对这种自然资源的可能替代物，或开辟新资源的可能性和前景进行必要的预测与分析研究。

（6）评估项目所需自然资源供应的稳定性。对于利用自然资源的项目还必须分析影响这些自然资源供应的稳定性等因素，并寻求解决各种不稳定性因素的措施和方法，以保证项目所需自然资源具有稳定而可靠的供应。

3.2.2　项目所需资金和人力资源的环境评估

项目实施和运营还需要资金与人力资源，所以这也是项目微观环境评估的内容之一。

1. 项目所需资金的环境评估

项目所需资金的供应条件是否可行和有利，地方有关政策法规是否有利于项目筹资等也是直接关系项目是否可行的问题。因此必须对项目的这些约束条件做以下方面的评估。

（1）评估项目的总投资是否落实。认真仔细地估算项目总投资，尤其要注意项目借贷资金的情况，以及项目投资是否存在资金缺口等，政府严禁人们搞"钓鱼工程"。

（2）评估项目所需资金的种类和性质。分析和评估项目资金来源，即项目自有资金和借贷资金的情况，对于项目所需资金的来源渠道和数量比例都应进行评估。

（3）评估项目贷款资金的使用条件。使用贷款的项目还必须评估贷款资金使用条件和要求，并且要注意分析国际市场价格和汇率的变化以保证项目资金的可行性。

2. 项目所需人力资源的环境评估

这是指对于项目实施和运行需要的各种人力资源供应环境与条件的评估。这既包括对于项目实施和运行所需的管理与技术人才供应情况的评估，也包括对于项目所需劳动力情况的评估。这方面的评估主要包括以下两方面的内容。

（1）评估项目所需的人力资源的供给情况。项目所需的各种人力资源的供应情况都应进行评估，这要根据项目的生产能力与生产工艺以及组织机构设置等因素的需求去分析是否能够获得这些项目所需的人力资源。

（2）评估项目所需的人力资源的水平和培训条件。项目所需人力资源多数情况需要根据项目的需要做专门的培训和培养，所以还需要进一步对这方面的需要和供给的情况进行全面的分析，并结合人力资源的情况制订相应的培训计划。

实际上项目所需资源是多种多样的，人们需要对这方面的环境与条件进行全面分析和评估，以确认项目所需资源的供应条件是否可行，项目所需资源的供应趋势是否稳定和有保障，项目所需资源的供应价格和成本是否经济合理，等等。

3.2.3　项目所需各种社会服务环境的评估

项目所需的各种社会服务主要包括项目所需燃料和动力方面的服务，项目所需运输和通信条件等方面的服务，以及项目所需外部协作和配套服务，等等，这些都属于项目实施和运行中面临的微观环境与条件，所以都需要进行相应的评估。

1. 项目所需燃料与动力的服务环境的评估

对项目所需燃料和动力的服务条件进行评估，这主要包括如下几方面的评估。

（1）评估项目所需燃料的供求量及服务方式。项目所需各种燃料和动力的服务或供应条件都需要进行评估，一般可根据项目实施和运行的需要对项目所需燃料和动力的服务或供应政策、供应数量、供应方式、运输及存储设施要求等进行全面的评估。

（2）评估项目所需水资源的服务或供应条件。项目所需水资源的服务和供应条件同样是一个非常重要的项目条件的评估方面，应根据项目实施和运行对水资源的要求进行全面的分析与评估，包括供水量、供水价格、供水水源、供水设施、供水方式等方面的评估。

（3）评估项目所需电力资源的服务或供应条件。项目所需电力资源的供应条件也需要做严格的分析，要估算项目实施和运行过程中最大用电量、用电高峰负荷、耗电量、供电政策、供电设施、供电方式和供电成本等，并根据项目情况评估这些方面的可行性。

（4）评估项目所需其他能源动力服务和供应条件。如果项目还有其他的动力和能源的需求，那么也要分析和计算它们的需求量、供应方式、供应价格、供应政策和供应成本等。特殊情况时甚至还需要评估项目自备设施和架设管网等方面的问题。

2. 项目所需运输和通信服务环境的评估

项目实施和运行的运输服务关系到项目所需的各种物资以及项目产品能否及时保证供应与投放市场，所以需要做好相关的评估。项目的通信服务用于获得和传递信息，所以对项目的通信服务也必须做全面的评估。这方面的评估主要包括以下几个方面内容。

（1）评估项目所需的运输服务和设备条件。要评估项目实施和运行所需供应链的全过程所需运输服务方式与运输设备条件，包括项目组织内部和外部的运输服务的方式与设备的技术经济分析，以保证项目供应量的畅通。

（2）分析项目所需物流系统的服务能力。这包括评估项目实施和运行所需的装卸、运输、储存等方面服务的供应条件与能力，以及物流服务组织管理方面的能力等，以确保能够提供在项目实施和运行中所需的物流服务。

（3）评估项目相关运输条件的配套性。项目若采用铁路、公路、海运等运输方式就应分析与估算这些方面的相关配套服务情况，包括专用铁路、编组设施、仓储设施等相关投资建设问题，以保证项目实施和运行能够有相应的运输配套条件。

（4）评估项目所需的通信服务和设备条件。这需要评估项目决策和沟通所需的信息资源及其管理究竟需要哪些通信方式和通信设备与条件，包括项目组织内部和外部通信所需的服务与设备的分析，以保证项目信息沟通和通信的畅通。

（5）分析项目所需通信服务的能力和条件。这包括评估项目所需的计算机网络通信、电信、信息、图文传输等各方面通信服务的供应条件与能力，以及所有这些通信服务组织的管理能力等，以确保能够提供在项目实施和运行中所需的通信服务。

（6）评估项目相关通信条件的配套性。例如，项目若采用光纤通信和互联网路服务就应分析与评估项目所需光纤和互联网络的配套情况与相关专用条件的投资建设问题，以保证项目运行能够有相应的通信配套条件。

3. 项目所需外部协作和配套服务环境的评估

这是指为项目提供零部件配套、半成品或其他协作配套的服务条件的评估，因为这些项目的外部协作与零件配套条件同样是项目实施和运行中一个非常重要的外部环境与条件，这方面的评估主要内容包括如下两个方面。

（1）评估项目前序协作配套条件。这是指对于为满足项目实施和运行的需要而提前供给零部件、半成品或包装品等项目外部协作配套能力的评估，这包括外部协作者的能力、交货期、协作厂技术力量、协作保证程度和质量、价格等方面的全面评估。

（2）评估项目后序协作配套条件。这是指对于项目产品出厂后的一些协作与配套服务条件的评估，包括各种项目组织自己提供的和委托服务上完成的售后技术服务、销售服务和其他一些项目的后序协作配套条件的全面评估。

总之，任何项目的实施和运行都离不开外部环境所提供的各种资源与服务。这些都是项目所需的，所以必须全面评估，否则项目断了"输入"就无法成功。

3.3　项目市场环境与条件的评估

在项目投入运行后，其产品或服务必须投向市场，市场环境也是项目成败的一个重要条件，所以分析和评估项目全生命周期的市场环境条件是非常必要的。这种项目市场环境与条件的分析包括项目市场调查、市场预测和市场评价等。

3.3.1　项目产品或服务的市场需求调查

这是认识项目产出的产品或服务的市场情况,对项目产品或服务市场中的供求情况所进行的数据收集、分析和处理,从而全面了解项目产品或服务现实市场和潜在市场情况。项目产品或服务市场需求调查是项目评估的主要任务之一,其主要内容包括以下方面。

1. 项目产品或服务需求者的调查

这主要是调查一个项目的产品或服务主要面向哪种和哪些消费者,以便用于分析项目市场条件的情况。通常不同项目都有自己的目标客户,项目市场条件评估首先要对项目产品或服务的目标客户群做全面的调查。

2. 项目产品或服务的市场需求量调查

项目产品或服务的市场需求量调查就是要摸清在既定市场范围内项目产品或服务可能的销售总量。有些项目产品或服务的市场包括国内和国外两个,要全面评估两个市场的现有需求量和潜在需求量。

3. 项目产品或服务的市场细分调查

这种调查主要是对项目产品或服务的多样性需求的调查,任何项目产品或服务都可以分成按一定用途或性能区别的不同种类(所谓的市场细分),因此在项目产品或服务市场调查时还要对项目产品或服务的品种进行调查。

4. 项目产品或服务的质量需求调查

项目产品或服务的质量需求调查包括对既定项目既定产品或服务的用途、特性、寿命、功效等具体要素的调查,包括项目产品或服务的内在质量、外观质量和商业质量等方面,这些方面的调查都是必需的。

5. 项目产品或服务市场价格需求调查

项目产品或服务的价格也是产品的经济质量,其价格高低关系到项目产品或服务的销售总量和市场占有率,所以项目产品或服务市场需求调查还必须包括价格调查,这既包括价格水平的调查也包括对于价格弹性的测定等。

在项目产品或服务的市场需求调查中所使用的方法主要有下面两种。

(1)直接调查法。这种方法主要有三种:其一是走访调查法,这是一种当面听取被调查人意见的方法,包括个别采访、小组访问或座谈等形式;其二是电话调查法,这是通过电话直接向有关单位、用户进行调查的方法;其三是书面调查法,这是通过面交或邮寄书信的方式进行市场需求调查的方法,这种方法多采用表格的形式,故又称调查表法。

(2)间接调查法。这是通过分析项目产品或服务与用户间的内在联系,了解项目产品或服务所处市场的总体需求及其发展趋势的方法。其有两种主要方法:其一是资料调查法,是指使用现成的市场统计数据资料去分析市场需求情况；其二是专家调查法，是指通过询问专家对市场需求情况做出判断和分析，这种方法的关键在于选对专家和充分运用好这些专家。

3.3.2　项目产品或服务的市场需求预测

这是指在项目市场调查的基础上应用科学方法对项目产品或服务未来市场需求和发展趋势所做的预测与判断，以测定该产品未来的需求状况。这包括对于国内外市场需求两方面的预测，国内市场需求预测可根据我国国民经济官方统计数据去评估，国外市场需求预测需要根据国际市场的发展变化规律和项目产品或服务在国际上的竞争力去做出预测。这方面的方法有很多种，最主要的有如下几种。

1. 时间序列预测法

这是以时间序列的历史资料和数据为基础，运用简单的平均数计算等方法分析确定市场发展变化趋势，并根据这一趋势向外做出推断，从而预测项目产品或服务市场未来发展变化趋势的一种方法。运用这种方法人们先要找出相关历史数据的趋势规律，然后使用这方面的规律去预测和分析项目产品或服务市场的发展趋势与预测结果。

2. 回归预测法

这是研究两个及其以上变量之间相关关系并借此开展预测的方法，这种方法又包括研究两变量的一元回归分析预测和研究多变量关系的多元回归分析预测方法。回归预测法的基本步骤是：①分析数据找出变量之间的相关关系以确定影响项目产品或服务市场变化的因素；②根据变量间的相关关系去建立预测模型；③使用预测模型进行预测并给出结果。

3. 德尔菲预测法

这是一种借助专家意见进行预测的方法。这种方法的主要步骤是：先选择专家，然后设计专家意见调查表，请专家做出分析判断和预测，再将回收的专家调查问卷归纳整理；然后向专家反馈统计整理结果，以便专家据此修改自己的分析判断和预测。如此反复几次后得到专家意见，最终根据专家意见做出项目产品或服务市场需求预测报告。

综上所述，项目及其产品或服务的市场环境与条件就是项目"输出"所需的环境与条件，如果不通过严格而科学的评估，就会断了项目的"后路"而导致项目失败。

3.4　项目产品或服务的竞争环境评估

由于所有项目的产品和服务也存在市场竞争问题，所以关于项目产品或服务的竞争环境评估主要是围绕市场行政范畴进行的。任何项目微观环境评估都必须包括项目产品或服务的竞争环境评估，因为"物竞天择，适者生存"，这是关系到项目生死存亡的关键条件之一。

3.4.1　项目产品或服务竞争环境评估的概念

关于竞争的本质和作用有很多定义与解释，竞争简单地可以理解为是人们为了利益所开展的一种对于机会和利益的争夺。更进一步从哲学的角度来看，竞争的本质就是一种人们的社会关系，是人们为满足某种需求而展开的既有冲突又有合作的社会关系。

项目产品或服务的竞争环境评估涉及的竞争情况要素可以使用哈佛大学的经济学教授迈克尔·波特在其《竞争优势》[①]一书中提出的"五力模型"。波特认为：竞争的规律就是体现这五种竞争要素的作用力，这五种要素包括：新竞争对手入侵，替代品的威胁，客户的砍价能力，供应商的砍价能力以及现存竞争对手之间的竞争。图 3-2 给出了这五种竞争要素共同作用所形成的竞争环境示意图，实际上项目产品或服务的竞争环境评估就是围绕这个体系进行的分析与评估。

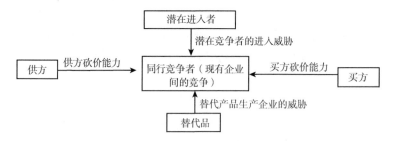

图 3-2　基于波特五力模型的项目竞争环境示意图

由图 3-2 可以看出，在项目产品或服务的竞争环境评估中必须开展与现有竞争者和潜在进入的竞争者的竞争环境评估，同时为提高项目产品或服务的竞争力要开展对其供应商和客户的砍价能力的评估，还有对有替代作用的产品或服务竞争环境的评估。因为购买项目产品或服务的客户砍价能力会影响到项目产品或服务的价格，而供应商的砍价能力会影响到项目产品或服务的成本，替代品的价格波动会直接影响项目产品或服务的价格与成本，所以都是必须开展项目产品或服务所处竞争环境评估的对象和内容。现有竞争者和新竞争者的入侵更是会直接威胁项目产品或服务的价格和市场占有情况，所以这些方面都是项目产品或服务竞争环境评估的主要对象和核心内容。

3.4.2　项目竞争环境评估的内容

项目竞争环境评估最为主要的内容就是在图 3-1 中所给出的项目产品或服务的客户、供应商、替代品、潜在的进入者和现有竞争对手的竞争情况的评估。

---

① 迈克尔·波特. 竞争优势. 陈小悦, 译. 北京：华夏出版社，1997.

1. 现有竞争对手的能力评估

这主要包括两方面的内容：其一是对于项目及其产品或服务的现有竞争对手的识别，人们必须依据项目产品或服务的特性和所属行业，去识别与判断项目及其产品或服务现在实际存在的竞争对手有哪些；其二是对现有竞争对手间竞争能力和竞争激烈程度的评估，这需要通过对现有竞争对手的能力和项目及其产品或服务的市场竞争激烈程度做出评估。另外，项目及其产品或服务的现有竞争对手能力也会发展变化，因此人们还需要对此做出合理的预测和评估，因为只有这样才能全面评估现有竞争对手的竞争能力。

2. 潜在进入者的竞争威胁评估

这主要包括两方面的内容：一是潜在竞争者的识别，项目产品或服务的潜在竞争对手不像现有竞争对手那样明确，所以往往较难判断，一般可以通过下列归类来识别项目的潜在竞争者：特别容易克服进入壁垒的行业和企业、具有明显协同作用的行业和企业、有可能进行后向一体化或前向一体化的客户或供应商企业[①]；二是对潜在竞争者进入威胁程度的评估，其大小取决于进入壁垒和现有同业者的反击，如果进入壁垒高或同业者坚决反击，则这种威胁的程度就会较小。

3. 产业或行业进入壁垒的评估

任何一种行业或产业都有自己的进入壁垒，这主要包括技术壁垒、经济壁垒、行政壁垒、市场壁垒等。其中，项目产品或服务的生成需要较大的规模经济去阻碍潜在进入者对于该产业的侵入，项目产品或服务的技术要求高或有专利保护会阻止潜在进入者的进入，项目产品或服务的市场品牌信誉度和美誉度高会使得潜在进入者需要耗费大量资金去消除原有客户的忠诚度，从而构成一种进入壁垒。在项目及其产品或服务的竞争分析与评估中必须做好这些方面的评估，以便掌握项目产品或服务未来竞争的环境与条件。

4. 替代产品的竞争威胁评估

广义地看，任何产业或行业产品都有替代产品，即那些能够实现与项目产品具有类似功能而具有替代作用的其他产品。如果替代品所提供的价格、性能在特定情况下比项目产品或服务更有吸引力，则替代产品与项目产品或服务的竞争就出现了。所以必须在项目评估中对于项目产品或服务的替代产品的潜在竞争能力进行全面评估。这种评估不但要找出项目产品或服务的各种潜在的替代产品，而且要分析和评估这种替代的可能性和竞争威胁程度的大小。这包括对于各种替代产品功能、价格、替代机遇和替代程度等方面的评估。

---

① 席西民. 企业外部环境分析. 北京：高等教育出版社，2001.

5. 买方砍价能力的竞争威胁评估

项目产品或服务的买方或客户带来的竞争主要表现在压低价格、要求更高的质量或索取更多服务方面,这会使项目产品或服务的盈利下降和经济利益受损。客户的砍价能力强弱取决于项目产品或服务自身特性和市场竞争情况以及买主的采购数量等因素。这需从三个方面进行评估:一是识别出项目产品或服务的买主或客户情况,二是评估他们的砍价能力,三是由此会造成的损失和威胁情况。这种买方的砍价能力是随着市场条件的发展变化而不断变化的,因此要对买主砍价能力变化趋势做出预测和评估,从而指导项目的相关决策。

6. 供方砍价能力的竞争威胁评估

项目实施和运行所需资源的供应商可能通过提价或降低供应产品与服务质量等方法给项目及其产品或服务带来竞争,这将造成项目产品或服务的成本增长和应得利润的减少。这种供方砍价能力是与买卖双方实力消长和市场情况发展变化直接关联的,如果项目的供方数量有限或该供应商占支配地位,就会出现有利供方砍价的竞争环境。这种竞争威胁评估需要从两方面进行:先要充分识别出供方(供应商或承包商)的数量和质量,然后要充分评估供方的砍价能力及其所能造成的竞争损失大小。

综上所述,任何项目实施和运行都需要项目所处微观环境提供"输入"(为项目输入所需资源)和"输出"(输出项目产品或服务到市场)的微观环境。所以人们就必须开展项目微观环境的评估,因为这是直接关乎项目生死存亡的环境与条件的评估。

3.5　项目微观环境的综合评估

上述是项目微观环境专项评估,它们分别给出了项目及其产品或服务所面临的各方面的环境与条件情况的评估。为了确保项目实施和运行的成功,人们还必须综合这些微观环境专项评估的结果给出项目微观环境的综合评估,以全面认识项目所处的微观环境。

3.5.1　项目微观环境综合评估的内容

为了综合项目微观环境各方面的评估结果,这种综合评估内容应包括如下几个方面。

1. 安全性综合评估

这是指综合评估项目微观环境的安全性,从而给出项目微观环境是否能够保证项目安全实施和可持续运行。这包括对于项目现有微观环境是否能够保障项目实施和运行的安全性,以及项目未来所处微观环境的发展变化,及其能否继续保障项目在其生命周期完结之前不会夭折。这种安全性评估是首要的项目微观环境综合评估的内容,因为所有项目的实施和实际都需要综合达到保障项目安全性的要求,项目才能够投入建设和运营。

2. 完善性综合评估

项目微观环境综合评估的第二项内容是综合评估项目微观环境的完善性，即项目的实际实施和运行环境是否能够全面而完备地保证项目所需的各种微观环境的支持。这包括对项目所需各种资源与服务是否完善的评估，所以项目微观环境完备性评估有四方面的内容：其一是项目所需"输入"微观环境的完善性综合评估，其二是项目所需"输出"微观环境的完善性综合评估，其三是项目所需"竞争"微观环境的完善性综合评估，其四是项目所需微观环境完善性的全面综合评估。

3. 优惠性综合评估

项目微观环境综合评估的第三项内容是综合评估项目微观环境的优惠性，即项目微观环境是对项目实施和运行所能提供的相对优惠的环境条件。这包括对项目、对各种环境条件是否具有优先权和是否具有优惠权的评估。这是项目微观环境综合评估中的最重要的内容之一，因为这将决定项目的实施和运行是否具有优惠性的综合环境，以便项目的实施和运营具有更好的竞争性，从而项目就能够获得更大的成功和更好的结果。

总之，项目微观环境的综合评估并非是将项目微观环境的各个方面的简单综合与叠加，而是对于项目所处微观环境的安全性、完善性和优惠性的综合评判。因为只有这三个方面的评判和评估结果，才是项目决策所真正需要的支持信息。

3.5.2　项目微观环境综合评估的准则

项目微观环境是由项目所处的多方面环境条件构成的，对其进行综合评估必须遵守一定的准则，这方面的主要准则包括如下几个方面。

1. 客观性准则

项目微观环境综合评估必须从实际出发，以调查所获得的事实和数据为依据。同时既要分析和评估项目微观环境的现状，又要分析和评估它们未来的发展变化。这种分析不能从主观愿望出发，不能想当然地进行评估，必须按照实事求是的客观性准则去评估。

2. 全面性准则

项目微观环境的多样性决定了项目微观环境综合评估必须坚持全面性的准则。这包括全面分析项目所需的运行环境条件和全面评估项目现在与未来所处的项目微观环境条件两个方面。只有遵循全面性准则才能够准确而科学地进行项目微观环境的综合评估。

3. 前瞻性准则

项目微观环境是一个动态变化的系统，所以在项目微观环境综合评估中还必须考虑变化趋势和变化时效。项目微观环境综合评估的前瞻性主要体现在对于项目微观环境各方面发展变化的综合预测上，即这种综合评估必须考虑未来环境整体发展变化对于项目的影响。

3.5.3 项目微观环境的综合评估方法

项目微观环境综合评估需要一些综合性的评估技术与方法，迄今为止多数项目微观环境综合评估（以及各种项目综合评估）的方法属于打分连加或连乘的方法。这种方法的主要做法是先为项目微观环境综合评估所涉及的各专项评估要素或指标的权重打分，然后将这些专项评估要素或指标的评估结果得分乘以它们的权重，最终按照连加或连乘的方法得到综合评价项目整个环境条件好坏或优劣的结果。其中，每个项目微观环境专项评估要素或指标的权重多数是由评估专家分配获得（先验方法）或者按照统计分析的结果获得（后验方法）的。在综合项目微观环境专项评估要素或指标时，则使用连加或连乘的方法去综合各个专项评估要素或指标的情况（得分与权重的综合结果），最终得到一个项目微观环境整体优劣的评价。另外还有一些其他的项目微观环境综合评估方法，如现在相对比较流行的层次分析法和模糊评判法等。所有这些方法都将在后续的项目综合评估方法章节中做全面而深入的讨论。

 思 考 题

1. 项目微观环境评估的原则是什么？
2. 项目微观环境评估的内容有哪些？
3. 项目所需资源条件评估的内容有哪些？
4. 你认为项目竞争环境的评估内容还应该有哪些？
5. 你认为项目微观环境综合评估还应该综合哪些方面的内容？
6. 你知道项目微观环境综合评估还有什么更好的方法吗？

第4章　项目宏观环境评估

【本】【章】【介】【绍】

本章首先给出项目实施和运行所处宏观环境的主要方面，进而给出项目宏观环境评估的基本概念、内容、作用与原则。随后讨论项目宏观环境与项目微观环境的关系，并分别讨论项目所处宏观政治环境、宏观经济环境、宏观社会环境、宏观技术环境、宏观生态环境和宏观法律环境评估的内容、原理和方法。更进一步，本章讨论了项目所处的宏观环境的综合评估的内容、原理和方法。学习本章最根本的作用是读者能够掌握项目宏观环境对于项目成败的影响，以及如何做好这方面的评估工作。

项目宏观环境评估是一种对于项目所处的国际、国家或地方的宏观环境系统的分析和评估，是一种关于宏观环境对项目可能造成的各种影响结果的评估。"天下大势，顺者昌，逆者亡"，说的就是人们必须对于项目所处宏观环境进行评估，以便实现"识时务者为俊杰"的结果。但是同样在现有项目评估方面的教科书中多缺少项目宏观环境的评估，实际上从项目评估学的角度出发，项目宏观环境评估是整个学科知识体系中十分重要的一个专项评估。中国有句话"审时度势，因势利导"中的"审时度势"主要指的就是项目的宏观环境评估。特别需要指出的是，当今我国倡导的"一带一路"建设中有大量的跨国投资项目，这些项目更需要开展项目宏观环境的评估，因为这些项目的宏观环境是一种国际环境。

4.1　项目宏观环境的概念和内涵

项目宏观环境是项目所处微观环境上一层的项目大环境，这种项目宏观环境不但会通过直接影响项目的微观环境而进一步作用和影响项目，而且也可以直接影响到项目本身。项目宏观环境与项目微观环境和项目的关系如图4-1所示。

显然，对于跨国项目、多国项目或全球项目，人们还需要考虑国际环境或跨国的经济、政治、社会、技术、法律和环境等环境评估。因为这些项目超越了国家或地区界限，所以国际或全球环境和条件已成为项目的宏观环境与条件了，故必须进行这方面的环境分析。

图4-1　项目宏观环境与项目微观环境和项目的关系

4.1.1　项目宏观环境的概念

项目宏观环境是项目微观环境存在的前提和条件，而项目微观环境是项目生存和发展的前提与条件，所以项目宏观环境会直接或间接地影响项目的发展和变化。多数情况下，项目宏观环境首先会影响到项目的微观环境，进而影响到项目本身。项目不但受微观环境的影响，还受到宏观环境的影响。所以在项目环境评估中人们必须评估项目的宏观环境及其对于项目和微观环境的影响。

4.1.2　项目及其宏观环境和组织战略的关系

项目宏观环境不但会影响项目的发展和变化，也会影响到企业或组织的战略计划和安排。由于项目都是为实现组织战略的手段或工作，因此实际上项目宏观环境的发展变化必然会影响到组织的战略。项目宏观环境与组织战略和项目的关系如图 4-2 所示。

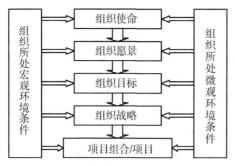

图 4-2　项目宏观环境与组织战略和项目的关系

由图 4-2 可以看出，组织的项目是根据组织战略的需要评估和确定的，而组织战略是根据组织的目标确定的（因为组织战略是实现组织目标的计划和安排），更进一步，组织目标是根据组织愿景设定的（因为组织目标是组织愿景的分解和标定），最终所有这些都取决于组织的使命。由图 4-2 还可以看出，实际上组织所处的宏观环境不但影响到项目，而且影响组织的使命、愿景、目标和战略。

4.2　项目宏观环境评估的模型和维度

项目宏观环境是一个由众多项目外部要素所构成的系统，对于这个系统人们可以使用不同的分解或分类方法去描述。本书借用两种战略管理学的组织外部环境分析法，将它们改造成为用于项目宏观环境评估的内容、技术和方法。在战略管理的组织外部环境分析中，人们最常用的方法有针对政治、经济、社会和技术宏观四个环境因素的 PEST（political，economic，socal，techological，宏观环境分析模型）分析法[1]，以及包含政治、经济、社会、技术、环境和法律六个宏观环境的 PESTEL（political，economic，socal，techological，environmental，legal，PESTEL 分析模型）法[2]。

本书将它们改造成为项目宏观环境评估方法的基本模型、评估维度与评估要素，以及评估过程和技术方法。实际上项目评估学与战略管理学中宏观环境的评估方法虽然在度量

---

[1] Mintzberg H，Ahlstrand B，Lampel J. Strategy Safari：A Guided Tour through the Wilds of Strategic Management. 1st edn，NewYork：Free Press，2005.

[2] Johnson G，Scholes K，Whittington R. Exploring Corporate Strategy. 8th Edition. London：FT Prentice Hall，2008.

维度上相同，但在具体评估内容和方法上是不同的。只不过战略管理学的外部环境分析是针对组织（如企业）或实体（如行业）外部环境的，而项目评估学的宏观环境分析是针对项目的宏观环境的，二者在很多地方是共同和可以借鉴的。

4.2.1　项目宏观环境评估用 PEST 模型和维度

本书给出了项目宏观环境评估的具体内容和方法，其中有关项目宏观环境评估用的 PEST 分析方法的具体模型和要素的说明如下。

图 4-3　项目宏观环境评估用
PEST 模型

1. 项目宏观环境评估用 PEST 模型

这种项目宏观环境评估用的 PEST 模型有四个评估维度，每个评估维度上都有一系列的评估要素或指标，这种项目宏观环境评估用 PEST 模型如图 4-3 所示。

2. 项目宏观环境评估用的 PEST 评估维度

由图 4-3 可知这种项目宏观环境评估模型有四个维度，它们的具体内容如下。

（1）政治环境。这是指项目所处国家或地区的政治体系情况及其从事政治活动、进行政治决策的背景条件的总和。这种政治环境是项目的宏观外部环境之一，它涉及一个国家或地区的政治体制、社会制度，执政党的性质，政治方针和政策，国家法令和法制，政局是否稳定和透明，政府的政策是否经常变动，是否存在国家或地区之间的冲突，以及针对项目的恐怖主义行动，等等。对跨国的或国际的项目而言，项目宏观政治环境还包括国际政治方面的分析，即国际社会中各主权国家、国际组织以及各种政治力量相互之间的关系及其矛盾运动过程的综合情况[①]，以及涉及地缘政治方面的情况和对东道国的政治环境等方面的分析。

（2）经济环境。这主要是指项目所处国家或地区的经济制度、经济发展水平、经济状况（稳定、增长还是衰退）、产业结构、物资资源状况、消费水平、消费结构、通货膨胀率、外汇汇率、银行利率、税率、失业率、GDP（gross domestic product，国内生产总值）增长率等。其中对于项目影响最大的是国家或地区的宏观经济政策，这包括宏观财政政策和宏观货币政策以及政府的产业优惠政策与地区优惠政策等。另外，项目的宏观经济环境还包括项目所面临的社会经济条件及其运行状况以及发展趋势，如产业结构、物流服务、人力资本情况等。总之，所有与项目的成败相关的经济影响因素都属于这一范畴。对于跨国的或国际的项目而言，国际经济发展动态和国际汇率、利率、税率等相对比较情况都应属于项目宏观经济环境评估的范畴。

（3）技术环境。这主要是指项目所处国家或地区与项目的专业直接相关的技术手段的

---

① 邢悦，詹奕嘉. 国际关系：理论、历史与现实. 上海：复旦大学出版社，2008.

现状和未来的发展变化，以及国家或地区的技术政策和技术支持等方面的因素。项目的宏观技术环境分析更多的是与项目有关的新技术、新工艺、新材料的出现和发展趋势以及应用前景，以及那些引起革命性变化的技术发明和技术进步等方面。同时，项目的宏观技术环境分析还需要考虑：国家对科技开发的投资和支持重点，项目所属领域的技术发展动态和研究开发情况，技术转移和技术商品化速度，技术专利及其保护情况，技术支持和技术协作情况，等等。同样，对于跨国的或国际的项目而言，国际间技术差异和发展动态以及与国际技术封锁或技术保护等情况都应属于项目宏观技术环境评估的范畴。

（4）社会环境。这也被称为社会文化环境，是指项目所处国家或地区的社会制度、社会结构、社会关系、社会文化、社会意识、社会风俗和习惯、社会信仰和价值观念、人们的行为规范和生活方式、社会生产关系、社会的文化传统、伦理道德规范、审美观念、宗教信仰及风俗习惯等因素所形成的环境情况。具体地说，包括项目所在国家或地区人们生活和生产的直接环境，如家庭、婚姻、劳动组织、社区环境、学习条件和其他社会环境方面的要素。项目的宏观社会环境直接影响和制约着与项目有关人员的思想观念、工作态度、行为模式、沟通习惯和生活方式等。对于跨国或国际项目而言，社会环境是必须评估的部分，项目相关国家之间的社会差异及其对于项目的影响都需要进行评估。

这种项目宏观环境评估用的 PEST 模型有四个维度，没有包含项目宏观法律环境和自然环境评估的内容，所以人们有时需要使用下面讨论的六维度的模型。

4.2.2　项目宏观环境评估用 PESTEL 模型和维度

项目宏观影响评估用 PESTEL 模型有六个维度，它比上述 PEST 四维度模型增加了两个维度，即项目宏观法律环境和项目自然环境。

1. 项目宏观环境评估用 PESTEL 模型

这种有六个维度的评估模型使得项目宏观环境评估更加全面和科学，这种项目宏观环境评估用 PESTEL 模型如图 4-4 所示。

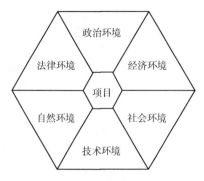

图 4-4　项目宏观环境评估用 PESTEL 模型

2. 项目宏观环境评估用 PESTEL 新增评估维度

图 4-4 中的项目宏观环境模型新增了两个维度，二者的具体内容分述如下。

（1）自然环境。自然环境是指项目生存空间中且可影响到项目的一切自然形成的物质、能量和资源等的总和，即影响到项目的自然界中物质和资源的总和。自然环境是人类赖以生存和发展的物质基础，所以它也是项目社会环境的生存的物质条件与环境。通常人们把项目宏观环境进一步划分为大气圈、水圈、生物圈、土壤圈、岩石圈等自然圈。需要注意的是：项目的生态环境与自然环境是两个在含义上十分相近的概念且人们有时会混用，但严格说生态环境并不等同于自然环境，自然环境的外延比生态环境要广，各种天然因素的总体都可以说是自然环境，但其中具有一定生态构成的系统才能称为生态环境。所以生态环境属于自然环境的一个组成部分（属于生物圈的环境），自然环境包含人类生活和生产的特定生态环境与生物环境等。

（2）法律环境。法律环境是指项目在与他人发生经济关系时所应遵守的各种法律、法规和规章以及项目所处国家或地区的立法、司法、执法等方面组成的一种宏观环境。项目所处的法律环境包括国家或地方政府所颁布的各项法规、法令和条例等成文的法律文件，以及项目所在国家或地区的司法状况、执法状况、公民法律意识、行业自律等情况所组成的一种综合系统。法律环境对项目可以起到保障、监督和限制的作用，同时项目活动也必须严格遵守该国家或地区的法律和法规，并能够使用法律武器保护自己合法的项目活动，所以必须进行项目宏观法律环境的评估。同样，对于跨国的或国际的项目而言，国际法和世界性公约以及双边与多边公约或条约，尤其是项目相关利益主体所在国家或地区的不同法律环境都应属于项目宏观法律环境评估的范畴。

综上所述，项目宏观环境评估所用 PESTEL 模型中的六个评估维度都是项目宏观环境评估用中必须评估的对象和内容，这些将在后续的章节中展开深入的讨论。

4.2.3　项目宏观环境评估用的模型和方法

项目宏观环境评估用 PESTEL 模型的六个维度，有些方面是相对直接对项目造成影响的，而有些方面是相对间接对项目造成影响的，所以需要对它们区别对待和评估。

1. 项目宏观环境评估用的两分法模型

为了对 PESTEL 模型的六个维度区别对待和评估，可将这六个维度分成两部分：其一是相对间接对项目造成影响的环境因素，包括政治环境、法律环境和社会环境因素；其二是相对直接对项目造成影响的环境因素，包括经济环境、技术环境和自然环境因素。本书做这种划分的根本原因是这两部分项目宏观评估的内容和方法有所不同，这方面的不同具体分述如下。

（1）直接影响与间接影响和定量与定性评估方面的原因。这种划分的最根本原因是要将更加直接影响项目的环境因素划分为一组，因为它们多数可使用定量分析和数据分析的方法去评估。另外，将相对间接影响项目的宏观环境因素分在另一组是因为它们多数只能用定性分析和经验分析的方法去评估。例如，一国或地区的经济发展情况和有无符合项目要求的技术支持条件以及项目所需自然资源相关，这些项目宏观环境都是对项目造成直接影响的因素，而且它们多数是可以直接使用定量分析和数据分析的方法进行评估的，人们可以根据这些方面的调查和预测的数据去做出项目是否起始的决策。然而，一国或地区的国体（民主还是君主）、政体（三权分立还是五权分立）、法律（英美法系还是大陆法系）以及是社会主义还是资本主义社会，这些对于项目并非是直接影响的，而是间接影响的或可能需要有多次的传递效应才会影响项目的生存与发展，所以二者需要不同的评估原理和方法。

（2）项目所处经济基础与上层建筑方面的原因。实际上，项目宏观环境评估的根本目的是选择好的项目宏观环境。由于项目宏观经济、技术和自然环境属于对于项目所处国家或地区经济基础方面的评估，因此这种评估的根本目的是选择好项目的宏观经济基础环境。但是项目宏观政治、法律和社会环境因素则属于上层建筑的范畴，人们评估这些方面的环境的目的是用来设计项目以适应项目未来所面临的上层建筑方面的宏观环境。因此，人们在项目前评估中需要评估这两类宏观环境因素，需要使用不同的评估原理和方法，有专门用来选择环境的评估方法，有专门用来适应环境的评估方法。若一国或地区的国体、政体、法律以及社会环境等宏观环境因素多数对项目不利，人们就需要重新选择在这方面有利的国家或地区去开展项目。因为从经济学和管理学的角度出发，项目就是为增加社会财富和福利服务的，只有能赚钱的经济基础和能适应的上层建筑环境，人们才可以去投资和建设项目。

2. 项目宏观环境评估的相关方法

项目宏观环境评估的具体技术方法需要根据具体评估内容进行选用，而项目宏观环境评估的相关方法主要包括以下四个。

（1）项目宏观环境评估信息的收集方法。项目宏观环境评估所需的信息包括与项目有关的历史信息、当前信息和对于未来的预测信息，这些信息的收集具有很高的质量和数量等方面的要求。这些信息可以从政府工作报告、行业协会的公告、商业数据库、专业论坛的观点、国际组织的声明等多种不同的渠道获得。这方面所需使用的方法包括文献研究方法、访谈与问卷调查方法、数据收集和挖掘方法、现场考察和调查方法、分析和统计预测方法等。尤其对于事关国计民生的重大项目，人们必须采取各种方法去获得必要的项目宏观经济环境评估的信息，包括购买专业数据库和委托专门机构去收集信息。

（2）项目宏观环境评估信息的处理方法。这种信息加工处理工作主要包括两个方面：其一是去粗取精的信息加工工作，其二是去伪存真的信息加工工作。前者需要使用统计汇总和分析以及数据处理等方法进行处理，后者需要使用信息真伪识别和剔除特异值等方法进行处理，否则会形成因为信息错误而导致项目宏观环境评估的失误，从而最终造成项目决策的失误甚至是失败。对于那些影响国计民生的重大课题的项目宏观环境评估还需要对这两方面信息处理的结果的信度和效度进行检验，以便能够正确地做出项目宏观环境的评估并最终使用这些评估结果做出正确的项目决策。

（3）项目宏观环境的专项评估技术方法。由于项目宏观环境专项评估所使用的技术方法各有不同，因此人们需要根据项目宏观环境专项评估的内容去选用具体的技术方法。实际上对于多数项目而言，并非这六个维度都需要评估，而且也不是每个维度中的各个指标都需要评估，人们只需要对有实际影响的专项进行评估即可。这有两个方面的原因：第一是必要性原因（如项目对自然环境没有影响和要求就不需要宏观自然环境评估），第二是充分性原因（如技术密集型投资项目就必须对项目宏观技术环境进行重点的评估）。人们需要按照重要度给出评估维度的优先序列，然后选定整个评估中的专项评估内容，进而确定具体评估方法，这些专项评估方法将在后面的项目宏观环境评估内容和方法中进行论述。

（4）项目宏观环境的全面综合评估方法。在使用专项评估的方法完成项目宏观环境六个维度的各个环境因素评估以后，人们还必须对这些专项评估的结果进行全面的综合评价。这种项目环境各个因素的综合评估方法也有很多种，其中有定量的综合评估方法，有定性的综合评估方法，也有定性与定量相结合的综合评估方法。有基于专家经验的主观综合评估方法，也有基于数据分析的客观综合评估方法，还有主客观相结合的综合评估方法。有使用"连加"的综合评估方法，也有使用"连乘"的综合评估方法，还有使用"连加＋连乘"的综合评估方法。人们具体选用哪种项目宏观环境综合评估方法需要根据项目的具体情况决定，有关这些方法将在本书的后续章节中做进一步的讨论和叙述。

4.3　项目宏观经济、技术与自然环境的评估

如上所述，项目所处的宏观经济、技术与自然环境属于经济基础环境，是项目生存和发展的先决条件与必备基础。这三方面的宏观环境是紧密关联的，因为自然环境是经济发展的载体之一（与社会环境并列），技术是促进经济发展的根本手段，而经济发展又必然给自然环境带来改变。所以项目的宏观经济、技术和自然环境评估相互构成了一个整体，人们需要对它们的相互关联和集成进行评估与分析，这三者的相互关系与评估模型如图 4-5 所示。

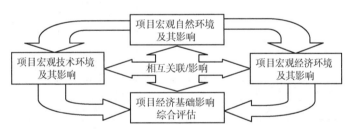

图 4-5　项目宏观经济、技术和自然环境的相互关系与评估模型

由图 4-5 可以看出，项目宏观自然环境处于最下层，因为项目宏观经济环境和技术环境都受制于项目宏观自然环境。实际上项目的经济环境都是人们认识和改造自然与社会的结果，而项目的技术环境则是人们认识和改造自然与社会的方法及手段。所以这三者是紧密关联的，因此它们需要共同进行评估。有关项目宏观经济、技术和自然环境评估的具体内容与方法分析和说明如下。

4.3.1　项目宏观经济环境评估

项目所处的宏观经济环境的因素有很多，而且这也是每个项目（政治或意识形态性质的项目除外）都需要评估的宏观环境因素，这方面的具体内容和方法分述如下。

1. 项目宏观经济环境的评估因素

项目的宏观经济环境涉及国家或地区的国民经济发展水平、国民经济发展速度和宏观经济政策三个方面，其中需要重点评估的宏观经济环境评估因素包括以下几个。

（1）项目所处国家或地区的宏观经济政策方面的评估。这方面的评估使人们能够很好地认识项目所处宏观环境的经济政策和经济大政方针，而这种经济政策和经济大政方针又直接关乎项目的经济可行性。例如，项目所在国家或地区的宏观财政政策、宏观货币政策、宏观产业政策等会直接关乎项目是否可行和最终结果。

（2）项目所处国家或地区的国民经济发展水平方面的评估。这方面的评估使人们能够很好地认识项目所处宏观环境的经济现状，而这种经济现状是项目"安身立命"的基础。例如，项目所处的相关市场容量、居民消费水平和劳动生产率水平等，这些直接关乎项目的成败和收益与成本等方面的结果。

（3）项目所处国家或地区的国民经济发展速度方面的评估。这方面的评估使人们能够很好地认识项目宏观经济环境的发展变化，而这是项目可持续发展的基础。例如，项目所在国家或地区的 GDP 增长率、国民可支配收入增长率、利率和汇率变化情况等，这些直接关乎项目的实施和运行的最终结果。

有关这些项目宏观经济环境评估可能涉及的评估要素见表 4-1。

表 4-1　项目宏观经济环境评估涉及的主要评估要素

评估	具体因素	核心内容
宏观经济政策	宏观财政政策	多收少支或少收多支
	宏观货币政策	从松或从紧的货币政策
	宏观产业政策等	禁止、限制、一般和鼓励、优惠等政策
宏观经济发展水平	国家或地区 GDP 水平	国家或地区的经济规模大小
	产业结构和市场容量	国家或地区能容纳项目规模
	居民消费和储蓄倾向	人们会购买多少项目产品
	进出口的规模和水平	进出口资源和替代产品情况
	通货膨胀和失业水平等	国家或地区经济好坏现状
宏观经济发展速度	国家或地区 GDP 增长率	国家或地区经济扩张速度
	国民可支配收入增长率	国民可支配收入增长速度
	利率和汇率变化情况	经济和财务成本变化情况
	税率和成本增长情况	经济和财务成本变化情况
	市场容量增长情况等	国家或地区能容纳项目规模

表 4-1 中的项目宏观经济环境因素并没有完全涵盖项目所面临的整个经济系统的全部宏观经济环境要素，且其中某些具体因素也并不一定都会影响到某个具体项目，所以人们在具体项目宏观经济环境评估时必须进行有针对性的选择和评估。

2. 项目所涉宏观经济环境的评估作用和方法

项目宏观经济环境评估内容有三方面，它们的不同作用和方法分述如下。

（1）项目所涉宏观经济政策方面的评估作用和方法。这种评估三方面的具体作用和评估方法分述如下。

①项目所涉宏观经济政策影响方向的评估作用与方法。这主要是评估国家或地区的宏观经济政策对项目的影响是有利还是不利，或者只是中性而没有任何影响。实际上有很多宏观经济政策的方向性是十分明确的，如宏观产业政策就会明确给出禁止、淘汰、一般和鼓励等政策方向。这方面评估的方法相对比较简单，根据国家政策文件进行定性分析即可。

②项目所涉宏观经济政策影响力度的评估作用与方法。这主要是评价国家或地区的宏观经济政策对于项目的影响力度大小，因为不同的宏观经济政策对项目的影响力度不同。实际上有些宏观财政政策的影响力度比较大，而有些宏观货币政策的影响力度比较小。这方面的评估方法相对就比较麻烦和困难，需要使用经济和管理的知识以及定量分析的方法。

③项目所涉宏观经济政策影响机制和传递效应的评估作用与方法。这主要是分析评价宏观经济政策对项目的影响机制（直接影响还是间接影响）和传递效应（一次传递或多次传递），因为每种宏观经济政策都有自己不同的作用机制和传递过程。例如，汇率政策措施对进出口的影响就需较长作用时间和传递过程。这方面评估需要使用定性与定量相结合的方法。

（2）项目所涉宏观经济发展水平和速度的评估作用与方法。在这两个方面的评估方法中，发展水平的评估方法相对较简单，而发展速度的评估方法相对较复杂。

①项目所涉宏观经济发展水平的评估作用和方法。这方面评估的作用是分析和识别项目所处国家或地区宏观经济发展水平对于项目当前的影响方向与大小，所以这种评估的方法主要直接通过政府公告和媒体报道以及商业数据库等渠道获得表明国家或地区经济发展水平的数据（如多数国家每月发布这方面的官方数据），然后借此进行分析和评估即可。

②项目所涉宏观经济发展速度的评估作用和方法。这方面评估的根本作用是分析和识别项目所处国家或地区宏观经济发展速度对于项目未来的影响方向与大小，这方面的评估需要使用统计学和数量经济学等方法去分析与评估，所以这方面评估的方法相对比较复杂，需要做较多的数据收集和信息分析以及趋势预测等方面的分析与评估工作。

③项目所涉宏观经济政策的影响机制和传递效应的评估作用和方法。这方面评估的根本作用是分析和识别每个宏观经济政策对于项目当前和未来的影响方向与大小，这方面分析和评估需要更具不同的宏观经济政策去选用不同的分析与评估方法，如对于宏观财政政策、货币政策、产业政策等，就需要分别使用投入产出分析、传递函数分析等复杂的方法。

3. 项目所涉国家或地区宏观经济政策影响的评估内容

项目所涉具体宏观经济政策影响的评估包括对宏观财政、货币、产业和其他经济政策影响的评估，这些项目宏观经济政策影响的具体评估内容和方法如下。

（1）项目所涉宏观财政政策的影响评估。一国或一个地区的宏观财政政策是政府管理和调节经济的重要手段，这种政策包括税收、预算、国债、政府支出、财政投资和财政转移支付等措施与手段，政府通过改变财政支出与税收的措施去调节社会总需求。宏观财政政策主要有三种做法：其一是当出现社会总需求小于总供给而使失业率增高时，需要采取积极的财政政策去扩大社会总需求；其二是当出现社会总需求大于总供给而通货膨胀率增高时，需要采取紧缩的财政政策以缩小社会总需求；其三是在常规情况下需要采取中性的财政政策。另外，政府在发现国际收支平衡出问题时也可通过财政政策措施去进行必要的影响和调整。由于宏观财政政策和措施具有较大的刚性，所以使用得较少和需要相对稳定，因此人们应根据项目实际情况去评估其所受宏观财政政策的影响。

（2）项目所涉宏观货币政策的影响评估。一国或一个地区的宏观货币政策主要是通过收缩或放松银根等措施来调节国家经济情况的，这种宏观经济政策由政府和金融主管当局（如中国人民银行或美国联邦储备委员会）负责。政府主要采取改变游戏规则、硬性限制信贷规模、开放和开发金融市场等政策措施，而中央银行则通过利用公开市场业务、准备金率和基准利率等政策措施去改变货币的供给量。所以当国家采取积极货币政策时，就通过增加货币供应量等措施刺激全社会总需求的增大，此时人们更容易取得信贷且利率较低；当国家采取紧缩的货币政策时，就通过减少货币供应量等措施促使社会总需求下降，此时人们取得信贷困难且利率较高。同样，他们还可采取汇率政策进行必要的调整去影响国民经济的发展变化。这些宏观货币政策措施具有相对的柔性，所以它们使用得较频繁，人们需要认真分析和评估项目受到的宏观货币政策影响方向与大小。

（3）项目所涉宏观产业政策的影响评估。这种宏观政策会更加直接地关乎具体项目的生存和发展，因为宏观产业政策的主要功能是优化和调整产业结构、弥补市场缺陷和有效配置资源，以及熨平经济发展的震荡和提高产业素质等。这方面的宏观政策措施有：定期公布全国性的国家鼓励、限制和淘汰的产业指导目录（如最新的国家产业结构调整指导目录），定期发布国家或地区性的国家产业发展规划（如最新的国家西部大开发规划），制订和采取具体的产业发展措施（如国家鼓励某些产业发展措施等）。这些宏观政策措施具有较强的针对性和强制性，所以人们必须根据项目所在国家或地区的宏观产业形势和产业政策去评估自己项目会受到这种宏观政策的具体影响。

人们必须根据项目所在国家或地区的宏观经济形势和各种宏观经济政策目标与措施去分析和评估项目会受到的影响，并科学地给出项目宏观经济环境的评价。

4.3.2　项目宏观技术环境评估

项目的宏观技术环境因素相对较少但其作用较大，所以这也是每个项目（除了劳动密集型项目外）需要评估的宏观环境因素，这方面的具体内容和方法分述如下。

1. 项目宏观技术环境的评估因素

项目宏观技术环境主要是指一个国家或地区的科技发展水平、科技发展速度和方向、宏观科技政策等方面构成的系统，其中需要重点评估的关键因素分别说明如下。

（1）项目所处国家或地区的科技发展水平方面的影响评估。这方面评估可以使人们很好地认识项目所处宏观科技环境的现状，从而分析评估项目是否具有足够的技术支持条件。例如，项目所处国家或地区的科技水平、当地人力资源的科技能力和科技研发的投资规模等，这些都直接关乎项目是否能够获得足够的科技支持环境和条件。

（2）项目所处国家或地区的科技发展速度和方向的影响评估。这方面评估使人们能很好地认识项目所处环境的宏观科技发展变化情况，而这些发展变化状况正是项目可持续发展的基础。例如，项目所在国家或地区的技术引进和扩散速度、科技研发投入增长率、科学和技术发展变化方向，这些都直接关乎项目的实施和运行技术的可行性。

（3）项目所处国家或地区的科技政策方面的影响评估。这方面的评估使人们能够很好地认识项目所处环境的技术政策及其走势，而这些同样是项目可行与否的基础之一。例如，项目所在国家或地区的宏观技术政策、宏观科技规划、宏观产业技术政策等，这些直接关乎项目是否能够享受优惠政策和获得支持与发展的前提条件。

有关这些项目宏观技术环境评估可能涉及的评估要素见表 4-2。

表 4-2　项目宏观技术环境评估涉及的主要评估要素

评估	具体因素	核心内容
宏观技术政策	宏观科学技术政策	鼓励和支持、限制和禁止
	宏观科学技术规划	科技发展的目标和计划
	宏观产业技术政策等	不同产业的科技鼓励和限制
宏观技术发展水平	基础和应用科学研究水平	国家认识和改造世界的技术能力
	实用技术和专利的水平	国家创造物质和知识财富的技术能力
	技术引进和进步的水平	国家科技引进和进步的支持情况
	研究开发投入总体水平等	国家和社会对于科技的支持水平
宏观技术发展速度	国家科技投入增长率	国家或地区科研投入增长速度
	国家科技进步增长率	国家或地区经济发展的科技贡献率
	企业研发投资增长率	企业研发投入占收益的比例变化
	专利与科技成果增长	发明、实用新型、外观设计专利增长

表 4-2 中的项目宏观技术环境因素只是这方面的重点要素，这些要素并不一定都会影响到某个具体项目的技术，所以项目宏观技术环境评估也要做针对性的评估。

2. 项目所涉宏观技术环境评估的作用和方法

项目所涉宏观技术环境的具体评估内容、作用和各自需要使用评估方法分述如下。

（1）项目所涉宏观技术环境评估的作用。项目宏观技术环境评估中最重要的是宏观技术政策方面的评估，以及项目所涉宏观技术发展水平、速度和方向及其对于项目的影响评估。这些方面评估的主要作用包括如下两个方面。

①项目所涉宏观技术发展水平和速度方面评估的作用。因为项目所涉宏观技术发展水平是项目的现有技术基础和条件，而项目所涉宏观技术发展速度是项目未来的技术基础和条件，因此项目这方面的评估就是要做好项目所涉技术的发展水平和方向的预测与评估，从而确保项目未来会具有或能够获得所需的工艺技术、实施技术和技术装备。

②项目所涉宏观技术政策方向和力度评估的作用。这方面的评估主要是分析和找出究竟国家或地区的宏观技术政策对项目的影响是有利、不利还是中性的，并评价这些宏观技术政策对项目影响力度有多大。实际上这方面政策的方向是明确的（如政府会明确给出禁

止、淘汰和鼓励某些技术），且影响力度也是十分明确的（禁止就是不能做）。

（2）项目所涉宏观技术环境评估的方法。为实现上述项目宏观技术环境评估的作用，人们必须掌握这方面的具体评估方法，这主要包括如下几方面的评估方法。

①项目所涉宏观技术政策影响的评估方法。这主要包括项目所涉宏观技术政策方向、力度和影响机制三种评估技术方法。项目所涉宏观技术政策方面的影响评估是为评估政策对项目的影响是有利还是不利，所以这方面的评估技术方法就是根据国家政策规定进行分析和判断即可。项目所涉宏观技术政策影响力度的评估需要使用技术经济学和管理经济学等方面的方法进行评估，项目所涉宏观技术政策影响机制和传递效应评估需要使用像投入产出分析方法和索罗的技术进步分析方法等。

②项目所涉宏观技术发展水平影响的评估方法。对于国家或地区的宏观技术发展水平的影响评估，人们可以通过行业技术信息以及商业评估信息等渠道获得信息，然后可以通过国际比较的方法去评估国家或地区的相对技术水平情况。这包括：项目所在国家或地区的技术总体水平情况，项目所需技术的国家或地区实际技术水平情况，这方面技术的国际水平情况，等等，这些都需要进行必要的评估。这方面的评估可以使人们清醒地认识到项目所处的技术环境和条件，且对于项目的技术可行性分析是十分重要的基础。

③项目所涉宏观技术发展速度影响的评估方法。最为困难和不易进行评估的是国家或地区的宏观技术发展速度与方向及其影响，因为这种评估涉及宏观技术发展速度和方向的预测与分析，而这方面的预测和分析方法十分复杂与困难。例如，20世纪90年代日本分析预测计算机技术的发展方向会朝着"第五代"计算机（智能计算机）的方向发展，从而制订了相应的国家宏观技术发展规划和政策措施，而此时美国比尔·盖茨则评估出计算机技术会朝着"网络计算"的方向发展，从而引导微软和美国在信息网络技术方面的大发展，结果导致了美国和微软的成功与日本在网络技术方面的严重滞后和计算机工业方面的落后。

4.3.3　项目宏观自然环境评估

项目宏观自然环境也是项目宏观环境评估的重要方面，这方面评估的内容和方法如下。

1. 项目宏观自然环境的评估因素

项目宏观自然环境主要是指项目所在国家或地区一切可以直接或间接影响到项目活动和运行的自然界中物质与资源的总和，主要包括项目所在国家或地区的自然环境、生态环境、自然资源环境等，其中需要重点评估的关键因素分别说明如下。

（1）项目所处的宏观自然环境。这是指天然形成的项目所处自然环境和条件，这些是对项目生存和发展产生直接或间接影响的各种天然形成的物质条件，如大气、水、土壤、日光辐射、生物等，它是项目所处宏观自然环境最大的系统。

（2）项目所处的自然生态环境。这是指影响人类（包括项目）生存与发展的生态环境系统，是关系到项目所处国家或地区的经济和社会能否可持续发展的一种复合系统，它由生物物种、种群、生物生存环境等组成，是项目所处宏观自然环境中涉及生物的子系统。

（3）项目所处的自然资源环境。这是指项目所处宏观自然环境中的各种物质资源的总和构成的系统，这包括水资源、生物资源、矿物资源等各种地下的资源所构成的系统，是项目所处宏观自然环境中涉及物质资源的子系统。

有关这些项目宏观自然环境评估可能涉及的评估要素见表 4-3。

表 4-3 项目宏观自然环境评估涉及的主要评估要素

评估	具体因素	核心内容
宏观自然条件	宏观自然天气条件	气候、季节、温差、风雨等条件
	宏观自然地理条件	纬度、山川、河流、海洋等条件
	宏观自然生态条件	适合人、动物、植物等生存的条件
宏观生态环境	宏观水土环境因素	水资源、土地资源等情况
	宏观气候环境因素	气温、季节、降雨等情况
	宏观生物环境因素	动植物等生存环境的情况
宏观自然资源	宏观矿物质的资源	铁矿、石油、煤炭等矿产资源
	宏观水和风力等资源	水力、风力、太阳能等资源
	宏观动物和植物资源	动物和植物的种类与数量
	宏观微生物等资源	各种细菌和病毒等方面的资源

表 4-3 中给出的项目宏观自然环境因素并非是全部的影响要素，同样这些影响要素也不一定都会影响到具体的项目，所以项目宏观自然环境评估也要有针对性地选择。

2. 项目所涉宏观自然环境评估的作用和方法

项目宏观自然环境评估有三个大方面，其评估内容和方法分述如下。

（1）项目所涉宏观自然条件影响评估的作用和方法。项目宏观自然条件影响评估中最重要的是对于那些与项目直接相关的自然条件影响要素的评估，特别是农业开发项目等对于宏观自然天气和地理条件的依赖性较高，所以必须对这方面的自然条件影响进行必要的评估。这方面的评估多数使用选择性评估方法和定量评估方法，即主要评估与项目有关联的宏观生态环境因素并且使用各种有关天气、地理等自然条件的统计数据进行分析和评估。

（2）项目所涉宏观生态环境评估的作用和方法。同样，在这方面的评估中主要也是评估与项目直接相关的宏观生态环境，以便人们能够在项目选址等环节上做出正确的决策。这方面所使用的评估方法需要按照有选择评估的原则去选用必要的方法，多数是使用定性与定量相结合的方法去开展这种评估，即主要选择项目所涉的宏观生态环境因素进行评估，并且使用统计数据和专家判断相结合的方法进行这方面的评估。

（3）项目所涉宏观自然资源环境评估的作用和方法。这方面评估的作用就是对于项目所需自然资源有无、多寡、好坏等情况进行评估，特别是对于那些需要直接关乎项目成败的自然资源环境的情况进行评估。这方面的评估方法更需要使用选择性评估的方法和定性与定量相结合的方法去评估，即主要选择项目所需的自然资源环境因素进行评估，并且也需要使用统计数据和专家判断相结合的方法进行这方面的评估。

综上所述，对项目所处的宏观经济、技术和自然环境的影响评估多数可以使用科学和工程的方法进行，因为这些项目宏观环境主要涉及经济、技术、自然等方面对于项目的影响，所以可以使用"硬逻辑"和科学技术与工程方法进行评估。

4.4　项目宏观政治、法律和社会环境评估

项目的宏观政治环境、法律环境与社会环境都属于项目上层建筑的范畴，它们也是项目生存和发展的先决条件与成败背景，并且这三个方面的项目宏观环境紧密联系而构成了一个整体。因为一个国家或地区的社会环境是经济发展的载体，而它们的政治和法律环境都是为社会发展服务的。所以这三者之间的关系要求对于它们的影响评估必须构成一个整体，这三者的相互关系与影响评估模型如图4-6所示。

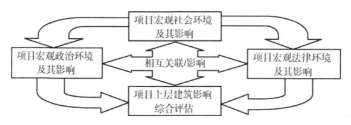

图4-6　项目宏观政治、法律和社会环境相互关系与影响评估模型

由图4-6可以看出，项目的宏观社会环境处于最上层，因为项目宏观政治环境和法律环境都是为改善社会环境服务的。按照政治经济学的观点，政治是划分经济利益的手段，而法律是保障政治推行的方法。所以三者是紧密关联的，因此需要将它们归为一类进行评估。例如，通常一国或地区的宏观法律环境主要是为宏观政治环境服务的，而宏观政治和法律环境都是为宏观社会环境的发展与进步服务的。有关项目宏观政治、法律和社会环境评估的具体内容与方法分析和说明如下。

4.4.1　项目宏观政治环境评估

项目宏观政治环境的影响特点包括三个方面：第一是直接性，即这种环境会直接影响项目成败；第二是较难预测性，即人们不好预测这种环境的变化趋势和结果；第三是积极适应性，即项目只能设法去积极适应这种环境及其发展变化。所以每个项目都需要评估宏观政治环境的影响，这方面的具体内容和方法分述如下。

1. 项目宏观政治环境的评估因素

项目的宏观政治环境主要是指项目所处国家或地区的政局、政治体系、政治制度、政治政策等以及国际的政治环境，所以这方面的影响评估内容包括五个方面：其一是宏观政治局势影响评估，其二是宏观政治体制影响评估，其三是宏观政治制度影响评估，其四是宏观政治政策影响评估，其五是国际政治环境评估。具体评估分述如下。

（1）项目所处宏观政治局势的影响评估。这方面的评估使人们能够很好地认识项目所

处政局是否稳定，而政局稳定是项目生存与发展的直接前提条件。例如，项目所处国家或地区的政局动荡，社会矛盾尖锐，政治秩序混乱，这样人们就无法开展必要的项目活动，而且即使开展也无法确保这些项目活动的成功。

（2）项目所处宏观政治体制的影响评估。这方面的评估使人们能够很好地认识项目所处宏观政治体制的现状、发展变化和影响的情况，这包括国家体制、政党体制、社会体制等方面的环境要素等评估。例如，项目所在国家或地区是中央集权制还是联邦分权制，是一党制还是多党制，是私有制还是公有制，等等，这对项目有着直接影响。

（3）项目所处宏观政治制度的影响评估。这方面评估使人们能很好地认识项目所处宏观政治制度的现状、发展变化和影响情况，这包括宏观立法制度、宏观行政制度、宏观司法制度和其他宏观政治制度等方面情况。例如，项目所在国家或地区是君主立宪还是民主立宪，是总统负责制还是总理负责制，整个社会治理制度安排如何等对项目的影响。

（4）项目所处宏观政治政策的影响评估。这方面评估使人们认识项目所处宏观政治政策的现状、发展变化和影响情况，这包括政府各种管制政策、采购政策、宗教政策、区域经济和政治政策等影响。例如，经常项目和资本项目的外汇管制政策，政府公开采购政策、宗教信仰自由政策和区域经济发展政策等，对项目都有影响。

（5）项目所处国际地缘政治环境的影响评估。这方面的评估使人们能够很好地认识项目所处国际政治环境的现状、发展变化和影响情况，这包括国际政治局势情况、地缘政治情况、国际政府组织情况和其他国际政治情况。例如，国际政治局势情况、国际关系复杂、周边国家的政治、经济和领土争斗、政府间贸易协定等，对项目都有影响。

有关这些项目宏观政治环境评估可能涉及的评估要素见表 4-4。

表 4-4　项目宏观政治环境评估涉及的主要评估要素

评估	具体因素	核心内容
宏观政治局势	国家政局稳定情况	执政党、国体和政体的稳定情况
	国内社会矛盾情况	社会阶层和社会群体间的冲突情况
	国内政治秩序情况	政治秩序的稳定和有序程度等情况
宏观政治体制	国家体制情况	是社会主义国家还是资本主义国家
	政治体制情况	共和、王国、合众国、酋长国等
	治理和管理体制	政府、市场、社会组织职能和责任安排
宏观政治制度	宏观立法制度	国家或地区是君主立宪还是民主立宪
	宏观行政制度	国家是总统负责制还是总理负责制
	宏观司法制度	是三权分立还是五权分立的体系
宏观政治政策	政府各种管制政策	如投资、贸易、资源等方面管制政策
	政府预算采购政策	如政府预决算制度和采购政策等政策
	政府文化体育政策	政府的文化、教育、体育、卫生等政策
	政府民族宗教政策	政府的少数民族、宗教信仰等政策
地缘政治环境	国际政治局势	全球或地区的政治斗争与结盟等情况
	地缘政治情况	地理要素和政治格局造成的环境情况
	国际性政府组织情况	联合国、北约、上海组织等影响情况

同样，表 4-4 中的项目宏观政治环境因素也不是都要进行评估，因为它们并不一定都会影响到项目，因此项目的宏观政治环境评估也需要有针对性地评估。

2. 项目所涉宏观政治环境的评估作用和方法

由表 4-4 可以看出，项目宏观政治环境评估内容有五个方面，这些评估内容各有不同的评估作用和方法，具体分述如下。

（1）项目所处宏观政治局势的影响评估作用和方法。这方面评估的主要作用是分析和评估国家或地区的宏观政治局势对项目的影响是有利还是不利的，从而分析和确认在项目全生命周期的时间内所处宏观政治局势带给项目的各种影响。其中，项目所处短期宏观政治局势影响的评估方法相对比较简单，人们可以借助媒体报道和网络信息去评估项目因此所受的影响；项目所处长期的宏观政治局势影响评估方法相对复杂和困难，这需要根据各种信息和地缘政治等方法进行全面预测与评估，并且需要一些专门的政治评价方法。

（2）项目所处宏观政治体制的影响评估作用和方法。这方面评估的主要作用是分析和评价项目所处宏观政治体制对于项目的影响方向与力度，因为不同的宏观政治体制对于项目的影响方向和力度都不一样。项目所处宏观政治体制的评估方法相对比较简单和单一，因为项目所处的国家或地区是社会主义还是资本主义，项目所在国家或地区的政府、市场、社会组织的职能和责任安排都是相对清晰与稳定的，所以不需要过于复杂的评估方法与过程，主要使用宏观政治体制对于项目影响方向和大小的评估方法。

（3）项目所处宏观政治制度的影响评估作用和方法。这方面评估的主要作用是分析评价项目所处宏观政治制度环境对项目的影响和效应，以及宏观政治制度发展变化对于项目的作用机制和效应。分析和评价项目所处宏观政治制度影响的评估方法相对比较简单，因为每种宏观政治制度多数时间是相对固定和明确的，所以可以使用相对简单的分析方法去开展评估。例如，通常一国或地区的宏观立法制度、宏观行政制度和宏观司法制度都是相对固定与明确的，所以这方面的评估多使用直接和间接影响评估的方法。

（4）项目所处宏观政治政策的影响评估作用和方法。同样，这方面评估的主要作用是分析评价项目所处宏观政治政策评估对项目的影响方向和力度，以及各种宏观政治政策的发展变化会对项目造成何种影响。项目所处宏观政治政策影响评估的方法相对比较复杂，因为每种宏观政治政策对于项目的影响方向和大小均有不同，所以需要使用不同的分析评估方法。例如，政府的文化、教育、体育、卫生、国防、外交和贸易等方面的政策对相关领域的项目造成影响，这些就需要使用相关影响等分析方法去评估。

（5）项目所处国际政治环境的影响评估作用和方法。这方面评估的主要作用也是分析评价项目所处国际政治环境对项目的有利和不利影响以及这方面影响后果的严重程度，因为随着全球化进程的发展，项目所处国际政治环境的稳定和动荡，都会对项目产生一定的影响，如中美、中日和中俄的关系，中东地区的和平进程等都会对相关项目造成影响。这种影响评估的方法比较复杂，因为项目所处国际政治环境所涉及的影响因素很多，而且发展变化很快，所以这方面的评估需要使用非常众多和复杂的方法。例如，中东地区的和平进程发展评估历经多年一直就没有找到很好的评估方法与解决途径。

4.4.2 项目宏观法律环境评估

宏观法律环境对项目的影响特点包括三个方面：第一是强制性，即宏观法律环境会强制项目能做或不能做哪些事情；第二是规范性，即宏观法律环境会直接规范项目的行为并影响项目的成败；第三是差异性，即不同的国家或不同国家的地区所处的宏观法律环境具有一定的差异性。所以项目宏观法律环境评估也是十分重要的，因为一旦项目违法不仅会造成项目失败，而且会导致企业或组织的重大损失。这方面的具体内容和方法分述如下。

1. 项目宏观法律环境评估的因素

项目宏观法律环境主要是指项目在与外部发生经济关系时所应遵守的各种法律、法规和规章，以及项目所处环境的全社会的法律意识和依法而治所形成的特定社会环境。这种宏观环境是项目活动必须遵守的规范和行为准则，因为项目只有依法开展各种活动才会受到法律的有效保护。所以宏观法律环境评估的内容包括四个方面：其一是项目所处宏观环境的法律健全程度的影响评估，其二是项目所处宏观环境法制健全程度的影响评估，其三是项目所处宏观环境的社会法律意识和守法程度的影响评估，其四是项目所处宏观环境的法律和法制与国际接轨情况的影响评估。这四方面评估具体分述如下。

（1）项目所处宏观环境的法律健全程度影响评估。这方面的评估使人们能够很好地认识项目所必须遵守的各种法律、法规和规范，特别是与项目和项目相关利益主体密切相关的经济法律与法规，如工程项目所涉及的《招投标法》《价格法》《合同法》《建筑法》等这些人们开展项目活动必须遵守的法律和法规及规范。同时，这种评估还可以使人们认识到由于自己项目的独特性而缺乏法律和法规保护的方面与程度等。

（2）项目所处宏观环境的法制健全程度影响评估。这方面评估可以使人们更好地认识项目所处国家或地区的法制现状和发展变化情况，这包括国家或地区的立法、司法、执法、守法等方面的环境情况。例如，项目所在国家或地区的法院、检察院、公安机关以及行政执法机关的情况都会对项目造成影响，同时，与项目获得关系较为密切的规划、税务、物价、技术和质量管理、环境保护、政府审计等方面的情况都需要评估。

（3）项目所处宏观环境法律意识和守法程度的评估。这方面的评估可以使人们能够很好地认识项目所处宏观环境中人们的法律意识和守法程度，因为即使项目所处国家或地区的法律和法制都比较健全，但是全社会的法律意识和守法程度不高也会对项目造成十分严重的影响。例如，我国交通法律法规是比较健全的，执法的交通警察也不少，但是城市中却存在不同程度的不遵守交通法律和法规的问题。

（4）项目所处宏观环境的法律与国际接轨情况的评估。这方面评估能使人们认识项目所处宏观法律政策是否与国际公认的法律法规相接轨，因为如果项目有跨国投资或经营的活动，包括项目采购与项目运营后的销售都会涉及项目所处宏观环境的法律和法制与国际接轨的要求或需要。例如，项目东道国和出资国在外汇与财税等方面的法律及法规不一致，就会对项目的实施和后续运营造成麻烦或问题。

有关这些项目宏观法律环境的评估所可能涉及的评估要素见表4-5。

表4-5　项目宏观法律环境评估涉及的主要评估要素

评　估	具体因素	核心内容
法律健全程度	国家或地方的法律情况	国家或地方的各种法律，如《合同法》等
	国家或地方法规情况	根据国家或地方法律制定的各种法规情况
	政府的行政规章情况	政府部门根据法律法规制定的细则情况
	各法律法规健全情况	包括法律的成文法和案例等的健全情况
法制健全程度	国家或地方的立法情况	国家或地方立法、修订、发布等运行情况
	国家或地方的司法情况	国家或地方法院、检察院等司法机构的情况
	国家或地方的执法情况	国家或地方的公安、税务、市场监督管理等执法情况
人们守法程度	经济法律的遵守情况	政府、企业和居民遵守市场监督管理和税务等法律法规情况
	社会法律的遵守情况	政府、企业和居民遵守社会治安等法律法规情况
	交通等法规的遵守情况	政府、企业和居民遵守交通和通信等法律法规情况
国际接轨情况	法律与国际接轨情况	国家或地方法律与国际公认法规相接轨的情况
	法规与国际接轨情况	国家或地方法规与国际公认法规相接轨的情况
	法制与国际接轨情况	国家或地方法制与国际公认法规相接轨的情况

同样，表4-5中项目宏观法律环境因素也不是项目的宏观法律环境系统的全部要素，并且这些因素也并不都会影响到项目，因此项目宏观法律环境评估也需有针对性地工作。

2. 项目所涉宏观法律环境的评估作用和方法

由表4-5可以看出，项目宏观法律环境评估的内容有四个方面，这些评估内容各有自己不同的评估作用和方法，具体分述如下。

（1）项目所处宏观环境的法律健全程度的影响评估作用和方法。这方面评估的主要作用是分析评价项目所处宏观环境的法律规定对项目的保护和冲突情况。一般项目所处宏观法律环境越健全对项目越有利，只有项目与所处宏观法律环境存在冲突时才会给项目带来不利的影响（如项目不符合环保法的规定）。评估的方法是首先分析项目与所处宏观法律环境有无冲突，然后分析项目所处宏观法律环境带来的利弊。如果项目属于某国家或地区法律禁止的，那就不能在这种国家或地区开展该项目。

（2）项目所处宏观环境的法制健全程度的影响评估作用和方法。这方面评估的主要作用是分析评价项目所处宏观环境的法制情况对于项目可能带来的保护或破坏情况，一般项目所处宏观法制环境健全程度越高对项目的保护会越好。这种评估对于分析和评价当项目与所处国家或地区的相关利益主体发生某些利益冲突的结果很有用。这种评估多数使用假设分析的方法，从项目的具体情况出发，由人们根据项目所处宏观法律环境而假设各种情况进行分析和检验，然后分析项目所处宏观法律环境带来影响的好坏。

（3）项目所处宏观环境的法律意识与守法程度评估作用和方法。这方面评估的主要作用是评价项目所处宏观环境中人们的法律意识和守法程度对于项目的影响，以及全社会的法律意识和守法程度会对项目造成的收益或损失大小。例如，我国交通法律法规是比较健全的，但是各种不遵守交通法律和法规的情况都会给项目的建设和运行带来十分不利的影响，或者由此造成经济方面的损失。

（4）项目所处宏观环境的法律与国际接轨情况的评估作用和方法。这方面评估的主要作用是评价项目所处宏观环境的法律政策与国际接轨情况给项目造成的影响，这在那些有跨国投资或经营活动的项目评估中尤为重要。这种评估涉及项目投资者、实施者、产品使用者，甚至多个不同国家或地区的法律接轨情况，因为项目所处宏观环境的法律和法制的与国际能够接轨情况直接关系到国际项目或跨国项目的成败。这种评估要使用定性和定量相结合的方法去评估，以便能够指导项目后续的实施和运行。

4.4.3　项目宏观社会环境评估

宏观社会环境对项目的影响特点也包括三个方面：第一是广泛性，即项目的宏观社会环境涉及方方面面的诸多因素，且这些因素多数会给项目造成影响；第二是渗透性，即项目的宏观社会环境对于项目的影响具有潜移默化和逐渐渗透的特性，而并非都是直截了当的影响；第三是全面性，即项目的宏观社会环境涉及人们的文化、观念、意识和行为等各个方面，所以这些会全面影响项目的成败。特别是对于跨国或全球项目而言，不同国家或地区的宏观社会环境有很大的差异，这些会全面、直接和广泛地影响项目的成败。实际上即使同一国家的不同地区在社会环境上也会有很多不同（如我国内地和香港），所以包括跨地区的项目都需要评估自己所处的宏观社会环境，这方面的具体内容和方法分述如下。

1. 项目宏观社会环境的评估因素

项目宏观社会环境主要是指项目所处国家或地区的社会制度、社会结构、社会关系、社会文化、社会意识、社会风俗和习惯、社会信仰和价值观念、人们的行为规范和生活方式、社会生产关系、社会的文化传统、伦理道德规范、审美观念、宗教信仰等因素所形成的宏观环境情况。这些项目的宏观社会环境直接影响和制约着与项目有关人员的思想观念、工作态度、行为模式、沟通习惯和生活方式等，所以对于跨国的或跨地区的项目而言，不同国家或地区之间的社会环境差异会对项目成败造成重要影响，因此必须对项目进行宏观社会环境的影响评估。项目宏观社会环境方面的影响评估内容包括五个方面，其具体评估内容分述如下。

（1）项目所处宏观社会制度和社会体制的评估。宏观的社会制度主要是指是在一个社会中具有普遍性和在相当历史时期里稳定存在的社会规范体系，通常社会制度分为三个层次：其一是总体的社会制度，如是资本主义制度还是社会主义制度；其二是社会不同领域中的制度，如经济制度和教育制度等；其三是具体工作的制度，如报告制度和审批制度等。项目所处宏观社会体制主要是指宏观的社会管理体制，即在特定国家或地区内的政府、市场与社会组织职能，中央和地方各级政府之间事权、财权责任划分，社会管理、公共服务、解决社会纠纷的机制与体系等。这方面评估能够使人们认清项目所处宏观环境的社会体制和社会制度情况，从而认清和明确这方面环境对于项目的有利与不利影响。

（2）项目所处宏观社会结构和社会关系的评估。通常，社会结构是指社会诸要素稳定的关系及构成方式，即按照一定的秩序所构成的相对稳定的相互关系网络。社会结构的主要内容有人口与群体结构、社会人群组织结构、社会阶层结构、人群地域结构、社会生活方式结构以及社会经济、政治、法律、文化等各方面或领域的构成结构等。此处的社会关系是对于社会中人与人之间关系的总称，这包括个人之间的关系、个人与集体之间的关系、个人与国家之间的关系、集体与集体之间的关系、集体与国家之间的关系等。这方面评估可以使人们更好地认识项目所处宏观环境的社会结构和社会关系及其发展变化，从而认清和明确这方面环境对于项目的有利影响与不利影响。

（3）项目所处宏观社会文化和社会价值的评估。每个社会都有自己的文化和价值体系，这些是随着社会物质生产的发展而不断演化的社会意识形态方面的东西。它们反过来也会对社会经济和政治等方面造成很大的作用和影响。作为观念或意识形态存在的社会文化和社会价值包括社会对于哲学、艺术、宗教、教育、文学、民族文化、政治思想与法律思想等方面的认识和接受内容与程度。其中，社会价值观念则是全社会人们分享的价值观，是人们在社会经济和政治等生活中对各种事物的态度与看法。在不同的社会文化背景下，人们的社会价值观念会有很大的差异，而且不同社会阶层、民族群体、宗教群体等方面人群之间的社会文化和价值也有一定的差异。任何项目都处于一定的社会文化和价值环境中，所以这方面评估可使人们能够很好地认识项目所处宏观环境的社会文化和社会价值，并由此认清和明确这方面环境对于项目的有利与不利影响。

（4）项目所处宏观社会风俗和社会信仰的评估。社会风俗是指一个社会中的人们或群体所具有的传统风尚、礼节、习性以及人们共同遵守的行为模式或规范等。这些社会风俗会对社会的多数成员具有一种非常强烈的行为制约作用，所以社会风俗也是社会道德与法律的基础和相互影响的成分。一个社会中的不同民族和宗教群体会有自己的民族或宗教的风俗、节日习俗、传统礼仪等，这些也是社会风俗的重要组成部分。社会信仰是指全社会人们对某种理论、学说、主义的信服和尊崇，并把它奉为自己的行为准则和活动指南，所以它具有对于人们生活价值的定向功能和对于社会秩序的控制功能，以及对于社会力量的凝聚功能，特别是对于社会中人们行为选择的驱动功能。因此这方面评估可使人们能够很好地认识项目所处宏观社会文化和社会价值及其对项目的有利与不利影响。

（5）项目所处宏观社会道德和社会生活方式的评估。这方面评估会使人们认识项目所处宏观的社会道德和社会生活方式等对于项目的影响。其中，社会道德或社会公德是一个国家、一个民族或者一个群体在社会实践活动中积淀下来的道德准则、文化观念和思想传统等，它是社会成员在社会交往和社会生活中应该遵循的行为准则，所以它具有维系社会公共生活和调整人与人之间的关系的作用，是一种无形约束人们行为的力量。社会生活方式则是内容更为广泛的概念，它包括社会中各民族、阶级和社会群体的人们在一定的历史时期与社会条件下衣、食、住、行、劳动、工作、休息、娱乐、社会交往、待人接物等物质消费方式、精神活动方式、社会交往方式和时间支配方式的主导模式。所以社会道德和社会生活方式方面的影响评估可使人们能够很好地认识项目所处的这些方面情况，并由此认清和明确它对于项目的有利与不利影响。

有关这些项目宏观社会环境的评估所可能涉及的评估要素见表4-6。

表 4-6　项目宏观社会环境评估涉及的主要评估要素

评估	具体因素	核心内容
社会制度和社会体制	国家或地方的社会制度	在特定国家或地区内法人总体社会制度、社会各个不同领域中的制度、各种具体工作的制度等
	国家或地方的社会体制	政府、市场与社会组织在社会管理、公共服务、解决社会纠纷的机制与体系等
社会结构和社会关系	国家和地方的社会结构	人口与群体结构、社会人群组织结构、社会阶层结构、人群地域结构、社会生活方式结构等
	国家和地方的社会关系	个人之间、个人与集体和国家之间的关系、集体与集体和国家之间的经济、政治、法律、宗教关系等
社会文化和社会价值	国家和地方的社会文化	哲学、艺术、宗教、教育、文学、民族文化、政治思想和法律思想等
	国家和地方的社会价值	社会不同阶层、民族、宗教等群体在社会经济和政治生活中对各种事物的态度、看法和分享的价值观
社会风俗和社会信仰	国家和地方的社会风俗	特定社会中人们所具有的传统风尚、礼节、习性以及人们共同遵守的行为模式或习惯与规范等
	国家和地方的社会信仰	社会中的人们对某种理论、学说、主义的信服和尊崇，并把它奉为自己的行为准则和活动指南
社会道德和社会生活方式	国家和地方的社会道德	人们在社会实践活动中积淀下来的道德准则、文化观念、思想传统和行为准则等
	国家和地方的社会生活方式	人们在一定历史与社会条件下衣、食、住、行、劳动、工作、休息、娱乐、社会交往、待人接物等物质消费、精神活动、社会交往方面的主导模式

同样，表 4-6 中的项目宏观社会环境因素也不是项目的全部宏观社会环境要素，这些要素也并不一定都会影响到项目，因此项目宏观社会环境评估也是有针对性的评估。

2. 项目所涉宏观社会环境评估的作用和方法

表 4-6 中给出的项目宏观社会环境评估的内容虽然有很多方面，但是这些评估的作用和方法却是基本相似的。实际上，一个国家或地区的社会环境各个因素并不像宏观政治和法律环境因素那样相对比较独立，而是相互之间具有十分紧密的关联。所以项目所涉宏观社会环境中这些要素的影响评估作用和方法具有较大共性，因此将共同分析说明如下。

（1）项目所处宏观社会环境评估的作用。这种评估的根本作用是使人们能够很好地认识项目所处宏观环境的现状和发展变化情况，以及这方面环境对于项目的有利和不利影响。由于项目所处的宏观社会环境的影响要素比较多，这种评估的作用也比较大，因此这方面的影响评估直接关乎项目的成败而必须做好。

（2）项目所处宏观社会环境评估的方法。如上所述，由于项目所处宏观社会环境评估的内容包括五个方面，因此这五个方面的宏观社会环境因素的评估方法也各不相同，具体分别讨论如下。

①项目所处宏观社会制度和社会体制的评估方法。由于项目所处宏观的社会总体制度和体制对于项目的影响相对比较明确，因此这方面评估的方法相对比较简单和宏观，只要能够分析评估出这些对于项目的影响方向即可。但是对于像经济制度、教育制度和具体工作制度，以及政府、市场与社会组织职能和社会管理、公共服务、解决社会纠纷的机制与

体系等方面的评估就需要使用相对复杂的方法，不过多数还是使用专家评估法。

②项目所处宏观社会结构和社会关系的评估方法。由于社会阶层结构构成和社会生活方式结构等因素会直接影响项目成败或收益，因此这方面的影响评估需要使用某些定量分析的方法。然而，社会中的个人与集体关系、个人与国家关系、集体与国家关系等因素也会直接影响项目的收益，所以这方面评估也需要使用某种定量分析的方法，如使用敏感性分析等方法去评价项目所处宏观环境中的社会结构和社会关系影响情况。

③项目所处宏观社会文化和社会价值的评估方法。项目所处社会文化和社会价值环境及其影响的评估方法相对比较复杂，因为作为观念形态存在的社会文化和社会价值对于项目的影响多是间接的且有着很大的差异，所以这方面影响评估法多数是使用专家评估法，通过社会文化和项目管理的专家评估法来确定项目所处宏观环境的社会文化和社会价值对于项目的有利与不利影响以及影响的大小。

④项目所处宏观社会风俗和社会信仰的评估方法。项目所处社会风俗和社会信仰的影响更是十分复杂和相对间接的，因为虽然一个社会中人们或群体所具有的传统风尚、礼节、习性、行为模式、规范或民族或宗教的风俗、节日习俗、传统礼仪等都会对处于其中的项目造成影响，但是要分析和评估这些社会文化与社会价值对于项目的影响方向和大小则比较困难，所以这方面环境对于项目的影响多数也使用专家评估法。

⑤项目所处宏观社会道德和社会生活方式的评估方法。项目所处社会道德的影响就更为间接和复杂了，所以这方面的评估只能使用专家评估法。但是项目所处社会生活方式等方面的影响就比价直接和简单，因为人们在一定的时期与社会条件下的衣、食、住、行、劳动、工作、休息、娱乐、社会交往等都会直接影响到项目的投入和产出以及项目运行的好坏，所以这方面的评估需要和能够使用定量的分析方法进行评估。

4.5 项目宏观环境的综合评估

上述项目宏观环境的五个方面评估结果还需要做相应的综合，最终给出一个项目宏观环境的综合评估结果，详述如下。

4.5.1 项目宏观环境综合评估的作用和内容

项目宏观环境综合评估的具体作用和内容虽然不同的项目会有所不同，但是这种综合评估的基本原理、基本方法和核心内容是相同的。

1. 项目宏观环境综合评估的作用

项目宏观环境综合评估的根本作用是给出项目的宏观环境对于项目的综合影响全面评价，以便人们能够根据这种项目综合影响的全面评价去指定项目的相应决策。因为虽然人们在项目决策中必须考虑项目每个方面的宏观环境评估结果，但是更要考虑项目各个方面的宏观环境评估的综合结果。当然，在这种项目各方面的宏观环境评估的综合过程中，对于某些项目而言，可能项目某个方面的宏观环境评估结果具有"一票否决权"；但是绝大多数情况下人们需要综合考虑项目各个方面的宏观环境评估的结果，最终综合考虑去做出项目的起始或跟踪决策。

2. 项目宏观环境综合评估的内容

项目宏观环境综合评估的主要内容是综合考虑各个方面的项目宏观环境评估结果，最终给出项目宏观环境的综合评价。所以这项评估的主要工作内容包括三个方面：其一是确定和给出针对某个项目的各个方面的宏观环境评估结果所应具有的地位或权重；其二是确定和给出综合评估项目各方面的宏观环境评估结果的模型与方法；其三是按照实际项目各个方面的宏观环境评估结果和综合评估项目各方面宏观环境的模型与方法去给出最终的综合评估结果，最终完成这些综合评估的工作内容而获得一个具体项目的宏观环境综合评估的结果。

4.5.2　项目宏观环境综合评估的模型和方法

项目宏观环境六个方面综合评估的模型是一种蛛网模型，蛛网模型的六个维度分别是上述项目宏观环境的六个不同方面，使用这种蛛网模型开展项目宏观环境综合评估的具体方法将进一步说明如下。

1. 项目宏观环境综合评估的蛛网模型

这种项目宏观环境综合评估的蛛网模型可以使用图 4-7 给出其示意。由该图可知，项目宏观环境六个方面构成了模型中的六个维度，每个维度代表上述的一种项目宏观环境评估的度量基准，中间粗线代表的是具体项目在每个维度代表上的评估结果。

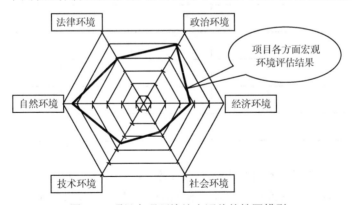

图 4-7　项目宏观环境综合评估的蛛网模型

2. 项目宏观环境综合评估蛛网模型的评估方法

项目宏观环境综合评估蛛网模型的评估技术方法中包括三个具体的步骤和技术方法，具体详述如下。

（1）给出项目宏观环境单项评估的度量基准。人们首先需要给出项目宏观环境六个方面各个维度的度量基准。通常这种度量基准都是相对性的指标，一般以各个维度指标的理想状态作为 100%或 100 分。

（2）给出项目宏观环境单项评估的具体得分。度量给出具体项目在模型中六个维度上各方面的项目宏观环境评估得分或相对比较结果，从而形成项目宏观环境六个方面的各个单项评估结果。

（3）综合给出项目宏观环境评估的最终得分。通常，蛛网模型的综合评估技术方法使用"面积法"。这是一种计算由项目宏观环境单项评估的具体得分所构成的六边形的面积，然后将计算所得面积大小对照理想状态下蛛网模型面积而得出综合评估结果的方法。例如，图 4-7 中粗实线构成的六边形面积，对照最外面的等边六边形面积，即可得出该项目的宏观环境评估的综合得分情况。

3. 项目宏观环境综合评估的框架分析模型

这种项目宏观环境综合评估的框架分析模型可以使用表 4-7 给出其示意。由表中可看出，项目宏观环境六个维度构成了框架分析模型中的六个方面，每个维度进一步给出了对于它们的直接影响和间接影响的分析栏目。同时，这种框架分析模型还进一步给出了每个项目宏观环境维度的相对重要程度评估，这种相对重要程度的评估分别从影响时间、影响类型、影响力度和影响权重四个方面进行分析与评价。

表 4-7 PESTEL 框架分析模型表

宏观环境	直接影响项目的宏观环境因素	间接影响项目的宏观环境因素	环境因素的相对重要程度			
			时间	类型	力度	权重
政治环境						
经济环境						
社会环境						
技术环境						
法律环境						
自然环境						
全面综合评估						

最终人们可以使用这种分析给出整个项目各方面环境的综合评估，这种综合评估可以使用"连加"或"连乘"的方法，以及"和积法"。其中，如果使用"连加"的方法会有两个方面的问题：其一是没有任何项目宏观环境维度具有"一票否决"的影响，其二是需要处理有利和不利宏观环境的相互抵消问题。如果使用"连乘"的方法可以解决"一票否决"的宏观环境维度的影响问题，但是并非每个宏观环境维度都具有这种"一票否决"的影响力，所以会出现错误的"一票否决"分析结果。因此多数情况下这种综合评估需要使用这里定义的"和积法"，即对于那些没有"一票否决"影响力的项目宏观环境维度使用"连加"法进行综合，对于那些具有"一票否决"的宏观环境维度则使用"连乘"的方法进行综合，从而最终得出综合分析评估的结果。

4. 项目宏观环境综合评估的框架分析方法

项目宏观环境综合评估框架分析模型的评估技术方法中包括三个具体的步骤和技术方法，详述如下。

（1）分析给出每个项目宏观环境的直接和间接影响。人们首先需要给出项目宏观环境六个维度中各自的直接影响和间接影响分析与度量，通常这种分析和度量的基本方法是按照每个维度对于项目的影响是直接作用还是间接作用去分类给出的。

（2）分析给出每个项目宏观环境的相对重要程度。这种项目宏观环境维度的相对重要程度的分析和度量涉及这些因素的影响时间、影响类型、影响力度和影响权重四个方面，人们需要根据具体项目的宏观环境维度的情况分析给出评估结果。

（3）综合给出项目宏观环境评估的最终结果。通常，这种框架分析模型的综合评估技术方法主要使用"和积法"。这种"和积法"包括两个综合工作：其一是是根据项目宏观环境维度四个方面评估的得分而综合给出其评估结果，其二是根据得到的单维度评估结果进一步综合给出全部项目宏观影响维度的综合评估结果。

5. 框架分析方法中单个项目宏观环境因素评估的技术方法

项目宏观环境综合评估框架分析模型和方法中的单个项目宏观环境因素评估的技术方法，这种技术方法中的步骤和做法详述如下。

（1）分析并列表给出每个项目宏观环境维度中的具体因素。人们需要分析并列表给出项目宏观环境六个维度中各自所涉及的各方面的影响因素，通常这种分析和列表给出的技术方法可见表 4-8 所示的内容与做法。

表 4-8　每个项目宏观环境维度的具体因素分析和列表

环境维度	为确定影响分析和大小而给出的各维度中具体影响因素描述
政治环境	全球、全国、地方、社区的政治发展变化趋势和事件等
经济环境	世界、国家、地方的经济发展和变化情况与趋势等
社会环境	社会的发展：文化、教育、信仰、宗教、行为、组织等
技术环境	技术的发展：计算机、网络、新设备、新材料、新产业等
法律环境	全球、国家、地区、地方在立法、司法、执法等方面的变化
自然环境	全球、国家、地区、地方在污染治理、生态恢复、环境保护中的变化

（2）分析并列表给出每个项目宏观环境维度具体因素的可能影响方面。人们需要分析并列表给出项目宏观环境六个维度中各个影响因素可能的影响方面，这种分析和列表给出的技术方法可见表 4-9 的内容与做法。

（3）分析并列表给出每个项目宏观环境维度具体因素的可能影响结果。人们需要分析并列表给出项目宏观环境六个维度中各个影响因素可能的影响结果，这种分析和列表给出的技术方法可见表 4-10 的内容与做法。

表 4-9　每个项目宏观环境维度具体因素的可能影响方面

环境因素	影响的对象	可能的影响方面
国家政治环境变化	项目业主	项目投资、范围、时间、成本、收益等
	项目承包商	⋯
	社区或公众等	⋯
国家经济环境变化	项目业主	项目投资、范围、时间、成本、收益等
	项目承包商	⋯
	社区或公众	⋯
⋯	⋯	⋯

表 4-10　每个项目宏观环境维度具体因素的可能影响结果分析

环境因素	影响时间		影响类型		影响力度			影响权重
	短期	长期	正面	负面	增加	不变	减小	
全球经济变化								
国家经济变化								
地方经济变化								
⋯								

　　上述两种项目宏观环境评估综合评估的模型和方法可以根据不同项目的具体情况进行选用,当对于项目宏观环境评估中综合评估要求比较综合和简单的时候可以使用蛛网模型与方法,当对于项目宏观环境评估中综合评估要求比较详细和精确的时候可以使用框架分析模型与方法。

 **思 考 题**

　　1. 为什么要开展项目宏观环境的评估?

　　2. 项目宏观政治环境与法律环境评估的内容有哪些?

　　3. 项目宏观经济环境与技术环境评估的内容有哪些?

　　4. 项目宏观社会环境评估的内容有哪些?

　　5. 项目宏观文化环境评估的内容有哪些?

　　6. 四维和六维两种项目宏观环境综合评估模型哪个更好?

第 2 篇　项目的专项评估

　　如上所述，项目评估涉及项目自身和项目微观与宏观环境三方面的评估。每方面的评估都涉及各不同方面的评估，这些不同方面的评估就是本篇要讨论的项目专项评估。由于项目专项评估涉及的内容广泛，因此本篇只讨论与项目成败直接相关的项目专项评估。

第5章 项目技术评估

本章首先给出项目技术评估对于项目成败的影响，进而给出项目技术评估的基本概念、内容、作用、原则和程序。随后本章讨论了项目工艺技术（项目运行阶段所用技术）评估、项目实施技术（项目实施阶段所用技术）的评估以及项目技术装备（项目实施和运行阶段所用技术的装备）的评估的内容、原理和方法。更进一步，本章讨论了项目技术综合评估的内容、原理和方法。

任何项目的实施和运行都需要技术做支持，项目所采用的工艺技术和实施技术水平是否先进对项目能否达到预期的目标，实现项目各相关利益主体的利益起着至关重要的作用。因此，人们需要进行项目技术的专项评估，即对项目工艺技术、实施技术和技术装备等方面的评估，最终对项目技术的可行性、科学性和合理性做出全面的评价。

5.1 项目技术评估概述

人类社会的发展主要是依靠社会生产力的提升和进步，而社会生产力的提升有两方面因素起作用：一是资源投入增加，二是科学技术进步。由于世界的各种资源是有限的，人类不可能无限制地加大资源投入，而且单靠加大资源投入也无法从根本上解决社会所有问题，因此人们还需要通过科技创新和技术进步去推动经济发展。人们需要开展各种项目去提升社会劳动生产率，这样就必须对项目的技术可行性、合理性和先进性进行专项评估。

5.1.1 项目技术评估的概念

人们进行项目投资的根本出发点在于要获得经济利益，所以人们在项目投资时先要进行项目经济评估。但是项目技术手段是实现项目经济利益的根本途径和保障，所以人们必须先开展项目技术评估去对项目的技术可行性、合理性和先进性进行必要的评估。

1. 项目技术的概念

一般意义上的技术是指由系统科学知识、成熟经验和操作技艺等综合而成的某一种从事生产或社会活动的专门学问或手段。它包括三方面内容：一是为实现既定目标所需的科学知识和技能，二是为实现既定目标所选择的工艺路径和方法，三是为实现既定目标而采用的技术装备。同理，项目技术是指在整个项目中所使用的技术总和，这包括项目工艺技术、项目实施技术和项目技术装备三个方面。

2. 项目技术评估的定义

这是对项目所使用的工艺技术、技术装备和实施技术三方面的可行性所进行的评估，其根本作用是对项目在技术方面的可行性和先进性进行评估。因此，项目技术评估就是指对项目运行采用的工艺技术与装备和项目实施中所采用的实施技术与装备所做的全面评估，从而研究和考察项目技术可行性及其对项目经济效益与社会效益的影响这样一种项目评估工作。

5.1.2　项目技术评估的原则和因素

项目技术评估有自己的原则和因素，它们是决定项目技术评估成败的关键。

1. 项目技术评估的原则

项目技术评估是一项完整而科学的项目管理工作，它必须按照一定的原则去开展，这方面的主要原则包括下述几方面。

（1）项目技术先进性和适用性相结合的原则。项目技术的先进性是指项目工艺技术、实施技术和技术装备中包含的技术含量应该尽可能具有国际或国内先进或领先的水平，项目技术的适用性是指项目采用的工艺技术、实施技术与技术装备必须适应项目特定的要求和实际拥有的技术条件与经济条件。在项目技术评估中必须坚持在技术实用性的基础上去追求技术的先进性，并最终达到二者的有机结合。这一原则要求项目所采用的工艺技术、实施技术和技术装备都能适应项目既有条件与国情以及国家技术发展的水平。项目技术是否先进和适用，一般应该从项目工艺技术、项目实施技术和项目技术装备三方面考虑。

①项目工艺技术的先进性评估。项目工艺技术是指在项目运营阶段所使用的技术，由于任何项目工艺技术发展都有自己的生命周期，当一项技术处在初期阶段时它会具有较高的先进性，但因尚不成熟而存在一定的风险性，所以一般不应在项目中冒险采用这个阶段的技术（高科技企业除外）。当一项技术进入成长阶段后会逐渐显示出其先进性和稳定性，此时可以在项目中采用这类工艺技术，以使项目在所属行业内中具有技术领先的优势。当一项技术进入成熟阶段时，此时它已经没有先进性和垄断性可言，若在项目中使用这类技术时就必须评估这种技术潜在的因落后而被淘汰的风险。当某种技术进入衰退期的时候，一般项目都不能采用这种即将过时的技术，否则项目就会丧失技术含量和竞争力。

②项目实施技术的可行性评估。项目实施技术是指在项目实施阶段所使用的技术，由于任何项目实施技术是为建设或实施既定项目服务的，因此项目实施技术必须具有全面的可行性。例如，本书作者提供项目管理咨询的天津东站交通枢纽工程，因为周边有很多已建成的房屋和海河，无法使用开挖式的建设施工技术而采用了逆作法（从上往下）的项目施工技术。同样，按照项目实施技术的生命周期，人们最好选用已进入成长阶段或成熟阶段的项目实施技术，这样的项目实施技术具有一定的先进性，最重要的是这样的项目实施技术具有很好的实用性和可行性。因为项目实施是一次性的（项目运行是周而复始不断重

复的），所以项目实施技术能够满足项目实施工作的需要即可。

③项目技术装备的适用性评估。项目技术评估还必须对于项目技术装备与其所处相关条件的适用性进行评估，因为实际上项目技术装备是一种固化了的技术而需要环境的支持。人们要认真评估项目所需技术装备与项目实施和运行条件是否相适应，项目技术装备的配套条件是否可行，等等。这包括：项目是否需要进口先进的技术装备，国内配套技术装备的水平是否能够达到要求，项目运行的人力资源是否能掌握这些技术装备所需的专门技能，他们是否具备要求的技术支持与管理能力，等等。在这方面评估必须根据自身的条件去选用国内外先进的技术装备，以便既能取得好的经济效益而又不冒很大的技术风险，所以在项目技术装备评估中必须坚持先进性和适用性相结合的原则。

（2）项目技术经济性与合理性相结合的原则。项目技术的经济性是指项目所选用的技术代价是否经济节约，项目技术的合理性是指在项目技术的选择上是否科学合理。这一原则要求合理地协调项目技术先进性和经济可行性，从而在项目工艺技术、实施技术和技术装备的选用方面，以相对较低的代价获得相对较高的经济效益，并实现项目技术和经济利益的合理化。在市场经济条件下，评估项目技术的经济性和合理性必须考虑下述问题。

①项目技术的直接效益与间接效益之间的关系。一个项目技术的经济效益包括直接和间接两个方面，项目在其产生直接经济效益的同时还会产生间接的一些经济效益。在项目技术评估中应同时考虑这两个方面的技术经济效益，努力使二者实现最大化。另外，还要注意某些项目技术可能对企业不产生直接效益，但会产生一些其他的重要影响，对于这类项目也要很好地进行项目技术的评估，特别是从提升企业整体技术水平角度去评估。

②项目技术的当前效益与长远效益之间的关系。任何项目技术的采用都有一定的当前效益和某种长远效益，项目技术评估中必须用战略的眼光来评估项目技术的当前效益和长远效益。人们要避免急功近利的做法，要重视从长远效益出发考虑和评估项目的技术，从而使项目技术的当前效益和长远效益能够有效地协调一致。从项目评估学的角度看，项目要取得较好的经济效益就应选用先进的技术，但是为保障技术的经济性和合理性就只有在满足项目技术要求的前提下才能尽量采用经济效益好的项目技术。全面贯彻项目技术的经济性与合理性相结合的原则，既要防止单纯追求技术先进性，又要避免忽视项目技术的经济性与合理性。

（3）项目技术安全性与可靠性相结合的原则。项目技术的安全性是指在项目技术的运用中不会出现对整个项目或项目实施与运行主体造成危害的问题，这包括对于人身、设备、项目主体和项目环境等一系列的相关要素的安全性问题。项目技术的可靠性是指在项目技术的运用中不会出现项目技术失效或过多的故障或问题，这包括对于项目工艺技术和技术装备与项目实施技术等一系列的相关技术的可靠性问题。这一原则要求从财产保护、劳动保护和环境保护等角度出发，全面评估项目技术的安全性与可靠性。其中，项目工艺技术和实施技术的不合理或项目建设和运营安全方面的最大隐患会导致项目的失败。

（4）项目技术必须有利于环境保护性的原则。任何项目采用的技术都必须考虑环境保护的因素，所以在项目技术评估中应该将项目技术对环境的保护作为最基本要求并给予最高的权重。从整个社会和自然环境保护的角度来对项目技术进行评估，以确保项目技术能够保护人类生存的环境，而改善人类环境也是我国法律与国际法所要求的。项目技术必须维持生态和环境的平衡是当今技术发展的重要趋势，项目技术的优劣包括其对自然和社会环境的影响，所以对于项目技术的环境影响评估也是项目技术评估的重要内容之一。

2. 项目技术评估的因素

项目技术的选择不是可以随心所欲的，任何一个社会经济组织在选择一种项目技术时都必须考虑各种相关的因素和制约，因此在对项目技术进行评估时必须考虑这些相关和制约因素，常见的这类因素包括如下几个方面。

（1）需求因素。这是项目技术评估时首先要考虑的因素。人们选用项目技术首先是为了满足组织和社会对其的需要，并在满足这种需要的过程中取得相应的经济效益。市场需求是项目技术开发与选用的根本影响或制约因素。市场需求直接影响到项目技术的选择与评估，因为市场需求决定了项目产品或服务的性能、规格、质量、数量、生产规模和生产模式等，这些都从根本上制约着项目技术的选择，包括对项目生产工艺和技术装备的选择。

（2）供给因素。供给因素是指在项目技术的选用和评估中还必须考虑是否有相应技术的供给与是否能够取得所需的项目技术，以及可以使用何种方法取得项目技术。特别是当项目涉及高精尖技术的时候，人们可能会遇到像根本就没有项目所需的高精尖技术，或者是有但国际上有禁运或禁止出口该技术的限制，或者是出于技术垄断而只卖给技术使用权等方面的供给问题。这些因素都会直接影响到项目技术的选用以及项目的科学性，所以在项目技术评估中必须予以考虑和分析评价。

（3）技术支持因素。技术支持因素是指能使项目技术发挥作用和效益的各种技术支持条件，包括项目技术所需的基础设施、人员技术能力和技术装备配件等。其中，基础设施是为项目技术提供运行性条件的设施，包括运输、通信、动力、水电、供气等设施以及厂房、仓库等，具备必要的基础设施是项目顺利实施并充分发挥效益的必要条件。人员技术能力是指项目建设与运行人员对项目技术有关的各种知识和技能的理解与掌握程度，它直接作用于项目技术，所以也是项目技术评估中必须考虑的因素。

（4）环境制约因素。自然环境和社会环境因素同样影响与制约对项目技术的选择。一方面社会环境从人为角度制约对于项目技术的选择，另一方面自然环境从客观角度制约项目技术的选择。例如，一般在沙尘暴肆虐的地区就无法选择使用需要高精度机床设备的项目技术，而在高寒地区就无法开展种植热带植物的项目。当然，任何项目技术的选用都不应当对自然环境的生态系统和人类生活、劳动等社会系统造成危害。因此，环境制约因素也是对项目技术评估的一个必须考虑的重要因素。

（5）所需资源因素。资源因素主要包括资金、人力、能源、原料、装备等资源供应方面的因素，它们对于项目技术评估的影响也是直接的与重要的。项目应用技术的不同会导致项目所需资源的数量和种类的不同，所以在对项目技术的评估中涉及的限制和影响因素也不同。其中，资金短缺会对选择资金密集型项目技术形成制约，人员素质与数量不足会对选用知识密集型项目技术造成影响，能源缺乏会对选用高能耗项目技术形成制约，等等。因此在项目技术评估中必须考虑这些资源因素。

5.1.3　项目技术评估的内容和程序

项目技术评估关系到整个项目的可行性和未来项目运行的效益，所以项目技术评估的内容和程序必须全面与有效，以确保项目技术评估的信度和效度。

1. 项目技术评估的内容

虽然根据具体项目的特点其项目技术评估的内容会有所不同，但是项目技术评估的主要内容基本是一致的，一般都包括以下三方面的内容。

（1）项目工艺技术的评估。项目工艺技术是指项目运行中生产产品或服务拟采用的工艺流程和工艺技术方法。项目工艺技术应保证先进、适用和经济。对项目工艺技术进行评估时应注意以下几个方面的问题。

①项目工艺技术必须满足项目运行的需要。随着科学技术的发展，各种生产工艺技术也不断地获得改进和发展，项目运行对于工艺技术的要求也不断提高。在选择项目工艺技术时首先要满足生产运行的要求，否则整个项目就会失败。当然，项目技术选用过高也不适合项目生产的要求。所以，项目工艺技术的评估必须看其能否满足项目生产的要求。

②项目工艺技术要适应原材料和技术装备的制约。项目选用的工艺技术应该能够适应项目得到原材料和技术装备条件的制约，从而使项目能够生产出符合要求的产品或服务。同时，项目工艺技术评估中还应该考虑项目技术与项目运行组织的其他生产和销售方面条件的适应性，包括现有基础设施、人员技术和管理水平等。

③项目工艺技术的先进性和技术进步特性的要求。项目选用的工艺技术还应该具有先进性，以免项目产品或服务和整个项目在较短时间内被市场与技术进步所淘汰。同时，项目工艺技术的选用要兼顾技术的进步和升级，项目工艺技术指标要满足进一步改造或升级换代的要求。总之，项目工艺技术要比国内现有工艺技术先进或趋于国际先进水平等。

（2）项目实施技术的评估。项目运行需要在一定场所和环境内进行，项目运行场所和环境的好坏以及项目实施技术的优劣，在很大程度上会影响项目技术装备的运营和工艺技术的实施。由于项目运行周期比建设周期长，所以有必要对项目实施技术的实用性及其好坏进行评估。对项目实施技术评估主要有以下几方面的内容。

①项目实施技术和工艺技术的协调性。在大多数情况下，项目的实施技术是为实现项目的工艺技术服务和满足项目技术装备的要求服务的，一般要通过生产运营场所的建设或改造，使项目工艺技术能够顺利地执行。

②项目实施技术和技术装备的协调性。同时，项目技术装备是安装在一定的厂房或场所中才能很好地运行，因此项目实施技术还必须同项目技术装备的要求协调一致，从而使项目的技术装备能够发挥出良好的效能。

③项目实施技术要经济和安全。项目实施技术还要符合项目运营的物流经济、操作便利、维修方便等原则，并且项目实施技术还必须能够保证项目运营过程中的人身和设备安全（包括工作人员人身安全和机器装备的运行安全等）。

（3）项目技术装备的评估。在项目技术评估中，项目技术装备的评估也是一项重要内容。它应该在项目工艺技术评估的基础上进行，项目技术装备评估也会有一些自己独特的内容，项目技术装备需要从以下几个方面进行评估。

①项目技术装备的来源评估。人们要评估项目拟采用的技术装备是国内采购还是必须由国外进口以及各自的优缺点，凡是国内能够设计和制造的装备一般不从国外进口。但是当国产技术装备技术不可靠或质量无保证以及价格不具有优势时，就需要考虑进口项目技术装备。所以在考虑项目技术装备来源的同时也要考虑项目技术装备的功能、质量、价格、自身人员技术能力和管理水平等方面的问题，只有这样才能做出项目技术装备的决策。

②项目技术装备的配套性评估。无论是从国外引进还是从国内购买项目技术装备都要考虑它们的配套性问题，这需要从项目技术装备自身的配套性和它们与其所处环境的匹配性两方面来考虑。对于整个项目中各种技术装备需要由多家制造商提供的情况，应按国际惯例采取总承包配套的方式，以确保项目技术装备的配套性。如果项目的关键技术装备从国外进口，其余由国内配套提供，通常的做法是由项目相关各方共同协商而由某方负责系统集成。这些都必须进行评估，以保证项目技术装备投产后能正常运行。

③项目技术装备与建设和运营条件的匹配性评估。项目技术装备需要建筑安装以后才能运行，所以项目技术装备必须与项目建设和运营条件配套。在选择项目技术装备时要充分考虑它与项目建筑物的配套和技术装备的设备安装配套问题。同时，项目运营条件也是有一定限制的，所以项目技术装备还必须与项目运营条件相配套。通常，项目技术装备先进程度越高，对安装和运行条件的要求也越高，因此在进行项目技术装备评估时越应全面考虑项目技术装备与项目建设和运行条件的评估。另外，人们还要对项目技术装备的备品、备件等供应条件进行必要的评估。

④项目技术装备相关支持软件的评估。项目技术装备相关支持软件包括项目技术装备使用过程中所需的操作人员支持、维修技术支持和运行软件环境支持等条件，任何项目技术装备的选用都必须考虑这些方面的情况，以保证项目技术装备能够正确地安装、调试、操作和维修。同时，在项目运营主体无法实现项目技术装备的维护和修理时还要考虑从组织外部是否能够获得相应的技术支持，项目技术装备运行技术资料是否齐全，以及项目运行人员是否具备要求的技术水平，等等，项目应有可靠的相关支持软件条件以便使项目能够运行。

2. 项目技术评估的程序

项目技术评估需要经过初步可行性研究和详细可行性研究两个阶段的评估，如果在项目技术实施过程中出现变更，对于这些变更后的项目技术也需要开展项目技术的跟踪评估。项目技术评估同其他方面的项目专项评估相比，在评估程序上有其自身独特的方面，项目技术评估的程序包括下述几个主要步骤。

（1）收集和整理相关的项目技术资料。这是根据项目要求，有计划和有组织地收集项目相关技术资料，然后进行归纳、加工和整理，使之按照项目要求系统化、条理化和科学化的工作步骤。在收集项目技术资料时要注意了解各种资料的来源及其可靠程度，并判断这些技术资料的真实性和准确性，对所收集技术资料存在的问题和疑点必须做进一步的调查核实。同时，要做历史类似项目技术资料的真伪判断。这方面所需收集的资料主要包括如下方面。

①项目技术的基本技术资料。这主要包括三个方面的资料：一是项目工艺技术的资料，包括项目的工艺方案、工艺技术流程、工艺设计说明书等；二是项目技术装备的资料，包括项目技术装备的设计文件、设计说明书、使用要求等；三是项目实施建设技术的资料。

②项目技术评价方面的资料。这包括项目工艺和实施技术水平的评价资料，项目技术装备先进程度的评价资料，项目相关技术未来范式发展方面的资料和有关技术发展趋势的资料（如与项目有关的新技术、新工艺、新装备、新材料的资料），等等。

③与项目技术相关的数据资料。这包括与项目技术相关联的经济、环境、社会和运行条件等方面的各种数据资料，特别是项目可行性分析中所需的相关资料和相关研究报告等资料。例如，历史类似项目经济、技术、社会和环境等评价中得出的资料等，这些都是项目技术评估中需要的数据资料。

（2）确定项目技术评估的主要内容。一个项目涉及的技术问题十分复杂，会涉及很多方面和诸多要素。由于种种环境与条件的限制和人们能力所限，项目技术评估人员不可能（也没必要）对项目全部技术问题逐项进行评估。因此，项目技术评估的第二步工作是确定具体项目的评估内容和范畴。另外，项目技术评估所涉及的问题可进一步划分为三个：一是项目技术对整个国家、地区、行业的影响评估，二是项目技术对于项目运行组织的影响评估，三是项目技术本身内在问题的评估。

（3）确定项目技术评估的指标和标准。这是根据既定的项目技术评估内容，去确定项目技术评估所需要使用的评估指标体系和基本标准。其中，项目技术评估指标体系包括项目技术专项评估指标和项目技术综合评估指标，以及其他的项目技术评估指标体系。任何项目技术评估都必须首先确定项目技术评估的指标，再进一步确定项目技术评估指标的标准值，然后才能够使用这些指标及其标准值去分析和评估项目技术情况，最终对照给定的项目技术评估指标的结果，从而能够确定出项目技术的可行性、合理性和经济必要性。

（4）开展项目技术的专项评估。在确定项目技术评估的指标和标准以后就可以对项目技术开展各种专项评估了。项目技术的专项评估可以有很多分类方法，其中最主要的有两种分类：一方面，人们可以将项目技术评估分为对于项目工艺技术的评估、项目技术装备的评估和项目实施技术的评估；另一方面，人们还可以将项目技术评估分为对于项目技术的可行性评估、项目技术的先进性评估、项目技术的实用性等方面的项目技术专项评估。总之，所有的项目技术专项评估都应该充分评估项目技术的可行性、合理性和经济性等方面。项目技术专项评估必须按照充分必要的原则进行，即各种必需的项目技术专项评估一项也不能少，而各种不必要的项目技术专项评估一项也不能多。

（5）开展项目技术评估的综合评估。在完成项目技术专项评估以后，人们就可以使用这些项目技术专项评估结果去开展项目技术的综合评估了，即将项目技术专项评估的结果按照一定的方法进行全面的综合和集成，最终给出对于项目技术的全面评估结果。这项评估工作可以采用的方法有很多种，既可以用传统的打分法通过连加或连乘进行综合评估，也可以采用像层次分析法等定性与定量相结合的方法进行综合评估。但是都应该特别注意项目技术综合评估的有效性和可靠性，因为这是人们进行项目技术决策的主要依据。

5.2 项目工艺技术的评估

项目工艺技术是指在项目运营期间的产品或服务生产或实施过程中所采用的生产工艺技术或服务生成的技术方法。这方面的选择直接关系到项目产品或服务的质量、产量和成本等问题，因此它直接影响项目运行的成败和企业的生死存亡。同时，从长远的角度出发，项目工艺技术的选择会从根本上影响项目技术装备和项目实施技术的选择，所以这方面评估是项目技术评估的一项至关重要的基本内容。

5.2.1 项目工艺技术评估的概念

项目工艺技术评估是指对项目工艺技术的经济合理性、技术先进性、技术适用性和安全性，特别是它与项目运行组织已有技术条件的匹配程度等诸多因素和特性的专项评估。通过对于项目工艺技术的评估，人们能更好地做出项目工艺技术的选择，更有效地保证项目产品或服务的生成，实现降低项目产品或服务成本和保护环境等目标。

1. 项目工艺技术评估的内涵

任何一个项目在运营阶段生成项目产品或服务必须经过工艺技术设计和生成两个环节，因此任何项目运营阶段的产品或服务都需要使用选定的工艺技术。涉及项目产品或服务生成的工艺技术包括项目所需工艺技术及其技术装备的选用，这种项目工艺技术是项目运行阶段生成产品或服务的方法和手段，所以必须对其进行全面的分析评估，以确保项目运营阶段的产品或服务生产和运行的可靠性与有效性，以找出最优的项目工艺技术，以便项目能够获得更好的运营结果。

项目工艺技术的制定是根据项目运营所需生成的产品或服务的需要出发的，但同时它也影响着项目技术装备和项目实施技术的制定，甚至还会反作用于项目产品或服务的设计等工作。因此，项目工艺技术的评估是整个项目技术评估的核心内容。因为项目工艺技术的评估与决策不仅会涉及项目运营所产出的产品或服务的产量和质量、成本和利润、经济效益和社会效益，而且还会直接影响项目投资的多少和项目工期的长短等关系到整个项目的问题，所以做好项目工艺技术评估工作对项目的决策具有十分重要的意义。

2. 项目工艺技术评估的原则

项目工艺技术评估工作的好坏直接关系到项目工艺技术的可行性、科学性和可靠性，人们进行项目工艺技术评估的目的是有效地保证项目运行的经济可靠。同时，项目工艺技术评估结果也是人们制定项目技术装备选用和项目实施技术的基础与依据。因此，对项目工艺技术的评估必须遵循 "先进适用、经济合理、安全可靠、环境保护"等项目技术评估的基本原则，具体内容分别讨论如下。

（1）项目工艺技术必须能满足项目运营需要的原则。项目工艺技术是为了在项目运营阶段生成产品或服务而设计的，因此项目工艺技术必须能满足项目运营中产品或服务生成的要求。在市场经济的条件下，一个项目运营所生成的产品或服务必须获得市场的认可，这就要求生成项目产品或服务的工艺技术必须能够生产出获得市场认可的产品或服务。由于项目产品或服务的要求是由市场和竞争决定的，所以项目运营阶段的产品或服务的生成工艺技术，首先要遵循满足项目市场和生产需要的原则。

（2）项目工艺技术要适合资源供应等运行条件的原则。任何项目在运营阶段生成产品或服务都需要资源供应等运行条件的支持，这些条件也是人们选择项目工艺技术的根本依据之一。因为不同的原材料会有不同的加工工艺技术要求，不同的项目运行条件（如水、电、汽、零配件的供应等）也会影响项目工艺技术的选择。任何项目运营阶段的产品或服务生成都会涉及对所供应原材料进行物理或化学的加工和改变，所以人们要根据可供应原材料的特性去选用相应的加工工艺技术，这也是项目工艺技术的评估必须坚持的原则。

（3）项目工艺技术要实现整体均衡和全面配套的原则。项目工艺技术是一个系统，它包括一系列的工艺方法、工艺规程和工序与工步，所以项目工艺技术必须实现这些方面的整体均衡和全面配套。因为项目工艺技术中的各方面都具有配套的要求和约束，每个工序的工艺方法和规程都会影响到其后工序的工艺技术与方法。通常，这有三个层次的要求：一是本工序工艺方法和规程必须满足本工序生产的要求，二是本工序工艺方法和规程必须满足后道工序的要求，三是本工序工艺方法和规程要满足整个项目工艺过程的要求。

（4）项目工艺技术要具备先进性和经济性的原则。通常，项目具有先进的工艺技术就能体现出很好的经济性。当然，并不是每种先进的工艺技术都具有很好的经济性，要使项目工艺技术具有良好的技术经济性，必须处理好三个方面的事情：一是项目工艺技术的选择要注意能够节省资源和节约劳动力，二是项目工艺技术应能够满足综合利用资源提高项目综合效益的需要（这包括两个方面：一是指资源的合理利用，二是指资源的合理配置），三是确保环境不受污染从而全面节省环境治理的费用。

（5）项目工艺技术要具备一定可变更性的原则。现代社会的市场和社会需求发展变化十分迅速，因此就要求项目工艺技术具备一定的可变更性。这包括三方面：一是在对项目工艺技术选用时要采用技术经济性较高的工艺技术方法；二在项目工艺技术选用中要充分考虑项目工艺技术与企业本身的协调性及其未来的技术发展变化情况；三在项目工艺技术选用中一定要从市场发展变化的角度和客户对项目产品或服务需求的发展变化的角度出发，充分考虑项目工艺技术通过变更适应这些发展与变化的可能性，由此才能确保项目工艺技术能够根据市场的发展变化而做出必要的变更，才能确保实现项目工艺技术的科学与可行。

5.2.2　项目工艺技术评估的内容

不同项目工艺技术的评估涉及的内容会有所不同，这在很大程度上取决于项目本身的特性和要求，但是多数项目工艺技术的评估应该包括如下几个方面的内容。

1. 项目工艺技术合理性的分析评估

项目工艺技术合理性是指项目工艺方法和过程符合项目产品或服务生产的客观规律

与要求，并能够科学合理地利用资源和人力，减少不必要的资源和时间浪费，使项目运行达到科学高效。为此，项目工艺技术应达到以下要求。

（1）能够保证项目运行过程的连续性。项目运行过程的连续性是指在项目运行过程中各阶段从时间和空间上能够紧密衔接，项目运行中的物流、信息和工作等方面实现顺畅的互动等。这些同项目工艺技术有密切的关系，所以在项目技术评估中必须充分评估项目工艺技术在这方面的情况和特性。

（2）能够保障项目运行过程的协调性。项目运行过程的协调性是指项目运行过程各阶段之间在生产能力和技术水平上配置的合理性与均衡性等项目运行要求的比例关系的协调情况。项目工艺技术必须能够保障项目运行各阶段的配置合理，整个方案配备的设备和工人数量及其技术水平与装备数量以及实施能力指数和精度与效率等都能够满足项目运行各阶段的要求。项目运行过程的协调性同样与项目工艺技术直接相关，它是保证项目顺利运行和提高经济效益的前提条件，所以必须进行严格的评估。

（3）能够满足项目运行过程的特定要求。任何项目工艺技术的合理性主要体现在其能否满足项目运行过程中各种特定的要求。任何项目的运行都有自己特定的条件和要求，这些项目所属行业和项目产品或服务特定的条件与要求，对于项目工艺技术提出了特殊的评估要求，在项目工艺技术评估中必须全面评估其是否能够满足这些特定的要求。特别是在项目产品或服务的生成有特殊需要的情况下，必须评估项目工艺技术能否满足这些具体的要求。

2. 项目工艺技术适用性的分析评估

项目工艺技术适用性是指项目的工艺技术能否很好地适应项目能够获得的各种原材料，以及项目所处气候与地理条件等方面的分析评估，其评估内容包括下述几个方面。

（1）原材料和燃料等的适用性。项目采用的工艺技术应与项目能获得的原材料和燃料等条件相适应。不同的项目工艺技术要求使用不同的原材料，这种要求的可行性也是项目工艺技术评估的一项内容。人们必须分析项目工艺技术所需原材料的要求，以及必须考虑所需原材料的供应能否保证项目的运行。

（2）气候和地理条件的适用性。项目的运行都是在一定的气候和地理环境中开展的，项目采用的工艺技术必须能够适应项目所在地的气候和地理条件。通常，项目运行和项目产品或服务质量的要求越高，项目所采用的工艺技术对于项目所在地的气候和地理条件适应性的要求就越高，也就越需要进行必要的评估。

（3）其他资源条件的适用性。项目运行除了要消耗能源和原材料以外，还需要消耗其他某些资源，所以项目工艺技术还必须适应这些资源的条件和要求。例如，项目工艺技术对于人力资源的要求如果过高，在项目运营中就很难找到所需的人力资源，这样项目工艺技术的适用性就会出现问题。

3. 项目工艺技术可靠性的分析评估

这是指项目所选的工艺技术必须是成熟和可靠的，必须是能够保证项目产品或服务各种技术要求的实现，同时还必须保证项目生产设备和人员的安全。特别是对不确定性较大而又必须采用的最新工艺技术，人们必须有可靠性实验等评估保障措施，以确保项目运行中的产品后服务、设备和人员以及社会和环境等都不受项目的危害。

4. 项目工艺技术先进性的分析评估

项目工艺技术先进性的评估是指对于项目所选工艺技术所具有的先进程度的评估，以避免随着工艺技术的进一步发展而使整个项目被淘汰出局的局面。项目工艺技术的先进性与可靠性有时候是一种矛盾，所以在项目技术评估中必须综合分析和平衡这两个方面的评估要求，人们既不能过度地追求项目工艺技术的先进性而影响项目的可靠性，也不能过高地要求项目工艺技术的可靠性而降低项目工艺技术先进性的要求。人们可以使用年代法（如 20 世纪 90 年代技术、21 世纪技术等）去评估项目技术的先进性。

5. 项目工艺技术经济性的分析评估

项目工艺技术的经济性主要表现在项目运营和生成产品或服务的成本与经济和社会效益的情况，因为项目工艺技术的选用会对项目产品或服务生成成本和收益造成根本性的影响。评估一个项目工艺技术的经济性，首先要分析找出项目工艺技术每年的产品或服务生成成本和收益，然后比较分析各种方案的经济性。另外，项目运行的组织和人员等方面的变化也要求项目工艺技术在运行与管理方面能够进行一定的灵活性或可变更性，并借此去提高项目工艺技术的经济性。

5.2.3　项目工艺技术评估的方法

项目工艺技术的评估方法有很多种，但是最主要的方法仍然是专家法。项目工艺技术的专家评分法或头脑风暴法都是利用相关专家的经验与知识，由相关专家对既定项目工艺技术的各方面评估指标进行评定和打分，然后将各项项目工艺技术的评分予以综合，最终给出项目工艺技术的评估结果。

专家打分法的基本步骤是：首先根据被评估项目工艺技术的具体情况确定出相应的评估指标，并对每个评估指标制定出相应的评分标准和分值，然后根据被评估的项目工艺技术和确定出的评估标准对备选的项目工艺技术各方面进行评分并给出相应的得分值，最后将每个项目工艺技术的备选方案得分值进行综合评估，求出各方案的总分值以决定项目工艺技术的选择。

专家评分法按评分的计算方法不同又可分为加法评分法、连乘评分法和加权评分法三种。项目工艺技术专家评分法的出发点是想通过定性问题的定量化，从而使项目决策科学化，但是由于这种评分是一项非常复杂的工作，受到许多因素的影响，并且评分的各个指标之间往往还会有干涉性，所以会使这一方法的可信度和有效度都受到一定的影响，所以在实践中应注意和设法解决这方面的问题及其产生的原因。

项目工艺技术的评估既包括对项目工艺技术特性的评估，也包括对项目工艺技术的经济特性的评估。对于项目工艺技术经济特性的评估所采用的方法包括下述基本步骤。

（1）确定项目工艺技术的成本。通常，人们把项目工艺技术的成本划分为两类：一是与项目产品或服务产量成正比变化的变动成本，如人工费、主要原材料费用；二是与项目产品或服务产量的增减无直接关系的固定成本，如折旧费、管理费等。二者之和构成了一个项目工艺技术的成本总和。

（2）确定项目工艺技术的收益。通常，项目工艺技术的收益可以按不同的标志划分为很多不同的种类，如项目利润（企业收益）和税金（国家收益），税前收益（国家加企业的收益）和税后收益（企业收益），营业内收入和营业外收入，等等。通常，应该由国家收益和企业收益二者之和构成一个项目工艺技术的收益总和。

（3）对各项目工艺技术进行经济评估和选择。在评估以及选择项目工艺技术的时候，人们应根据项目的具体情况采用不同的评估方法，但是最主要的是两两比较法，这有下面两种不同的情况。

①项目规模一定且固定费用相同的工艺技术的评估与选择。设 Q 为项目产品或服务年产量（项目规模），F 为项目工艺技术成本中的固定费用，V 为项目工艺技术成本中的单位产品变动费用，C 为项目产品或服务年中成本。现有工艺方案 I 和 II，V_1、V_2 分别是它们的单位变动费用，且 $V_1 > V_2$，因项目规模一定且固定费用相等，则有

$$C_1 = V_1 \times Q + F \qquad\qquad (5\text{-}1)$$
$$C_2 = V_2 \times Q + F \qquad\qquad (5\text{-}2)$$

由于 $V_1 > V_2$，故 $C_1 > C_2$，因此应选择工艺成本低的方案 II。

②项目固定费用不同的项目工艺技术选择。这是在项目规模不同的情况下所使用的项目工艺技术比较分析方法。现假设两个项目工艺技术的固定成本有 $F_1 < F_2$，则会有图 5-1 中的三种情况出现：当 $Q = Q_0$ 时，有 $C_1 = C_2$，所以此时两方案的工艺技术成本相等，可根据其他条件的差异做出选择；当 $Q < Q_0$ 时，有 $C_1 < C_2$，此时选择方案 I 较为经济；当 $Q > Q_0$ 时，有 $C_1 > C_2$，此时选择方案 II 较为经济。

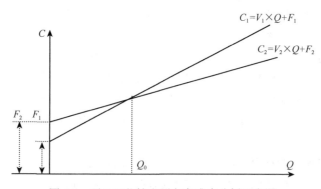

图 5-1　项目工艺技术两方案成本分析示意图

5.3　项目实施技术的评估

项目的技术评估第二项任务是对于项目实施技术所进行的必要评估，因为项目实施技术的好坏同样关系到项目的成败和优劣，所以项目实施技术的评估是不可或缺的。

5.3.1 项目实施技术评估的概念

项目实施技术是指项目实施设计方案和为完成项目建设而在项目实施过程中所采用的各种技术方法、技术措施方案等。这方面评估实质上就是从项目选用的工艺技术和项目技术装备的要求出发，对于项目实施技术所进行的评估，以便最终确定出科学可行的项目实施技术，从而确保项目的技术可行性。这方面评估主要是按照国家功能区划、经济布局和区域发展计划等要求，以及根据项目工艺技术与项目技术装备特定需要，科学评估项目实施技术。同时，这方面评估还包括对于项目实施中选用的技术方法和组织方案的评估。这种评估能够保证项目实施方案的要求，从而使项目实施技术可行与经济合理。对于项目实施技术方法和实施组织方案的评估关系到项目实施速度与质量以及投资大小和环境保护等诸多方面，因此这种评估同样是一个具有全局性、长远性和战略性的项目专项评估。

5.3.2 项目实施技术评估的内容

项目实施技术评估的内容涉及多个方面，既包括对于项目实施设计方案的评估，也包括对于项目实施所选用技术方法以及组织方案的评估。这种评估的具体内容有以下两方面。

1. 项目实施方案的评估

这包括对于项目实施方案的科学性、合理性与经济性等方面的评估。其中，项目实施方案科学性的评估主要是指对于项目实施方案本身各技术指标合理性的全面评估，项目实施方案合理性的评估主要是指对于项目实施方案与项目工艺技术和项目技术装备的匹配性的评估，项目实施方案的经济性评估主要是指对于项目实施技术在能够满足项目工艺技术和项目技术装备要求的前提下尽可能节约项目投资与项目运营维护费用等特性的评估。

2. 项目实施技术和组织方案的评估

在项目实施方案确定之后还需要对于项目实施方案的技术方法和组织方案进行评估，这方面评估的主要内容包括对于项目实施技术和组织方案的可靠性、经济性和高效性等方面的评估。其中，对于项目实施技术和组织方案可靠性的评估主要评估它们能否科学、可靠、安全地实现实施方案的各项指标和要求；而对于项目实施技术和组织方案经济性的评估主要是评估它们能否最大限度地节约项目实施成本并保证项目实施成本不出现超预算现象；对于项目实施技术和组织方案高效性的评估主要是评估它们能否高效快捷地完成项目的实施作业并保证项目工期不出现拖延问题。

5.3.3 项目实施技术评估的方法

项目实施技术评估的方法同样包括多种，最主要的是定性评估和定量评估两种方法的分类，因为在这一评估中有大量的定量评估指标存在，也有一定的定性评估指标。另一种分类是按照对于项目实施方案、项目实施技术的和项目实施组织方案评估方法的分类，本节将全面讨论这三种不同的项目实施技术评估方法。

1. 项目实施方案的评估方法

由于项目实施方案的评估主要涉及方案的科学性、合理性和经济性三方面的评估，因此人们需要先进行这三个方面的专项评估，然后进行项目实施方案的综合评估。其中，对于项目实施方案科学性的评估主要采用定量分析的方法，即对项目实施方案的各项指标值进行定量的分析与评价。对于项目实施方案合理性的评估主要采用对比分析的方法，即对比项目各种项目实施方案能够达到的指标值，从而评估出项目实施的最佳方案。对于项目实施方案经济性的评估主要是采用成本收益分析的方法，最终给出项目实施方案的经济性的评价。

2. 项目实施技术的评估方法

对于项目实施技术的评估也涉及对于项目实施技术的可靠性、经济性和高效性三方面评估的具体方法。其中，对于项目实施技术可靠性的评估主要采用比较法，即对项目实施方案的要求指标值和项目实施技术所能达到的指标值进行对比，从而全面评价项目实施技术能否可靠地达到项目实施方案的技术指标要求。对于项目实施技术经济性的评估主要采用类比法，即将各种备选项目实施技术的成本进行比较，分析给出各个项目实施技术的优劣。对于项目实施技术高效性的评估主要是采用工期分析的方法，根据各个备选的项目实施技术的工期长短分析各个项目实施技术是否能够高效快捷地建成项目实施方案。最终可以根据这三个方面的专项评估，按照一定的权重分配和综合评估办法，获得对于项目实施技术的全面评估。

3. 项目实施组织方案的评估方法

对项目实施组织方案的评估同样涉及对于可靠性、经济性和高效性三方面的评估。其中对于项目实施组织方案可靠性的评估主要采用风险分析的方法，即通过对于项目实施组织方案中各项活动的风险分析来评估项目实施组织方案的可靠性。对于项目实施组织方案经济性的评估主要是基于活动的成本估算和比较的方法，即将各个备选项目实施技术按照基于成本的估算方法求出一种项目实施组织方案的成本，然后对各个方案进行比较分析，最终给出各备选项目实施组织方案的优劣。对于项目实施组织方案高效性的评估同样需要采用工期分析的方法，即根据各备选项目实施组织方案的工期长短评估各项目实施组织方案的高效性。最终根据这三方面的专项评估，按一定的权重分配和综合方法获得对此项目的全面评估。

5.4   项目技术装备的评估

项目技术装备是指为实现项目工艺技术和项目实施技术所提供的设备与物质保障，项目技术装备中固化了许多项目工艺技术和项目实施技术的工具与方法。项目技术装备的选择直接关系到项目工艺技术和实施技术的成败，所以必须对其进行全面的评估。同时，从技术评估角度出发，项目技术装备的选择也会从根本上影响项目工艺技术和实施技术的选择，因此项目技术装备的评估也是项目技术评估的一项至关重要的内容。

5.4.1　项目技术装备评估的概念

项目技术装备是为实现项目工艺技术和项目实施技术所需的机器、机械、运输工具及生产装备的统称。项目技术装备按其在项目实施和运营中的作用，一般可分为项目实施技术装备、生产技术装备、辅助技术装备和服务技术装备等类别。其中，项目实施技术装备是为项目实施技术服务的，生产技术装备是为项目产品或服务生成服务的，辅助技术装备主要是指辅助项目实施和运营中的运输、动力、维修等技术装备，而服务技术装备主要是指间接为项目生成的服务提供支持的各种装备，如办公装备、安全装备、生活服务装备等。

项目技术装备评估是指对项目实施和运行所需各种技术装备的技术特性与适用性等的评估工作，因为项目实施技术和项目工艺技术决定了项目所需技术装备的特性、数量和能力总和等方面的指标。另外，项目技术装备最终会成为项目组织的固定资产重要组成部分，项目技术装备的选择会直接影响项目组织固定资产的总量，所以还必须从投资角度对项目技术装备进行评估。项目技术装备评估既要按照项目实施技术和项目工艺技术去评估技术装备的选型、规格和数量，也要根据项目专业特点评估项目技术装备的性能和经济特性。

5.4.2　项目技术装备评估的内容

项目技术装备评估涉及许多方面，但是最重要的有如下几个方面。

1. 项目技术装备的生产性能评估

项目技术装备的生产性能是指技术装备的生产能力和效率，它可以用单位技术装备在一定时间内的生产能力来衡量。项目技术装备的生产性能是由技术装备的生产效率和技术装备在一定时间内的有效工作时间决定的。在这一评估中应该主要评估项目技术装备的生产能力与项目设计能力要求的吻合程度，这包括对于项目技术装备中的设备台数及其生产能力的全面评估。通常一种项目技术装备的数量确定方法如下。

$$单台技术装备生产能力 = 设备有效工作时间 \times 单台设备产量定额 \qquad (5\text{-}3)$$
$$设备应配置台数 = 项目设计生产能力 \div 单台设备的生产能力 \qquad (5\text{-}4)$$

2. 项目技术装备的可靠性评估

项目技术装备的可靠性是指在规定的时间内和规定的使用条件下，项目技术装备无故障地发挥其功能的特性。项目技术装备可靠性越好，其发生各种故障的可能性越小，项目技术装备保障项目产品或服务生产和质量的能力就越高。任何一个项目的技术装备都必须进行可靠性的评估，因为任何设备都存在技术装备的可靠性问题，因此项目技术装备可靠性的评估十分必要，这样可以避免给项目实施和运营带来问题与造成不应有的经济损失。

3. 项目技术装备寿命期和耐用性的评估

项目技术装备的寿命评估包括项目技术装备的物质寿命、技术寿命和经济寿命的评估。项目技术装备的物质寿命是指其从开始投入使用到由于有形磨损而使装备老化或损坏所经历的时间周期，项目技术装备的技术寿命是指其从开始使用到因无形磨损（技术落后）而被淘汰所经历的时间周期，项目技术装备的经济寿命是指其从开始使用到装备由于老化而需依靠高额维护费保持其生命所经历的时间周期。现代科学技术的迅速发展使得项目技术装备的寿命周期在不断缩短，因此在评估项目技术装备的寿命时要对技术发展的趋势给予足够的重视，以便选择各种寿命都较长的项目技术装备。

4. 项目技术装备安全性和可维修性的评估

项目技术装备的安全性是指项目技术装备对项目实施和运行中安全保障方面的性能，项目在选择技术装备时要充分考虑技术装备的安全特性，以保证项目实施和运行中人员、设备和项目环境的安全。项目技术装备的可维修性是指项目技术装备的可以维修和维修的便利程度方面的特性，因为在项目实施和运行过程中，项目技术装备的维修是不可避免的，这方面指标包括：技术装备的结构合理和易于装卸检验，技术装备零部件的可互换性、标准化和维修的难易程度，等等。项目技术装备的可维修性会直接影响项目实施和运行的正常进行，因此在项目技术装备评估中要充分考虑项目技术装备的安全性和可维修性。

5. 项目技术装备配套性与系统性的评估

项目技术装备的配套性是指整个项目关联技术装备之间在数量和技术参数等方面的吻合程度，项目技术装备按配套规模可分为单机配套、机组配套和项目配套三个层次。其中，单机配套是指一台机器设备的各种部件、附件和工装的配套，机组配套是指一套机器设备中的多台主机、辅机和装具等的全面配备成套，项目配套是指一个项目所需各种生产、辅助和服务设备以及各种成套装具的配套。项目技术装备的系统性评估要求项目设备不仅从数量上配套，还要求在质量上的全面配套，只有这样才能使装备充分发挥应有的功能。此外，对于进口技术装备的配套性和系统性评估还应注意：各种不同国别引进设备之间要配套，各种不同厂家购买设备之间要配套，引进设备与国产设备要配套，引进设备要与原有设备和相关设施配套。这些都属于项目技术装备系统性评估的范畴。

6. 项目技术装备柔性和经济性的评估

项目技术装备的柔性是指项目技术装备对于原材料和其他运行条件要求的严格程度和项目技术装备适应项目产品或服务生产方案变更的能力，柔性大的项目技术装备在未来的项目产品或服务生产中比较容易适应变更后的项目运行要求，所以项目技术装备应该具备一定程度的柔性（或称灵活性）。由于项目实施和运营中存在许多不确定性因素，所以在项目实施和运营中都可能需要根据客观情况的变化而变更项目实施与运行方案，所以这就要求项目技术装备应尽量具备一定的柔性。在项目技术装备的评估中还必须对项目实施技术和工艺技术装备的经济性进行全面的评估，以提高项目运营收益和降低项目投资总额。

5.4.3 项目技术装备评估的方法

为了选择技术上先进和经济上合理的项目技术装备，人们需要对项目技术装备的购置方案进行全面的分析比较和评估，以便能够选择出经济技术性能最好的项目技术装备。在对于项目技术装备的评估中常用的分析评估方法有如下两种。

1. 投资回收期法

投资回收期法是通过比较项目技术装备投资的回收期的长短来选择项目技术装备的评估方法。其中，投资回收期是指项目技术装备自投入生产使用后到实现累计项目现金收益等于原始投资的时间周期。这又包括两种方法：一是静态方法，二是动态方法。其中，静态方法是不考虑资金时间价值的评估方法，静态投资回收期采用的计算方法如下。

　　静态投资回收期＝技术装备投资额÷（该装备创造的年利润＋年折旧额）　　（5-5）
式中，年利润和年折旧额等均为平均水平。

投资回收期的动态评估方法需要先把项目技术装备投资和各年收益（利润和折旧）折现成现值，然后计算项目技术装备投资折现的现金流量最终全面得以抵偿的时间，从而求得项目技术装备动态投资回收期。投资回收期的动态评估方法将在下一章中进行详细讨论，在此就不重复讨论了。无论是静态还是动态的投资回收期评估，在其他条件相同的情况下以投资回收期短的项目技术装备为好。

2. 费用换算法

费用换算法是通过比较项目技术装备全生命周期内的总费用来评价和选择项目技术装备的评估方法。项目技术装备全生命周期内的总费用是由项目技术装备的投资和运营维护费两大部分构成的。其中，投资（建设费）是指为购置项目技术装备而一次支出或集中在较短时间内支出的费用，运营维护费是指在整个寿命期内为保证项目技术装备正常运转而支付的各种费用。项目技术装备的购置费用应该包括技术装备自身的售价、技术装备的运输和保险费用、购置环节中的各种税费以及技术装备的安装费等，项目技术装备的运营维护费包括技术装备的有形和无形磨损费、使用项目技术装备过程中的能源消耗费、技术装备的保养维修费等。项目技术装备评估的费用换算法主要有如下两种。

（1）年费用法。年费用法是将项目技术装备购置费按复利计算原则计算出其使用寿命周期内平均每年的投资费用，再与其年运营维护费相加，从而求出项目技术装备每年的总费用，然后通过比较不同项目技术装备的年度总费用，评估和选择出满意的项目技术装备。年费用法的计算公式如下。

　　项目技术装备的年总费用＝平均年投资费用＋年运营维护费　　（5-6）

（2）现值法。现值法是把项目技术装备每年的运营维护费折算成现值再加上项目技装备最初投资额的折现值,从而求出项目技术装备全生命周期总费用的现值,然后比较各个项目技术装备并从中选择全生命周期总费用现值最低的项目技术装备的方法。这一方法的计算公式如下。

$$装备寿命周期总费用现值＝投资现值＋全生命周期运营维护费现值 \tag{5-7}$$

5.5　项目技术的综合评估

项目技术的综合评估包括对于项目工艺技术、项目技术装备和项目实施技术评估的全面综合。根据项目技术评估的过程规定,人们应该先进行项目工艺技术的评估,然后再进行项目技术装备的评估,最后才是对于项目实施技术及其装备的评估,最终是综合这三个方面的评估而给出项目技术的综合评估。项目技术的综合评估主要涉及两个方面的工作:一是项目技术信息的集成,二是项目技术的综合评估。它们分别讨论如下。

5.5.1　项目技术信息的集成

所谓项目技术评估信息的集成,就是指对于项目技术各方面专项评估信息的全面集成。这项工作本身又分成两个部分:其一是项目技术各专项评估信息的收集和整理,其二是项目技术各专项评估信息的匹配与集成。这两项工作的具体内容如下。

1. 项目技术各专项评估信息的收集和整理

项目技术各专项评估信息的收集和整理工作是指对于项目工艺技术评估、项目技术装备评估、项目实施技术评估(包括项目实施方案评估、项目实施技术的评估和项目实施组织方案的评估)等项目技术专项评估信息的收集、汇总、加工和整理工作。其中,项目技术专项评估信息的收集和汇总工作是将各个专项评估的信息汇集起来并根据项目技术综合评估的要求进行必要的分类,从而使那些凌乱、分散和无序的数据能够变成一个有机的整体;而项目技术专项评估信息的加工和整理工作是将整理好的信息做进一步的加工与处理(如做一些统计相对数和平均数的计算等),从而使收集整理的数据转变成能够在项目综合评估中使用的信息。因此,这两项工作是项目技术各专项评估信息的收集和加工处理工作。

2. 项目技术各专项评估信息的匹配与集成

项目技术各专项评估信息的匹配与集成工作是指对于项目工艺技术的评估、项目技术装备的评估和项目实施技术的评估等项目技术专项评估信息相互进行匹配与集成的工作。其中,专项评估信息匹配和集成,是指那些具有配置关系的各个项目技术专项评估信息之间必须能够很好地搭配,并且能够形成很好的集成和配置关系,以便在项目技术各专项评估的综合评价中能够很好地使用这些信息。这种匹配与集成包括:项目技术装备评估信息与项目工艺技术评估信息的匹配与集成,项目实施技术的评估信息和项目工艺技术和项目技术装备两方面方案评估信息的匹配与集成,甚至进一步应该包括项目实施方案和项目实施技术与组织方案评估信息的匹配和集成，否则就无法实现项目技术的整体综合评估。

5.5.2 项目技术的综合评估

项目技术的综合评估是指在项目方案的形成过程中，人们在对于项目工艺技术的评估、项目技术装备的评估和项目实施技术的评估的基础上所做的一种全面综合评估的工作。任何项目技术整体方案的评估结果必须是一个集成或综合评估的结果，因为要真正评估并提出一个项目的技术就必须从整个项目技术的总体出发，做好项目技术的综合评估。这种项目技术的综合评估包括以下几方面内容。

1. 项目技术综合评估内容的选择

项目技术综合评估内容的选择是指选择和确定这种评估的内容，即选定这些评估的内容能评估清楚项目技术的优劣，并由此做出项目技术的决策和选择。项目技术综合评估内容的选择应该根据项目所属专业技术领域的情况和项目本身的独特性以及项目技术决策的需要等方面来确定，通常包括对于项目技术的可靠性、科学性、经济性、安全性、实用性等方面的评估内容。

2. 项目技术综合评估方法的选用

在确定项目技术评估内容以后就可以进一步选定项目技术综合评估的具体方法了。这种项目技术评估方法的选用同样要根据项目所属专业技术领域的情况和项目本身的独特性来确定，通常主要选用专家法进行项目技术的综合评估。在使用专家法开展项目技术评估的过程中，人们可以使用头脑风暴或特尔斐法等专家综合评估方法，人们也可以采用像打分法和层次分析法等定性与定量分析相结合的专家综合评估方法。

3. 项目技术综合评估的具体实施

根据上述选用的项目技术综合评估内容和方法，人们就可以开展项目技术的综合评估了。在这一评估过程中最重要的是设法使专家能够充分发表自己的专业意见，所以在这一工作的实施中要努力剔除行政权威和专业权威所带来的不利影响。其中，最重要的是让专家能够畅所欲言和科学地分析与打分，同时要考虑各种专家意见的加权办法，以及综合评估意见的最后综合方法。

4. 项目技术综合评估结果的输出

项目技术综合评估的最后一环是对于综合评估结果的报告和输出，这包括对于项目技术综合评估意见的口头和书面报告及其文档的输出。项目技术综合评估口头和书面报告是项目技术评估结果的汇总，其输出与应用直接影响项目技术的选定和项目决策，所以项目技术综合评估结果的输出必须严格认真、正规完备、实事求是。

 **思考题**

1. 简述项目技术评估在整个项目评估中的地位和作用。

2. 如何保证项目工艺技术、技术装备和实施技术评估的顺利实施？

3. 项目工艺技术、技术装备和实施技术评估三者之间是什么样的关系？

4. 对项目技术装备评估的各项内容的重要性进行排列，并说明原因。

5. 说明项目实施技术评估对于整个项目技术评估的支持作用。

6. 项目技术综合评估的关键何在？请说明理由。

第6章 项目财务评估

本章首先给出项目财务评估的基本概念、内容、作用和主要影响因素。随后讨论了项目现金流量的概念、计算和项目现金流量表的编制，这包括项目总投资和自有投资的现金流量表以及静态与动态现金流量表的编制原理和方法。更进一步，讨论了项目财务评估指标体系的构成和每个项目财务评估指标的内涵及其计算法。最后，给出了项目财务评估方面的具体过程与步骤及其所使用的方法。

项目财务评估是项目评估中的一项重要内容，不管是项目前评估、项目跟踪评估还是项目后评估都需要做好项目财务评估。这是一种从企业角度去考虑项目成本与收益的评估，是一个项目财务是否可行的评估。因为人们开展的各种商业性项目（以下简称"项目"）都是为创造新增价值与财富服务的，所以任何一个这类项目都必须做项目的财务评估。

6.1 项目财务评估概述

按我国现行规定，项目经济评估包括项目财务评估和国民经济评估两个方面。其中，项目财务评估是从企业角度出发，按照国家现行的财税制度规定对于项目财务（成本与收益）可行性的评估。项目国民经济评估是从国家和全社会角度，分析和计算项目对整个国民经济的效益。项目经济评估都是先做项目财务评估，然后进行项目国民经济评估，甚至有些项目不需要做国民经济评估，因为那些项目对于国民经济的影响十分有限。

6.1.1 项目财务评估的概念

项目过程是一个物流、信息流和资金流的运动与转化过程，项目活动的财务表现为各种实物要素（如原材料、机器设备及产成品等）的投入和产出。从货币形态上看，项目活动表现为一定量的资金流动，即从资金的垫付到资金的回收和增值，所以对项目进行财务评估的出发点就是要对项目过程中投资或资金流动的成本与收益情况进行评估。因为所有项目财务都必须按照国家现行财税制度和价格体系依法去开展，所以人们需要从企业的立场出发去研究项目的财务情况，评估项目各阶段投资、运营和回收中的成本和收益情况，从而计算给出项目财务效益和费用并评估项目盈利能力、清偿能力及外汇平衡能力，最终给出项目财务是否可行的结论。

项目财务评估主要是面向未来的评估，是一种利用预测项目财务数据所进行的可行性评估。这种评估一般应该对项目整个生命周期的财务总体情况进行评估，且应该使用考虑资金时间价值的动态方法进行评估。同时，人们还必须对财务不确定性和风险性等方面进行评估。

6.1.2　项目财务评估的作用

项目业主或项目发起人是项目投资结果的直接承担者，因此项目财务评估主要是从项目投资者的角度考察项目盈利能力，为项目投资者的项目决策提供支持。同时，项目各方面的相关利益主体也都有自己的项目财务评估，只是各自的评估内容和方法有所不同而已。项目财务评估的作用主要有三个方面：其一是反映项目的盈利能力和偿债能力以判明项目投资所获得的收益与投资的安全性，为人们的投资决策提供信息支持；其二是为项目成本管理提供信息和数据，包括项目所需投资规模、用款的计划安排与筹款方案等；其三是分析和确定项目投资的风险及其应对措施，包括项目风险成本和项目风险收益。

6.1.3　项目财务评估的方法和步骤

项目财务评估是一个以定量评估为主，定性分析和定量分析相结合的评估。其主要步骤是：通过对于项目财务费用和效益的识别，并结合项目成本收益预测方法，对识别出的项目财务费用和效益进行预测与分析，进而得出中肯的项目财务成本与收益的数据，然后结合项目财务报表的编制和项目财务评估指标的计算，以及对于这些数据的整理和分析，最终给出项目财务的可行性结论。项目财务评估具体包括以下步骤和方法。

1. 项目财务数据的收集

项目财务评估是对一个项目整体财务可行性的评估，所以必须根据项目财务评估的需要，收集相关的各种数据和参数，包括国家有关的财务和税收规定，项目的造价和运营与维护等方面的成本数据。

2. 项目财务数据的预测

这种评估作为一种事前评估，其数据多数是预测性数据，人们必须预测项目市场前景和项目收益与成本方面的数据，包括固定资产投资估算、流动资金投资估算、项目产品产量和销量预测、项目产品销售价格和销售收入预测、项目产品生产成本及税金预测等。

3. 编制项目财务评估用报表

这种评估所用报表的编制是对收集和预测的项目财务数据所进行的汇总与整理工作，项目财务评估用报表按作用可分为基本报表和辅助报表，基本报表包括项目现金流量表、项目损益表、项目负债及其偿还表、项目资金来源与运用表、项目资产负债表等。

4. 全面进行项目财务可行性分析

这主要是运用项目基本财务报表和相关数据计算各种项目财务可行性指标，然后进行项目财务可行性的全面分析工作。项目财务评估主要通过计算动态评估指标进行项目财务可行性的分析与评价，同时也可以使用一些静态评估的方法和指标的评估结论。

5. 给出项目财务可行性分析结论

项目财务评估的最终工作是根据上述评估步骤的结果编写项目财务可行性报告，这一报告实际上是整个项目可行性报告的一个组成部分。它也是最重要的部分，因为如果某个项目的财务可行性有问题，那么就没有哪个企业会去开展和实施该项目。

6.1.4　影响项目财务评估的主要要素

在项目财务评估中有一些主要影响要素，它们直接影响项目财务评估的结果以及这种评估结果的信度与效度。其中，项目财务评估最主要的影响因素如下。

1. 项目计算期

这是指由项目建设期和运营期所构成的项目周期，而项目的运营期又包括试产期和达产期等不同的时期。项目计算期的长短主要取决于项目本身的特性，按照国际惯例常规项目的计算期一般不宜超过 20 年。因为计算期越长，人们对于后期的预测数据越不准确；更重要的是按照现金流量折现的方法，把 20 年以后的项目成本和收益折为现值，其计算所得到现金流量额的影响很小，甚至很难以对项目财务评估的结论产生有决定性的影响。

2. 项目范围

项目范围是指项目所包括的产出物、项目工作和项目活动等方面的内容，它是计算项目收益与费用的主要依据，所以直接影响项目财务评估。一个项目投资大小取决于项目范围，而且项目运营维护费用多少也取决于项目范围。项目财务可行性是以项目最终能够实现盈利为标准的，在计算项目收益与费用的过程中也必须充分考虑项目范围的规定。

3. 项目折现计算的规定

在项目现金流折现的计算中，人们按不同的折现计算系数或规定也会影响项目财务可行性的评价。例如，究竟是采用年末法还是采用年初法（现金收支均按年末还是年初发生计算），这会直接影响项目财务可行性的评价。特别是在项目折现计算中所取折现系数（项目所属行业平均利润水平的选取或确定）的大小和规定更是会严重影响项目的财务可行性。

另外还有一些其他的影响要素，但是都没有上述影响要素重要。

6.2　项目现金流量与项目财务评估指标

项目现金流量是指项目流入和流出的现金量，项目现金流量分析是把整个项目视为一个独立的财务系统，然后对项目计算期内现金流入和现金流出以及净现金流量的情况进行全面的计算与分析，这种分析的结果（各年现金流量情况）是进行项目财务评估指标计算的主要数据和企业项目决策的重要信息。

6.2.1　项目现金流量的概念

要科学地开展项目现金流量分析，首先需要弄清楚项目现金流量的基本概念，这包括弄清楚项目现金流入和现金流出以及净现金流量等各个具体概念。

1. 项目现金流量的定义

这是指在项目计算期内发生的与项目直接有关的各项现金流入和现金流出的总称。其中，在某一时点上流出项目的现金量被称为项目的现金流出，而流入项目的现金量被称为项目的现金流入。在同一时间点上的项目现金流入和现金流出的代数和被称为项目的净现金流量，一般规定：项目的现金流入量为正，项目的现金流出量为负。在项目财务可行性分析中，一般设定的时间分析单位为年，所以项目计算期内现金流量情况是按年度给出和进行分 析的。

2. 项目现金流量的内涵

对一个项目而言，项目投资、经营成本、销售收入、税金、利润等变量都是构成项目财务系统的现金流量最基本的要素，现将这些要素分述如下。

（1）项目投资。这是指为使项目达到预定设计生产或服务能力而需预先垫付的资金总额，这包括项目固定资产投资、无形资产投资和建设期资本化利息之和，其中资本化利息是指在建设期发生的与构建项目所需的固定资产和无形资产等长期资产有关的借款利息。项目总投资会随着具体项目的不同而一次性投入或分次投入。项目投资的具体构成如图 6-1 所示。

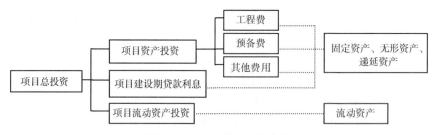

图 6-1　项目投资的具体构成

由图 6-1 可以看出项目总投资包括如下各项的具体内容。

①项目资产投资。这是指当项目建成达到可使用状态时，项目投资与建设期资本化利息共同形成固定资产、无形资产和递延资产（这主要是指项目开办费）。其中，项目固定资产是指使用期限超过 1 年且价值在一定数额以上的房屋、建筑物、机器、设备、器具、工具等资产，无形资产是指项目长期使用但没有实物形态的资产，包括专利权、商标权、土地使用权等，递延资产是指不能计入项目工程成本而需要在项目生产经营期内逐年摊销

的递延性费用（主要包括项目开办费等）。固定资产、无形资产和递延资产都是有偿取得的资产，所以应在项目运营期内分期收回或摊销。

②项目建设期贷款利息。通常，项目投资来源主要有两种途径：一是项目业主等自有的资金即项目所有者投入部分；二是借款即借入资金，包括长期借款和短期借款。项目建设期的资金如果涉及贷款就必须计算其在项目建设期所形成的贷款利息，项目建设期贷款利息凡是符合资本化条件的都应该做资本化的处理，即并入项目资产原值之中，以便在项目资产的折旧期限内通过折旧予以回收。根据项目贷款的复利计算原则，项目长期借款的利息也会成为下一期的项目贷款本金构成部分之一，而这些都属于项目资本化利息的范畴。项目要注意的是：在项目投入运营后发生的流动资金贷款利息等不能做资本化利息的处理，而只能进入项目运营期的财务费用而形成项目运营的期间费用。

③项目流动资产投资。这是指用于项目生产经营周转的营运费用的投入，它形成了项目（或企业）的流动资产。项目流动资产通常是指在 1 年为周期的项目营运过程中可变现或占用的资产，这主要包括现金、应收账款、存货等，所以流动资产包括四种形态：首先是货币资金，然后使用货币换的资源而变成了储备资金，这些资源投入生产后变成生产资金，生产出产品后就变成了成品资金，最后卖出成品就又变成了货币资金（流动资产就是这样流动的）。在生产性（而不是服务性）项目中，项目流动资金主要包括项目的铺底流动资金和项目运营期流动资金补足部分。

④项目固定资产残值和流动资金回收。对项目投资者来说，在项目计算期末的固定资产残值和全部流动资金两者都是可回收的项目现金流入。假定项目固定资产的折旧年限等于项目生产经营期，项目固定资产净残值可以用固定资产原值乘以法定净残值率来计算。如果固定资产在项目生产经营期中提前回收，其净残值可以根据其固定资产原值和预计净残值率来进行计算。项目流动资金投入后便在不断地周转和流动使用，最终在项目经营期结束时会发生一次性回收。在项目总投资中，固定资产投资和建设期贷款利息都是在项目建设期发生的，它们按项目投资计划分期投入。项目流动资金的投资除了项目铺底流动资金外，均发生在项目运营期，它们是按各年生产能力增加的比例分期投入的。虽然二者的收回时间会有所不同，但是按照项目财务可行性的要求，二者都应该在项目运营期结束的时候得以收回。

⑤项目递延资产及其回收。这部分资产属于按照多年分次摊销收回的，所以这一部分资产被称为递延资产。这包括项目建设期间可能需要投入较大的人力资源初始培训，而这种人力资源初始培训成本不能在项目投产的第一年就全额收回，而必须在规定的时间内摊销完毕和回收，这一类的资产就形成了项目总投资中的递延资产。在项目总投资中，项目递延资产作为现金流出在项目建设期中发生，而作为项目现金流入在项目运营期的一定时期内发生。项目递延资产的现金流入和现金流出计算规则必须按照项目投资所在国家的现行财税制度规定计算与安排，它们的回收方式和时间周期按照项目投资所在国家的现行财税制度规定执行（通常最多不允许超过 5 年分摊）。

另外，在项目总投资中的项目资金来源主要包括自有投资和项目借款：自有资金可以通过向投资者发行股票、企业内部积累留存收益等方式取得，借款可以通过从银行借款、发行债券、利用商业信用等方式取得。在项目财务评估中，为了从时间和数量上保证项目所需资金，还要充分考虑到每一种筹资方式的可行性，并在此基础上考虑合理的资金来源的结构安排。不同的项目资金来源结构所形成的资金成本不同，人们当然愿意选择资金成本低的结构，所以项目财务评估还要充分权衡项目投资的收益和风险，确定恰当的借款数额和用款计划。因此项目财务分析也为项目投资者和债权人提供是否值得投资的信息。

（2）项目运营成本。项目财务评估中有关项目运营期的现金流出科目主要是项目运营成本，项目运营成本所涉及的内容包括如下几个方面（具体请参照现行国家财税制度）。

①运营总成本。运营总成本是指项目在一定时间内（一般是指 1 年）发生的全部成本和费用。项目运营总成本有两种计算方法：第一种是按项目成本科目进行汇总计算的，要汇总的科目包括项目生产成本和期间费用，具体如下。

$$运营总成本＝生产成本＋销售费用＋管理费用＋财务费用 \quad\quad （6\text{-}1）$$

其中：生产成本由直接材料、直接人工、其他直接支出和制造费用构成，期间费用包括销售费用、财务费用和管理费用。

这种计算方法是以制造业的成本核算为基础的计算方法，它先计算各种项目产品的成本，然后把所有项目产品成本相加，再加上项目的期间费用而得到运营总成本。

运营总成本的第二种计算方法的计算公式如下。

$$运营总成本＝原材料、燃料、动力费＋工资及福利费＋修理费＋$$
$$折旧费＋摊销费＋利息支出＋其他 \quad\quad （6\text{-}2）$$

这种方法中的项目总成本构成是按项目运营成本要素给出的，所谓项目运营成本要素是指具体的项目运营费用构成，如原材料、折旧、摊销等。上述两种方法可以按照国家或地区的规定去选用，因为两种核算方法本质是一样的，只不过表现形式不同，它们之间的关系对应如图 6-2 所示（注意：国家财税制度改革会使本章图和公式的内容有所变动）。

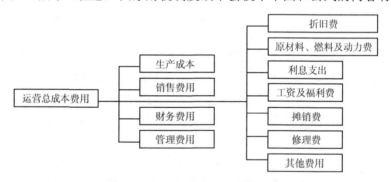

图 6-2　项目运营总成本核算关系

②项目的经营成本。这是指在项目经营期发生的，为满足项目正常生产经营而支付的成本，它是项目运营期中最主要的现金流出科目。它是项目运营总成本中付现的部分，所以人们把运营总成本中不付现的部分去掉就能得到项目经营成本。对于这种不付现的项目经营费用，主要体现的是一些长期资产的转移价值，如固定资产的折旧费和递延资产的摊销费等。虽然项目折旧费和摊销费等都是公司会计成本的构成内容，但从整个项目投资周期看，它们是已经付现的固定资产、无形资产和递延资产等的分摊。因此在计算项目现金流量时不能再把项目的折旧费和摊销费看成支出，否则就会发生重复计算。另外，项目利息支出虽然是一项运营的实际支出，但从投资（包括自有资金和借贷资金）的角度看，项目运营中的利息也是投资收益的一个组成部分，它只能作为一个单独科目来考察，因

此项目经营成本中不包括利息支出。根据以上分析可见经营成本和运营总成本的关系可由式（6-3）给出。

$$项目经营成本＝运营总成本－折旧费－摊销费－利息支出 \tag{6-3}$$

根据式（6-3）可以得出经营成本的计算公式如下。

$$项目经营成本＝原材料、燃料、动力费＋工资及福利费＋修理费＋其他 \tag{6-4}$$

（3）项目收益。项目收益主要是从项目销售收入获得的，项目收益多数时间等于项目的销售收入，而项目利润则是项目销售收入和项目成本与税金的差额。下面给出有关项目销售收入、税金和利润的计算方法与公式。

①项目销售收入。项目销售收入是项目运营期主要的现金流入科目，它是销售项目产品或劳务取得的收入。在项目评估中由于无法具体估算项目营业外收支的情况，所以项目每期总收入就等于项目销售收入。因此项目销售收入的计算公式十分简单，它等于项目的产品销量（在项目财务评估时等于项目产品产量）乘以项目产品的售价。项目销售收入与其他变量的关系如图 6-3 所示，它又是项目利润、总成本和税金及附加的总和。

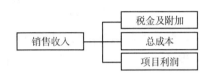

图 6-3 项目销售与其他变量的关系

②项目税金。在项目销售收入和由项目带来的企业收入中都会包含税金，这包括销售税、资源税和企业税等种类。其中，销售税及附加主要是指消费税、城市维护建设税（以下简称"城建税"）及教育费附加等科目，企业税主要包括企业所得税和增值税等税收科目。对于增值税，由于它本身是价外税，所以并不直接进入成本，但其数额会影响到城建税和教育费附加的数额，因此在计算税金及附加时要仔细考虑和核算。

③项目利润。这也是一个公司会计的概念，它又分为税前利润和税后利润，所以它需要调整后才能成为项目现金流量的科目。税前利润是销售收入与成本费用相抵后的余额，从税前利润中减去企业所得税即为税后利润。从现金流量的角度对利润进行考察，一是可以计算所得税，二是可以提供投资回收的来源。项目税后利润有如下两种计算方法。

$$税后利润＝销售收入－总成本－销售税金及附加－企业所得税 \tag{6-5}$$

$$\begin{aligned}税后利润＝&销售收入－经营成本－折旧－摊销－利息－\\&销售税金及附加－企业所得\end{aligned} \tag{6-6}$$

6.2.2 项目现金流量的估算

这是对于项目各个现金流量的预测，项目主要的项目现金流量预测具体说明如下。

1. 项目总投资的估算

在项目总投资的估算中主要包括项目固定资产投资估算（某些项目会有无形资产投资估算）和项目建设期的贷款利息估算。另外，在项目总投资的估算中，如果需要铺底流动资金就还需要做项目流动资金投资的估算。

（1）固定资产投资估算。项目固定资产投资包括工程费、设备费、预备费（项目风险费用）和其他费用。由于工程项目的长期性，对项目的投资需要分阶段进行计算，而且不同的计算期间的投资额计算依据不同，因而计算的结果也有所差异。由于人们采用的是估算数据，因此会有一定的误差，但这种误差必须控制在一定范围之内。常用的项目固定资产估算方法主要有两大类：一类是生产能力指数估算法或类比法，这类方法是参照历史同类项目的固定资产投资额推算出拟建项目投资额的方法，这种方法相对简单但估算结果精度较低；另一类方法是详细估算法，主要是先将项目固定资产的各构成部分加以估算，然后汇总得出固定资产投资总额的方法。详细估算法中各个项目投资科目及其估算方法如下。

①工程费估算。一般根据项目内容，按项目估算的方法，项目工程费的计算公式如下。

$$工程费 = \sum_{i=1}^{n} (单位工程估算价格 \times 项目单位工程量 \times 修正系数)_i \qquad (6\text{-}7)$$

其中：单位工程估算价格是指项目实施工程的单位费用多少；项目单位工程量是指项目实施工程的工程总量；修正系数是指无法按照单位数量行业价格计算的补充部分。

②设备费估算。一般只要根据项目需要，按项目运行所需设备的购置情况，人们就可以估算出项目的设备费。项目的设备费估算方法相对比较简单，只要将项目运营所需的各种设备数量和价格估算出来，然后将项目所需全部设备的费用加总即可，具体公式如式（6-8）所示。但是要注意在设备费的估算中必须计算完全成本，如进口设备不但应该包括设备本身的价格，还要包括设备的国际和国内运费、保险费、关税和增值税等。

$$设备费 = \sum_{i=1}^{n} (项目所需设备完全单价 \times 设备数量)_i \qquad (6\text{-}8)$$

③预备费估算。项目的预备费是为应对项目风险而预先估算的费用，这包括项目的基本预备费和涨价预备费。其中，基本预备费按工程费和其他费用之和乘以项目风险损失的大小与概率即可得到估算结果，而涨价预备费则需要根据投资所在国家发布的预测投资品物价上涨指数来估算，国际通行的涨价预备费的具体估算公式如下。

$$P_E = \sum_{t=0}^{n} I_t + [(1+f)^t - 1] \qquad (6\text{-}9)$$

其中：P_E 为涨价预备费；t 为项目建设期年份；I_t 为建设期第 t 年的投资计划额；n 为建设期年份数；f 为年均投资价格上涨率。

④其他费用估算。这是指项目建设的其他费用，其中一些是国家有规定的收费科目（如文明施工费和税金等），这些需要按国家有关规定去估算。其他一些是项目特殊的收费，这些如果没有规定收费标准，多数需要按照项目投资的具体情况去估算。

由于不同项目所包括的内容不同，因此项目总投资中包括的科目也会不同。例如，有的项目没有项目固定资产投资（轻资产的项目是直接租赁厂房与设备而不做固定资产投资的），有的项目没有项目建设期利息（全部使用自有资金所以没有贷款利息），而有的项目总投资中不包括预备费和铺底流动资金，所以不同项目要按照实际情况去做好项目总投资的估算。

（2）建设期的贷款利息估算。在项目评估中为计算简便，人们则假定凡国内借款，无论实际是按季或按月计息，一律转化为按年计息，其计算公式如下。

$$每年利息＝（年初贷款累计额＋本年借款支用额/2）×年有效利率 \qquad （6-10）$$

其中：年初贷款累计额是指本年初的借款本金和利息的累计额；年有效利率是根据年名义利息，统一以年为计算单位换算得到的年度利率，其换算公式如下。

$$R=\left(1+\frac{r}{m}\right)^{m}-1 \qquad （6-11）$$

其中：R 为年有效利率；r 为年名义利率；m 为每年计息次数。

（3）项目流动资金估算。这种估算包括对于项目流动资金总额的估算和年增加额的估算。其中，项目流动资金总额等于项目正常经营年份的流动资产额减去该年流动负债，而年流动资金增加额等于本年需用额减去年初流动资金累计数。项目流动资金估算的方法有比例估算法和分项估算法，其中的比例估算法相对比较粗略，而分项估算法因为比较精确而使用得较多。分项估算法先按照项目流动资产与流动负债的分项进行估算，然后加总全部流动资产，再减去加总后的全部流动负债，最终得出项目流动资金投资需要量。这种估算方法首先要确定分项流动资产或负债所对应的费用，再确定该项资产（负债）的最低周转天数，然后按式（6-12）计算流动资产投资需要量。

$$年流动资产估算额＝年现金＋年应收账款＋年存货税 \qquad （6-12）$$

其中：
$$年现金＝（年工资及福利＋年其他费用）/周转次数 \qquad （6-13）$$
$$年应收账款＝年营业成本/周转次数 \qquad （6-14）$$
$$年存货税＝外购原材料、燃料及动力费＋在产品费＋产成品费 \qquad （6-15）$$

上述公式主要适合于产品生产类的项目投资估算，不适合其他类项目的投资估算。

2. 项目销售收入的估算

这是项目财务分析估算中的重要一环，其具体方法由下面的计算公式给出。

$$销售收入＝产品销售数量×销售单价 \qquad （6-16）$$

其中：产品销售数量根据项目设计能力确定，销售单价根据市场预测决定。

除了项目销售收入以外，项目在运营期中还可能发生营业外收入，从而构成项目的现金流入，但是在项目估算中不考虑也不计算这种现金流入，因为它属于例外情况。

3. 项目经营成本的估算

项目经营成本是在总成本中扣除了折旧费、摊销费和利息支出后的项目全部经常性费用支出。这方面的估算主要包括如下几个方面。

（1）原材料、燃料及动力费。这可根据项目各年达到的设计能力负荷估算出每年的产量，然后分别乘以单位产品的原材料成本和单位产品的燃料与动力费获得。

（2）工资及福利费。工资可以按项目全部定员人数乘以人均工资估算得到，福利费可以根据国家的规定按工资总额的一定比例提取和估算。

（3）修理费。这是需要根据国家规定按项目运营中的设备每年折旧额的一定比例提取和估算的一种费用，它同样也是项目经营成本的组成部分。

（4）其他费用。这是指在总成本中扣除了上述成本费用以及项目的折旧费、摊销费和利息支出后的其他余额部分的估算。

4. 税金估算

项目销售税金及附加费主要包括项目所涉及的消费税、增值税、城建税、教育费附加等税种。其估算数额可以按国家规定的计算方法分别计算求得。项目涉及的所得税可按照项目税前利润乘以企业所得税税率估算。

5. 利润估算

首先要估算出项目总成本，而项目总成本中又包括折旧费和摊销费，所以人们需要先确定折旧费和摊销费的估算方法。我国对项目折旧费和摊销费的计算方法都做了相应规定，具体说明如下。

（1）折旧费的估算。折旧费是项目固定资产回收的费用，它涉及回收金额和回收期限等指标。其中，回收金额一般是固定资产原值减去期末净残值，而期末净残值要按固定资产原值乘以净残值率进行计算。折旧年限和净残值率都由国家进行规定，具体项目可根据国家的规定进行选取和计算。我国规定的折旧方法一般是平均年限法，其计算公式如下。

$$年折旧额＝固定资产原值×（1－净残值率）/折旧年限 \tag{6-17}$$

此外，这方面估算方法还有加速折旧法等方法，加速折旧法是在固定资产使用的前面时期中多提折旧，而在后面的时期中少提折旧的方法，具体计算可参考相关书籍。

（2）摊销费的估算。项目的摊销费是指关于项目无形资产或递延资产的逐年摊销费用，一般采用平均年限法计算。由于无形资产和递延资产都没有残值，因此摊销费的计算公式如下。

$$年摊销额＝无形资产总额或递延资产总额/摊销年限 \tag{6-18}$$

（3）项目利润的估算。项目税后利润按照利润调整的方法去估算，主要是把项目毛利润调整为税后利润。但是因为在项目评估中某些项目调整事项难以确定，因而多数是只做所得税的调整，所以项目利润最简单的估算公式如下。

$$税后利润＝销售利润×（1－所得税率） \tag{6-19}$$

6.2.3　项目现金流量表的编制

在项目财务评估中人们为了计算各种项目财务评估指标，就需要把项目各年发生的现金流入流出量及净现金流量系统地计算出来，而这可以通过编制项目现金流量表或绘制现金流量图的形式进行。有关项目财务评估中现金流量表的相关概念分述如下。

1. 项目各种现金流量的划分

项目中的各种现金流量可根据特性和项目阶段的不同而划分为建设期现金流量（此阶段只有现金流出，且现金流出主要包括资产投资和建设期的贷款利息两项）、项目试产期现金流量（此阶段现金流量包括现金流入的销售收入和现金流出的经营成本、流动资金、各项税金等，此阶段的净现金流量可能为负值）、项目正常运营期现金流量（此阶段现金流量应为稳定的正值，其中的现金流入为销售收入，现金流出为经营成本和各项税金等），以及项目期末的现金流量（这时候比正常运营期增加两个现金流入，即固定资产净残值和流动资金回收），它们一般都需要分别予以估算。

2. 主要项目现金流量表的编制

这主要是对于项目全部投资现金流量表和自有资金投资现金流量表的编制。

（1）项目全部投资现金流量表。该表从项目全部投资角度出发，不考虑资金来源的差别。项目全部投资现金流量表如表 6-1 所示，表中的现金流出中应该包括贷款资金。表 6-1 中没有填写项目现金流量的具体数据而只给出了示意，读者可以根据需要在具体项目的财务评估中自行确定和计算得出。

6-1 项目全部投资现金流量表　　　　单位：万元

序号	科　目	建设期		投产期	达到设计生产能力期								
		1	2	3	4	5	6	7	8	9	10	11	12
	生产负荷/%	0	0	0.7	1	1	1	1	1	1	1	1	1
1	现金流入												
1.1	产品销售收入												
1.2	回收固定资产余值												
1.3	回收流动资金												
2	现金流出												
2.1	固定资产投资												
2.2	流动资金												
2.3	经营成本												
2.4	销售税金及附加												
2.5	所得税												
3	净现金流量（1-2）												
4	累计现金流量												
5	税前净现金流量												
6	税前累计净现金流量												

（2）项目自有资金现金流量表。这种现金流量表是从项目投资者自行投入资金角度去考察项目现金的流入流出情况，所以项目总投资中的贷款部分被视为现金流入（这种使用贷款和自有资金进行投资的项目具有财务杠杆的作用）。当然，项目贷款资金会产生利息支出，但是这种利息支出最终会按照项目资本化利息而从固定资产的折旧中收回。在表 6-2 的项目投资中只计入了项目的自有资金部分，在项目的现金流入中是项目全部投资的所得，而项目贷款本金的偿还及利息支付计入项目的现金流出。同样，表 6-2 中没有填写项目自有资金的现金流量数据，读者可以根据需要在项目财务评估中自行确定。

表 6-2 项目自有资金现金流量表 单位：万元

序号	科 目	建设期		投产期	达到设计生产能力期								
		1	2	3	4	5	6	7	8	9	10	11	12
	生产负荷/%	0	0	0.7	1	1	1	1	1	1	1	1	1
1	现金流入												
1.1	产品销售收入												
1.2	回收固定资产余值												
1.3	回收流动资金												
2	现金流出												
2.1	自有资金												
2.2	借款本金偿还												
2.3	借款利息支付												
2.4	经营成本												
2.5	销售税金及附加												
2.6	所得税												
3	净现金流量（1-2）												
4	累计现金流量												
5	税前净现金流量												
6	税前累计净现金流量												

3. 其他项目现金流量辅助表的编制

除了上述两个重要的项目现金流量表以外，项目财务评估中还必须编制一系列的辅助性的项目现金流量表，它们分别说明如下。

（1）项目损益表。它反映了项目计算期内各年的利润总额、所得税及税后利润分配情况。其中，税后利润按盈余公积金、应付利润及未分配利润等项进行分配，应付利润为向投资者分配的利润，具体示意如表 6-3 所示。

表 6-3 项目损益表 单位：万元

序号	科 目	投产期	达到设计生产能力期								
		3	4	5	6	7	8	9	10	11	12
	生产负荷/%	0.7	1	1	1	1	1	1	1	1	1
1	销售收入										
2	销售税金及附加										
3	运营总成本										
4	利润总额（1-2-3）										
5	所得税										
6	税后利润										
6.1	盈余公积金										
6.2	应付利润										
6.3	未分配利润										
6.4	累计未分配利润										

（2）项目资产负债表。它反映了项目每年末的资产负债和所有者权益状况。其中的资产科目主要包括流动资产、固定资产、无形资产等项，而其中的流动资产总额为应收账款、存货、现金、累计盈余资金之和，而负债包括流动负债和长期负债，具体示意如表 6-4 所示。

表 6-4 项目资产负债表　　　　　　　　单位：万元

序号	项　　目	建设期		投产期	达到设计生产能力期								
		1	2	3	4	5	6	7	8	9	10	11	12
1	资产												
1.1	流动资产总额												
1.1.1	应收账款												
1.1.2	存货												
1.1.3	现金												
1.1.4	累计盈利资金												
1.2	在建工程												
1.3	固定资产净值												
1.4	无形资产净值												
2	负债及所有者权益												
2.1	流动负债总额												
2.1.1	应付账款												
2.1.2	流动资金借款												
2.1.3	其他短期借款												
2.2	长期借款												
	负债小计												
2.3	所有者权益												
2.3.1	资本金												
2.3.2	资本公积金												
2.3.3	累计盈余公积金												
2.3.4	累计未分配利润												

（3）项目外汇平衡表。它主要适用于有外汇收支的项目，可用以反映项目计算期内各年度的外汇余缺程度。现在由于我国外汇十分充裕，规模以下项目已经不再过于要求这种报表的编制了，具体示意如表 6-5 所示。我国现在已不缺外汇了，所以这种表用得很少了。

表 6-5 项目外汇平衡表　　　　　　　　单位：万美元

序号	科　　目	建设期		投产期		达到设计生产能力期			
		1	2	3	4	5	6	…	12
	生产负荷/%	0	0	0.6	0.8				
1	外汇来源								
1.1	产品销售外汇收入								
1.2	外汇借款								
1.3	其他外汇收入								

续表

序号	科　目	建设期		投产期		达到设计生产能力期			
		1	2	3	4	5	6	…	12
2	外汇运用								
2.1	固定资产投资中外汇支出								
2.2	进口原材料								
2.3	进口零部件								
2.4	技术转让费								
2.5	偿付外汇借款本息								
2.6	其他外汇支出								
2.7	外汇余缺								

注：1. 其他外汇收入包括自筹外汇等；
　　2. 技术转让费是指生产期支付的技术转让费。

　　上述各项目财务评估报表的编制顺序是先编制辅助性报表，然后编制主要的项目全部资本和项目自有资本的现金流量报表。这种安排主要是考虑各个报表之间的数据关系，因为后编制的报表的数据来源于先编制的报表。

6.2.4　项目财务评估指标体系

　　项目财务评估必须根据项目的应用范围和特性及项目所处的条件建立起主次分明、相互关联的项目财务评估指标体系，从不同侧面、不同层次对项目的财务能力做出恰当的评估。项目财务评估指标体系根据不同的标准可做不同的分类。在选用它们时要根据项目的具体情况进行取舍，对于不同的项目可选用不同的财务评估指标。

1. 根据是否考虑资金时间价值的分类

　　根据是否考虑资金时间价值，可将财务评估指标分为静态评估指标和动态评估指标，具体指标体系如图 6-4 所示。

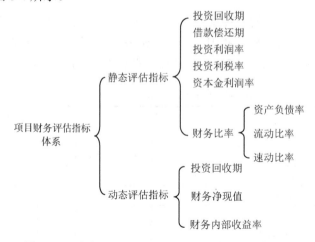

图 6-4　按资金的时间价值分的项目财务评估指标体系

2. 根据指标各种性质的分类

根据项目财务评估指标的性质，可将财务评估指标分为时间性评估指标、价值性指标、比率性指标，这一体系的构成指标如图 6-5 所示。

3. 根据财务评估目标的分类

根据财务评估的目标，可将财务评估指标分为盈利能力指标、清偿能力指标和外汇平衡能力指标，该体系如图 6-6 所示。

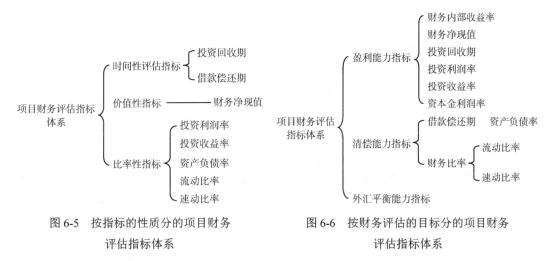

图 6-5　按指标的性质分的项目财务　　　　图 6-6　按财务评估的目标分的项目财务
　　　　　　评估指标体系　　　　　　　　　　　　　　评估指标体系

根据上述有关财务评估的分析内容及财务基本报表的财务评估指标体系，不难看出它们之间存在着一定的对应关系。

6.3　项目财务评估的技术方法

项目财务评估应该以动态分析为主，即要考虑资金时间价值和进行等值计算，本节将介绍有关资金时间价值的相关概念及相应的计算方法和各项财务评估指标的计算。

6.3.1　资金时间价值的概念

这涉及项目资金的时间价值理论、计算方法等方面的内容。

1. 资金时间价值

这是指等额货币在不同时间点上具有不同的价值，即随着时间的推移，资金会发生增值。资金增值的途径有两个：一是资金投入生产经营取得利润，二是资金存入银行。后者由于存款人推迟消费要得到相当于利息的补偿。与两种来源相对应，资金的时间价值有两种表现形式：一是利润，二是利息，它们也可以用利润率和利息率表示。习惯上人们一般使用资金价值的相对量，即利润率和利息率来衡量资金的时间价值。

2. 资金价值的计算

这可以按照资金等值的概念进行计算，即在不同的时间点上其绝对值不等的资金所具有的价值相同。例如，在年利率为10%的情况下，当年的100元钱与下一年的110元钱是等值的，即有 100×（1+10%）=110（元）。资金等值计算就是按照给定的利率或折现率把不同时点上发生的资金额换算为同一时点的等值金额的工作。等值计算有三个关键因素：金额、金额发生的时点和利率（利息率或利润率）。在等值计算中主要是用复利的方法，其基本思想是：将前一期的本利和作为下一期的本金来计算，也就是利上加利的方法。其计算公式为

$$I_n = I \times F_{n-1} \tag{6-20}$$

其中：F_{n-1} 为第 $n-1$ 期期末的本利之和。

在项目财务评估中，由于需要对项目寿命周期内不同时点上的现金流量进行比较和分析，因此必须将其按照一定的利率或折现率折算到同一个时点上，使其具有可比性。根据等值换算点的不同，资金等值的计算公式分为一次支付类型和等额支付类型两类。

其中，一次支付又称整付，是指所有项目的现金流量无论是流入还是流出均在某一时点上一次发生，除此之外没有其他的现金流量发生。一次支付又包括两个计算公式。等额支付又称年金支付，它是指所分析的系统中现金流入与现金流出在每一期的期末等额发生，而不是集中在某一个时间点，即形成一个序列现金流量，并且这个序列现金流量数额的大小是相等的，这种支付又称后付年金，它包括几个基本公式，现将这些公式分述如下。

（1）一次支付的终值公式。就是已知 P（现值）、i（基本折现率）、n（计算期限），求终值 F，此类问题的解决需要的公式称为一次支付终值公式，其形式是

$$F = P(1+i)^n \tag{6-21}$$

这表示在利率为 i，而计算期数为 n 的条件下，终值 F 和现值 P 之间的等值关系。一次支付终值现金流量图如图6-7所示。

图6-7　一次支付终值现金流量图

$(1+i)^n$ 又被称为终值系数，如果记为 $(F/P, i, n)$，则式（6-21）又可改写为

$$F = P(F/P, i, n) \tag{6-22}$$

在实际应用中，为了计算方便，人们按照不同的利率 i 和计算期 n，分别计算出 $(1+i)^n$ 的值，并排列成一个表，这被称为终值系数表。在计算时，人们根据 i 和 n 的值，查表得出终值系数，然后与 P 相乘即可求出 F 值。

（2）一次支付的现值公式。已知 F，i，n，求现值 P。这一公式称一次支付现值公式，其形式为

$$P = F(1+i)^{-n} \tag{6-23}$$

式（6-23）实际是一次支付终值公式的逆运算公式，其中的 $(1+i)^{-n}$ 又称现值系数，

记为（P/F, i, n），它与终值系数互为倒数，也可通过查表求得。因此式（6-23）可写为

$$P=F(P/F, i, n) \tag{6-24}$$

（3）年金终值公式。现有已知利率 i，年金 A，期间 n，求 n 年后由各年的本利和累积而成的终值 F。这类似于人们平常储蓄中的零存整取，其现金流量图如图 6-8 所示。

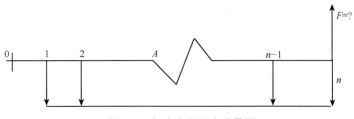

图 6-8 年金支付现金流量图

其计算公式为

$$F=A\frac{(1+i)^n-1}{i} \tag{6-25}$$

式（6-25）的 $\frac{(1+i)^n-1}{i}$ 被称为年金终值系数，记为（F/A, i, n），故式（6-25）又可写为

$$F=A\left(\frac{F}{A}, i, n\right) \tag{6-26}$$

（4）偿债基金公式。其含义是为在第 n 年末得到资金 F，在利率为 i 的情况下，从现在开始每个计息期末应等额存储的金额 A，即已知 F, i, n，求 A。其现金流量图如图 6-9 所示。

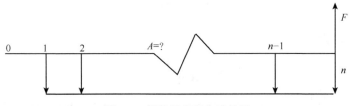

图 6-9 偿债基金现金流量图

其计算公式为 $$A=F\frac{i}{(1+i)^n-1} \tag{6-27}$$

式（6-27）中的 $\frac{i}{(1+i)^n-1}$ 被称为偿债基金系数，记为 $\left(\frac{A}{F}, i, n\right)$，它与年金终值系数 $\left(\frac{F}{A}, i, n\right)$ 互为倒数。所以式（6-27）又可写为

$$A=F\left(\frac{A}{F}, i, n\right) \tag{6-28}$$

（5）资金回收公式。期初一次投资数额为 P，欲在 n 年内将投资全部收回，在利率为 i 的情况下每年应等额回收的资金，即已知 P, i, n，求 A。其现金流量图如图 6-10 所示。

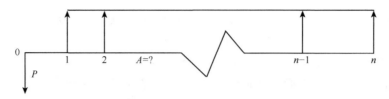

图 6-10　资金回收现金流量图

资金回收公式是根据偿债基金公式和一次支付终值公式推导的，其计算公式为

$$A=F\frac{i}{(1+i)^n-1}=P\frac{i(1+i)^n}{(1+i)^n-1} \tag{6-29}$$

式（6-29）中的 $\frac{i(1+i)^n}{(1+i)^n-1}$ 被称为资金回收系数，记为 $(A/P, i, n)$，因此式（6-29）又可写为

$$A=P\left(\frac{A}{P}, i, n\right) \tag{6-30}$$

资金回收系数是一个重要的系数，它表示在利率为 i 的情况下，在项目寿命期内每年应当收回的最低资金额，如果每年的实际回收金额小于此资金回金额，就表示在给定的利率 i 的条件下，在项目寿命期内不可能将全部投资收回。

（6）年金现值公式。在已知 A, i, n 的条件下求 P，其现金流量图如图 6-11 所示。

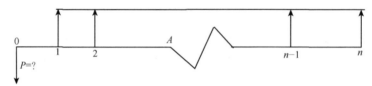

图 6-11　年金现值流量图

其计算公式可表示为

$$P=A\frac{(1+i)^n-1}{i(1+i)^n} \tag{6-31}$$

式（6-31）中的 $\frac{(1+i)^n-1}{i(1+i)^n}$ 是年金现值系数，它是资金回收系数的倒数，记为 $(P/A, i, n)$。

以上 6 个公式被称为资金等值计算的标准公式，在这些公式中 P 都发生在项目的期初，即在 0 时点发生；F 都发生在项目的期末，即在第 n 年发生；A 都发生在每一期的期末，即 A 从第一期的期末开始到第 n 期期末结束。如果在计算中出现与以上标准型不同的现金流时，这些公式就不能直接应用，必须把具体项目的现金流转化后才能应用这些公式。例如，项目如果出现先付年金，即年金在每一期期初支付，那么就要把先付年金转为后付年金，方法是每一期 A 都乘以 $(1+i)$，然后才能直接应用相应的等值计算公式。

6.3.2　项目财务评估指标的计算

项目财务评估是考察项目财务效果用的，为此就要计算项目财务内部收益率、财务净现值等主要指标，同时要根据项目实际需要计算项目投资利润率、资本金利润率、静态回收期等指标。以下按是否考虑资金的时间价值把项目财务评估指标分为静态和动态两类讨论。

1. 静态财务评估指标

这方面评估指标是反映项目盈利能力的指标，其主要包括：静态投资回收期、全部投资利润率、资本金利润率、自有资金收益率、全部投资收益率等。另外还有反映偿债能力的指标，主要有借款偿还期、资产负债率、流动比率、速动比率等。这些指标的具体计算方法如下。

（1）静态投资回收期。静态投资回收期是指以项目的净收益收回全部投资（固定资产投资和流动资金）所需的时间，由于它不考虑时间价值，因此可以把各个时点上的资金进行直接加减。它是考察项目投资回收能力的主要静态评估指标。投资回收期以年表示，一般从建设开始年算起，其计算公式为

$$P_t = \sum_{t=0}^{P_t} (C_I - C_O)_t = 0 \tag{6-32}$$

其中：C_I 为现金流入量；C_O 为现金流出量；$(C_I - C_O)_t$ 为第 t 年净现金流量；P_t 为静态回收期。

静态投资回收期的具体计算公式又可分为以下两种。

① 项目投产后每年的净收益都相等时，则有

$$P_t = \frac{P}{A} \tag{6-33}$$

其中：P 为期初投资额的加总数；A 为每年的净收益。

② 项目投产后每年的净收益都不相同，则有

$$P_t = （累计净现金流量开始出现正值年份数 - 1） + \frac{上年累计净现金流量的绝对值}{当年净现金流量} \tag{6-34}$$

由此求出的项目投资回收期要与项目所属行业的基准投资回收期（P_c）相比，当 $P_t \leqslant P_c$ 时，表明项目可以在规定时间内收回投资，项目是可行的，否则项目就不可行。

（2）全部投资利润率。这是项目年利润总额与总投资之比，它是考察项目单位投资盈利能力的静态指标。对计算期内利润变化较大的项目，可用平均利润计算。其计算公式为

$$投资利润率 = \frac{年利润总额}{总投资} \times 100\% \tag{6-35}$$

在财务评估中将投资利润率与项目所属行业的平均投资利润率相比以确定项目的可行性，当项目的全部投资利润率≥行业平均投资利润率时，项目就是可行的。

（3）资本金利润率。项目资本金利润率是项目的自有资金利润率，它等于年利润总额与项目资本金之比，它反映投资者投入项目的资本金的盈利能力。其计算公式为

$$资本金利润率 = \frac{年利润总额}{资本金} \times 100\% \tag{6-36}$$

式中的资本金是指项目的自有资金。计算出的资本金利润率要与项目所属行业的平均资本金利润率或投资者的目标资本金利润率进行比较，若其大于或等于后者，则可认为项

目是可行的，否则项目是不可行的。

（4）自有资金收益率。自有资金收益率是从现金角度考虑项目自有资金的收益情况，它等于项目利润加折旧与自有资金的比值，其计算公式为

$$自有资金收益率＝（利润＋折旧）/自有资金 \tag{6-37}$$

使用式（6-37）计算出的项目资金收益率要与投资者期望的或者是同行业的平均资金收益率相比，若其大于或等于后者则项目是可行的。

（5）全部投资收益率。与上面的项目自有资金收益率相比，项目全部投资收益增加了利息收益，其计算公式为

$$全部投资收益率＝（利润＋折旧＋利息）/全部资金 \tag{6-38}$$

使用式（6-38）计算出的项目全部资金收益率要与投资者期望的或者是项目所属行业的基准收益率相比较，若其大于或等于后者则项目为可行。

（6）借款偿还期。项目借款偿还期是指根据国家财政税规定及项目的具体财务条件，按照以项目投产后产生的资金去偿还项目借款本息（不包括已用自有资金支付的建设期利息）所需要的时间。此指标主要是反映项目的长期偿债能力。其计算公式为

$$P_d=\sum_{t=1}^{P_d}R_t=I_d \tag{6-39}$$

其中：I_d 为固定资产投资借款本金和建设期利息之和；P_d 为固定资产投资借款偿还期（从借款开始年计算，若从投产年算起时应予说明）；R_t 为第 t 年可用于还款的资金，包括利润、折旧、摊销及其他还款资金。

使用式（6-39）计算出的项目借款偿还期如果符合贷款机构的要求期限即可认为项目是有清偿能力的，否则就可以认为项目没有清偿能力。这一方法的优点是计算简单，缺点是没有考虑资金的时间价值，且只考虑了项目投资回收前的情况，对回收后的情况没有做进一步考虑。

（7）资产负债率。项目的资产负债率是项目负债与项目资产之比，它反映了项目各年所面临的财务风险程度及偿债能力。它的计算公式为

$$资产负债率＝\frac{负债合计}{资产合计}×100\% \tag{6-40}$$

资产负债率根据项目的实际情况不同而有所不同，并没有统一的标准，但一般认为不应超过 100%。项目资产负债率越高，归还债务的风险就越大，所以这一指标大到一定程度时，增加项目贷款就是不可行的了。当然，资产负债率太低虽然偿债能力有保障，但企业会丧失利用财务杠杆的好处，这会有机会成本的损失。

（8）流动比率。流动比率是反映项目各年用流动资产偿付流动负债能力的指标，其计算公式如下。

$$流动比率＝\frac{流动资产总额}{流动负债总额}×100\% \tag{6-41}$$

流动比率会因项目所处行业不同而有所不同，但一般应大于 200%，即 1 元的流动负债至少有 2 元的流动资产做后盾，以保证项目能够按期偿还短期债务。

（9）速动比率。速动比率是反映项目各年用流动资产偿付流动负债能力的快速程度指标，其计算公式如下。

$$速动比率＝\frac{流动资产总额－存货}{流动负债总额}×100\%　\tag{6-42}$$

速动比率也会因项目所处行业不同而不同，由于它剔除了存货等变现能力不稳定的资产，因此速动比率能够更加准确地评估项目资产的流动性及其偿还短期负债的能力。当速动比率过小就会影响项目的短期偿债能力，此时项目应增加流动资产和减少流动负债，以保证项目的短期偿债能力。资产负债率与流动比率和速动比率相比，资产负债率更为重要一些。

从以上指标的计算看，静态评估指标的优点是计算简便，经济意义明确；其缺点主要有两个：一是不考虑资金时间价值，无法从动态的角度对项目情况进行全面评估；二是各指标的计算人为调整的可能性太大，尤其是像利润等收益率指标。因此静态指标只能是作为项目财务评估的辅助指标，不能作为项目财务评估的决定性指标。

2. 动态财务评估指标

动态财务评估指标主要包括反映项目盈利能力的财务净现值（financial net present value，FNPV）指标、财务内部收益率（financial internal rate of return，FIRR）指标和动态回收期。它们各自的计算和含义说明如下。

（1）项目财务净现值。项目财务净现值是指在项目计算期内按设定的折现率将项目各年净现金流量折算成现值后所求出的项目现金流入与流出之和，计算公式如下。

$$FNPV＝\sum_{t=1}^{n}(C_I-C_O)_t(1+i_c)^{-t}　\tag{6-43}$$

其中：C_I 为现金流入量；C_O 为现金流出量；$(C_I-C_O)_t$ 为第 t 年的净现金流量；n 为计算期；i_c 为行业基准收益率或设定的折现率。

计算得到的项目净现值会有 FNPV＞0、FNPV＜0 和 FNPV＝0 三种情况，当项目 FNPV≥0 时项目按基准收益水平收回投资或在收回投资的基础上获得收益，所以项目财务上就是可行的；当 FNPV＜0 则项目在财务上就是不可行的。使用此指标评估项目财务可行性的优点是计算简便，且考虑了项目计算期内全部现金流量和资金的时间价值；其缺点是对于折现率的确定比较困难，因为折现率必须按照项目投资的行业基准利润率水平去确定，同时也要考虑项目的综合资金成本、项目的目标利润、投资风险、通货膨胀等影响因素。项目折现率的下限不能低于项目资金的综合资金成本（平均利率），否则会导致项目可行性评估的信度和效度出现问题。但是，项目财务净现值是项目财务是否可行的第一判据。

（2）项目财务内部收益率。项目财务内部收益率是指项目计算期内各年净现金流量现值之和为零时的折现率，它反映了项目投资可望达到的最大收益率。它的经济含义是投资方案占用资金的补偿与回收能力，它反映了项目本身的盈利能力。它的值越高则项目方案的财务特性就越好，这一项目财务评估指标的计算公式如下。

$$\sum_{t=1}^{n}(C_I-C_O)_t(1+FIRR)^{-t}＝0　\tag{6-44}$$

这一指标是采用逐次逼近和插补法求得的，即人们先设定不同 r 值，再代入项目净现值计算公式中进行计算，直到找到两个折现率 r_1 和 r_2。它们应该在 $r=r_1$ 时有 FNPV $(r_1) > 0$；而当 $r=r_2$ 时有 FNPV $(r_2) < 0$；并且要有 $r_1 < r_2$，$r_2 - r_1 \leqslant 5\%$。然后即可按下面公式计算 FIRR。

$$\text{FIRR} + r_1 + \frac{\text{FNPV}(r_1)}{\text{FNPV}(r_1) - \text{FNPV}(r_2)}(r_2 - r_1) \tag{6-45}$$

一旦求得了 FIRR，即可将它与项目所属行业的基准收益率或设定的项目收益率 (i_c) 进行比较了，如果 $\text{FIRR} \geqslant i_c$，则认为该项目是可行的，反之项目就是不可行的。基于全部投资的现金流量表计算得到的全部投资的财务内部收益率反映项目在设定计算期内全部投资的收益能力，基于自有资金的现金流量表计算得到的自有资金财务内部收益率反映自有资金盈利能力。项目财务内部收益率的主要优点是它能够给出项目相对的收益能力的评价，其主要缺点是计算麻烦。

（3）项目动态回收期。项目财务动态回收期 (P_t) 是指项目计算期内各年净现金流量现值之和为零时的项目持续时间总和，它反映了项目投资回收的时间长短。它的经济含义是项目投资方案所投入资金的回收时间。它的值越是低于社会平均水平则说明项目方案的财务特性就越好，这一项目财务评估指标的计算公式如下。

$$P_t = \sum_{t=0}^{P_t} (C_I - C_O)_t (1 + i_c)^{-t} = 0 \tag{6-46}$$

这一评估指标也是采用逐次逼近和插补法求得的，即通过主次逼近法先找到项目净现值大于零（NPV>0）的动态回收年份值，再找到项目净现值小于零（NPV<0）的动态回收年份值，然后将通过插补的方法找到两个年份值之间项目净现值等于零时的项目动态回收期。在人们求出项目动态回收期以后，即可将它与项目所属行业的社会平均回收年限 (P_c) 进行比较了。当项目动态回收期 $\geqslant P_c$，则可认为该项目是不可行的，反之则项目是可行的。

 思 考 题

1. 项目财务评估的根本目的是什么？

2. 项目财务评估的根本方法是什么？

3. 在项目财务评估的过程中为什么要考虑资金的时间价值？

4. 人们采用什么方法在项目财务评估的过程中计算资金的时间价值？

5. 从统计学的角度分析和比较项目净现值与项目内部收益率在作用上的异同。

6. 请思考和分析为什么有了动态评估指标以后人们仍然还在使用静态评估指标？

第7章　项目国民经济评估

本 章 介 绍

　　本章首先给出项目国民经济评估的基本概念、内容、作用和具体程序与主要方法。随后讨论了项目国民经济评估的影子价格的概念、理论与方法，这包括项目国民经济评估中各种资源影子价格的确定原理和方法。更进一步讨论了项目国民经济评估中的项目国民经济费用和效益的辨识方法与项目国民经济评估中这些费用和效益的度量方法。最后给出了项目国民经济评估方面的具体评估指标、判据和判定方法。

　　从经济学角度来看，任何资源都是有价值的和稀缺的，所以都应该最大限度地利用资源去为国民经济的发展服务。对于项目来说，除了应该从项目业主的角度进行项目的财务评估之外，还应该从整个国民经济的角度去评估项目对整个国民经济所做出的贡献以及损耗，即进行项目的国民经济评估。

7.1　项目国民经济评估概述

　　这种评估是从国家或地区的角度对一个项目的经济可行性所做的各方面的评估，有关这一评估的具体内容和方法将分别讨论如下。

7.1.1　项目国民经济评估的概念和作用

　　企业追求的是利润的最大化，这与全社会追求的经济利益最大化是不一致的，甚至在现实经济生活中，有时企业财务利益与全社会经济利益还会发生冲突（在企业获益的同时使得国民经济受损），因此有必要从社会经济的整体角度对项目进行经济评估。

　　1. 项目国民经济评估的概念

　　项目国民经济评估是按照国家或地区资源合理配置的原则，从国家或地区整体经济利益的角度去考察一个项目可行性的评价工作。此时，有关项目的国民经济效益和费用都采用影子价格、影子工资、影子汇率和社会折现率等参数去计算出来，然后进一步分析项目给国民经济带来的贡献和造成的费用，最终全面评估一个项目的国民经济可行性。任何社会资源、自然资源、信息和技术资源等，相对于全社会不断增长的物质文化生活而言都是有限的，项目国民经济评估的目的就是把国家或地区有限的资源用于最有利于满足人们利益需求的项目上去。对于国家或地区政府而言，决定项目取舍的主要依据则是项目的社会利润与经济特性。

2. 项目国民经济评估的作用

项目国民经济评估的作用主要体现在以下三个方面。

（1）项目国民经济评估是宏观经济层面上合理配置国家资源的需要。任何国家的资源都是有限的，人们必须在各种项目对于资源的相互竞争用途中做出合理的选择。这种合理的竞争选择必须借助于项目国民经济评估来实现，即从国民经济整体利益的角度来考虑项目的投资和建设的可行性。这需要把整个国民经济看作一个系统，而将每个项目的建设看作这个系统中的子系统，然后将每个项目的建设与运营从国民经济这个系统的层面去分析和考虑。因为任何项目都会从国民经济系统中占用或消耗必要的资源，同时也会向国民经济系统提供一定数量的产出。项目国民经济评估就是评估项目对于国民经济的投入与产出的经济评价，从而选出那些对国民经济系统目标最优化有利的项目去实施。

（2）项目国民经济评估是真实反映项目对国民经济所做贡献的需要。任何一个国家或地区只要存在进出口、资本、市场等多方面的管制，就会使很多商品资源的市场价格并不能真实地反映其国内价值和市场的供求关系。按照商品资源的市场价格去计算一个项目的投入与产出，虽然能够直接反映企业在该项目上可能获得的收益和消耗，但是并不能真实地反映项目对整个国民经济所带来的投入和产出。因此人们需要使用能反映项目资源在国民经济中真实价值的影子价格等去计算项目的经济费用与经济效益，然后使用国民经济评估指标评价得出一个项目的国民经济可行性结论，从而真实地反映一个项目对于国民经济的贡献和消耗。

（3）项目国民经济评估是项目相关利益主体投资决策科学化的需要。项目国民经济评估也是项目业主、承包商、供应商等各种项目相关利益主体投资决策科学化的需要，这主要表现在三个方面：其一有利于引导项目投资方向，因为项目国民经济评估结果可以给出项目属于国家鼓励或抑制的行业或项目的结论，从而使项目能够获得国家的支持和享受各种优惠条件；其二有利于控制项目的投资规模，由此使得项目更符合国家调节社会总投资的水平和方向，从而提高国民经济运行的质量；其三有利于提高项目投资管理（尤其是关系国计民生的大项目）的质量，因为国家的各级管理部门都需要通过项目国民经济评估而对全社会的投资项目进行取舍，从而减少或避免因行业过度竞争而造成企业的资源浪费等方面的问题。

7.1.2 项目国民经济评估的目标和内容

有关项目国民经济评估的目标和内容分述如下。

1. 项目国民经济评估的目标

项目国民经济评估的根本目标是更有效地和更合理地分配与利用国家或地区的有限资源，使项目投资与建设能够最大限度地促进国民经济的增长和满足国家经济发展的需要。因此，这种评估的主要目标有如下三个。

（1）促进国民收入增长的目标。这是指通过项目的投资建设，人们必须实现使整个国民经济的国民收入增长，而不能造成国民收入下降，即项目国民经济评估要保障一个项目必须能够实现项目国民经济收益大于国民经济费用的目标。

（2）充分利用社会资源的目标。这是指通过项目的投资和建设，人们必须实现能够使整个国家和地区的资源配置更为合理，利用更为充分，并且对于整个社会的可持续发展更加有力，这些都是项目国民经济评估的目标之一。

（3）承担与规避各种风险的目标。这是指通过项目的投资和建设，人们要规避和消减可能对整个国家和地区经济造成的风险损失，项目国民经济评估内容之一就是分析项目能否引发风险以及是否具有足够的风险承担和规避能力。

2. 项目国民经济评估的内容

根据项目国民经济评估的这些目标，项目国民经济评估应包括如下内容。

（1）项目国民经济效益与费用的分析。此项主要分析计算投资项目在整个计算期内国民经济效益费用流量情况，以考察项目对国民经济的净贡献，主要的分析指标有经济净现值、经济净现值率和经济内部收益率。

（2）项目国民经济利润及其比率的分析。此项主要分析计算投资项目达到设计生产能力后的正常年份经济净效益流量与收益比率，以考察项目在正常生产年份的国民经济获利情况和盈利水平，主要计算指标是项目投资净收益率。

（3）项目国民经济的外汇效果分析。此项主要计算分析投资项目在计算期内各年份的经济外汇流入和流出情况，以考察项目的经济创汇或节汇能力。主要计算指标有经济外汇净现值、经济换汇成本和经济节汇成本（对于外汇充裕的国家可以不计算这方面的指标）。

7.1.3 项目国民经济评估的程序和方法

项目国民经济评估的内容广泛，分析计算较为复杂，通常这种评估的程序和方法十分独特，其具体步骤和方法分述如下。

1. 对项目的经济效益和费用从国民经济的角度进行划分

项目的费用与效益划分需要按照项目评估目标的不同而有所区别，项目国民经济评估应从整个国民经济的发展目标出发，考察项目对国民经济发展和资源合理利用的影响，应注意对有关转移支付等的处理，并对项目的外部效果进行重点分析和评估。

2. 对计算项目国民经济费用与效益所用影子价格等参数进行分析

项目国民经济效益评估的关键是要确定项目产出物和投入物的各种合理的经济价格，人们必须选择能反映资源本身真实社会价值和供求关系以及稀缺程度的指标和符合国家经济政策的经济价格（如影子价格）与参数，对项目的国民经济效益和费用进行分析。

3. 对项目国民经济效益和费用按照影子价格进行调整计算

把项目效益和费用等各项财务评估中使用的基础数据，按照已确定的国民经济价格（影子价格）和参数去进行调整，计算和鉴定项目国民经济评价用的销售收入、投资和生产成本支出与项目固定资产折旧等的国民经济的价值，使它们齐全合理和符合国家规定。

4. 编制项目国民经济评估的各种指标和报表

人们要编制项目经济现金流量表（全部投资）和计算给出其中的各项指标，对有利用外资的项目还应编制项目经济现金流量表（国内投资）和经济外汇流量表等基本报表。在评估过程中要检查这些项目国民经济评估报表的格式、内容及数据计算是否正确。

5. 计算项目国民经济评估的可行性指标

项目国民经济评估就是从国民经济整体角度考察一个项目给国民经济带来的效益（或称为贡献）和由此得出的项目经济可行性指标，这主要包括项目国民经济盈利能力和外汇效果的可行性评估指标，对于难以用货币价值量化的项目外部效果可进行定性评估。

6. 编制项目国民经济评估的各种评估用报表

这方面主要有两类报表：一类是项目国民经济盈利能力评估所使用的效益／费用表，另一类是项目外汇使用效益评估的报表。前者是为满足项目国民经济盈利性评估需要的报表，包括全部投资与国内投资两种报表，这种报表的科目是经过调整后反映出整个国民经济为项目付出的代价与获得的收益。

7. 对项目国民经济的社会效益进行全面的评估

这主要是对项目给地方或部门的经济发展所带来效果的定量或定性分析，包括项目对地方或行业的收入分配、产业结构、科技水平、劳动就业、环境保护、资源利用、产品质量以及对人民物质文化生活和社会福利等影响的评估。这是从全社会角度来研究和预测项目对社会目标所做贡献的大小，按调整后的经济价格和参数计算与分析项目的社会效果指标。

8. 对项目国民经济的不确定性进行分析与评估

这方面评估主要包括对项目国民经济的盈亏平衡分析和敏感性进行必要的分析与评估，如果再有条件还应该对项目国民经济风险的概率进行分析和评估，从而确定项目在国民经济上的不确定性和由此引发的风险性，以及项目采取各种国民经济风险应对措施的可靠性和项目的国民经济抗风险能力。

9. 项目国民经济可行性综合评估与结论

这种综合评估应该按照国家的相关政策和规定进行，以项目国民经济评估的方法和项目国民经济评估的指标分析结果为基础，通过对于这些项目国民经济评估指标的综合分析，去得出项目国民经济可行性如何的最终结论。如果项目国民经济可行性评估中反映出有问题，也需要在综合评估结论中加以阐述。

7.1.4　项目国民经济和财务评估的比较

项目国民经济评估是以项目财务评估得出的指标为基础的，两者在形式上和内容上虽然有相似之处，但是实际上是既有联系又有区别的。

1. 项目国民经济和财务评估的联系

尽管项目财务评估与项目国民经济评估有很大的区别，但是它们之间也存在着许多密切相关的联系，这主要有如下两个方面。

（1）项目财务评估是国民经济评估的基础。大多数项目的国民经济评估是在项目财务评估的基础上进行的（先有财务评估后有国民经济评估），因为任何一个项目财务评估的数据资料都是项目国民经济评估的基础。所以通常人们首先需要完成项目财务评估，然后才能开展项目的国民经济评估。

（2）项目国民经济评估是项目可行的前提。项目国民经济的效益和可行与否决定了项目最终的可行与否，项目国民经济的可行性是决定项目决策的先决条件和主要依据之一。所以，人们在做项目投资决策时既要考虑项目财务可行性如何，又要考虑涉及国家与社会的项目国民经济可行性如何，项目国民经济可行是项目可行的必要前提。

需要特别注意的是：当项目财务评估和项目国民经济评估两者的结论出现矛盾时，可有两种处理方法。对关系国计民生急需的项目，若项目国民经济评估认为可行，而项目财务评估不可行，可由国家通过提供优惠政策来改变项目财务评估结果使其变得可行。当项目财务评估是可行的，但是国民经济评估不可行，这类项目一般需要予以否决或修改项目方案。

2. 项目国民经济和项目财务评估的不同

这两种评估存在着本质的差别，主要有如下几个方面。

（1）二者的出发点和目的不同。项目财务评估是站在企业或投资人的立场上进行的，从企业自身的利益出发去分析评估项目的财务收益与成本。项目国民经济评估则是从国家角度分析去评估项目对整个国民经济，以至于项目对整个社会所产生的收益和成本。

（2）二者的评估指标不同。虽然二者采用某些相似的方法，如净现值法和内部收益率法等，但它们分析的指标是不同的。项目财务评估的指标是企业或投资人的财务收益与成本，而项目国民经济评估使用的指标是由项目带来的国民经济投入产出情况。

（3）二者的费用和效益的组成不同。在项目财务评估中，凡是流入或流出的项目货币收支均视为企业或投资者的费用和效益，而在项目国民经济评估中，只有当项目的投入或产出能够给国民经济带来贡献时才被当作项目的费用或效益进行评估。

（4）二者计量费用与效益的价格不同。项目财务评估关注项目的实际货币效果，它采用预测的市场价格计算项目投入和产出物的价值，项目国民经济评估关注项目对国民经济的贡献，它采用体现资源合理有效配置的影子价格去计算项目投入和产出物的价值。

（5）二者涉及的内容和方法不同。项目财务评估的内容和方法比较简单，主要采用企业成本与效益的分析方法。项目国民经济效益评估的内容较多，涉及的范围较广，需要采用费用与效益分析、成本与效益分析和多目标综合分析等方法。

（6）二者采用的评估标准和参数不同。项目财务评估的主要评估标准和参数是净利润、财务净现值、市场利率、官方利率等，而项目国民经济评估的主要标准和参数是净效益、经济净现值（economic net present value，ENPV）、社会折现率、影子价格、影子汇率等。

（7）二者的时效性不同。项目财务评估要以国家现行的财税制度为依据，要充分体现国家现行财税制度的精神，因此项目财务评估必须随着国家财务制度的变更而做出相应的变更，而项目国民经济评估则不然，多数是按照经济原则进行评估的。

7.2 国民经济评估的影子价格理论与方法

项目国民经济评估中的影子价格理论是这种评估的基本原理和方法，它是对于项目各类财务数据调整计算的根本参数，是项目国民经济评估最为重要的概念和理论之一。

7.2.1 国民经济评估的影子价格概念

国民经济评估的影子价格的概念最早源于运筹学中的线性规划理论，人们在用线性规划方法求解资源最优配置问题时发现，线性规划中的对偶问题的解是一种可使资源获得最优配置的价格。由于这个原因使得这种价格被称为影子价格，所以这种影子价格是为实现经济发展目标而人为确定的，从国民经济上说它是比市场交换价格更为合理的一种理论价格。此处的"合理"是从定价原则来看，这种影子价格能够更好地反映产品的国民经济价值，即反映了项目所需资源真实的社会稀缺程度。另外，这种影子价格能促使全社会资源向最优项目上配置。

这方面评估的主要目的是考察项目对国民经济做出的贡献（效益）和需要付出的代价（费用）。这种贡献和代价都需要使用影子价格来计量，以便正确指导项目的投资决策，正确指导国家或地区有限资源的合理配置，从而使国民经济获得高效快速的增长。因此项目国民经济评估中的影子价格就是人们对项目投入与产出的一种评估价格，它不是项目最终实现的市场价格。另外，项目投入物的影子价格也可以被看成一种机会成本，而项目产出物的影子价格可以被看成消费者的一种支付意愿。前者是指如果将资源用于其他用途所能取得的效益，后者是指为获得某种商品和劳务而愿意支付的价格。

精确地确定项目国民经济评估中的影子价格是极其困难的，有时甚至是不可能的（如很难使用运筹学的对偶问题方法）。为了方便实用，在项目国民经济评估中使用的影子价格多是以国际市场价格为基础，并以此为依据去调整国内市场价格而得到的一种价格。因为对外开放国家的项目投入物和产出物本身就具有进出口贸易的机会，这些资源的运用具有可供选择的机会，所以使用这种影子价格的确定方法是合理的。对于像我国这样一个执行对外开放政策的国家来说，有的时候资源的影子价格与国际市场价格是一致的。

国际上现有四种影子价格的计算方法，即 L-M 法、UNIDO 法、S-V-T 法和 UNA 法。其中，L-M 法是由英国牛津大学福利经济学家 I. Little 和经济数学家 J. Mirrlees 于 1968 年提出来的，其代表作是《发展中国家工业项目分析手册》；UNIDO 法是《项目评估准则》

一书所倡导的方法，该书是英国经济学家 P. Dasugpta 和美国经济学家 S. Marlin 于 1972 年为联合国工业发展组织编写的；S-V-T 法是世界银行研究人员 L. Squire 和 H. V. Tak 在 1975 年出版的《项目经济分析》中提出的方法；UNA 法是联合国工业发展组织和阿拉伯工业发展中心于 1977 年出版的《工业项目评估手册》中提出的方法。

理想的项目国民经济评估中的影子价格可以使用最优线性规划的对偶解的方法或拉格朗日乘数法求得，但是在实际应用中人们很少使用这些理论算法，而只是将不同资源按一定标准进行分类，然后使用国际市场价格或机会成本等方法去求解资源的影子价格。因此，项目的投入物和产出物可按其类型分为外贸货物、非外贸货物、其他资源投入物等，然后按照项目投入物和产出物的不同类型可分别确定其国民经济评估中的影子价格。

7.2.2 国民经济评估中各种货物的影子价格

在项目的国民经济评估中，各种货物都需要使用影子价格去计算和分析，而且在项目国民经济评估中的外贸货物和非外贸货物还有不同的影子价格。

1. 国民经济评估中外贸货物的影子价格

如果项目的投入物或产出物（此处的产出物包括产品或服务）是外贸商品，一般在全球化的完善市场条件下，国内市场价格应等于口岸价格（假定市场就在口岸附近，而进口货物使用到岸价格，出口货物使用离岸价格）。因为若市场价格高于到岸价格，消费者宁愿进口而不愿购买国内货物。同样，若市场价格低于离岸价格，生产者宁愿出口而不愿在国内市场销售。因此，口岸价格就反映了外贸货物的机会成本或消费者的支付意愿。但实际上多数国家或地区的市场条件，由于关税、限额、补贴或垄断等原因，特别是存在供需信息传导偏差的原因，会使市场价格可能高于或低于口岸价格。因此，在国民经济评估中，外贸货物的影子价格需要以实际可能的口岸价格为基础，使用影子汇率将以外币计算的口岸价格换算为以本币计算的口岸价，具体确定影子价格的方法如下。

（1）项目产出物（按出厂价计算）的影子价格计算方法。这包括项目生产的直接出口产品、间接出口产品、替代进口产品等，它们的具体计算方法如下。

①直接出口产品影子价格（SP_1）。这需要用离岸价格（free on board，FOB）乘以影子汇率（shadow exchange rate，SER），然后减去国内运输费用（T_1）及其贸易费用（D_1）计算得到，其表达式如下。

$$SP_1 = FOB \times SER - (T_1 + D_1) \tag{7-1}$$

②间接出口产品的影子价格（SP_2）。这需要用离岸价格乘以影子汇率，然后减去从供应厂到口岸的运输费（T_2）及贸易费（D_2），加上从供应厂到用户的运输费（T_3）及其贸易费（D_3），再减去项目到用户的运输费（T_4）及其贸易费（D_4）计算得到，其表达式如下：

$$SP_2 = FOB \times SER - (T_2 + D_2) + (T_3 + D_3) - (T_4 + D_4) \tag{7-2}$$

原供应厂和用户难以确定时，可按直接出口考虑。

③替代进口产品的影子汇率价格（SP_3）。用原进口货物的到岸价格（cost insurance and freigh，CIF）乘以影子汇率，加上口岸到用户的运输费（T_5）及其贸易费（D_5），再减去

拟建项目到用户的运输费（T_4）及其贸易费（D_4）计算得到，其表达式如下：

$$SP_3 = CIF \times SER + (T_5 + D_5) - (T_4 + D_4) \tag{7-3}$$

具体用户难以确定时，按到岸价格计算。

（2）项目投入物（按到厂价格计算）的影子价格计算方法。这包括项目投入的直接进口产品、间接进口产品、减少出口产品等，它们的具体计算方法如下。

①直接进口产品的影子价格（SP_4）。用到岸价格乘以影子汇率，加上国内运输费用（T_1）及其贸易费用（D_1）计算得到，其表达式如下：

$$SP_4 = CIF \times SER + (T_1 + D_1) \tag{7-4}$$

②间接进口产品的影子价格（SP_5）。这是属于国内产品，是以前进口过并且现在也需大量进口的产品。它用到岸价格乘以影子汇率，加上口岸到用户的运输费用（T_5）及其贸易费用（D_5），减去供应厂到用户的运输费用（T_3）及其贸易费用（D_3），再加上供应厂到拟建项目的运输费用（T_6）及其贸易费用（D_6）计算得到，其表达式如下：

$$SP_5 = CIF \times SER + (T_5 + D_5) - (T_3 + D_3) + (T_6 + D_6) \tag{7-5}$$

原供应厂和用户难以确定时，可按直接进口考虑。

③减少出口产品的影子价格（SP_6）。它也属于国内产品，是以前出口过且现在也能出口的产品。用离岸价格乘以影子汇率，减去从供应厂到口岸的运输费用（T_2）及其贸易费用（D_2），再加上从供应厂到拟建项目的运输费用（T_6）及其贸易费用（D_6）计算得到，其表达式如下：

$$SP_6 = FOB \times SER - (T_2 + D_2) + (T_6 + D_6) \tag{7-6}$$

若供应厂商难以确定时，可按离岸价格计算。

上述影子价格计算公式中，外贸货物的到岸价和离岸价可根据有关海关统计资料，在分析某些重要货物的国际市场价格走势并剔除倾销、暂时紧缺及短期波动等影响因素的基础上按货物的质量差价予以确定。上述公式中的贸易费用是指项目需要通过物流系统、外贸公司和代理商时，花费在流通中以影子价格计算的费用，如代理费、储存费、装卸费、运费等。这些贸易费用一般需要根据综合贸易费率计算。如果项目的投资企业有直接进出权，则项目就不会发生这些贸易费用。这些费用的具体计算方法如下：

$$进口货物贸易费用 = 到岸价 \times 影子汇率 \times 贸易费率 \tag{7-7}$$

$$非外贸货物贸易费用 = \frac{(离岸价 \times 影子汇率 - 国内运费) \times 贸易费率}{1 + 贸易费率} \tag{7-8}$$

通常，贸易费率取值根据国家规定和实际发展变化情况确定，对于少数价格高、体积小、重量轻的货物，可适当降低贸易费率，而由企业直接供应的货物一般不计贸易费用。

2. 国民经济评估中非外贸货物的影子价格

非外贸货物是指其项目生产或使用的那些不会影响到国家进出口的货物。除了所谓"天然"的非外贸货物（如建筑、国内运输等基础设施和商业服务）外，还有由于运输费用过高或受国内国外贸易政策和其他条件的限制不能进行外贸的货物。非外贸货物影子价格是根据其投入产出对国民经济的影响，通过分解成本法或国内市场价确定，具体定价方法如下。

（1）项目产出物。这包括项目产出的：能够增加供应总量而满足国内消费的产出物（此处的产出物包括产品或服务），不增加国内供应总量但是可替代其他类似企业的产出物（会导致被替代企业停产或减产的产出物），它们的具体计算方法如下。

①增加供应总量而满足国内消费的产出物。对于市场供求基本均衡的项目产出物，可以按照企业财务价格定价。对于市场供不应求的项目产出物，可以参照国内市场价格并考虑价格变化的趋势定价，但不应高于相同质量产品的进口价格。对于无法判断供求情况的产出物，按照取上述价格中较低者定价。

②不增加国内供应总量的替代性产出物。对于质量与被替代产品相同的项目产出物应按照被替代企业生产的相应产品价格定价。对于提高了质量的项目产出物，原则上应按被替代产品的价格再加上提高产品质量而带来的国民经济效益定价。其中，由于提高质量所带来的效益可近似地按国际市场同类产品价格与被替代产品的价格之差来确定。

（2）项目投入物。这包括项目需要的：可通过企业挖潜而增加供应的项目投入物（不用增加投资去新建生产能力的投入物），企业需新建生产能力才能够提供的项目投入物，二者的具体计算方法如下。

①企业能通过挖潜可增加供应的项目投入物。这种是现有企业不用增加投资去新建生产能力就可以直接生产出的项目投入物，它可按照该项目投入物的成本分解方法，再加上一定的利润而进行定价。

②企业需投资建设生产能力才能够提供的项目投入物。这种是现有企业必须增加投资去新建生产能力才能生产出的项目投入物，它需要按照企业新增投资和成本分解方法，然后再加上一定的利润进行定价。

（3）非外贸货物的成本分解法。这种非外贸货物的成本分解方法原则上应按照边际成本而不是平均成本进行分解，如缺乏相关资料可按平均成本分解。这种成本分解的目的是要将非外贸货物在财务价格计算中得到的单位成本换算为按影子价格计算的单位成本。这种成本分解方法的具体步骤如下。

①按费用要素列出非外贸货物的财务成本、单位货物的固定资产投资额及流动资金，并列出该货物生产厂的建设期限和建设期各年的投资比例，然后剔除数据中包含的税金。

②按影子价格对项目外购原材料、燃料动力等投入物的费用进行调整，用给定或自行测算的影子价格或换算系数计算和调整，工资及福利费用和其他费用原则上不予调整。

③计算项目单位货物总投资（包括固定资产投资和流动资金）的资本回收费用（M），以代替折旧、摊销和流动资金利息。计算公式如下：

$$M=(I_f-S_v)\times\left(\frac{A}{P},\ i_s,\ n\right)+(W+S_v)\times i_s \tag{7-9}$$

当　　　　　　　　$S_v=0$ 时，则 $M=I_f\times\left(\frac{A}{P},\ i_s,\ n\right)+W\times i_s$ 　　　　　（7-10）

其中：M 为经调整后的资本回收费用；I_f 为经调整换算为生产初期的固定资产投资，按可变成本分解时 $I_f=0$；S_v 为计算期末回收的固定资产余值；n 为生产期；W 为单位流动资金占用额；i_s 为社会折现率。

式（7-10）中的 I_f 可由下式求得

$$I_f = \sum_{t=1}^{m} I_t \left(\frac{F}{P}, \ i_s, \ m-t \right) = \sum_{t=n_2}^{n_1} I_t(1+i_s)^{m-t} \tag{7-11}$$

其中：I_t 为建设期第 t 年调整后的单位建设投资；m 为建设期。

7.2.3　国民经济评估中其他资源的影子价格

另外，还有一些特殊的项目投入物和产出物需要按特定的方法确定其影子价格。

1. 人力资源的影子工资

这是指从国民经济角度去度量项目使用劳动力而付出的代价，即劳动力的影子价格。在项目财务评估中的职工工资及其提取的福利费（五险一金等）等合称名义工资，是作为项目费用计入项目成本的，但在国民经济评估中需要按影子工资进行调整后计入项目国民经济成本或投入。影子工资由劳动力的边际产出和劳动力的就业或转移而引起的社会资源消耗两部分构成，其中劳动力的边际产出是指一个建设项目所占用的劳动力在其他使用机会下可能创造的最大效益，而劳动力的就业或转移而引起的社会资源消耗包括培训费、搬迁费等。

正确确定项目国民经济评估中的影子工资必须解决三个问题：第一是项目所用劳动力究竟来自哪里；第二是如果项目劳动力是从别处转移到该项目中来的，那么将造成"别处"的产出下降多少；第三是这些劳动力的转移对社会资源的耗用有何种和多大的影响。在实际项目评估工作中，一般采用影子工资换算系数来计算影子工资。其计算公式为

$$影子工资＝财务工资×影子工资换算系数 \tag{7-12}$$

影子工资换算系数是项目国民经济评估的一种参数，它是影子工资与财务工资的换算比率。根据我国劳动力状况、结构以及就业水平，一般投资建设项目的影子工资换算系数多数为 1。但是在建设期内使用大量劳动力的项目，如水利、公路项目，其劳动力的影子工资换算系数为 0.5～0.9。对于就业压力大的地区那些占用大量非熟练劳动力的项目，影子工资换算系数就会小于 1；而对于占用大量短缺的专业技术人员的项目，影子工资换算系数甚至会大于 1。注意：随着社会的发展这种系数也会发生相应的变化。

2. 土地资源的影子价格

土地是项目的一种特殊投入物，在项目国民经济评估中土地的影子价格包括拟建项目占用土地而使国民经济为此放弃的效益（土地的机会成本），以及国民经济为项目占用土地而新增加的资源消耗（如拆迁费、剩余劳动力安置费等），其计算公式如下：

$$土地影子价格＝土地机会成本＋新增资源费用 \tag{7-13}$$

土地的机会成本按照拟建项目占用土地而使国民经济为此放弃的该土地"最好的可替代用途"的净效益测算。其计算公式如下。

$$OC = \sum_{t=1}^{n} NB_0(1+g)^{t+m} \cdot (1+i_s)^{-t} \tag{7-14}$$

其中：OC 为土地机会成本；NB_0 为基年的土地"最好的可替代用途"单位面积年净效益，

n 为项目占用土地的期限；t 为年序数；m 为基年距项目开工时的年限数；g 为土地最好的可替代用途的年平均净效益增长率；i_s 为社会折现率。

土地最好的可替代用途所产生的净效益应根据项目占用土地的种类决定，这要分析项目计算期内技术、环境、政策、适应性等多方面的约束条件，选择该土地的最可行替代用途 2～3 种进行比较，以其中净效益最大者作为"最好的可替代用途"的净效益估算。

在国民经济评估中，项目实际的土地费用可以划分为三部分：其一是机会成本性质的费用（如土地补偿费、青苗补偿费等），其二是新增资源消耗费用（如拆迁费用和劳动力安置费），其三是转移支付（如耕地占用税等）。其中，第一部分应按机会成本计算方法计算，第二部分应换算成按影子价格计算的费用，第三部分甚至可以不计为项目费用。

3. 资金的影子价格 —— 社会折现率

项目国民经济评估中需要使用社会折现率对项目资金的机会成本和资金的时间价值进行估量，这种社会折现率就是项目资金的影子价格，也就是项目国民经济评估中作为计算项目经济净现值的折现率和衡量项目经济内部收益率的基准值，而且这还是项目经济可行性和方案优选的主要判别依据之一。社会折现率确定的最主要方法包括如下几种。

（1）以银行利率作为社会折现率。根据"若项目的经济内部收益率低于银行利率就不如把资金存入银行生息"的假设，银行利率应该是任何项目的最低社会折现率，因为项目资金最少可以有存入银行生息的机会，所以银行利息应该是项目的机会成本之一。

（2）以资本的边际生产力作为社会折现率。该方法来自凯恩斯的资本边际效率递减理论，这是将所有可供选择的投资项目按照各自的内部收益率大小排队，从收益率最大的项目起依次累计它们的投资额之和，直到总投资额达到预计可能筹集的投资总额为止，此时最后一个项目的内部收益率就可以作为项目经济评估的社会折现率。

（3）以部门投资收益率的加权平均数作为社会折现率。这是按照全部行业或部门的投资收益率来确定社会折现率的方法，这种方法的计算公式如下：

$$I_s = a_1 r_1 + a_2 r_2 + a_3 r_3 + \cdots + a_n r_n \tag{7-15}$$

其中：I_s 为社会折现率；a_n 为第 n 部门的权重；r_n 为第 n 部门的投资收益率。

采用适当的社会折现率进行项目的国民经济评估有助于合理地使用国家的建设资金，引导国民经济的投资方向，促进资金在短期与长期项目之间的合理配置。

4. 外汇的影子价格 —— 影子汇率

汇率是用一个国家的货币折算成另一国家的货币的比率，它是以本国货币表示的外国货币的"价格"。其中，官方汇率是指官方确定的汇率，而影子汇率则是经过调整后的国外货币与国内货币购买力的真实比率，也就是外汇的影子价格。在项目国民经济评估中之所以要测定影子汇率是因为在某些国家实行外汇管制和外贸管制的情况下，官方汇率往往不能反映外汇的真实价值。影子汇率还会直接影响到项目或项目方案的决策中有关项目投入物和产出物的进出口方法及方案的选择。项目国民经济评估中的影子汇率确定公式如下：

$$SER = OER \times \frac{M}{B} \qquad (7\text{-}16)$$

其中：SER 为影子汇率；OER 为官方汇率（有外汇管制的汇率是官方汇率）；M 为外汇支出总额；B 为外汇收入总额。

7.3　项目国民经济费用和效益的辨识及度量

项目的财务费用和收益需要识别与度量，项目的国民经济费用和收益也需要识别与度量。通常，项目的财务识别与度量和项目的经济费用识别与度量具有紧密的关系，但并不是同一事物，因此人们在项目国民经济评估中还必须进行项目经济费用和效益的辨识及度量。

7.3.1　项目国民经济费用和经济效益的概念

在项目国民经济评估中凡是减少国民收入的都是项目的费用，凡是增加国民收入的都是项目的效益，因此在识别和分析项目国民经济费用与效益时应遵循以下原则。

1. 国家原则

这是指项目所有收支活动都应从国民经济角度出发分析其是否花费了社会资源，或是否真正产生了社会经济效益。对于项目引起的转移支付部分，如果没有真正花费社会资源，这种支出就不能列为项目的经济费用；如果没有真正增加国民收入，这种收入就不能列为项目的经济效益。换言之，凡属于转移性质的收支项目都应从效益和费用流量中予以剔除。

2. 边际原则

这是指对项目国民经济费用和效益的分析应着眼项目费用增加额与效益增加额以及这些增量的比例关系。在经济数学中边际变化是新增部分引起的变化，如产品的边际费用是每增加一个单位产量所引起的总费用的变动额。从项目对国民经济的影响来看，兴建一个项目是国民经济的一个新增量，会发生项目投资和项目费用以及效益的增量。因此对国民经济增量而言，项目国民经济评估中的费用和效益都应该是边际的，所以在识别项目国民经济费用和效益中应遵循这种边际原则。

由于项目财务与项目国民经济评估的目标不同，所以两者所包括的费用和效益的内容不尽一致。有些在项目财务评估中是费用和效益，但并不一定构成项目国民经济评估中的费用和效益（如税金、利息、补贴等转移支付）；有些在项目国民经济评估中是费用和效益，也并不一定构成项目财务评估中的费用和效益（如项目对环境污染造成的损失、技术扩散作用等外部效果）。有些虽然在两种项目评估中都被列入项目费用和效益，但是其度量标准和度量方法也会不同（如投入物的费用和产出物的效益）。

7.3.2 项目国民经济评估中的转移支付

从国民经济评估角度上说，项目的某些货币收支科目并不真正反映资源投入产出的变化，而只表现为资源的支配权从某个经济主体转移到另一个经济主体手中，因而并不会引起社会最终产品的增减和国民收入的变化。这种不伴随资源增减的纯粹性货币转移在国民经济财务评估中被称为转移支付，与投资项目有关的转移支付主要有税金、工资、利息、土地费用和补贴等。这类国民经济中的转移支付并不形成国民收入的增减，因而它们在项目国民经济评估中不属于项目费用和效益的范畴。这种项目中的转移支付科目主要包括如下几种。

1. 税金

项目在投资建设和生产经营中需缴纳一系列税金，包括关税、增值税、消费税、资源税、城建税、教育费附加和所得税等。这些项目支出科目实际上只是将资金由企业转移给了国家，它并不伴随着资源的变化和国民收入的增减。因此在进行项目国民经济评估时它们都是转移支付而不是项目的经济费用，可不予以计算。

2. 工资

项目雇佣劳动力而支付的工资及其附加费，也是项目将一定资源的支配权转移给了项目职工，所以在国民经济评估中也属于转移支付的范畴而不应列入项目经济费用中。在项目国民经济评估中应列为经济费用的是劳动力的机会成本以及为安排劳动力而使国家付出的其他代价（影子工资）。

3. 利息

项目为国内贷款所支付的利息，只是企业将这些资源的支配权转移给了金融机构，所以同样属于转移支付的范畴，故在项目国民经济评估中不应列为费用科目。但是项目的国外借贷利息支付，由于是企业将资源转移到国外金融机构手中，从而使国民收入减少了，所以就应列为项目经济费用。

4. 土地费用

项目建设为征购土地所做的实际资金支付，只是项目将这部分资源的支配权转移给土地所有者（国家、集体或个人），故它们在项目的国民经济评估中不被列为项目经济费用。在项目国民经济评估中真正应该列为项目经济费用的是土地的机会成本和新增资源消耗（土地的影子价格）。

5. 补贴

项目所获得的补贴实质上是与项目所缴税金流向相反的一种转移支付，它是国家将资源支配权转移给项目组织的一种转移支付，所以在项目的国民经济评估中这种补贴不应列为项目的经济效益。

7.3.3　项目国民经济的直接费用与直接效益

项目国民经济的直接费用与直接效益不同于项目财务直接费用和直接效益，它不能直接从预测和财务报表中获得，而需要进行必要的分析和识别。

1. 项目国民经济的直接效益

项目国民经济的直接效益是由项目本身产生，由项目的产出物提供的，并使用影子价格计算项目产出物的经济价值。确定项目国民经济的直接效益有两种方法：其一是若拟建项目的产出物可用于增加国内市场的供应量，其经济效益就是其所满足的国内需求，这种直接收益就等于其所增加的消费者支付意愿。其二是如果项目产出物使国内市场的供应量不变，但是若能增加出口量或减少进口量，则项目的国民经济效益为获得或节约的外汇；若项目产出物顶替了已有产品并致使其减产或停产的，其国民经济效益为原有项目减产或停产向社会所释放出来的资源（其价值也就等于对这些资源的支付意愿）。

2. 项目国民经济的直接费用

这主要指国家为满足项目投入（包括固定资产投资、流动资金及经常性投入）的需要而付出的代价，使用影子价格计算出的这些项目投入物的经济价值即为项目的直接费用。这种费用的确定也分为两种：一种是当项目的投入物来源于国内供应量的增加，即增加国内生产来满足拟建项目的需求，这种直接费用就按照增加国内生产所消耗的资源价值计算。另一种是当国内总供应量不变时，若项目投入物通过增加进口来满足项目需求时，这种直接费用按照所花费的外汇计算；若项目的投入物本来可以出口，这种直接费用按照减少的外汇收入计算；若项目的投入物本来用于其他项目，这种直接费用按照其他项目因此而减少的效益计算。

7.3.4　项目国民经济的间接费用与间接效益

这是指项目的外部效果，它是通过项目而间接产生的对于其他国民经济要素的影响效果。有关项目国民经济评估中的外部效果的含义和相关规定说明如下。

1. 项目外部效果的概念和分类

项目外部效果就是指那些与项目本身有联系但不是直接联系的项目国民经济间接效益和间接费用，这些间接经济费用和效益不是项目本身要求的效果，也不是由项目本身所要承担和进行享有的效益与费用。项目外部效果的范围十分广泛，一般有如下分类。

（1）按其对社会总生产和总消费是否有影响分类。这可分为项目技术性外部效果和价格性外部效果。项目技术性外部效果是那些能够真正引起项目之外的生产和消费发生变化的效益与费用。例如，造纸厂项目的排污会使附近鱼类生产下降就属于项目技术性间接费用，而水电站项目的防洪和灌溉能力使受益土地粮食产量增加就属于项目技术性间接效益。项目的价格性外部效果也称货币性项目外部效果，是指那些不会影响项目之外的生产和消费总量，而只是引起某些商品和劳务的相对价格发生变化所产生的间接费用与间接效益。例如，棉纺织项目会使棉布供应量增加从而棉布价格下跌而导致其他棉纺织厂的利润下降就是项目价格性间接费用，而由此导致制衣厂、棉布消费者受益就属于项目价格性间接效益。

（2）按其是否能用货币来计量分类。这可分为项目有形外部效果和无形外部效果。项目有形外部效果是指那些能够以货币计量的项目间接效益和间接费用。例如，水电站项目引起粮食增产的效益和为项目服务配套所需的投资支出费用都属于有形的外部效益或费用。项目无形外部效果是指那些不能用货币计量的项目间接效益和间接费用。例如，技术扩散项目造成的技术进步效益、城市犯罪控制项目造成的犯罪率下降、项目关联环境的舒适造成的土地增值效益等都属于项目的无形外部效果。

（3）按其作用的联系范围分类。这可分为项目的相邻外部效果和乘数外部效果。项目的相邻外部效果包括正向相邻效果和逆向相邻效果。项目正向相邻效果是指那些生产初级产品的项目对以其产出物为原料的其他经济部门和行业所产生的间接效果。项目的逆向相邻效果是指由于项目的建立而对那些为它提供原材料或半成品的其他产业所产生的间接效果。项目的乘数外部效果是指项目的投入可以使原来闲置的社会资源能够被利用起来，从而产生的一种连续性外部效果。例如，当劳动力过剩的情况严重时，项目的实施和投入运营会利用一部分劳动力，由于这部分劳动力的消费又会引起食品、服务等行业的发展，依次连锁地发展下去的结果就是项目的乘数外部效果。

2. 项目外部效果的处理原则

项目外部效果是从事物普遍关联的角度去考虑项目产生的效果，因此它的辨识和度量极其困难，极易造成遗漏和重复计算。在实际工作中，对项目外部效果处理应遵循以下原则。

（1）主要相关效果原则。在理论上，项目外部效果应在全社会范围内全面辨识，但这在实践中是不可能的，也是不必要的。因此，在项目外部效果的分析中应当选择主要的相关部门进行项目外部效果的辨识。

（2）范围一致性原则。项目间接费用和间接效益的考察范围应当相对比较一致，否则就会过高估计项目间接费用或过低估计项目间接效益；或者反过来过低估计项目间接费用，而过高估计项目间接效益。

（3）价格性外部效果的不计原则。项目的价格性外部效果的作用异常复杂，人们往往会很难识别出正负共存而互相抵消项目的价格性外部效果情况，因而对于这种项目的间接成本和效益一般不予考虑和计算。

（4）技术性外部效果的双重原则。有形的项目技术性外部效果一般都需要以货币单位进行度量和计算，而无形的项目技术性外部效果一般只做定性的度量和说明即可，因为这种无形的项目技术性外部效果很难做好量化处理。

（5）乘数外部效果的时移量摊原则。项目的乘数外部效果计算要考虑时间因素和其他的项目因素。因为随时间的推移社会剩余生产能力和剩余资源会有变化，因此应随时间变化进行分摊辨识与度量，避免重复计算。

（6）外部效果内部化的原则。相互关联的多个项目会互有外部效果，如果可以将这些项目作为一个项目组合来考虑，这样各项目的许多外部效果就会变成内部效果，这就消除许多项目外部效果辨识与测度上的困难，而只需考虑综合项目的间接费用和效益即可。

7.4 国民经济评估指标的计算和判别标准

国民经济评估指标的计算是项目经济评估的核心内容，相关的指标判别标准是项目经济可行性分析的判据。二者构成了项目国民经济评估方法的核心和关键，具体讨论如下。

7.4.1 项目国民经济评估的动态指标

项目国民经济评估的动态指标是计入资金时间价值的经济评估指标，主要有项目经济净现值、项目经济净现值率、项目经济内部收益率、项目经济外汇净现值、项目经济换汇成本和项目经济节汇成本。

1. 项目经济净现值

项目经济净现值是使用社会折现率将项目计算期内各年的经济净现金流量折算到基准期的现值之和。其具体计算公式如下。

$$\text{ENPV}=\sum_{t=1}^{n}(C_I-C_O)_t(1+i_s)^{-t} \tag{7-17}$$

其中：C_I 为效益流量；C_O 为费用流量，$(C_I-C_O)_t$ 为第 t 年的净效益流量；i_s 为社会折现率；n 为计算期。

这是反映项目对国民经济净贡献的一项绝对数指标，如果它大于零，则表示项目除了能得到符合社会折现率的盈余或利润外，还可以得到最终计算的净现值大小的超额盈余，因而此时的项目在国民经济上是可行的。但是如果它小于零，则表示项目不能够得到符合社会折现率的盈余或利润，所以此时项目在国民经济上是不可行的。如果它等于零，则表示项目正好能得到符合社会折现率的盈余，此时项目在国民经济上是边缘性可行的项目。

2. 项目经济净现值率

项目经济净现值率是投资项目国民经济净现值与其全部投资按社会折现率折算的现值之和的一种比率指标。在项目方案选择时，当项目各方案的投资值相等时，可以采用项目经济净现值指标进行比较选择。通常，项目经济净现值越大的投资方案越好，如果各项目各方案的经济净现值不等，则需要结合项目经济净现值率进行项目决策。这一项目国民经济评估指标的计算公式为

$$\text{ENPVR}=\frac{\text{ENPV}}{\text{EI}_p} \tag{7-18}$$

其中：ENPVR 为项目经济净现值率；EI_p 为项目全部投资折现后的现值之和。

项目经济净现值率是一个表示项目单位投资额的现值所能带来的经济净现值的相对

数，在单个项目评估时首先要求它大于或等于零，其次在进行项目方案比较选择时进一步应选择这一比率大的项目或项目方案，这样有利于实现有限资金的最优利用。

3. 项目经济内部收益率

项目经济内部收益率是使项目在计算期内的经济净现值等于零时的折现率。它是项目国民经济评估中的一项相对评价指标，其表达式为

$$\sum_{t=1}^{n}(C_I-C_O)_t(1+\text{EIRR})^{-t}=0 \tag{7-19}$$

其中：$(C_I-C_O)_t$ 为第 t 年的经济净效益流量。

项目经济内部收益率的计算方法与项目财务内部收益率的计算方法相同，也需要使用插入法试算得到。其计算公式如下。

$$\text{EIRR}=I_1+(I_2-I_1)\frac{|\text{ENPV}_1|}{|\text{ENPV}_1|+|\text{ENPV}_2|} \tag{7-20}$$

其中：I_1 为试算的低折现率；I_2 为试算的高折现率，ENPV_1 为低折现率的经济净现值（正值）；ENPV_2 为高折现率的经济净现值（负值）。

这是反映项目对国民经济贡献大小的一项相对指标，如果它大于社会折现率，且项目的经济净现值大于零，则项目在经济上是完全可行的；如果它小于社会折现率，且项目的经济净现值小于零，则项目在经济上是完全不可行的；如果它等于社会折现率，且项目的经济净现值等于零，则项目在经济上是相对可行的边缘性项目。

4. 项目经济外汇净现值

这是指生产出口产品的项目在计算期内各年的外汇流入和外汇流出的差额（经济净外汇流量），采用影子价格和影子工资计算按规定的折现率（国外贷款平均利率或社会折现率）一直折算到基准期的现值之和。它可用来分析评估项目实施后对国家的外汇净贡献程度，也可用来分析评估项目实施后对国家外汇收支的影响。一般该指标可通过项目的外汇流量表直接求得。其计算公式为

$$\text{ENPV}_F=\sum_{t=1}^{n}(F_I-F_O)_t(1+i_s)^{-t} \tag{7-21}$$

其中：$(F_I-F_O)_t$ 为第 t 年的经济净外汇流量；i_s 为社会折现率；n 为计算期。

这是衡量项目对国家外汇的净贡献或净消耗的一项动态指标，从国家外汇收支平衡的角度看，项目经济外汇净现值为正好，而为负不好，若等于零项目就属于边缘性项目。对我们国家来说，由于现在拥有大量的外汇储备，所以多数时间已经不再做这方面的评估了。

5. 项目经济换汇成本

这也被称为换汇率，它是分析评估项目实施后生产的出口产品在国际上的竞争能力和判断产品能否出口的一项重要指标，它主要适用于生产出口产品的投资项目。项目经济换汇成本是指用影子价格、影子工资调整计算，投资项目在计算期内为生产出口产品所投入

的国内资源现值与生产出口产品的经济外汇净现值的比率。其计算公式如下。

$$CF_E = \frac{\sum_{t=1}^{n} DR'_t (1+i_s)^{-t} (人民币)}{\sum_{t=1}^{n} (F'_I - F'_O)_t (1+i_s)^{-t} (美元)} \tag{7-22}$$

其中：DR'_t 为第 t 年项目为生产出口产品投入的国内资源量（用影子价格以人民币计）；F'_I 为生产出口产品的外汇流入（以外币衡量）；F'_O 为生产出口产品的外汇流出（主要是运营费用，以外币衡量）。

项目经济换汇成本反映项目生产出口产品收入 1 美元外汇需要多少人民币的成本。项目经济换汇的成本应该以低于影子汇率为好，等于为中，大于为差。

6. 项目经济节汇成本

项目经济节汇成本是指项目在计算期内生产替代进口产品投入的国内资源现值与生产替代进口产品的净外汇效果现值的比率（均需按影子价格等参数调整并用社会折现率折现）。其计算公式如下。

$$经济节汇成本 = \frac{\sum_{t=1}^{n} DR'_t (1+i_s)^{-t}}{\sum_{t=1}^{n} (F'_I - F'_O)_t (1+i_s)^{-t}} \leqslant 影子汇率 \tag{7-23}$$

其中，DR'_t 为第 t 年项目为生产替代进口产品投入的国内资源（用影子价格以人民币计），$(F'_I - F'_O)_t$ 为第 t 年项目生产进口替代产品的净外汇效果。

项目经济节汇成本主要用于评估项目生产替代进口产品的项目的外汇效果，反映项目由于生产替代进口产品而节约 1 美元外汇所需的人民币金额。项目经济节汇成本都应小于或等于影子汇率，此时才表明该项目的产品出口和替代进口是有利的，是可以考虑接受的。

总而言之，上述项目国民经济评估指标中涉及外汇方面的评估指标，需要充分考虑国家的外汇储备和用汇方面的实际需要决定。

7.4.2　项目国民经济评估的静态指标

项目国民经济评估的静态指标是指不计算项目资金价值的项目管理经济评估指标，主要包括项目投资净效益率和项目投资净增值率。

1. 项目投资净效益率

项目投资净效益率是指项目在正常生产年份的经济净效益流量与项目全部投资之比，其计算公式如下。

$$NBR = \frac{C_I - C_O}{I} \tag{7-24}$$

其中：$(C_I - C_O)$ 为正常生产年份的经济净效益流量；I 为项目的全部投资（包括项目建设投资和流动资金）。

项目投资净效益率表示项目在正常生产年份单位投资对于国民经济所做的净贡献，它是一项比率性指标，所考察的是项目在正常年份的经济盈利水平和盈利能力。在项目方案初选阶段，项目投资净效益率可作为方案筛选的依据。项目投资净效益率也可按项目全部投资和国内投资分别计算。其中，项目投资净效益的数值应分别等于项目国民收入净增值减去项目支付给职工的工资及福利费。

2. 项目投资净增值率

项目投资净增值率是指项目达到正常生产能力规模年份所带来的国民收入净增值与项目的总投资额之比，它是衡量项目单位投资所能获取的国民收入净增值的静态效益评估指标，其多数用于项目的初选阶段。其计算公式为

$$投资净增值率 = \frac{国民收入的净增量}{项目的经济总投资额} \tag{7-25}$$

项目投资净增值率也可以按全部投资和国内投资分别计算。其中，在以全部投资作为计算基础时，项目净增值部分为项目的直接收益和间接收益之和减去项目的物料投入（直接和间接部分）及折旧；在以国内投资作为计算基础时，其增值部分为项目的直接收益和间接收益之和减去项目的物料投入、项目流到国外的资金（主要有外籍人员工资、国外借款本息、支付给外国投资者的利润、股息、技术转让费、保险费等）及折旧。一般计算出的项目投资净增值率应高于国家规定的有关标准，且越大越好。

7.4.3　项目具体方案的国民经济可行性评判

所谓项目具体方案的国民经济可行性评判，就是指在项目国民经济评估中，人们使用哪些判据去判定和确认项目从国民经济评估的角度出发是可行的。通常主要有如下两个方面的项目具体方案的国民经济可行性评判。

1. 项目具体方案的绝对值和相对值评判

项目具体方案国民经济可行性评判的判据首先可以分成绝对值判据和相对值判据两种。

（1）项目具体方案的绝对值评判。按照绝对价值和绝对数量给出的项目国民经济可行分析指标值都有独立的判据。例如，项目经济净现值必须大于或等于零，而项目经济投资回收期必须短于或等于社会或本行业平均水平，这些都属于按照绝对价值和数量给出的可行性分析指标值的判据。人们必须用项目及其具体方案国民经济评价的绝对指标值，并对照这些绝对值的判据去评判项目具体方案国民经济的绝对可行性。通常，这种绝对值评判的结果是决定项目国民经济可行性的首要判据，只有由此判定项目是可行的，人们才有必要去进行项目具体方案的相对值评判。

（2）项目具体方案的相对值评判。按照相对值给出的可行性分析指标值也都有独立的判据，如项目经济净现值必须大于或等于既定的比率，而项目经济内部收益率必须大于或等于社会或本行业平均利润率的水平，这些都属于按照相对数给出的可行性分析指标值的

判据。人们必须使用项目及其方案获得的具体相对指标评估值，然后对照这些相对值的判据去评判项目具体方案国民经济的可行性。通常，这种相对值评判的结果在决定项目国民经济可行性中具有次要和从属的位置，是在项目具体方案绝对值评判为可行的结果基础上，人们进一步分析项目具体方案的相对好坏所做的一种评估和评判。

　　2. 项目具体方案的国民经济可行性动态和静态评判

　　项目具体方案国民经济可行性评判的判据进一步可分成动态和静态两种。

　　（1）项目具体方案的动态评判。按照考虑资金的时间价值给出的项目具体方案绝对值和相对值可行性分析指标的判据就是项目这方面评估的动态评判的判据，如项目经济净现值和项目经济内部收益率的判据都属于项目具体方案的动态评判的判据。因为在动态评判中考虑了项目资源使用的时间价值，所以它要比没有考虑时间价值的静态评估的评判更为科学，因此这种动态评判结果是决定项目国民经济可行性的首要指标，只有这种评判结果是可行的，人们才能判定项目具体方案的国民经济是可行的。

　　（2）项目具体方案的静态评判。按照不考虑资金的时间价值给出的项目具体方案绝对值和相对值可行性分析指标的判据是这种评估的静态判据，如项目投资净效益率和项目投资净增值率的判据都属于项目具体方案的静态评判。这种静态评判因为没有考虑项目资源使用的时间价值，所以它要比动态评估的科学性差一些，因此这种静态评判结果是决定项目国民经济可行性的次要指标，只是项目国民经济可行性评估的粗略评判，而且只有在动态评判结果是可行的，人们才能进一步使用静态判据去判定项目具体方案的国民经济是可行的。

 思 考 题

　　1. 项目国民经济评估的作用体现在哪几方面？

　　2. 项目国民经济评估与财务评估有何联系？

　　3. 项目国民经济评估应该遵从哪些程序和步骤？

　　4. 什么是项目国民经济评估各种资源的影子价格？

　　5. 在识别项目国民经济直接和间接的费用与效益时应遵循哪些原则？

　　6. 国民经济评估中有哪些指标？它们之间的主要不同是什么？

第8章 项目自然环境影响评估

本章首先给出项目自然环境影响评估的基本概念、内容、作用和这种评估的基本原则。随后讨论了项目自然环境影响评估的程序和步骤以及具体的做法，这包括项目自然环境影响评估的环境影响识别和预测的技术方法。更进一步讨论了项目自然环境影响评估中的风险评估和经济分析技术方法及其具体算法。最后给出了项目自然环境影响评估中的综合评估技术与方法和这种综合评估的信度与效度检验的方法。

项目自然环境影响评估是人们在充分调查研究的基础上去识别、评估和评价项目可能对自然环境带来的各种影响，以便能够按照社会发展与自然环境保护相协调的原则进行项目决策。项目自然环境影响评估是对关系到国计民生的重大项目所进行的涉及企业和国家两个方面利益与成本等问题的全面评估、评价和审查，这种评估结果是项目科学决策的根本依据。环境影响评估本身有专门的国家法规和标准，而且这些法规和标准都会随着国家与社会对于环境保护要求的提高不断地修订。国家的法律和法规都有在这方面的规定与要求，所以项目自然环境影响评估必须依照国家现行的相关法律和法规进行。

8.1 项目自然环境影响评估概述

自然环境的唯一性决定了项目必须建立在不影响环境的基础上，因此任何项目都必须进行项目自然环境影响评估，这方面的基本概念讨论如下。

8.1.1 项目自然环境影响评估的概念

由于项目自然环境影响评估涉及的内容很广泛且涉及的学科也较多，一般的项目自然环境影响评估主要涉及的概念包括如下内容。

1. 项目自然环境及其问题

项目自然环境影响评估的定义中项目自然环境的定义最为重要，因为这是项目自然环境影响评估的对象。项目自然环境影响评估中的项目环境是指项目所在的自然环境，这在《中华人民共和国环境保护法》中有明确的定义。自然环境是指影响人类生存与发展的各种天然的和经过人工改造的自然因素的总体，包括大气、水、海洋、土地、矿藏、森林、草原、野生动物、自然遗迹、自然保护区、风景名胜区、城市和乡村等。

自然环境既是经济发展的物质基础，又是经济发展的制约条件，人类在进行经济建设的过程中，如果处理不好项目和自然环境之间的关系就必然会导致自然环境出问题。自然环境的问题大致可分为两大类：一类是社会排放的废物超过了自然环境的净化能力而造成的环境污染，如各种废水排入河流的数量超过了河流的自净化能力而造成水体的污染；另一类是对自然资源开发利用不当或过度而造成自然资源枯竭和环境破坏，如过量开采地下水而造成地下水位下降并引起地面沉陷。

2. 项目自然环境影响及其分类

项目自然环境影响是指项目导致的自然环境变化以及由此引起的对人们利益的各种影响。项目自然环境影响的概念包括项目活动对自然环境的作用和环境对人类的反作用两个层次。项目自然环境影响有多种不同的分类，最常见的有如下三种。

（1）按环境影响的来源分类。这可分为直接影响和间接影响，直接影响是指由于项目活动而对自然环境和人类社会直接作用所造成的影响，间接影响是由于项目活动而间接或诱发的对于项目环境和人类社会的影响。这种分类可以有效地认识评估项目自然环境影响的途径、范围、状况等，对于如何解决项目不良影响具有重要意义。

（2）按环境影响的后果分类。这可分为有利影响和不利影响，这是从受项目影响的环境所能产生的损失或收益的角度进行分类的方法。其中，对项目环境的有利影响是指由于项目活动对环境和人类社会产生的好的一面，而对项目环境的不利影响是指由于项目活动的结果对环境和人类社会产生的坏的一面。这种分类可以按照有利和不利的原则对项目自然环境影响进行分析与评价，从而可以使人们在项目活动中更好地趋利避害。

（3）按环境影响的程度分类。这可分为可恢复和不可恢复的项目自然环境影响，其中可恢复的项目自然环境影响指项目活动造成的环境影响会随着时间的推移而逐步恢复到以前的状况，不可恢复的项目自然环境影响指项目活动造成的环境影响和改变随后无法恢复到以前的情况的问题。这种分类和评价，可以使人们在项目活动更好地规避不可恢复的项目自然环境影响。

3. 项目自然环境影响评估的含义

这是指通过充分调查研究和分析而给出项目可能对自然环境带来的各种影响，然后分析并做出全面的科学预测，并最终利用各种项目自然环境影响分析结果去指导项目决策的一种项目评估工作。其中，项目自然环境影响评估需要预测项目对大气、水质、生物、土壤等环境要素的影响，分析各种环境要素变化给人类带来的好处或对人类造成的危害，估算消除这些危害所需的代价，并就项目对环境的影响做出综合分析。

8.1.2 项目自然环境影响评估的作用和内容

在制定项目提案，选择项目方案，进行项目必要性、项目技术可行性、项目的经济合理性和项目运行条件分析等重大项目决策时，人们都必须对于项目自然环境影响进行评估，这种评估的作用和内容分述如下。

1. 项目自然环境影响评估的作用

项目自然环境影响评估的作用具体地说，主要包括如下几个方面。

（1）项目自然环境影响评估有助于项目建设的选址和布局的合理性。项目合理选址和布局是保证项目环境保护与项目可持续发展的前提条件，因为项目不合理的选址和布局是造成项目环境污染的重要原因之一。项目自然环境影响评估就是要从项目建设所在国家或地区的整体出发，考察建设项目的不同选址和布局方案对国家与区域环境的不同影响，并进行多方案的比较和取舍，最终选择最有利的方案，以保证项目建设的选址和布局的合理性。

（2）项目自然环境影响评估有利于提出和实施环境保护措施。项目活动都要占用和消耗资源，这就会给环境带来一定的污染与破坏，因此人们就必须采取相应的环境保护措施。项目自然环境影响评估就是要综合考虑项目活动及其环境特征，从而对项目环境污染和治理设施与技术、经济和环境进行必要的评估与评估，从而找到科学的项目环境保护对策和措施，把项目活动产生的环境污染或生态破坏限制在允许范围之内。

（3）项目自然环境影响评估为社会经济发展提供必要的导向。项目自然环境影响评估可以通过对项目所在区域的自然条件、资源条件、社会条件和经济发展状况的综合分析，确定和给出项目所在地区的资源、环境和社会等各方面的承载能力，从而对该地区的经济与社会发展方向、发展规模、产业结构和产业布局等做出科学的决策与规划，以指导该地区的区域经济活动，最终实现整个国家或地区的可持续发展。

（4）项目自然环境影响评估会促进项目相关环境科学技术的发展。项目自然环境影响评估涉及自然和社会科学的广泛领域，包括基础理论研究和应用技术开发。项目自然环境影响评估工作中遇到的问题必然会对相关环境科学技术提出挑战，进而推动相关环境科学技术的发展。环境影响评估就是根据环境标准的要求来控制项目的污染、改善环境，并将环境保护工作纳入整个项目的发展与运行计划中去。

2. 项目自然环境影响评估的内容

项目自然环境影响评估的内容十分广泛，而且会因评估项目的不同而包含不同的评估内容。但是就总体而言，我国项目自然环境影响评估的内容包括以下方面。

（1）项目地理位置和项目规模的评估。这包括对于项目会影响到的国家、地区、地质、地貌、大气、地表水、地下水、土壤、植物、动物等要素的识别和影响规模的分析。

（2）项目自然环境影响的评估。这包括对项目所处地理、大气、地表水、地下水、土壤、植物、动物等影响的评估，要评估给出这些项目自然环境影响的可恢复性情况。

（3）项目对自然环境影响的风险评估。这包括项目对于各种自然环境影响的不确定性的评估，以及这种不确定性所带来的项目对自然环境影响的风险损失和收益。

（4）项目自然环境影响的经济评估。这包括对于各种自然环境有利和不利影响的经济评价，着重应该做项目近期的及长远的自然环境影响的经济损益分析。

（5）项目自然环境影响的全面综合评价。这包括采取一定的综合评估模型，对未来项目自然环境影响的经济、技术、可持续发展等方面进行定性的、半定量的或定量的评估。

（6）项目应该采取的环境保护或补救措施。任何项目自然环境影响评估的最终结果都应提出项目需采取的环境保护或补救措施，当无法补救时要提出项目可采取的代替方案。

8.1.3 项目自然环境影响评估的原则

项目自然环境影响评估的根本目的在于强制和要求人们在项目规划与决策中必须考虑环境影响因素，最终达到项目的实施和运营活动能够与其所处自然环境相兼容的目的。所以在项目自然环境影响评估的工作过程中，必须遵循如下方面的原则。

1. 目的性与主导性原则

任何国家或地区的自然环境都有其特定的结构和功能，这些特定的结构和功能都要求有特定的环境保护目标与措施。因此在进行项目自然环境影响评估时必须有明确的目的性，并根据具体的目的去确定项目自然环境影响评估的内容和任务。我们国家的项目自然环境影响评估的根本目的就是保护好自然环境、生态平衡和可持续发展。我国要求在项目自然环境影响评估中必须抓住项目活动可能引起的主要环境问题去评估，项目的环境影响评估必须针对主要的项目自然环境影响因素和方面进行评估，这就是主导性原则。

2. 整体性与相关性原则

在项目自然环境影响评估中还应该考虑项目对其所在区域的环境系统的整体影响，所以这种评估应该在分别就评估项目对环境的各种影响之后，着重去分析项目对环境的综合影响效应。因为只有全面地评估项目对整个环境的总体影响，人们才能对各种项目提案或替代方案进行比较和选择以做出科学决策。在项目自然环境影响评估中还必须考虑项目所影响的环境系统各要素之间的联系，通过深入研究这些项目自然环境影响系统要素之间的关系去判别项目自然环境影响的传递性和相关性，研究项目对于环境系统逐层和逐级影响效果。

3. 均衡性与动态性原则

项目环境系统的各子系统和各要素之间既相互联系又相互独立，从而各自表现出独特的项目自然环境影响属性。因此在项目自然环境影响评估中必须在考虑目的性、主导性、整体性和相关性的同时，充分注意项目环境子系统影响评估的均衡性（不能单打一）。项目对于环境的影响是一个不断变化的动态过程，所以在项目环境评估中还必须贯彻动态性的原则，即在项目自然环境影响评估中不但要（向前推）评估项目环境的历史发展情况，而且要评估项目不同阶段对于环境的影响情况，从而动态地评估项目对于环境的影响。

4. 不确定性与风险性原则

项目自然环境影响评估涉及众多因素，而且是一个动态复杂多变的不确定性系统。因为在项目过程中可能发生各种各样的不确定性事件，从而可能给项目环境造成影响和危害。所以人们首先必须根据项目实际情况，分析和预测项目活动造成环境危害的可能性（项目环境评估中的不确定性分析）。由于项目自然环境影响存在着不确定性，所以项目自然环境影响评估就必要进一步开展项目自然环境影响的风险性分析，即对于项目环境危害后果的严重程度和影响范围以及可能的应对与补救措施等进行全面的分析和评估。

5. 社会经济性与公众参与原则

在全社会可持续发展思想的指导下，项目自然环境影响评估必须根据社会、经济和环境可持续发展的目标对项目自然环境影响做出合理科学的经济性分析与评估，这种评估最主要的工作是分析和说明项目自然环境影响的社会经济效果，这就是项目自然环境影响评估的社会经济性原则。同时，项目自然环境影响评估还有一个原则，就是公众参与原则。这要求在项目自然环境影响评估中项目全体相关利益主体和社会公众都有权参与项目自然环境影响评估事务，对于环境有重大影响的项目还必须建立社会公众磋商制度，以确保项目自然环境影响评估的公众参与原则。

上述这些项目自然环境影响评估的原则是人们在多年的环境保护实践中总结出来的，所以它们是在进行项目自然环境影响评估时必须遵守的基本准则。

8.2　项目自然环境影响评估的程序和步骤

项目自然环境影响评估程序必须按一定的顺序或步骤去完成，只有这样才能保障项目自然环境影响评估的成功。这种评估程序包括管理和工作两方面的程序。其中，管理程序主要指用于指导项目自然环境影响评估的监督与管理工作步骤、内容和过程，而工作程序主要指用于指导项目自然环境影响评估的工作步骤、内容和进程。

这方面的管理程序主要用于保证项目自然环境影响评估工作能够按照国家或地方主管部门的要求去进行和实施，这是包括国家或地方的环境管理部门的一种监督管理手段。这方面的工作程序是评估项目对于环境影响的实际工作程序，是根据项目自然环境影响评估管理程序的要求设定的，这种项目自然环境影响评估的工作程序如图 8-1 所示。

从图 8-1 中可以看出，项目自然环境影响的程序和步骤可分为三个部分或阶段：第一部分或阶段是这种评估的准备阶段，这一阶段的主要工作是研究有关管理法规与项目文件，进行初步的项目分析和环境现状调查，筛选出重点的项目评估方面和相关评估指标，确定出各单项环境影响评估的工作等级，并编制项目环境评估的工作大纲；第二部分或阶段是评估的正式工作阶段，这一阶段的主要工作是进行项目活动分析和项目环境现状的调查以及项目对于环境可能造成的各种影响的调查分析，然后在此基础上进行项目自然环境影响的数据预测和评估，全面分析和评估项目对于环境的影响程度与范围等；第三部分或阶段是评估报告书编制阶段，这一阶段的主要工作是整理、汇总、分析项目自然环境影响调查、分析、预测、评估等工作所得到的各种数据资料，然后分析给出项目自然环境影响评估的整体结论，最终撰写完成项目自然环境影响评估报告书。

有关项目自然环境影响评估过程中重点步骤的具体工作内容分述如下。

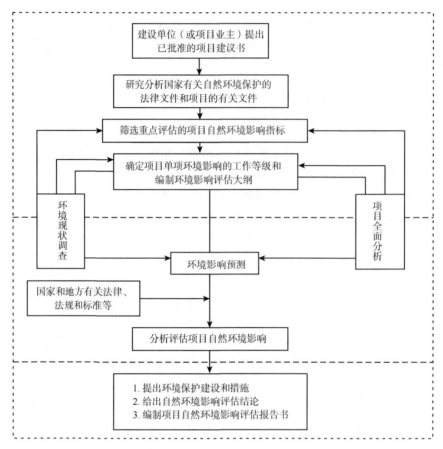

图 8-1　环境影响评估工作流程

8.2.1　编写项目自然环境影响评估大纲

项目自然环境影响评估大纲是整个项目自然环境影响评估的总体设计和行动指南，它也是检查这种评估的报告书内容和质量的主要判断依据，所以这种评估大纲必须在开展项目自然环境影响评估之前编制给出。这种大纲必须是在充分研读有关法律和法规文件的基础上，并且是在进行了初步的项目环境调查及其影响分析的工作后编制的。项目自然环境影响评估大纲的主要内容包括如下内容。

1. 项目自然环境影响评估的总则

这包括评估项目的由来，项目自然环境影响评估大纲的编制依据，控制环境污染和环境保护目标，采用的相关评估标准、评估项目以及评估工作的等级和重点等。

2. 项目的概况和项目所处环境的简况分析

这是一个项目自然环境影响评估的基本工作，主要分析和说明项目的基本情况与项目所处环境的情况，并分析它们之间的相互影响。

3. 项目环境现状调查和影响分析的内容与方法

确定项目自然环境影响评估工作等级、环境特点和预测数据的需要情况，详细地规定调查参数、调查范围及调查的方法、时间、地点、次数等。

4. 项目自然环境影响预测与项目自然环境影响的评估

这方面工作内容包括项目自然环境影响的预测、影响内容、影响范围、影响时段等方面的评估，以及项目自然环境影响综合评估和项目自然环境影响评估等。

5. 项目自然环境影响评估工作成果核检清单

这包括有关整个项目自然环境影响评估的工作内容与步骤的规定，拟提出的评估结论内容要求和有关项目自然环境影响评估工作的最后成果的一览表与规定等。

6. 项目自然环境影响评估工作的组织和计划安排

这包括有关项目自然环境影响评估的人员、组织结构、工作方案、呈报程序和手续以及整个评估工作的经费预算安排等。

8.2.2 调查分析项目所处区域的环境现状

项目所处区域的环境现状调查是项目自然环境影响评估的首要工作，这一工作的目的就是要为项目自然环境影响评估的数据预测、评价和环境影响累积效应分析及项目运行后的环境管理提供相应的基础数据。这一工作的原则、方法和主要内容分述如下。

1. 项目所处区域环境调查的原则

根据项目所在地区的环境特点，结合项目自然环境影响评估各个单项评估内容的工作等级，确定项目所在区域各方面环境要素的现状调查范围，并分析和筛选出这种调查的有关参数。这种调查应首先收集各种现有文献资料，经过认真分析筛选后选取其中的可用部分。当现有文献资料不足时就需要开展现场调查工作，而在项目所处区域环境现状调查中，人们要对评估科目相关的各方面进行全面详细的调查，以收集得到定量化的调查结果数据。

2. 项目所处区域环境现状调查的方法

项目所处区域环境现状调查的方法主要有三种：资料收集法、现场调查法和遥感调查法。这三种方法各有其特点和局限性，所以有时需要配套使用。其中，资料收集法的应用广、收效大，节省人力、物力和时间，但是这种方法只能获得第二手资料，而且往往存在不全面和有时效性的问题，所以就需要用其他方法作为补充调查。现场调查法是可针对具体需要，设计和安排人们在现场直接获得第一手相关数据与资料的方法，但其工作量大且需占用较多的人力、物力和时间。遥感调查法可从整体上了解项目所处区域的环境特点，但是此方法不十分准确，不宜用于微观环境或细节状况的调查，只用于辅助性项目所处区域环境现状调查。

3. 项目所处区域环境现状调查的主要内容

这方面调查的内容主要有项目所处区域的地理位置、地质、地形地貌、气候与气象、地面水环境、地下水环境、大气环境质量、动植物与生态情况、人口情况、工业与能源情况、农业与土地利用情况、交通运输情况、文物与"珍贵"景观情况、人群健康状况和其他环境污染与破坏的现状情况。需要特别注意的是，不同专业领域的项目会有不同的项目环境调查内容的要求，不同环境中的项目会有不同的项目环境调查内容的要求，不同国家或地区的项目也会有不同的项目环境调查内容的要求，所以在开展项目环境调查的过程中必须针对项目的独特性确定项目环境调查的具体内容和要求。

8.2.3　项目对于环境的影响预测和分析

这也是项目影响评估过程中的重要一个环节，在这一环节中应注意如下几点。

1. 项目自然环境影响预测所遵循的原则

对于已确定的项目或项目方案都应预测和分析它们对所处区域环境会产生的影响，这种预测和分析的范围、时间周期、内容及方法均应根据具体项目自然环境影响评估工作等级、项目活动与环境的特性、当地的环保要求等确定。这方面工作还需要考虑项目自然环境影响评估所需的预测分析范围，安排好项目建设与运行的环境影响评估。

2. 项目环境影响过程的时段划分

一般的项目环境影响过程可以划分为项目建设阶段的环境影响、项目运营阶段的环境影响和项目服务期满后的环境影响三个阶段进行评估，其中的项目运营阶段可分又为项目运营阶段初期和运营阶段中后期的评估。另外，多数项目均应预测和分析项目运营阶段的正常排放与不正常排放两种情况下的项目自然环境影响结果。

3. 项目环境预测的范围和内容

为全面反映项目环境的影响，这种预测分析范围的大小取决于项目自然环境影响评估工作的等级、项目环境的特性等，一般情况下项目自然环境影响评估的预测分析范围等于项目所处环境现状调查的范围。这种项目自然环境影响预测和分析既要考虑环境影响对环境系统的危害程度，也要考虑这些环境影响带来经济社会的价值。

8.2.4　制定项目自然环境影响评估用的标准

有关项目自然环境影响评估标准的概念和作用及其内涵分述如下。

1. 项目环境评估标准的概念和作用

项目自然环境影响评估中所用的环境标准涉及如下两个方面的概念和作用。

（1）环境评估用标准的概念。环境评估标准是国家或地方控制环境污染和保护生态环境各种标准的总称，它是为了保护人们健康和促进生态良性循环，在综合考虑自然环境特征、科学技术水平和经济条件的基础上，由国家按照法律和法规程序制定与批准的对环境结构及状态要求等方面的相关规范。这些环境评估用标准是执行环境法律和法规所开展项目自然环境影响评估的基本依据。

（2）环境评估用标准的作用。因为环境评估用标准是项目自然环境影响评估的依据，所以在进行项目自然环境影响评估和编制项目自然环境影响评估报告书时必须按照这些标准开展工作。人们只有遵照环境评估用标准才能做出对于项目自然环境影响的定量化分析、比较和评估，才能正确地判断项目所在区域的环境质量好坏，从而才能够控制项目所处环境的质量，以及开展好项目自然环境影响的综合治理。

2. 项目环境评估的标准体系

按照这方面标准的性质、功能和内在联系可以对它们进行分类，从而构成一个项目环境评估的标准体系。这种标准体系中的指标是相互联系、互相依存和互相补充的，所以它们具有成套性和体系性。我国目前的项目环境评估标准体系是根据我国国情和总结了多年的经验并参考国外的相关体系制定的，主要有如下几方面的标准。

（1）环境质量标准。这是指在一定时间和空间范围内，对各种环境介质（如大气、水、土壤等）中有害物质和因素所规定的容许量与要求。环境质量标准主要包括大气质量标准，水质质量标准，环境噪声及土壤、生物质量标准等。这些是衡量环境受到污染的标准尺度，是有关部门进行环境管理和制定污染排放标准的依据。环境质量标准又分为国家和地方标准两级，国家环境质量标准是由国家按照环境要素和污染因素规定并适用于全国的环境质量标准，中央政府下属各部门制定的环境质量标准也属于这个范畴。地方环境质量标准是地方政府根据本地区的情况制定的标准，它们是对国家标准的补充、完善和具体化。

（2）污染物排放标准。这是根据国家和地方环境质量标准，结合环境特点和社会、经济、技术条件，对污染源排入环境的有害物质和产生的有害因素所做的控制标准。这种标准按污染物的状态可分为气态污染物排放标准、液态污染物排放标准、固态污染物排放标准及物理污染控制标准。这种标准对于直接控制污染源、防治环境污染、保护和改善环境质量具有重要的作用，因为这些标准都是为了有效地控制污染物的排放，促进排污单位采取各种有效的措施加强管理和污染治理，最终实现达到环境质量目标要求的目的服务的。污染物排放标准也分为国家污染物排放标准和地方污染物排放标准两级。

（3）环境基础标准与环境测试方法标准。环境基础标准是指在环境保护工作范围内对具有指导意义的有关名词术语、符号、指南、导则等方面的统一规定。在环境标准体系中处于指导地位，它是制定其他环境标准的基础性标准。环境测试方法标准是环境保护工作中以实验、分析、抽样、统计、计算等方法为对象而制定的标准，它是制定和执行环境质量标准与污染物排放标准和实现统一管理的基础。例如，锅炉大气污染物测试方法标准、建筑施工场所噪声测量方法、水质分析方法标准，这些环境测试方法的标准都是为获得和提高监测数据的准确性而服务的标准。

（4）环境标准样品标准和环保仪器设备标准。环境标准样品标准是对环境标准样品必须达到的各种要求所做的正式规定，因为环境标准样品是环境保护工作中用来标定仪器、验证测量方法、进行量值传递或质量控制的标准材料或物质，所以它相当于是"标准的标准"。环保仪器设备标准是为保证污染物监测仪器所测数据的可比性和可靠性，以及保证污染治理设备运行的各项效率而对有关环境保护仪器设备的各项技术要求也编制统一的规范和规定，所以它也是一种"标准的标准"。

（5）强制性标准和推荐性标准。凡国家和地方的环境保护法律、法规、条例和标准化方法等规定的强制执行标准都属于强制性标准，凡在国家和地方环境保护法律、法规、条例和标准化方法上未做强制性规定且不强制执行的标准都属于推荐性标准。在项目自然环境影响评估中，项目最低限度要达到国家或地方的强制性标准要求，而项目最好能够达到并超过国家或地方的推荐性标准要求，这样才能确保项目的环境影响未来不会出现超标问题。

综上所述，环境质量标准是制定项目污染物排放标准的主要依据；污染物排放标准是实现环境质量标准的主要手段和措施；环境基础标准是环境标准体系中的指导性标准，而环境测试方法标准、环境标准样品标准和环保仪器设备标准是制定、执行环境质量标准和污染物排放标准的重要技术根据与方法。所以这些标准之间的关系是既互相联系，又互相制约的，它们共同能够形成一个项目环境治理标准的体系。

8.2.5　项目自然环境影响评估报告的编写

项目自然环境影响评估报告书是整个项目自然环境影响评估工作成果的集中表述，它是项目自然环境影响评估者向委托单位或主管部门提交的这一评估工作的正式文件。这一正式文件经国家或地区环保主管部门批准后就会成为项目可行性的重要依据，所以它是项目决策的重要依据，这种报告书主要涉及如下两个方面。

1. 项目自然环境影响评估报告书的编写原则

项目自然环境影响评估报告书给出的结论就是全部项目影响评估工作的最终结论，所以在编写报告书时首先要在概括和总结全部项目自然环境影响评估工作的基础上，客观、实事求是地总结项目各阶段活动给项目所在区域环境造成的影响。

2. 项目自然环境影响评估报告书的编写内容

项目自然环境影响评估报告书的内容主要包括如下几个方面。

（1）概括给出项目所在区域环境现状描述。这不但要说明清楚项目所处区域的一般环境情况，同时也要说明清楚该地区现有环境中存在的主要环境问题。例如，某些污染物浓度超过标准，某些重要的生态破坏现象，等等。

（2）简要说明项目自然环境影响源及污染源状况。这是指要根据项目自然环境影响评估中的分析结果，简单明了地说明项目影响环境的污染源和这些项目污染源的位置、数量，污染物的种类、数量和排放浓度与排放量、排放方式，等等。

（3）总结和说明项目自然环境影响的预测与评估结果。全面地总结和说明项目环境的影响预测数据和评估结果，并给出结论。在给出的结论中要明确地说明项目活动过程的各个阶段对于环境的影响及其相应的影响后果、影响范围、影响严重程度等方面的评估。

（4）对项目的相关环保措施和环境改进建议。在报告书中应有专门章节评述项目环保措施，包括项目对于环境污染的防治措施、项目的环境管理措施、项目的环境监测措施等。至少在报告书的结论中应该有简单评述项目拟采取的环保措施等方面的说明和建议。

（5）项目自然环境影响评估报告书的安排。这种报告书内容安排顺序应是总则、项目概况、项目活动分析、项目地区环境现状、项目自然环境影响预测、项目自然环境影响分析、项目环保措施的评述及其技术经济评估、项目环保措施的投资估算、项目自然环境影响经济损益分析、项目环境监测制度、项目环境管理和环境规划建议、项目自然环境影响评估结论。

8.3　项目自然环境影响评估的技术方法

经过世界各国多年的项目自然环境影响评估实践，人们已经创造出了许多行之有效的具体技术方法。这些技术方法从其功能上可划分为项目自然环境影响识别技术方法、项目自然环境影响预测技术方法、项目自然环境影响风险评估技术方法和项目自然环境影响经济分析技术方法。

8.3.1　项目自然环境影响识别技术方法

这种方法是识别和找出项目自然环境影响因素的技术方法，这种技术方法可以使项目自然环境影响预测和项目自然环境影响分析更具可靠性，使项目污染防治对策更具针对性。这种技术方法识别找出的项目自然环境影响因素还需要进行分类，主要可分为有利影响与不利影响两大类，有利影响可进一步分为微弱有利、轻度有利、中等有利、大有利和特有利五个级别的影响，而其不利影响又可进一步分为微弱不利、轻度不利、中度不利、非常不利和极端不利五个级别的影响。

目前，普遍使用的项目自然环境影响识别技术方法主要是核检表法，这也被称为"列表清单法"或"核检清单法"，就是将可能的项目自然环境影响因素及其可能产生的环境影响性质，通过核检的方法开列在一张清单列表上的技术方法。这种方法又可进一步分为简单型清单、描述型清单、分级型清单等多种核检法。

其中，简单型项目自然环境影响因素的核检清单的示意表如表 8-1 所示。

表 8-1　简单型项目自然环境影响因素的核检清单的示意表

序　号	项目自然环境影响因素	可能的环境影响（性质）	核检结果
1	项目自然环境影响因素 No.1	有利影响 1	√
		有利影响 2	√
		不利影响 1	×
		不利影响 2	×

续表

序　号	项目自然环境影响因素	可能的环境影响（性质）	核检结果
2	项目自然环境影响因素 No.2	有利影响 1	√
		有利影响 2	×
		不利影响 1	√
...	...	...	...

8.3.2　项目自然环境影响预测技术方法

经过项目自然环境影响识别就可得到项目自然环境影响的主要因素了，然后就需要预测与分析这些项目自然环境影响因素对项目自然环境影响的大小和范围。现在普遍采用的项目自然环境影响预测方法主要为数学模型法、物理模拟法、类比调查法和专家判断法。

1. 数学模型法

人们对客观世界中的许多事物本身已有所了解，但对其发展变化机制还不是十分清楚。所以人们在对这类事物的预测中常常采用半经验和半理论的技术方法，即所谓数学模型法。在建立数学模型时，人们首先要根据整个系统各变量之间存在的物理、化学、生物等过程和关系，给出表述事务各种发展变化关系的数学模型。这种方法能给出定量的项目自然环境影响预测结果，但需一定的计算能力和必要的数据支持，所以它有一定的局限性。

2. 物理模拟法

物理模拟法是根据事务本身存在的各种物理、化学、生物等关系而使用直接模拟环境影响条件和结果，从而预测项目自然环境影响的技术方法。物理模拟法最大的特点就是可使用人—机组成的模拟仿真系统，最终能够给出定量化程度高且再现性好，能较好反映复杂的项目自然环境影响特征。但是这种技术方法需要有合适的仿真模拟试验条件、设备和基础数据，而且预测原型与仿真模型要有近似性，以便保证物理模拟法预测结果的可靠性和真实性。

3. 类比调查法

项目自然环境影响的预测还可以通过将一个项目与另一个已完成的相似项目实际对项目环境的影响情况进行类比，从而给出项目的环境影响预测，这就是类比调查法。类比调查法的项目自然环境影响预测结果有些是可以定量的，有些是不可以定量的，所以这类技术方法的项目自然环境影响预测精度相对比较低。特别是与数学模型法和物理模拟法相比，这种方法的预测精度相差较大，但是对于预测精度要求不高的项目自然环境影响预测，这种方法很适用。

4. 专家判断法

这是通过专家咨询和综合应用专家的专业知识与实践经验（专家经验），从而分析和预测项目自然环境影响的技术方法。这种项目自然环境影响预测的技术方法多数时间只是定性地反映项目对于环境的影响，所以其预测精度相对而言较低。这种技术方法与数学模型法和物理模拟法相比，其预测精度相差很大，甚至有时比类比调查法的精度还要低。但是它高效、快捷且相对可靠，所以对预测精度要求不高的项目自然环境影响预测可用这种方法。

8.3.3　项目自然环境影响风险评估技术方法

项目自然环境影响的风险评估是 20 世纪 70 年代后期发展起来的一种项目自然环境影响评估内容，为此近年来有很多国家对项目活动所产生的环境影响都要求开展风险评估，从而使项目自然环境影响评估的结论更能反映实际情况，最终环境管理部门进行项目的平衡和取舍，做出比较合理与实际的决策。通俗地讲，风险是指由于事物的不确定性而给人们带来损失或收益的可能性，其数学表达式如下：

$$R=\sum_{i=1}^{n}P_i(L_i / B_i) \tag{8-1}$$

其中：R 为风险；P 为不确定性（发生概率）；L 为风险损失；B 为风险收益。

根据式（8-1）可知，项目环境风险是指由于项目活动的不确定性所引起的项目环境风险收益或损失，这是由于项目活动与自然环境发生作用而形成的风险收益或损失。本书给出的项目环境风险是指项目作用于环境而产生的损失和收益的可能性之和，而传统的项目环境风险则只是指项目作用于环境而产生损失的可能性之和（这种风险定义是不正确或不全面的）。从本书给出的项目环境风险可知，项目环境风险有两个特点：其一是不确定性[式（8-1）中的 $P<1$]，其二是收益性[式（8-1）中的 B]和危害性[式（8-1）中的 L]。其中，项目环境风险的不确定性是指人们对于项目环境风险发生的时间、地点、强度等难以事先准确地预料，而项目环境风险的收益性和危害性是指项目环境风险的后果也可能带来收益或好处，但是也可能带来损失或危害，或二者兼有（但传统项目环境风险不考虑可能带来的收益和好处）。

所以本书认为，项目环境风险评估就是指对项目活动对其所处区域造成的各种可能损失和收益（包括对人体健康、社会经济发展、生态系统等造成的损失和收益）进行的全面评估。这是一种项目管理和决策的工作与过程。但是传统的项目环境风险评估主要是指对项目活动所产生的环境损失和危害的全面评估（包括项目环境风险的概率估计、损害后果严重程度、这种风险的时间进程和损失与危害的影响范围的全面分析和评价），所以传统的这方面评估只能使人们去提出各种应对项目环境风险损失的方案和决策，而丧失了抓住项目自然环境影响风险机遇去获得收益和好处的机会。一般的项目环境风险评估必须包括以下三个紧密相关的步骤。

1. 项目环境风险的识别

这是指根据项目作用于环境的因果关系，使用分析、筛选和判断等技术方法，把项目自然环境影响中可能给环境造成收益或损失的风险因素识别出来的工作。由于引起项目环境风险的因素很多，而且各自的后果严重程度不相同，特别是项目与环境构成的系统中各因素间的关系错综复杂，项目环境风险的识别工作十分重要但也十分艰难。所以通常的项目环境风险识别要求使用系统性的识别方法。

2. 项目环境风险的度量

这是指对于项目环境风险的大小以及后果的全面估计和衡量，这是在人们识别出了项目可能引发的环境风险以后，进一步度量项目环境风险的发生概率、项目环境风险的后果严重程度、项目环境风险后果的影响范围，以及项目环境风险发生的时间进程的工作。此时人们主要的工作就是度量给出项目环境风险事件发生的概率大小（$P=?$），项目环境风险事件后果的性质（定性度量）和严重程度（定量度量给出风险收益和损失大小），项目环境风险的关联影响范围（有无多米诺骨牌效应），以及项目环境风险事件和后果的发展时间进程。

3. 项目环境风险应对措施的决策和管理

项目环境风险应对措施的决策和管理是指根据项目环境风险的识别与度量结果，结合项目相关利益主体对于项目环境风险的承受能力，去研究和确定项目环境风险的各种应对措施的工作。对于项目环境风险损失情况的应对措施主要包括四种：一是容忍，二是规避，三是化解，四是消减。其中，容忍措施是指对于项目可能造成损失较小（在可容忍范围之内）的环境风险的应对措施，规避措施是指对于项目可能造成损失较大（在不可容忍范围之内）的环境风险的应对措施（包括不上马项目的措施），化解措施是指对于项目可能造成损失较大且又无法规避的环境风险所采取预先制定的化解方法和措施，消减措施是指对于项目可能造成损失较大且无法规避也无法化解的环境风险的应对措施（如救火救人的措施等）。对于项目风险收益的应对措施主要包括两种：一是积极抓住机遇，二是努力扩大收益。这些应对措施是项目环境风险管理中的一项十分重要的工作，所以必须认真开展并做好。

另外，项目环境风险评估是一个动态的过程，从对项目环境风险的识别到对项目环境风险的度量，再到项目环境风险的应对措施制订和监控与管理就形成了一个循环的动态过程。同时，项目的不同阶段都需要开展项目环境风险评估的过程，这种不断循环的项目环境风险评估过程可以使人们不断修正项目环境风险评估的结果并做出科学的跟踪决策。

8.3.4　项目自然环境影响经济分析技术方法

人们在对项目进行环境影响评估时，不仅要对项目所引起的人类和生态环境的影响做出定性与定量的分析，还要对项目的环境影响做出相应的经济效果（损失和收益）评估，从而使人们能够进行包括项目自然环境影响在内的、更为全面的项目可行性分析与决策。这种项目自然环境影响的经济效果分析是一种定量分析，是一种能够计算出项目自然环境影响的收益和损失货币价值的评估，它给出项目对环境的损害与收益，以及项目环境保护设施和项目自然环境影响风险应对措施所能带来的社会经济效益的价值核算。

项目自然环境影响评估中的经济效果分析主要内容包括：项目污染物排放量的经济分析，项目环境保护措施的实施费用和逐年费用分析，项目所能产生的环境经济效益和环境经济损失的分析，等等。在项目自然环境影响的经济效果分析中，有些项目对环境的影响往往不能用价值量来恰当地反映，因此需要采用"等效"原理和"价值替代"等原理来进行必要的价值转换。例如，项目实施中有关文物古迹和珍稀动植物的保护措施就很难用精确的货币价值来予以度量，这种经济效果评估的方法就是定性和定量相结合的方法。

1. 项目自然环境影响经济分析的定性方法

项目自然环境影响经济分析的定性方法主要是专家判断法，这是通过有关专家来定性描述项目对于环境所会产生的各种影响的价值。这种方法主要用于项目对环境所产生的各种无形影响的分析与评估。例如，项目对于珍稀动植物和生态环境的影响就是难以直接用货币计量的，从而只能通过专家判断度量项目自然环境影响。

2. 项目自然环境影响经济分析的定量方法

项目自然环境影响经济分析的定量方法主要是费用/效益分析法，人们在项目自然环境影响的经济分析中可以把其中的费用和效益看作项目对社会经济福利的一种贡献，从而将项目自然环境影响引起的社会经济福利变化用等量商品的价值量来给出。这种方法的具体做法就是使用净现值的计算方法去进行项目自然环境影响评估中的经济分析与计算。

8.4 项目自然环境影响的综合评估

项目对环境的影响是多方面的，任何单项评估方法都无法完成项目自然环境影响的科学评估，所以人们需要在项目自然环境影响单项评估的基础上对项目的环境影响进行全面的综合评估。这样才能给出项目对于环境影响的总体评估，最终为项目的决策和提出项目环境保护措施提供科学的依据。显然，这种项目自然环境影响综合评估相对于整个项目可行性评估来讲，具有"一票否决"的至关重要性，因为项目所处环境是人们唯一的生存环境。

项目对自然环境的影响涉及很多方面，但对具体的项目来讲都有其主要的自然环境影响方面。人们在进行项目自然环境影响的综合评估时需要根据项目自然环境影响因素的重要程度（或者环境影响严重程度）去确定项目自然环境影响问题的不同权重，以便严密关切对人们和对人们的生存环境有直接损害的项目自然环境影响问题。在开展项目自然环境影响的综合评估过程中必须坚持的原则和需要使用的方法如下。

8.4.1 项目自然环境影响综合评估的原则

通常人们会把项目各方面的环境影响作为整个项目自然环境影响系统的一个子项处理，人们就是通过研究每个子项和它们在整个项目自然环境影响评估中的地位，从而分析与研究整体项目自然环境影响评估结果和经济效果，并且最终找出项目在经济效益、社会效益和环境效益三方面的最优方案。所以在项目自然环境影响的综合评估中应首先确定评估的基本原则，其内容如下。

1. 分清因果和主次关系的原则

这是指人们要正确地进行项目自然环境影响综合评估，先要搞清楚项目实施与运行将会造成的各种自然环境影响及其因果关系和主次关系，以便据此进行项目自然环境影响综合评估的原则。这样不仅可以更深刻地进行项目自然环境影响单项评估，也便于划分项目自然环境影响单项评估的等级体系，从而有助于正确地计算项目自然环境影响整体效益与损失。

2. 全面和整体评估的原则

这种综合评估是对项目自然环境影响各要素所造成的影响后果进行全面而整体的评估，所以这种评估就必须贯彻"全面和整体"的原则。这种综合评估是做一种全面而整体的评估，有时并不要求非常精确，但是要求给出一个正确的分析和判断结果。这样不但可以避免在项目自然环境影响综合评估中出现复杂而大量的工作，而且能达到要求的评估水平。

3. 一次性经济补偿的原则

项目自然环境影响综合评估要全面考虑项目自然环境影响的经济效益和损失，然而项目对环境所造成的影响，有些损失是永久性的，有些损失是一次性的，还有些损失是周期性的。这些不同性质的项目自然环境影响损失是不能直接相加和比较的，因此在计算项目自然环境影响经济损失时需要按照一次性补偿原则来进行计算和确定。

4. 贵极无价的评价原则

"贵极无价"是指在项目自然环境影响评估中对项目影响的少数稀世贵重之物（包括动植物）应该视为无价之宝，它们是无法以价格来表示的，因为它们是不可替代和无法复制的。所以项目对于这类项目自然环境影响及其造成的损失是不能使用经济分析结果来衡量的，它们只能用"贵极无价"的方法进行表示，且具有"一票否决"的作用和地位。

8.4.2　项目自然环境影响综合评估的方法

尽管人们开展项目自然环境影响评估已有几十年的时间，并且也已经开发了许多这方面的评估方法，但是还没有一种完善而通用的项目自然环境影响综合评估的方法。这里仅介绍几种具有代表性的常用项目自然环境影响综合评估的方法。

1. 指数法

一般的项目自然环境影响综合评估使用指数法，这是用一个预先设定的项目环境质量标准 C_s，通过项目自然环境影响评估获得一个项目自然环境影响综合评估的预测值 C，进一步将它与标准值 C_s 的比值作为指数，根据二者的比较所得的比值（指数）给出综合评价结论。通常，项目环境单一影响因素的指数法用于分析单项项目自然环境影响结果，究竟项目环境单一影响因素满足项目环境单项标准要求（$P_{ij}<1$），还是超过项目环境单项标准要求（$P_{ij}>1$）及其具体的程度（显然 P_{ij} 越小越好），这种评估的数学表达式如下。

$$P_{ij}=C_{ij}/C_{sij} \tag{8-2}$$

其中：P_{ij} 为第 ij 项目自然环境影响要素的单项评价结果；C_{ij} 为第 ij 项目自然环境影响要素的影响结果预测值；C_{sij} 为第 ij 项目自然环境影响要素的环境质量要求；j 为第 i 个项目环境要素中的第 j 环境因子。

在完成了项目单一环境影响的评估基础上，人们就可以汇总它们到项目所有环境影响因素的综合评估结果了。在项目所有环境影响因素的综合评估中需要引入综合指数（所以此法被称为"综合指数法"），这一指数的计算公式如下。

$$P=\sum_{i=1}^{n}\sum_{j=1}^{m}P_{ij} \tag{8-3}$$

其中：P 为项目自然环境影响的综合评价结果；P_{ij} 为第 ij 项目自然环境影响要素的单项评价结果；i 为第 i 个项目自然环境影响要素；j 为第 i 个项目环境要素中的第 j 环境因子；n 为项目自然环境影响要素的总数；m 为第 i 个项目自然环境影响要素中的项目自然环境影响因子总数。

以上综合指数法是一种平均权重的综合方法，即将项目自然环境影响各因素设置成同样权重的方法。但是有些项目要求使用不等权重的方法，此时要先确定出各项目自然环境影响因素的权重。项目自然环境影响各因素不等权重的综合指数法可采用如下公式。

$$P=\frac{\sum_{i=1}^{n}\sum_{j=1}^{m}P_{ij}W_{ij}}{\sum_{i=1}^{n}\sum_{j=1}^{m}W_{ij}} \tag{8-4}$$

其中：W_{ij} 为各项目自然环境影响因素的权重因子。

2. 矩阵法

矩阵法是根据项目自然环境影响因素识别中使用的核检清单法发展而来的。它将该核检清单中所列的项目自然环境影响识别结果按因果关系系统地加以排列，然后再把项目活动和项目自然环境影响要素组成一个矩阵，从而在项目活动和项目自然环境影响之间建立起一种因果关系，并且以定量或半定量的方法揭示项目活动对于项目环境的影响。这类方法主要有相关矩阵法和迭代矩阵法两种，由于相关矩阵法使用较多，所以专门做如下介绍。相关矩阵法可以用于确定、解释和综合评估项目对于项目环境的影响，它把每个项目活动和它们对环境影响的大小划分为若干等级（五级或十级）。由于各种不同项目自然环境影响对于项目环境的影响程度不同，所以各种项目活动对项目环境的影响结果也不同，所以为求得项目活动的环境影响整体效果，就必须使用加权的方法去确定每个项目行为的重要性。这种方法的数学表达式如式（8-5），其矩阵列表如表 8-2 所示。

$$\sum_{i=1}^{n}\sum_{j=1}^{m}W_{ij}M_{ij} \tag{8-5}$$

其中：M_{ij} 为项目活动 j 对项目环境要素 i 的影响；W_{ij} 为项目环境要素 j 在项目活动 i 上的权重。

表 8-2　项目各项活动对项目环境要素的影响（按矩阵法排列）

环境要素	居住区的改变	水文排水改变	修路	噪声和震动	城市化	平整土地	侵蚀控制	园林化	汽车环行	总影响
地形	8（3）	−2（7）	3（3）	1（1）	9（3）	−8（7）	−3（7）	3（10）	1（3）	3
饮用水	1（1）	1（3）	4（3）			5（3）	6（1）	1（10）		47
气候	1（1）				1（1）					2
涝灾	−3（7）	−5（7）	4（3）			7（3）	8（1）	2（10）		5
地震	2（3）	−1（7）			1（1）	8（3）	2（1）			26
空旷地	8（10）		6（10）	2（3）	−10（7）			1（10）	1（3）	89
居住区	6（10）				9（10）					150
健康/安全	2（10）	1（3）	3（3）		1（3）	5（3）	2（1）		−1（7）	45
人口密度	1（3）			4（1）	5（3）					22
建筑	1（3）	1（3）	1（3）		3（3）	4（3）	1（1）		1（3）	34
交通	1（3）		−9（7）		7（3）				−10（7）	−109
总影响	180	−47	42	11	97	31	−2	70	−68	314

注：表中数字表示影响大小，1 表示没有影响，10 表示影响最大，负数表示坏影响，正数表示好影响。括号内的数字表示权重，数值越大表示权重越大。

3. 图形叠置法

图形叠置法最早用于变量分布空间范围很广的项目活动评估，McHary 在美国环境影响评估立法（1968）前就使用该法分析可供选择的公路项目对环境的影响。这种方法开始时要准备一张透明图片，画上项目位置和需要考虑的项目自然环境影响评估的区域轮廓基图。然后另行编制一份可能受影响的项目环境因素一览表，并在其上标出需专家判断的可能受项目影响的环境因素。对每种要评估的项目环境因素都准备一张透明图片，每种项目环境因素所受的影响程度都可用一种专门的黑白阴影来表示。例如，如果认为地下水位的降低对环境影响严重时就在准备好的图片上画一种深色的阴影。通过在透明图上给出的特定阴影就可以很容易地表示项目自然环境影响的程度，最终将各种颜色的透明图片叠置到基片图上就可看出一个项目对于环境的综合影响了。该法易于理解，能显示项目自然环境影响的空间分布，并且容易说明项目单个影响因素和整个综合影响，而且可以说明这些影响与受影响地点居民分布的关系，能够更好地给出项目对于环境的有利影响和不利影响的分布情况。但这种方法也有不少缺点，如一次叠置 12 张以上图片就因为颜色太杂而难以说明问题了，所以只有在项目自然环境影响要素有限的情况下才能考虑使用这种方法。现在已有人开发了计算机图形叠置法，可以不受此限制了。国际上对于图形叠置法的使用经验表明，对各种线路（如管道、公路和高压线等）的开发项目进行路线方案选择时，这种方法是最有效的项目自然环境影响综合评估的方法。这种方法的综合叠置图显示不但能用于评估项目线路的环境影响，而且还能指出哪个是产生环境影响最少的路线方案。因此图形叠置法是一种能为线路开发项目分析和评估出最少环境破坏的非常有用的项目方案的"搜索"方法。

4. 网络法

网络法的原理是采用"原因—结果"的分析网络来阐明和推广前面已经讨论过的矩阵法。它除了矩阵法的功能外，还可以鉴别累积的项目自然环境影响或间接的项目自然环境影响。网络法实际上使用呈树枝状的网络图（又被称为关系树枝或影响树枝），由此可以表述和记载第二、第三以及更高层次上的项目自然环境影响，具体如图 8-2 所示。

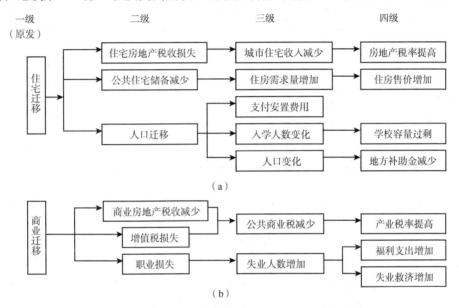

图 8-2　在市区修建新快速公路的环境影响网络

要建立一个项目自然环境影响综合评估的网络就要回答与每个项目活动有关的一系列问题。这包括：原发（第一级）的项目自然环境影响有哪些，它们的影响是什么？二级的项目自然环境影响是什么，二级的影响是什么？三级的项目自然环境影响是什么？等等。图 8-2 就是关于在某市区内建造一条快速公路所造成的房屋和商业拆迁的影响网络，表 8-3 是该网络的影响频率、幅度和重要性价值表。

表 8-3　在市区修建快速公路的影响频率、幅度和重要性价值表

影响	因素编号	发生概率	贡献大小	重要性
住宅迁移	A	1.0	−2.0	4
住宅房地产税收损失	A_1	1.0	−1.5	5
城市住宅税减少	$A_{1,1}$	1.0	−0.5	10
房地产税率提高	$A_{1,1,1}$	0.3	−1.0	3
公共房屋储备减少	A_2	1.0	−0.25	2
住房需求量增加	$A_{2,1}$	0.4	+3.0	3
可用房出租价提高	$A_{2,1,1}$	0.2	−1.2	1

影响	因素编号	发生概率	贡献大小	重要性
居民人口迁移	A_3	1.0	-1.0	7.5
支付迁移费用	$A_{3,1}$	1.0	-0.7	0.5
地方学校入学率的变化	$A_{3,2}$	0.8	$+2.2$	1
地方学校容量过剩	$A_{3,2,1}$	0.8	$+1.5$	3.5
当地人口变少	$A_{3,3}$	0.95	$+0.2$	1.5
国家补助减少	$A_{3,3,1}$	0.5	-1.1	9
商业迁移	B	1.0	-4.0	5
商业房地产税损失	B_1	1.0	-4.8	6
商业收入减少	$B_{1,1}$	0.2	-1.5	10
增值税损失	B_2	0.2	-2.5	10
职业减少	B_3	0.9	-3.0	6
失业人数增加	$B_{3,1}$	0.9	-0.5	7
福利支出增加	$B_{3,1,1}$	0.1	-0.8	0.7
失业救济增加	$B_{3,1,2}$	0.2	-0.1	0.2

注：表中的"－"号表示影响是不利的，"＋"号表示影响是有利的。

也可以使用表 8-3 的表格方式给出这些指标之间的关系，使用评估指标分级脚标的方式去给出这些指标之间的相互关系。

显然，项目环境及其影响是一个复杂的系统，网络法可以较好地描述项目环境及其影响的复杂关系。一个项目行动会产生一种或几种对于环境的影响，后者又依次引起一种或几种后续环境的变化，最终产生多种项目自然环境影响的综合结果。但需注意的是：在建立项目自然环境影响网络图时，每个影响树枝网络都可能会发生因果循环的关系，特别当因果之间存在复杂的相互作用时更是如此。此时，人们还应考虑项目某种环境影响发生后其后续影响的发生概率与影响程度，决定这些后续影响是否有列入项目自然环境影响网络图的意义。

这种网络图能以简要的形式给出项目产生或诱发的环境影响全貌，因此它是项目自然环境影响综合评估的有效工具。但它主要是一种定性的评估和描述，只能得出通用矩阵法那样的总的影响。此方法需要在估计项目自然环境影响事件的分支中的单个影响事件发生概率与影响程度的基础上，进一步去求得各个项目自然环境影响分支上的影响事件的影响贡献总和，最终再应用矩阵法一节所提供的方法去求出项目自然环境影响的综合影响程度。使用这种方法得到项目自然环境影响总数时有几点必须加以注意：一是能有效地用项目自然环境影响事件的发生概率估计各个项目自然环境影响行为发生的可能性；二是这种方法算出的分数不是绝对分数而只是相对分数，该分数只能用于不同项目方案或不同项目环保措施的效果比较；三是为了取得有意义的项目自然环境影响综合评估期望值，这种网络必须列出所有可能和有显著性意义的"原因—条件—结果"序列或项目自然环境影响事件链条。如果这三个方面出现遗漏或问题，这种项目自然环境影响综合评分的方法就是不全面的和有问题的了。

8.4.3 项目自然环境影响综合评估的信度和效度

项目自然环境影响综合评估是人们对项目开发和运营决策中的一种分析与评价，是按照国家或地区的可持续发展战略的要求所采取的环境保护措施的评估。但要在项目自然环境影响的综合评估中做到很高的信度和效度是十分困难的，所以对于这种项目自然环境影响综合评估的结果需要开展信度和效度的检验，具体步骤和方法讨论如下。

1. 同步进行的信度和效度检验

在项目酝酿和提出建议书阶段就应考虑项目自然环境影响的评估，以使其能够与项目的经济和技术可行性研究以及区域经济规划同步进行与相互协调。

2. 依据效度筛选项目方案

项目自然环境影响综合评估要用效度对项目和项目方案进行筛选与界定，以保证将项目或项目方案的评估重点置于对环境有重大影响的项目及其影响的评估上。

3. 要检验项目环保措施的效度

要恰当地识别和预测出可能出现的项目对环境的正面影响与负面影响，以及确切地提出避免和消减这些影响的环保措施，当然也应该同时识别和预测项目潜在的环境效益。

4. 使用多方案选优的方法

应该提出多个备选的项目位置和设计方案，以便对它们进行环境影响的比较和评估，并从中选出合理和负面影响小而可获取正面环境效益的项目与项目方案。

5. 正反两方面评审项目环保措施

在项目的评审和批准的过程中应强调必须有避免、消除或补偿项目环境负面影响的措施，同时必须设法保证项目环境正面效益措施的可操作性。

6. 必须有公众参与和公众磋商

这种评估必须充分考虑受项目影响的个人和社区团体的意向与保证他们在项目自然环境影响中的损失补偿，必须强调项目自然环境影响评估各个阶段都应该有公众参与。

7. 必须有配套的项目环保应对措施

必须实施适宜的项目自然环境影响警戒、监测和管理措施，以避免、消除和控制负面的项目自然环境影响，并且从长期来看要能够获得项目自然环境影响的效益。

8. 必须经得住长期考验

项目自然环境影响综合评估结果的信度和效度检验最根本的是应能经得起项目建设

与运行活动过程中的现场监测和后评估的检验。

项目的环境影响综合评估是项目评估中的一个重要内容，由于人类所处环境的唯一性决定了项目活动必须建立在不对项目环境造成负面影响的基础上。从人类生存的角度上讲，人们投资项目的根本目的是更好地生活，而如果项目破坏了人们生存的环境，那么人们投资和开发项目就没有意义了。这实际是一个人类的长期利益和短期利益的问题，项目自然环境影响评估是人类为珍惜自己的生存环境所必须开展的项目可行性评估的重要内容。

 思 考 题

1. 请分析和讨论项目自然环境影响评估的各项原则之间的关系。
2. 请分析和说明项目自然环境影响评估的程序和步骤是否具有改进的可能性。
3. 请分析和说明"贵极无价"的项目自然环境影响评估方法和"一票否决权"的关联。
4. 请分析项目自然环境影响经济分析中的定性和定量方法各自的作用与优缺点。
5. 请分析和讨论项目自然环境影响评估的各种综合评估方法的优缺点。
6. 请分析和讨论项目自然环境影响综合评估存在的信度与效度方面的问题。

第9章　项目社会影响评估

本章首先给出社会影响评估的概念、作用、内涵和原则与特点。随后讨论了项目社会影响评估的内容、过程、步骤、原理和方法。更进一步讨论了项目社会影响评估中各个专项评估的方法和技术，这包括：项目对社会经济发展的影响评估方法，项目对全社会资源利用的影响评估方法，项目对社会文化教育影响的评估方法和项目对社会文明环境的影响评估方法。最后给出了项目社会影响的综合评估的内容、集成方法和技术。

在项目管理的发展史上，项目社会影响评估的提出和确定作为项目评估一项重要内容或阶段，至今也只有几十年的历史。所以即使在最早开展这种项目评估的西方国家及国际机构，至今对这一评估的许多方面还有一些不尽相同的见解和做法。我国开展这一项目评估工作的时间就更短了，只是近二三十年的事情。其中，适合我国的这种评估还有许多问题尚处在研究和规范阶段，所以这种评估是一个全新的项目评估领域。

9.1　项目社会影响评估概述

人类社会是以共同开展生产与生活的活动为基础而相互联系的共处体，人类社会是在生产和生活中所形成的与一定生产力发展相适应的生产力和生产关系。人们追求进步、美好和幸福是社会永恒的主题与社会发展的不竭动力，所以在项目活动中人们必须考虑项目是否与自己追求的社会目标相一致，这就必须开展有关项目社会影响方面的评估。

9.1.1　社会目标与项目社会影响评估

人类对理想与幸福的追求是多层面的，是由低级到高级逐渐发展的。人们首先需要解决衣、食、住、行等物质生活，而后续就要解决更高级的文化精神生活。社会与自然资源和社会生产能力总是有限的，但人们追求美好生活的愿望却是不断扩大和无止境的。所以就会出现不同个人、家族、集团乃至国家或地区，在努力满足人们美好的物质和精神利益的追求的同时，必须维护人们共同生存的社会环境。如何能够使得整个人类社会和经济的发展实现"可持续性""可包容性"的发展目标，成为当今人们日愈关注和重视的问题，由此也就产生了关于项目社会影响评估的原理和方法。

我国发展与建设中的各种项目都必须重视其社会效益和对于社会的影响，尽管现在我们的项目社会影响的评估研究深度和广度方面都还十分有限，并且我国现有的项目评估方法在项目社会影响评估的技术和内容方面还有一些问题，特别是在与国际接轨方面还存在较大差距。所以我国仍需要规范项目社会影响评估的内容、过程和方法，进一步按照我们国家和社会发展的目标去开展项目社会影响的评估。

按照世界银行和联合国工业发展组织等国际组织的要求，再加上专家学者的研究与开发和推动，现在国际上各国或地区的社会发展主要目标包括：社会效率目标（主要是经济增长和劳动生产率提高方面的目标）、社会公平目标（主要是分配的合理化和当代群体之间的公平）、可持续发展目标（主要是生态环境保护和当代与后代之间的公平）和可包容发展目标（主要是指能够包容所有人的共同发展和充分就业）。对项目的社会影响评估而言，在这些方面我国还需要做深入的理论及方法论研究并不断总结实践经验，尽快在已有基础上明确并规范有关项目社会影响评估的一系列问题、理论和方法，以便更好地与国际接轨并走在国际的前列。有关这些方面问题的原理和内容分述如下。

1. 项目社会影响评估中的社会公平评估问题

项目社会影响评估是项目评估的核心和首要的内容，这方面评估的主要目的是确保项目所生成的新增社会财富能够合理地进行分配，能够确保项目活动不会造成一部分社会群体获得收益的同时而另一部分社会群体的利益遭受损失。这又包括三种情况：一是项目所生成的新增社会财富是纯粹的正增长，并且能够公平合理地在全社会所有群体之间进行分享；二是项目所生成的新增社会财富具有正增量，但是这些项目收益未能合理地在全社会所有群体之间进行分配，或某一部分社会群体的收益大于另一部分社会群体的收益（社会分配存在不平均）；三是项目所生成的新增社会财富为零或为负值，项目活动只是使得一部分社会群体的利益或福利转移给另一部分社会群体，项目的结果是使得一部分社会群体通过损害另一部分社会群体的利益而获益（社会分配存在严重不公平）。所以在项目社会影响评估中首先必须强调社会公平的目标，即强调项目创造的社会财富应在全社会各群体中公平分享。

2. 项目社会影响评估中的效率评估问题

项目社会影响评估中的效率评估也是项目评估的重要内容，这方面评估的主要目的是在确保项目新增财富能够相对合理分配的前提下，努力通过一定的利益倾斜而使全社会的效率得以提高。因为如果项目活动过度强调社会公平就会造成牺牲效率的后果，有些人会将自己收益的提升寄希望于另一部分社会群体的努力之上，结果会导致全社会的效率低下而使全社会财富的增长受到影响。实际上，任何一个国家和地区都无法实现完全的公平，也不应该实现项目新增财富完全公平合理的分配，因为这样会导致全社会效率的下降，进而导致社会财富增长总额的下降，这就是过度强调公平会牺牲社会效率的结果。所以在项目社会影响评估中还必须强调兼顾社会效率评估，这是强调项目活动必须能够促进整个社会经济的增长和提高社会劳动生产率等方面的评估。

3. 项目社会影响评估中的可持续性与可包容性评估问题

项目社会影响评估的可持续性与可包容性评估是这种项目评估的另一个主要内容，这方面评估的主要目的是在确保项目新增财富能够相对合理分配的前提下，更多地关注项目活动对于人类社会环境的可持续性和可包容性发展的效果。需要注意的是，项目社会影响评估中的可持续和可包容性评估同项目自然环境影响评估中的可持续发展评估的内容是有所不同的。按照联合国工业发展组织 2016 年报告的说法，这种可持续性是指人类社会通过技术和工业发展等手段持续满足人们的需要，而这里的可包容性发展是指通过充分就业使全社会大多数人都能够获得发展。所以这方面的评估主要是就项目活动对于人类社会本身的可持续性和可包容性发展的贡献或损害的评估，如对少数民族的社会发展贡献或损害的评估，对民族地区文化发展贡献与损害的评估，对妇女或弱势群体发展的贡献或损害的评估，等等。由于这种评估更多地关注社会发展的多样性和主要从社会弱势群体生存的保障性等方面开展评估，所以它是独立的项目社会影响评估的组成部分。

4.项目社会影响评估中的公平与效率最佳组合问题

上述关于项目社会影响评估中的公平和效率两方面的评估，在很大程度上很难同时实现两方面要求和目标的最佳，所以人们需要努力设法在开展项目社会影响评估中做好公平与效率目标的协调和集成。通常，每个国家或地区在不同的社会时期对于社会公平或效率会有不同侧重，在经济景气或高速发展时期这种评估会更多地强调项目的公平目标与要求，而在经济不景气或萧条时期这种评估会更多地强调项目的效率目标和要求，这就是经济学所说的社会效率与公平的最佳替代。由于一个国家或地区的经济发周期是不断变动的，所以项目社会影响评估中的公平和效率方面的考虑不能只顾一时的需要，而必须充分考虑项目全生命周期中的社会公平与效率目标和要求的最佳搭配或组合。这就是这种评估中的公平与效率最佳组合问题，这是一种从长远发展角度去评价项目活动对于社会公平和效率的影响问题。

5. 项目社会影响评估中的当代与后代的公平问题

另外，在项目社会影响评估中还涉及两个方面的公平的替代问题：一个公平是项目的成果能否在当代社会群体之间公平分享的问题，另一个公平是项目的成果是否能够在当代与后代的社会群体之间公平分享的问题。前者是指对于项目成果在全社会群体之间（如少数民族和多数民族之间）合理分享的公平问题，后者是指项目成果在社会现有群体和后来群体之间（当代和后代之间）合理分享的公平问题。任何项目对于当代社会发展的贡献都不应该给后代造成经济损失或环境破坏，所以在项目社会影响的评估中不但必须考虑当代各社会群体之间的公平问题，而且必须考虑当代与后代各社会群体之间的公平问题。

9.1.2　项目社会影响评估的特点和原则

项目社会影响评估之所以不同于项目财务评估或项目国民经济评估，是因为它有自己独特的评估内容和评估原则，本节主要讨论这方面的内容。

1. 项目社会影响评估的特点

与项目财务评估、技术评估、国民经济评估相比，人们可以发现项目社会影响评估有如下五方面的主要特点。

（1）宏观性。项目社会影响评估就是要评估项目对国家整个社会发展目标的贡献大小，所以这种评估必须从全社会的宏观角度考察项目的存在对社会带来的贡献与影响。一个国家的社会发展目标会涉及社会各个生活领域，虽然不是每个项目都会涉及社会各领域的发展目标，但全面评估项目对其所涉及社会领域的发展目标的贡献和损害程度是必要的。因而项目社会影响评估必须对项目的宏观社会贡献程度做出分析与评估，这就是项目社会影响评估所具有的宏观性的特性。

（2）间接性。项目的社会影响有直接效益和间接效益两方面，在项目社会影响评估中更注重对间接效益进行评估。因为项目的直接效益主要体现在项目的财务效益和国民经济效益方面，而这些方面的效益人们已经在项目财务和国民经济评估中做了评估。在这种评估中人们主要将项目的社会效益（如就业效益、节能效益、创汇效益、对教育的影响、对文化生活的影响等）看成项目的间接效益，所以在这种评估中要特别对这些效益进行计算和评估，而且它们都是按照项目的间接效益或外部效益计算和评估的。例如，新生工业项目对国家科学技术进步的促进作用就属于项目间接效益或外部效益的范畴。这些就是项目社会影响评估所具有的间接性的特点。

（3）综合性。项目社会影响评估涉及项目活动所影响的社会生活各方面的目标，这包括项目所带来的社会文化、卫生、教育等各个方面的影响，所以必须做多目标的分析，综合考察项目活动带来的多种社会效益与影响。这就是综合考察一个项目的社会影响并判断该项目的社会影响效果的评估，这就要求必须采用多目标综合分析的工具和方法，因此这种项目评估具有综合性的特征。

（4）长期性。由于每个项目都具有自己的全生命周期，这种全生命周期的财务和国民经济评估计算期相对比较长（一般不低于20年），但是项目所造成的社会影响却具有长期性的特征（几十年甚至上百年）。评估项目的社会影响就必须考虑每个项目所带来的社会影响的长期性的特点，考察和评估项目对于社会发展目标的长期贡献，如项目对居民健康、文化水平和人口素质的影响等，这些都是具有几十年以至几代人的长期影响。

（5）难以定量性。项目的社会影响是多种多样的，有许多不仅难以使用货币定量，而且难以使用实物量或劳动量去定量。例如，项目对社会稳定的影响和项目对风俗习惯的影响等都难以量化。因此这方面评估必须使用定量与定性相结合的评估方法，而且是以定性为主的评价方法。同时，由于项目社会影响的多样性，这种评估就难以使用同样的指标去汇总和计算项目的综合社会效益，而且不同项目的社会影响也很难进行比较。例如，城市基础设施项目、社会公益事业项目、工农业等项目的社会效益和影响就完全不同，它们各自需要不同的社会影响评估指标和方法。所以项目社会影响评估必须结合项目特点去进行。

2. 项目社会影响评估的原则

根据项目社会影响评估的上述特点，项目社会影响评估必须遵循以下基本原则。

（1）有利国家社会发展的目标的原则。任何项目的社会影响评估必须贯彻这一原则，项目的社会影响评估必须为实现社会发展目标服务，必须符合国家或地区的社会发展方针，必须坚持在评估中严格遵守国家相关法律与法规的基本原则。

（2）突出评估重点和特点的原则。任何项目的社会影响评估都要突出以国家发展的近期目标为重点，兼顾国家和社会的各项远期发展目标，并考虑项目与当地社会环境的关系特性，力求通过评估能全面反映该项目所造成的各项社会效益与影响。

（3）客观性与可靠性相结合的原则。在项目社会影响评估中不但要坚持尊重客观规律，从实际出发和实事求是以及采用科学适用评估方法的原则，还必须坚持评估结果的可靠性原则，人们要通过深入调查，掌握准确基础资料，从而确保评估结果的可靠性。

（4）优选性与科学性的原则。在项目社会影响评估中还必须坚持优选性和科学性的基本原则。这是要求在这种评估中坚持努力去优化和选择项目最佳方案的原则，以及在这种评估中坚持使用科学性评估指标和方法的原则。

9.1.3 项目社会影响评估的内涵和作用

根据我国社会主义社会发展的要求，我们需要有自己的项目社会影响评估内涵的界定，我国作为社会主义国家这方面评估的作用应该是为实现全社会的公平、效率、和谐、可持续性和可包容性服务。有关这方面评估的内涵和作用分述如下。

1. 项目社会影响评估的内涵

这方面的内涵是一个不断拓展的概念，至今国际上在这方面尚未全面统一认识。从前面讲述的国内外项目社会影响评估的发展历史来看，西方将项目的经济评估和收入分配分析等内容统称项目的社会评估，后来世界银行推行的项目评估中增加了很多社会影响评估的内容。我国这方面虽然起步晚，但由于我国社会主义性质而更关心项目社会影响的评估，所以我国的这方面评估有许多全新的内容，具体内涵详述如下。

（1）社会和项目社会影响的内涵。所谓社会，就是由社会的经济、政治、文化、教育、卫生等各个方面组成的一个整体，所以广义的社会影响包括对于社会的经济、政治、文化、艺术、教育、卫生、安全、国防、环境等各方面发展的影响。任何项目都会对这些有影响，所以项目社会影响评估就应该涉及所有这些方面的内容。因为我国开展任何项目的目的都应该是为满足人民美好生活的需要服务的，所以我国开展项目的根本目的就是增加全社会或全体人民的财富和福利，这就是我国项目社会影响评估的内涵。

（2）项目社会影响评估的内涵。从理论上分析，项目的社会影响既有与经济活动直接相关的项目经济效益，也有与经济活动间接相关的项目社会效益。项目经济效益方面的评估属于项目财务和国民经济评估的范畴，而项目社会效益属于项目社会影响评估的范畴。所以项目社会影响评估的核心内涵是项目对于社会文化、艺术、教育、卫生等各个领域的贡献和损失，其主要内容是评估项目对社会发展的有利影响与不利影响。更进一步，项目社会影响又分为直接影响和间接影响，近期影响与远期影响，显性影响和隐性影响，等等，这些影响的评估也都属于项目社会影响评估的范畴。

2. 项目社会影响评估的作用

项目社会影响评估具有很多方面的作用，其主要包括如下几个方面。

（1）　保证项目与其所处社会环境的相互协调。任何项目都处在一定的社会环境中，所以都与社会各个领域有着千丝万缕的联系，同时项目会对社会环境产生自己的影响。因此人们必须从国家和社会发展的角度出发开展项目对社会环境影响的评估，从而选择出在项目社会环境影响方面切实可行的好项目。实践证明，没有项目社会影响评估就无法使项目与其所处社会环境相互协调，只有积极开展项目社会影响评估，才能提高项目的经济效益与社会效益，同时才能保证项目与其所处社会环境的相互协调。

（2）促进国家社会发展目标的顺利实现。任何项目都需要具有财务效益和国民经济效益，同时也都需要具有社会效益。开展项目社会影响的评估不但能够使项目与其所处社会环境更好地协调统一，而且能够更好地促进国家社会发展目标的顺利实现。过去我们有个别项目对社会环境造成了破坏，这既包括破坏了项目所在地的风景名胜，也包括项目移民安置不当而导致他们生活水平下降，这些都是坏的项目社会环境影响。因此，在项目评估中必须借助项目社会影响评估，去实现促进国家与社会发展的目标。

（3）减少项目活动的短期行为和盲目建设。项目社会影响评估的另一个作用是为克服项目决策中的急功近利思想和单纯从项目或企业利益出发进行项目决策等问题提供了解决方案与方法。由于这种项目评估要求人们必须考虑项目对社会的各种长期和短期的影响，这就要求人们在项目决策中要从国家和社会的全局与长远利益出发，注重项目对社会发展的贡献。所以这种项目评估是有利于防止或减少项目活动中的短期行为和盲目建设等方面的问题。因此这种评估的步骤和方法必须能够促使项目决策者与项目决策管理机构克服短期行为和盲目建设的问题，从而提高项目投资的社会效益和整个国民经济运行的质量。

（4）全社会资源的合理利用和社会环境保护。项目自然环境影响评估更多地关注自然资源的合理利用和人类社会与生态环境的保护，而项目的社会影响评估中更多关注的是项目有关文化、安全、就业、环保等方面内容的评估。因此这些方面的评估可以更好地规范人们在项目活动中的相关行为，所以这就会促使人们在项目中更好地合理利用社会资源（和自然资源），做好对于社会环境的保护，提高社会效益。同时，人们在开展项目社会影响评估中也需要分析和找到一个合理利用社会资源与做好人类社会和生态环境保护的项目方案，从而满足全社会资源的合理利用和社会环境保护的要求。

9.2　项目社会影响评估的历程、内容和过程

项目社会影响评估经历了自己的发展历程而形成了项目社会影响评估的内容和具体评估过程，这三方面的具体内容现详述如下。

9.2.1　项目社会影响评估的发展历程

项目评估方法的发展迄今为止已经历了五个阶段。

1. 从单纯的财务评估阶段到财务和国民经济评估并存的阶段

20 世纪 50 年代以前，多数国家只进行项目的财务评估，即根据项目对企业盈利的贡

献情况去确定项目的优劣和选择。因为在这个阶段西方各国都强调自由竞争，当时的经济学偏重于微观经济理论而缺乏社会效益方面的理论。由于企业以追求利润最大化为目标，所以此时的项目评估只限于财务成本和收益的评估。项目国民经济评估的评估方法的使用始于 20 世纪 50 年代，当时由于第二次世界大战后资本主义国家根据凯恩斯理论战后重建的需要，各国政府大量增加公共开支进行公共设施建设项目。由于建设公共工程项目与社会福利项目是以宏观经济效益与社会效益为主的，所以只开展这种项目的财务评估无法满足这类项目决策的需要，因而项目国民经济评估的方法此时得到迅速发展。结果，此后的项目评估进入了既有从企业角度开展的财务评估，又有从国家角度开展的国民经济评估的阶段。

2. 从项目财务和国民经济评估发展到狭义的项目社会影响评估阶段

20 世纪 60 年代后期，随着福利经济学的产生，项目评估从没有考虑国民经济分配效果的评估，发展到以新福利经济学为理论基础的项目现代社会与经济效益评估的阶段。从而形成了项目对于社会经济增长和社会收入分配等影响进行评估的一种狭义的项目社会影响评估的理论，并发展进入了狭义的项目社会影响评估阶段。随后现代工业化的发展使得人们赖以生存的自然环境受到很大的污染和破坏，所以人们在项目评估中逐步开展了对于项目自然环境影响的评估，在此过程中人们观察发现了许多项目对社会环境产生的影响，从而进一步完善了狭义的项目社会影响评估内容和方法。随着西方社会学与人类学等社会科学的发展，人们从注重国家的经济发展转为注重国家的经济与社会协调发展方面，狭义的项目社会影响评估也在发达国家开始获得更广泛的应用。这种评估理论经过几十年的发展，最终形成自己的理论体系和技术方法。

3. 从狭义的项目社会影响评估阶段到广义的项目社会影响评估阶段

经过多年的实践，人们进一步发现狭义项目社会影响评估并不能解决有关社会分配和社会发展等问题的评估。西方福利经济学家认为，国家的发展目标基本有两个：一个是社会的经济增长，另一个是社会的公平分配。前者是国家和社会发展的效率目标，后者是国家和社会发展的公平目标，两者合称为国家的国民福利目标。因此，一个项目的目标不但要能增加国民收入，而且要能有利于公平。这就要求项目所增加的国民收入能够在不同收入阶层、不同地区以及投资与消费之间进行合理分配。结果到 20 世纪 70 年代就有诸多重要的项目评估理论与方法的著作相继出版，它们都将国民收入分配和就业等关于社会发展的目标引入项目评估中，并将其称为现代项目国民经济费用与效益分析，或者是社会费用与效益分析。这种社会费用与效益分析包括了项目国民经济效率目标与社会公平分配目标，所以这种评估后来被称为广义的项目社会影响评估。

4. 广义项目社会影响评估阶段的发展历程

1977 年联合国工业发展组织与阿拉伯国家工业发展中心联合编制了《工业项目评估手册》，该手册不仅考虑了项目的国民经济增长目标，也确定了项目社会影响评估基本指标，如就业效果、分配效果、国际竞争力等。1978 年法国发表了《项目经济评估手册——影响方法》，提出了从三方面分析项目对宏观经济的影响：一是项目投入品对国民经济相关部门产生的影响；二是项目创造新增价值的分配对国内各部门收入分配的影响；三是由于不同部门收入的变化所引起的消费变化而进一步引起的新需求的变化。这三种方法就是计算和评估在有项目与无项目两种情况下的国内工资、利润、租金和政府收入等收入分配的变化。这些最初的广义项目社会影响评估方法随后在法语国家得到了较广泛的应用，这些包括经济增长分析和收入分配分析的项目社会影响评估，主要从社会学和经济学去分析项目的社会影响。

5. 项目社会影响评估的近期发展

最近这些年，西方国家邀请社会学家参与研究和开发项目社会影响评估方法。英国将这种工作叫作项目的社会分析，美国叫作项目的社会影响评估。世界银行正在发展中国家推行它们的项目社会影响评估，这种项目评估被称为社会分析。1969 年美国国内项目的项目社会影响评估通过立法而开始推广，对外援助项目的社会影响评估是从 1975 年开始的。在这些项目社会影响评估中主要评估项目对于人为环境影响的一些人文分析方面，如分析项目的实施对人们的生活、人们所在社区、人口和收入分配、生活与健康、安全与教育、文化娱乐和风俗习惯、社区凝聚力等方面的影响等。世界银行的项目社会影响评估不仅用于对发展国家贷款项目的可行性研究与评估，还用于其下属的国际金融公司开展的重要投资项目的评估。另外，世界银行在项目后评估中也开展了项目社会影响评估结果的验证，以便改进世界银行在项目社会影响评估政策与方法和促使项目产生更好的社会效益。

因为我国是社会主义国家，所以我国对项目的社会影响评估更加重视。近年来我国在开展项目国民经济评估的理论研究和实际工作基础上，也已开展了一系列的项目社会影响评估方面的研究和实践，有关项目社会影响的评估也已经成了项目评估的必备内容之一。当然，我国在项目社会影响评估的理论和方法的研究方面还有待于进一步的提高，因为社会主义国家应该更为注重项目社会影响的评估，有关我国项目社会影响评估的内容和方法将在后续内容中展开详细的讨论。

9.2.2　项目社会影响评估的内容

由于不同的项目对社会的影响方面、范围和程度是不同的，所以不同项目的社会影响评估内容也不同，本节将着重介绍项目社会影响评估的核心内容。

1. 项目社会影响评估的一般内容

项目社会影响评估所涉及的内容十分广泛，而且不同项目所涉及的社会影响评估内容也不同，所以具体项目必须根据具体情况确定出项目社会影响评估的内容。项目社会影响评估的一般内容如图 9-1 所示。

图 9-1 中给出的项目社会影响评估一般内容基本上概括了各类项目社会影响评估应有的内容，这既包括了项目对于社会经济的贡献（指未在项目国民经济评估中考虑的经济贡

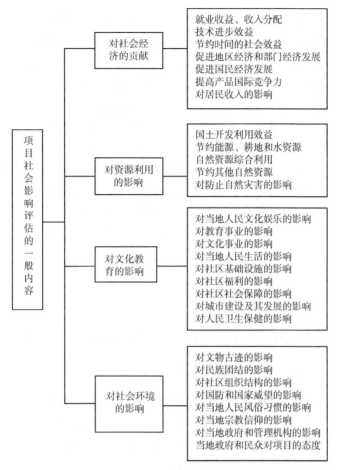

图 9-1　项目社会影响评估的一般内容

献），又包括了项目对于全社会资源利用的影响，对于文化教育的影响和对于社会环境的
影响四个主要方面。人们需要从图 9-1 给出的"项目社会影响评估的一般内容"中选出具
体项目所需评估的社会影响内容，因为各行业项目的社会影响评估内容相差较大，所以针
对具体项目应根据具体情况从图 9-1 中选择相关评估内容进行项目社会影响评估。

　　需要强调的是，图 9-1 中给出的项目社会影响评估内容是不同层面与不同阶段的项目
社会影响评估中的内容汇总。从层面上讲，图 9-1 中给出的内容有些属于国家层面的社会
影响评估的内容，有些属于地区层面的社会影响评估的内容，有些则属于社区层面的社会
影响评估的内容。从阶段上讲，图 9-1 中既包括项目建议书阶段相对简单的项目社会影响
评估的内容，也包括项目可行性研究阶段的详细项目社会影响评估的内容和项目实施阶段
的项目社会影响跟踪评估的内容，以及项目后评估阶段的项目社会影响评估的内容。当然，
在这些不同层面和阶段的项目社会影响评估中的内容侧重点会有所不同，人们必须根据具
体层面和阶段进行具体评估内容的选用。

　　2. 项目社会影响评估的主要内容

　　项目社会影响评估的主要内容包括项目的社会效益评估和项目社会环境影响评估两

大方面。对于项目社会效益的评估又可以分为正效益和负效益的评估，而对于项目社会环境影响的评估也需要分为正面影响和负面影响的评估，这些是项目社会影响评估的主要内容。由于各种规模和类型的项目对于社会都有影响，因此图 9-1 中的项目社会影响评估应作为项目评估的可选择性内容。对于关乎国计民生和社会影响较大的项目，要从国家和社会整体利益与长远利益的角度，对项目进行更为全面的项目社会影响评估。

同时，对于项目的社会效益和社会影响大的项目的重要社会影响评估内容与结果给予 "一票否决" 的重要度或权重，即便项目其他方面多有优势也必须予以否决。另外，这种评估不但要顾及所有项目社会影响评估的共性，更要注重项目所属行业特点所要求的评估特性。在具体项目的社会影响评估作业中，人们要根据项目社会影响评估指标的权重安排评估的内容，并且要首先对"一票否决"的评估内容进行评估。对于那些影响不大的项目社会影响评估指标或内容可以不做评估，而只是根据重要指标和内容进行评估并得出评估结果。

9.2.3　项目社会影响评估的过程

项目社会影响评估的过程包括五个主要的步骤，各步骤具体内容分述如下。

1. 确定项目社会影响评估的目的和范围

根据项目的主要目标与功能和国家（地区）的社会发展目标，对项目所涉及的主要社会影响因素进行分析研究，找出项目活动对这些社会方面可能产生的影响，选出项目应当评估的具体内容和指标。在分析和选择项目具体应当评估的指标时要确定出哪些指标是主要的，哪些指标是次要的，以及项目各种社会影响可能波及的范围与可能发生的时间，即项目所在的社区、所在地区以及相邻的社区（如有的水利项目就涉及很多省、市，地域较广阔）和所处的时间阶段（项目的寿命期或预测的项目可能造成的社会影响年限）。

2. 选择项目社会影响评估的指标体系

根据项目的社会影响评估的范围，选择项目社会影响评估的具体指标和指标体系。在这一指标体系中应该包括各种项目社会效益和社会影响的定量分析与定性分析指标，并且这些指标要构成一个统一的整体。任何项目的社会影响评估指标体系都应该包括定量分析与定性分析的通用指标和根据项目独特性设定的专用指标，涉及项目的独特性指标都应该设法纳入项目社会影响评估的范畴，因为这些独特的项目社会影响会有独特的结果。

3. 确定项目社会影响评估的基准或参照指标值

在确定项目社会影响评估指标体系以后，人们还应该收集项目可能影响的社会经济、资源利用、文化卫生、社会人文情况及其他一些社会环境因素的情况，以及项目的这些社会影响的时间范围与空间范围和可能发展变化的情况等基础情况。另外，以前完成的历史类似项目的社会影响评估的资料数据也应该收集，因为这些可以作为确定一个项目社会影响评估的基准和参照指标值。在这项工作中一定要坚持实事求是的原则，由此才能使这些项目社会影响评估的基准和参照指标值更为科学可靠。

4. 审定项目社会影响评估的项目备选方案

审查和确定要开展项目社会影响评估的项目各个备选方案，即根据项目目标去确定出在不同的地点、使用不同的资源、采用不同的技术路线等特定条件提出若干可供选择的项目可替代方案作为评估的对象。这种项目备选方案的根本要求就是必须能够实现项目既定的目标，而且能够有不同的可行方法去实现这些项目目标。设计和设定这些项目备选方案的根本目的是要通过项目社会影响评估，去从中选择出相对满意的项目方案，这才是人们开展项目社会影响评估的意义所在。

5. 通过预测获得项目社会影响评估数据并给出评估结果

这项工作的核心内容是通过调查了解去收集数据，然后确立模型并做出预测和推断，最终对项目备选方案进行评估并给出评估结果，其具体步骤包括如下几个。

（1）对项目备选方案的项目社会效益与社会影响定量指标做数据预测。通过对于有关社会发展历史统计资料的分析，和项目所涉及的社会发展趋势的估量以及同类项目的历史资料分析，建立模型或选用适宜的预测方法进行预测分析，从而预测项目的各种社会效益与社会影响情况，计算给出项目社会影响评估各项定量指标的预测数据。

（2）对项目备选方案不能定量的项目社会效益与社会影响进行定性分析。对于项目备选方案所涉及的各种不能定量的项目社会效益与社会影响采用专家法、打分法等进行全面的定性分析，分析和判断项目备选方案的各种社会影响定性分析指标，给出项目对于社会发展目标与当地社会环境的影响程度和好坏的定性分析结果。

（3）给出各定量与定性指标的重要程度并建立项目社会影响评估模型。针对上面两个步骤的结果，进一步确定项目社会影响评估的定性与定量指标并对它们进行重要程度的排序，然后找出各个项目社会影响评估指标在整个评估中的权重，最终分析和研究各项指标之间的相互关系，给出具体项目社会影响评估的模型。

（4）开展专项和综合评估并选出满意的项目方案。有了上述条件，人们就可以开展项目社会影响的专项评估和综合评估了，其中的综合评估是在专项评估的基础上，采用上一步骤中建立的项目社会影响评估多目标综合评估模型开展的。这种综合评估的主要工作是将各项目备选方案的综合社会影响进行比较并选出最优项目或项目方案，这是在比较各项目备选方案的社会影响专项指标的基础上进行的。

（5）开展专家评估并最终进行批准工作。多数项目的社会影响评估结果通过召开专门的公共磋商会议或专家评估会公布，必要时需要根据会商意见对项目方案进行必要的修改与调整。然后将这些结果写成报告，给出项目社会影响评估的结论。最后需报主管单位审查和批准项目社会影响评估报告。

9.3　项目社会影响评估的专项评估方法

我国的项目社会影响评估多数采用定量分析与定性分析相结合的方法，常用的项目社会影响评估方法具体分述如下。

9.3.1　项目对社会经济发展的影响评估方法

项目对社会经济发展的影响评估方法包括项目对于全社会科技进步的影响评估方法、项目对于国民经济发展的影响评估方法、项目对于当地经济发展的影响评估方法，具体分述如下。

1. 项目对全社会科技进步的影响评估方法

项目对全社会科技进步的影响评估方法主要是一种定性评估的方法，这种评估方法涉及的主要评估指标包括如下四项。

（1）项目所采用的技术的先进程度指标。这包括项目的工艺技术、技术装备和实施技术的先进程度，即这些技术属于何类水平，是国际领先或先进，还是国内领先或先进，等等。

（2）项目技术的技术促进效果指标。这是指项目所采用技术对国家、部门、地区科学技术进步的贡献程度，即这些技术能够对国家、部门、地区科技进步有哪些促进和影响。

（3）项目技术的技术扩散效果指标。这是指项目所采用的新技术的推广应用前景如何，以及这些技术可以在国家、部门、地区的哪些地方进一步扩散和带来创新结果。

（4）项目技术的国民成熟度提升指标。这是指项目所采用的技术对普及人们的科学知识和提高人们的科学水平有哪些影响，即对于提升国民的科技成熟度的促进作用如何。

2. 项目对国民经济发展的影响评估方法

项目对国民经济发展的影响评估方法主要是一种定量评估的方法，这种方法通过预测确定和评估出项目对国民经济发展的影响，具体包括下述指标。

（1）项目对所属部门经济发展的带动指标。这是一种考核项目活动对项目自身所属部门的经济发展的带动影响方向（正或负）以及影响大小的指标。

（2）项目对相关部门经济发展的带动指标。这是一种考核项目活动对于项目所属经济部门的相关经济部门经济发展的带动影响方向（正或负）和影响大小的指标。

（3）项目对整个国民经济发展的带动指标。这是一种考核项目活动对整个国民经济发展的带动影响方向（正或负）和影响大小的指标。

（4）项目对整个国民经济结构的影响指标。这是一种考核项目活动对整个国民经济的产业结构和区域经济结构的影响方向（正或负）与影响大小的指标。

（5）项目对提高国民经济运行质量的影响指标。这是一种考核项目活动对提高国民经济运行质量的影响方向（正或负）和影响大小的指标。

3. 项目对当地经济发展的影响评估方法

项目对当地经济发展的影响评估方法与项目对国民经济发展的影响评估方法基本相同（只是影响对象不同），主要也是一种定量评估的方法，其具体指标如下。

（1）项目对当地经济总量的影响指标。这是一种考核项目活动对项目所在地区的经济总量的影响方向（增长或降低）和影响大小的指标。

（2）项目对当地人均国民收入的影响指标。这是一种考核项目活动对项目所在地区的人均国民收入的影响方向（提高或降低）以及影响大小的指标。

（3）项目对当地经济结构的影响指标。这是一种考核项目活动对当地经济的产业结构和区域分布结构的影响方向（正或负）与影响大小的指标。

（4）项目对提高当地经济运行质量的影响指标。这是一种考核项目活动对当地经济运行质量的影响方向（正或负）和影响大小的指标。

9.3.2　项目对全社会资源利用的影响评估方法

项目对全社会资源利用的影响评估方法包括项目对全社会自然资源利用和社会资源利用两方面影响的评估方法。其中，最主要的是对下列几方面项目影响评估指标的评估方法，这些方法既有定性评估的方法也有定量评估的方法。

1. 项目对各种社会资源利用的影响评估方法

这主要是使用定性的方法去分析项目活动对于社会各种基础设施、文化教育和卫生保健设施以及其他的各种社会资源的占用和利用情况并给出评估结论。其中，定性的方法用于评估项目对各种社会资源的利用是否有影响和影响是好还是坏，定量的方法用于评估这些影响的大小和采取相应措施的投入多少。

2. 项目对国土开发利用效益的影响评估方法

这主要也是使用定性的方法评估项目是否过多占用土地甚至耕地资源，有无浪费国土资源的情况，以及项目活动对项目所在地的国土资源开发有何贡献，项目活动是否影响项目所在地的土地使用，以及在项目活动中有无可能与当地群众发生土地纠纷，等等。然后，人们需要使用定量的方法评估如何获得或补偿这方面造成的影响。

3. 项目对节约能源和自然资源的影响评估方法

这要先使用定性方法去评估项目在能源利用方面的情况，项目的节能情况，项目的能源和水资源使用及当地能源与水资源供应，以及对人民的生活近期和远期是否有影响等方面的情况。然后人们需要使用定量的方法评估项目对于节约能源和各种自然资源的影响有多大，以及人们需要采取哪些措施去解决其中存在的问题和需要投入多少等。

4. 项目对自然资源综合利用的影响评估方法

这种评估先要使用定性的方法去开展项目活动对自然资源的综合利用情况，项目活动在节约和保护自然资源方面的情况，项目对自然资源的综合利用程度和效果情况，项目对自然资源的各种影响和所需采取的各种处理措施情况，等等。然后人们需要使用定量的方法评估项目活动对于自然资源综合利用的影响数值和所需采取措施的代价大小。

5. 项目对防止或造成自然灾害的影响评估方法

有些项目活动对于防止或造成自然灾害具有一定的影响，对于这样的项目还必须使用各种方法去评估项目对于防止自然灾害或造成自然灾害的情况，而这种评估的方法也是一种定性与定量相结合的评估方法。

9.3.3　项目对于社会文化教育的影响评估方法

项目对于社会文化教育的影响评估方法包括项目对人民文化娱乐的影响，项目对社会教育事业的影响，项目对社会文化事业的影响，项目对当地人民生活的影响，项目对当地社区建设、福利和社会保障的影响等几个方面的具体评估。其中，最主要的是对于这几方面项目社会影响评估指标的评估。有关这些评估分别讨论如下。

1. 项目对人民文化娱乐的影响评估方法

这主要是使用定性的方法去评估项目活动是否增加了当地人民的闲暇时间和娱乐活动，以及评估这些方面所带来的人民福利的提高与否。另外，还要评估项目是否建设了新的文化娱乐和体育设施，以及它们对繁荣当地人民文化娱乐生活有何影响等。

2. 项目对社会教育事业的影响评估方法

这主要是使用定性与定量的方法去评估项目对当地普及义务教育有无影响和有多大影响，项目对当地扫除文盲和半文盲有无影响与有多大影响，项目是否需要建设新的教育设施以及建设这些设施的投入是多少，等等。

3. 项目对社会文化事业的影响评估方法

这主要是使用定性和定量的方法去对项目给当地人口的近期与长远的文化素质会产生何种影响和影响有多大进行评估。这包括对于项目带来的新增文化设施的作用评估，项目对有关文化事业投入的评估等方面的评估及其方法。

4. 项目对当地人民生活的影响评估方法

这方面最主要的评估内容和方法包括：项目对人民生活质量的影响评估，项目是否增加了当地的医疗保健设施和完善了当地医疗保健条件，项目是否增加了当地的各种防疫设施和增进人民健康与延长寿命，项目是否影响和改变了人们的卫生健康习惯及其影响程度，等等。

5. 项目对当地社区建设、福利和社会保障的影响评估方法

这方面主要的评估内容包括：项目对当地人民家庭收入有无影响，项目对当地人民改善衣、食、住、行条件的影响，项目在增加公用服务设施和方便人民生活方面的影响，项目对人民的社会福利和生活习惯的影响，项目对当地人民的生活供应和供应价格的影响，项目对职工的生活服务设施的影响和项目对社区基础设施与城市建设的影响等方面。

9.3.4　项目对社会文明环境的影响评估方法

项目对社会文明环境的影响评估方法包括如下几个方面，这些方法既有定性评估的方法也有定量评估的方法。

1. 项目对文物古迹的影响评估方法

这方面主要使用定性评估的方法去对项目对于当地的风景、文物、古迹、旅游区等方面的影响进行必要的评估。这种评估在许多时候和地区（如风景旅游区或古迹保护区）甚至使用的是"一票否决"的评估方法。例如，对于一般公共和民用建设项目而言，如果在其工地上发现有出土文物，一般就必须停止作业甚至会采取强制迁址的办法。

2. 项目对民族团结的影响评估方法

这包括有关项目对社区组织结构的影响评估，项目建设是否尊重了当地习俗，项目建设与实施对当地民族团结的影响，项目是否遵循了国家的民族政策，项目是否尊重了当地各民族的风俗习惯和宗教信仰等。这方面影响的评估多数采用定性评估的方法，也有采取"一票否决"的评估方法的时候（如针对于民族自治地区的这种评估）。

3. 项目对国防和国家威望的影响评估方法

这方面的评估需要使用比较独特的评估方法，因为评估的是项目对加强国家的国防建设的影响和项目对巩固国家边防的影响，以及项目对于提高国家威望（或降低国家威望）方面的影响。这方面评估的独特性主要表现在只有很少的独特项目需要做这方面的评估，而且这方面的评估需要使用十分特殊的评估方法。

4. 项目对当地人民风俗习惯和宗教信仰的影响评估方法

这包括项目对于项目所在地区人民的风俗习惯和宗教信仰的影响的全面评估，如是否影响当地人们多年的习俗和是否悖于当地的主流宗教信仰等。这方面评估所使用的方法包括对于项目所在地人民风俗习惯和宗教信仰的调查方法、项目对于这些正面和反面影响的定性分析方法与项目对于这些影响大小的定量分析方法。

5. 项目对当地政府及民众关系的影响评估方法

这主要是评估项目活动是否会引发当地政府与社区群众之间的利益冲突，进而影响到

他们二者之间的关系。这包括当地政府与社区群众对项目的支持程度，他们参与项目决策的程度，地方政府管理机构（如当地公安、市政、消防等机构）对项目活动的审批和管理情况，项目的公共磋商情况，等等。这些方面评估所采用的方法还是以定性分析为主。

9.4　项目社会影响的综合评估

在完成上述定量与定性评估指标的单项分析评估后，还必须对项目的社会影响进行全面而综合的评估，以确认和求得项目的综合社会效益与社会影响，从而确定项目在社会影响方面的可行性。多数项目会采用如下两种项目社会影响综合评估的方法。

9.4.1　项目社会影响综合评估的多目标集成特性

项目的社会影响是广泛的、多层次的和多目标的，其评估内容包括社会经济发展影响、全社会资源利用影响、社会文化教育影响、社会环境影响等多个方面。这些方面又分别有各自的下一层次的评估指标，甚至这些下一层次的评估指标还能进一步分解出具体的评估指标。这样从数学建模的角度来看，项目社会影响评估的综合评估方法应该是一个典型的多层次模型结构，而其评估方法必然是以经验判断为基础的定性与定量相结合的综合评估方法。

所以项目社会影响综合评估具有多目标性和集成性两大特性。其中，项目社会影响综合评估的多目标性是指任何项目社会影响综合评估与项目社会影响的专项评估不同，它要兼顾项目社会影响的各个专项评估的结果，从而得到由多目标成果说明的项目社会影响综合评估的结果。项目社会影响综合评估的集成性是指任何项目社会影响综合评估的结果都是按照一定的配置关系，全面集成项目社会影响各个专项评估指标的结果，这就要求在项目社会影响综合评估中首先找到项目社会影响各专项评估指标之间的配置关系和权重大小，然后根据这些配置关系和权重大小去分析得到项目社会影响综合评估的结果。

9.4.2　项目社会影响综合评估的技术方法

综上所述，项目社会影响综合评估的技术方法必须是一种基于层次结构的方法，这种方法的技术手段可以是传统的打分法，也可以是现代的层次分析法中的比较矩阵法等多目标综合评估的方法。人们可以根据项目社会影响综合评估的复杂程度，选择一种具体技术手段作为综合评估的技术处理方法。在实际的项目社会环境评估中，一般要根据项目所处环境和国家有关政策去寻找评估专家，并根据这些专家的偏好去选定具体的评估技术方法，然后根据选定方法去确定出项目社会影响综合评估的指标体系，进一步确定出这些评估指标的评分方法和给出这些指标的权重，最终评估者使用项目社会影响专项评估所获得的数据去计算求得项目社会影响的综合评估结果，具体可供选择的方法讨论如下。

1. 项目社会影响综合评估中的层次分析法

由于有关层次分析法的具体做法在后面的项目综合评估一章中会进行较全面的讨论，所以在此不做展开说明，如确有需要者可自行参阅本书第 10 章的相关叙述。但是在此需要给出项目社会影响综合评估层次分析法的层次模型（图 9-2），然后读者可根据第 10 章给出的层次分析法的步骤，根据项目具体情况的需要，分析和计算出具体项目社会影响综合评估准则层和指标层中各个要素的权重，然后使用图 9-2 所示模型的原理去开展具体项目的社会影响综合评估工作。

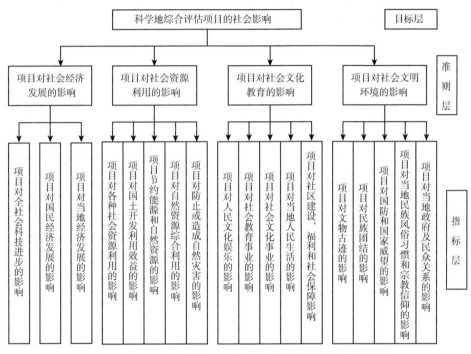

图 9-2　项目社会影响综合评估层次分析法的模型准则和指标

2. 项目社会影响的综合评估表的方法

这是一种将项目社会影响评估的各个定量和定性分析评估指标排列在一个矩阵表（项目社会影响评估综合表）中，然后利用矩阵表进行综合评估的技术方法。具体的项目社会影响评估综合表如表 9-1 所示。

表 9-1　项目社会影响评估综合表

序号	社会影响评估指标（定量与定性指标）	分析评估结果	简要说明（包括措施、补偿及其费用）
1			
2			
3			
4			
...	...	...	...
	总结评估		

将表 9-1 中给出的各个项目社会影响评估的定量与定性评估指标的单项评估结果填写好，然后将这些单项评估的结果按评估人员提出的权重排列顺序列在这一矩阵表中，从而使决策者对项目社会影响评估中的各单项指标评估情况一目了然。进一步由评估人员对此矩阵表所列出的各个专项项目社会影响评估指标进行必要的分析，阐明每一指标评估结果的优劣，以及它对项目社会影响的重要程度，然后将可行且影响较小的评估指标分步从表中排除，以便着重分析考察最后剩余的项目对社会影响大的评估指标。最终根据具体项目的分析预测数据去评估这些剩余指标对项目社会影响的大小，然后进一步按照给定的权重和得分，采用连加或连乘的方法给出项目社会影响评估的综合评估结果，确定出项目在社会影响方面的可行与好坏的结论。

 思 考 题

1. 项目社会影响评估应从哪些方面入手去开展？
2. 项目社会影响评估在项目评估中的地位如何？
3. 举例说明项目社会影响评估所具有的行业特点。
4. 项目社会影响评估的过程有哪些独特的要求？这些要求是如何体现出来的？
5. 项目社会影响评估的核心环节是什么？你的根据是什么？
6. 试论述项目社会影响评估方法对评估结果的影响以及如何减小这种影响。

第 10 章　项目风险评估

本 章 介 绍

　　本章首先给出了项目风险评估的基本概念、作用、内涵和这种评估的主要原则与做法，其中对于项目风险与项目不确定性的概念、含义、特性、原因和来源，以及项目不确定性分析所涉及的内容与方法做了详尽的介绍。随后讨论了项目风险评估的内容和程序，特别是项目风险评估中的风险识别和度量的原理、方法和具体技术。最后讨论了项目风险综合评估的内容、综合方法和具体技术，这包括项目风险综合评估的基本方法和技术方法等。本章最根本的内容是关于借助项目风险评估在项目管理中实现"趋利避害"的作用和效果。

　　实际上项目是处在一种不断发展变化的不确定性环境之中完成实施和运营的，但是人们很难准确地预见这些环境发展变化带来的不确定性以及由此产生的项目风险性，所以人们在项目评估中使用了很多的假设前提条件。然而，这些假设前提条件具有的不确定性，使得人们对于项目所处的技术、经济、自然和社会等环境的数据必然都会有一定的不确定性。这些项目面临的不确定性会导致项目发生"意外"的损失或收益，所以人们必须在项目评估中开展对于项目风险的评估，以便实现"趋利避害"的项目管理效果。

　　通常，那些在项目实际的实施和运行中会发生变动的项目因素被称为项目的不确定性因素，由于这种项目不确定性因素所引发的后果就是项目的风险收益和损失，所以对由于项目不确定性可能带来后果的评估称为项目风险评估。因为项目风险是由项目不确定性因素引发的后果，所以项目的风险评估还必须评估项目各方面因素的不确定性，所以在项目评估中就必须有项目不确定性和风险性两方面的评估。

10.1　项目风险与项目不确定性概述

　　本章所讨论的项目不确定性分析就是针对项目实施与运行中的不确定性因素和问题所开展的一种评估的分析，这种项目风险评估是项目评估的一个重要组成部分（甚至可以说是重要组成部分）。同时，项目不确定性分析还是项目决策的重要依据，如两个项目或者两个项目备选方案的其他各项评估结果相差不大，人们就会通过项目不确定性分析和风险性评估去选择风险较小的项目或项目备选方案。其中，项目不确定性分析是通过某些方法给出项目各种不确定性因素及其影响，以便下一步分析这些项目不确定性因素对项目各方面造成的损失或收益影响，从而做出项目的风险性评估以便为项目决策和项目风险管理提供依据，即事先提出必要的项目风险应对措施和相应的项目风险控制手段。

10.1.1　项目风险与项目不确定性的含义和来源

在项目评估中所采用的各种项目相关数据（如项目投资、项目工期、项目经营成本等）都是一种事先预测和估算的数据，它们实际上是在一定的假设前提条件下人为给定的假定数据。因为实际在项目评估阶段中，项目尚未开展建设与运营等活动，所以并没有项目的实际数据存在。因为在项目评估中所采用的这种假定的数据就可能会与后续项目实际发生的结果数据有差异，这种差异就造成了项目的不确定性。

项目不确定性的准确含义是指项目的各种条件所存在的偶然性或发展变化的特性，这是由于人们对于项目各种相关条件的认识不足和项目的各种相关条件不断发展变化造成的。项目的不确定性有两种不同的状态：一种是相对不确定性状态，另一种是完全不确定性状态。前者是指人们知道项目的某件事情可能会发生并知道其发生概率（P），即 $P<1$ 的情况。后者是指人们不知道项目某件事情的发生的概率，即 $P=?$ 的情况。这两种情况都属于项目不确定性分析的对象和范畴，只有项目某件事情的发生概率等于 1 的情况（$P=1$ 的情况）才属于项目确定性分析的对象和范畴。在实际中，项目某件事情的发生概率等于 1 的情况和项目某件事情的发生概率完全不知道的情况都是极为少见的，而项目某件事情的发生概率小于 1 的情况是一种常态，所以人们必须开展项目不确定性分析。

造成这种项目不确定性的主要来源有以下三个方面。

1. 人们主观认识能力的局限性

所有项目不确定性的根本原因都是人们的认识能力的局限性，即人们对于项目的认识深度和广度有限，无法预知和预测项目未来的所有发展变化的局限性。例如，人们没有办法完全预测未来气候变化、市场变化、竞争变化等问题，人们没有办法全面地认识项目条件的各种发展变化。这是造成项目不确定性的根本原因，所以人们应该努力拓展自己认识的深度和广度，以便更好地认识项目各方面的发展变化，从而降低项目的不确定性。但是，人们的认识能力总是有局限性的，所以没有人能够完全消除这种认识能力的局限性。这也是造成项目风险的根本原因，因为人们无法认识项目的不确定性而去制定项目决策就会造成意外的项目损失（或收益），从而形成项目的风险性。

2. 项目客观条件的发展变动性

项目的各种客观条件随着项目活动的展开都会有自己的发展变化，这些项目客观条件的发展变化是造成项目不确定性的根源之一。例如，自然灾害的发生会造成项目发生很多问题，项目投入物的价格上涨会使项目造价提高和投资额增加，项目运行所需原材料、燃料、动力或者劳动力价格上升将会使项目运营成本上升和减少盈利，项目产出物价格下降会减少项目的销售收入而降低项目盈利水平，等等。这些项目客观条件的发展变化是不以人们的意志为转移的，所以在项目评估中人们无法完全和准确地预知它们，因此等它们在项目活动中实际发生时就会造成项目的风险损失或风险收益，从而项目各种客观条件的发展变化就成了项目不确定性的最主要根源。

3. 项目各种人为条件的发展变动性

项目的各种人为条件也会随着项目活动的展开而发生变化，这些项目人为条件的发展变化也造成了项目不确定性的根源之一。例如，项目业主和承包商之间发生纠纷而造成的项目工期的延误，项目进口设备因发生制裁而无法获得，以及一些国内和国外各级政府的各种税收制度、金融制度、财政制度、政策和法律法规的人为调整，等等。这些项目人为条件的发展变化也是无法完全、准确预知的，所以它们也是项目不确定性的根源之一。因为这些项目人为条件的发展变化是以主导者的意志发展变化的，所以也具有一定的不确定性。当这些情况在项目实施或运营中实际发生时就会造成项目的风险损失或风险收益。

10.1.2　项目风险评估与项目不确定性分析概述

虽然项目不确定性和风险性的上述三个主要来源是没有办法完全消除的，但是人们还是需要在项目评估中分析和估计项目存在的各种不确定性因素，以及它们的发展变化对项目各种成本和效益的影响（项目风险性）。所以人们必须运用一定的方法对影响项目的不确定性因素进行分析和预测，这种项目评估的分析和预测工作被称为项目不确定性分析。在项目评估中进行项目不确定性分析的根本目的就是分析和找出项目成本与效益可能受到的影响及其范围，从而提高项目决策的可靠性和科学性。

项目不确定性分析的主要内容是找出项目的不确定性因素，并分析这些项目不确定性因素的发展变化，项目风险评估就是评估这些项目不确定性因素可能造成的后果和所能影响的范围。项目不确定性分析和项目风险评估的具体内容分述如下。

1. 识别和找出项目的不确定性因素与具体风险

项目不确定性分析的首要内容是识别和找出项目存在的各种不确定性因素，即一个具体项目在未来的发展中存在哪些客观条件和人为条件的可能变化，而项目风险识别的关键在于找出这些项目不确定性可能导致的结果。这包括项目主客观环境发生变化的可能性，以及这些不确定性所能够导致的风险事件，这些是项目风险评估的首要任务。

2. 分析和度量项目不确定性与项目风险的后果

人们需要分析项目不确定性因素发展变化所带来的项目风险后果，即一个具体项目未来发展会使项目产生的有利和不利的后果。这包括对于：项目风险后果发生的概率大小（$P=?$）的度量，项目风险后果严重程度（风险损失和收益的大小）的度量，项目风险的关联影响情况（是否有多米诺骨牌效应）的度量，项目风险后果发生时间的度量。

3. 分析和制订项目风险应对与监控措施

人们需要分析和确定如何去应对与监控这些项目不确定性因素发展变化所带来的项目风险收益和损失，即制订项目风险应对和监控计划并安排必要的资源去开展这两个方面的工作。例如，在识别和度量出项目环境的某种发展变化会影响到项目范围、成本或质量情况后，人们需要进一步制订出相应的应对措施和如何监督与控制这些发展变化的具体措施。

10.1.3　项目风险评估与项目不确定性分析的作用和方法

项目不确定性分析和项目风险评估的主要作用是通过这种评估去预先认识项目的发展变化，以便人们能够在项目风险发生之前就有所准备并做好应对措施的计划安排。项目不确定性分析和风险评估的主要方法就是基于概率与数理统计学和风险管理方面的基本方法与技术，掌握这些原理和技术就可以更好地认识与应对项目所面临的各种风险。

1. 项目不确定性分析和风险评估的主要作用

项目不确定性分析和风险评估具有如下三个方面的主要作用。

（1）明确项目不确定性因素及其风险和风险后果。项目的不确定性因素多种多样，它们给项目带来的风险后果和影响也是不一样的。人们通过开展项目不确定性分析和风险评估，可以识别出各种项目的不确定性因素及其风险后果，从而了解项目受不确定性因素的影响而可能发生的风险情况。

（2）分析确定项目风险带来的项目目标的变化情况。项目不确定性因素的影响会导致项目目标要素（项目范围、时间、成本和质量）发生变动，而且当这些项目风险的影响导致项目无法实现之后，项目就会变得不可行了。所以项目的风险评估包括分析和预测项目风险可能造成的项目变化情况，从而做好项目变更决策和应对。

（3）分析项目评估的有效性和可靠性。通过项目不确定性分析和风险评估，特别是通过对项目目标的影响评估后，人们就可以根据项目不确定性分析和项目评估的结果去分析与评定的项目评估结论的有效性和可靠性了，这可以使项目决策者充分了解项目风险的作用，从而设法实现"趋利避害"的项目风险管理的目的。

2. 项目不确定性分析和风险评估的主要方法

项目不确定性分析和风险评估有很多种方法，最常用的几种基本方法如下。

（1）项目的盈亏平衡分析法。这是分析和研究项目成本与收益之间的不确定性和风险以及平衡关系的方法，这种方法着眼于项目的盈亏平衡点的确定和分析，也就是人们常说的项目量、本、利分析。这种分析从项目投入运营后的产量、成本、盈利三者之间的平衡关系进行分析，从而找出项目的产量和价格因素与项目产品的成本因素的平衡点，并据此判断在各种不确定因素作用下会出现的项目风险情况。这一方法可用于在既定市场和项目生产能力条件下去分析项目产量、成本和销售收入之间的发展变化关系，在找出项目盈利与亏损的盈亏平衡点的基础上，借助打破这种平衡以了解项目不确定性因素变化所带来的项目风险收益与损失的情况，从而寻求项目最大盈利的可能性方案。因此这是一种非常简便实用的项目不确定性分析方法，其表达式和图解如式（10-1）和图10-1所示。

已知：Q 为项目产品的产量，P 为项目产品的价格，F 为项目产品的固定成本，C_v 为项目产品的变动成本，它们之间的表达式如下：

$$P \times Q_0 = F + C_v \times Q_0 \tag{10-1}$$

由图 10-1 可知，当项目产品产量 Q 与项目产品价格 P 的乘积和项目产品的固定成本 F 加上项目产品变动成本 C_v 与项目产品产量 Q 的乘积二者相等的时候（$Q=Q_0$），项目的总成本和总收入达到了平衡状态（项目收支相等或者 $P \times Q_0 = F + C_v \times Q_0$）。当这种平衡被打破而出现 $Q=Q_1$ 的时候，项目将会出现收益小于成本的情况而形成亏损（图 10-1 中的"亏损区"）。当这种平衡

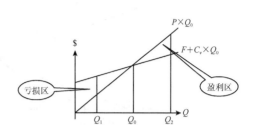

图 10-1　项目盈亏平衡分析法的图示

被打破而出现 $Q=Q_2$ 的时候，项目将会出现收益大于成本的情况而形成盈利（图 10-1 中的"盈利区"）。所以通过这种分析，人们可以看出项目的不确定性因素：项目产品的产量 Q，项目产品价格 P，项目产品的固定成本 F，项目产品变动成本 C_v，这四个项目不确定性因素的发展变化而造成的影响情况。

（2）项目的敏感性分析法。项目的敏感性分析是指通过分析、测算项目主要因素在发生一定变化时可能会引起的项目成本效益指标的变化情况，从而了解各种项目不确定性和风险的变化对项目实现预期目标的影响程度，并依此对项目对于各种风险的承受能力做出定量的评估和判断。实际上在项目的整个寿命周期内会有许多不确定性因素对项目的成本与效益产生影响，但是影响的方向和程度各不相同。其中，有些项目不确定性因素和项目风险所发生的变化会引起项目成本效益评价指标发生较大变化，甚至会使项目的可行性发生本质的变化，从而影响到对项目的决策，这种方法被称为"项目敏感性分析法"。

在项目风险评估中人们可以使用这种方法去找出项目的敏感性不确定性因素，并根据它们去分析项目的可行性和做出项目决策。另外，在人们实施项目中开展项目风险管理的时候，就需要对项目那些敏感性因素进行监督和控制，从而使项目的实施和运行风险得以控制。所以项目的敏感性分析方法实质上就是在诸多的项目不确定因素中找出影响较大的（敏感的）项目不确定性因素及其带来的项目风险，然后对这些有绝对或相对敏感性的项目不确定性和风险性因素开展项目的风险管理。因此这是一种使用假设前提条件开展项目不确定性分析和风险评估的方法，这种方法的表达式和图解如公式（10-2）和图 10-2 所示。

已知：项目的净现值（NPV）和项目的现金流入（C_I）与现金流出（C_O），这些项目因素之间的表达式如下。

$$NPV = \sum_{t=0}^{n} (C_I - C_O)_t \times (1+i_c)^{-t} \tag{10-2}$$

其中：项目现金流入（C_I）中的主要构成部分是项目产品的产量 Q 和项目产品价格 P 的乘积，而项目现金流出（C_O）中的主要构成部分是项目固定资产投资 F 和项目产品成本 C_v。所以当项目产品的产量 Q，项目产品价格 P，项目固定资产投资 F 和项目产品成本 C_v 发生变化时，项目的可行性的主要判据 NPV≥0 的结果也会发生方向和大小的变化，因此人们可以根据一定幅度的 Q、P、F 和 C_v 发展变化所造成的 NPV 变动情况去分析项目的风险，具体做法如表 10-1 所示。

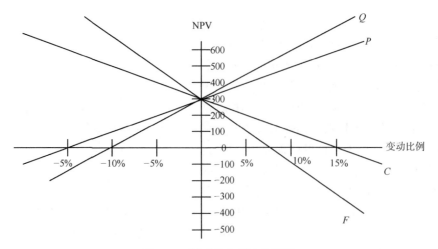

图 10-2   敏感性分析法的图示

表 10-1   项目敏感性分析示意表   单位：万元

变动比/%	−15	−10	−5	0	5	10	15
产品产量 Q	0	100	200	300	400	500	600
产品价格 P	−150	0	150	300	450	600	750
项目固定资产投资 F	900	700	500	300	100	−100	−300
产品成本 C_v	600	500	400	300	200	100	0

表 10-1 的中间部分数据是由于项目不确定性因素 Q、P、F 和 C_v 的变化而造成的项目净现值的变动情况，这些变动情况可以使用图 10-2 给出其图解。

由图 10-2 可知，当项目产品产量 Q，项目产品价格 P，项目固定资产投资 F，项目产品成本 C_v 等不确定性因素发生一定比例的变化时，项目的最终结果（这里用净现值表示）也会发生一定程度的变化。从绝对敏感性的角度出发，当项目的敏感性因素发生一定比例的变化时，如果项目的最终结果（这里用项目净现值表示）变得不可行了，那么这种项目不确定性因素就是绝对敏感性因素。从相对敏感性的角度出发，当项目敏感性因素发生一定比例的变化时，会造成项目最终结果（这里用项目净现值表示）发生变动而出现不可行情况的那些项目因素就是相对敏感性的因素。例如，表 10-1 中相对敏感性最大的因素应该是项目固定资产投资，因为只要这种因素变动比例大于 7.5%，项目的净现值就会变成负值而使得项目变得不可行了。

（3）项目的概率分析法。在项目不确定性分析和风险评估中人们都需要使用的一种方法就是概率分析法，这种方法主要用来分析各种项目不确定性或风险性事件的发生概率，或说项目各种风险后果的发生概率。当项目存在不确定因素时，人们不但需要去分析和评估项目风险后果的严重程度，而且需要分析和评估这些项目风险后果的发生概率。所以在项目的不确定性分析和项目风险评估中，人们首先需要运用概率分析的方法去分析和预测项目风险及其后果的发生概率（可能性）大小。实际上项目风险就可以用项目风险发生概率和项目损失与收益的乘积来表示，所以这种概率分析法就是为项目风险评估服务的基本原理和方法。项目风险的描述如式（10-3）所示，而项目风险及其后果如图 10-3 所示。

$$R=\sum_{i=1}^{n}P_t\times\left(\frac{L}{O}\right)_t \tag{10-3}$$

其中：R 为项目的整体风险，P_t 为 t 种项目不确定性因素的发生概率；$(L/O)_t$ 为由于第 t 种项目不确定性事件可能引发的项目损失（L）或项目机遇（O）。

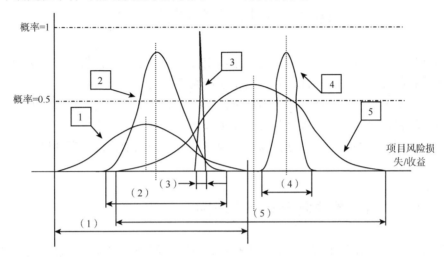

图 10-3 项目具体风险的概率分析法图示

注：1 代表完全不确定损失或收益；2、4、5 代表相对确定性损失或收益；3 代表确定性损失或收益

从式（10-3）和图 10-3 中可以看出，概率分析法就是指分析找出由项目风险时间的发生概率（P_t）所代表的各种项目风险发生概率的分析方法，这种方法可以分析给出项目各种风险的随机变动概率大小和分布，进而分析给出这些项目各种风险的发生概率可能对项目造成的损失和收益，最终对项目的整体风险情况做出比较准确的判断。

从式（10-3）和图 10-4 中可以看出，项目总体风险的概率分布是项目各具体风险事件的发生概率叠加后的结果。这种结果并不是按照简单的算术或加权累计的结果，而是按照偶然移速呈正态分布的项目各具体风险随机事件的概率分布叠加而呈现的一种正态分布结果。由图 10-4 中还可以看出，将项目总体风险的概率分布界定在 $\pm 2\sigma$ 的置信区间时，此时所涵盖的项目风险的可信度会达到 95.4% 的水平，而将项目总体风险的概率分布界定在 $\pm 3\sigma$ 的置信区间时，其涵盖的项目风险的可信度达到了 99.7% 的水平。

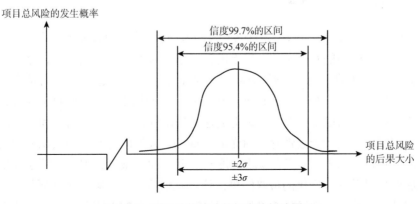

图 10-4 项目总体风险的概率分析法图示

总之，概率分析法的根本在于使用概率与数理统计分析的方法去确定各种项目分析及其后果发生的概率大小，并分析给出由此引发的项目风险后果概率分布情况，以便人们依据它们去做出项目的风险决策，所以这种方法是项目风险评估中最基本的方法。

10.2　项目风险评估概述

任何项目的实现过程都存在着一定的不确定性，所以任何项目都是有风险的。项目实现过程所具有的复杂性、一次性、创新性和独特性等特性和这一过程所涉及的项目内部外部的许多因素的发展变化，造成了在项目过程中存在着各种各样的风险。如果不能很好地评估和管理项目的风险就会给项目相关利益主体造成各种各样的损失，因此在项目评估中必须积极地开展项目的风险性评估，通过各种方法去充分识别、科学度量和分析评估项目的各种风险。

10.2.1　项目风险的概念与产生原因

要做好项目风险评估工作，首先要了解项目风险及其评估的基本概念。项目风险所涉及的主要概念有如下几个方面。

1. 项目风险的定义

项目风险是指项目环境和条件本身的不确定性与项目业主/客户、项目组织或项目其他相关利益主体主观上不能准确预见或控制的影响因素，使项目的最终结果与项目相关利益主体的期望产生背离，从而给项目相关利益主体带来损失或收益的可能性［式（10-3）］。

2. 项目风险的产生

项目风险是项目的不确定性造成的，而项目的不确定事件是项目信息的不完备造成的，即人们对项目影响因素及其发展变化缺乏足够和准确信息而出现决策失误。项目信息不完备性虽能设法降低，但却无法完全消除，所以任何项目都有风险。

3. 项目风险产生的原因

项目风险产生的原因有很多，但是最主要的项目风险原因有如下四个方面。

（1）人们认识能力的有限性。世界上的任何事物都有其各自的属性，这些属性是由其数据和信息加以描述的（项目更是这样）。但是由于人们认识世界的能力是有限的，所以至今人们对于世界上许多事物的认识仍然存在着很大的局限性，人们对于项目的认识也是如此。从信息科学的角度说，人们认识上的这种局限性是人们获取数据和信息能力的有限性与客观事物发展变化的无限性这一对矛盾造成的。人们因受到这种认识能力的限制而对项目风险的认识出现问题，人们在认识深度和广度方面的限制使得人们无法确切地预见项目未来发展变化以及这些变化的最终结果，这就是形成项目风险的主观原因。

（2）信息本身的滞后性。从信息科学理论出发，信息的不完备性除了上述人们的认识能力限制以外，还有一个根本原因就是信息本身所具有的滞后性。世上所有事物的属性都是用数据加以描述的，然后人们对数据进行加工后才能得到对于项目决策有支持作用的信息。由于人们只有在事物发生后才能收集到描述事物的实际数据，而且只有在对数据加工以后才能产生对于人们决策有支持作用的信息，所以任何事物的信息总会比该事物的发生有一个滞后时间，这就形成了信息本身的滞后性。因此，项目的信息都是滞后的，这严重影响了人们对于项目及时而正确的认识，所以项目信息滞后性是造成项目风险的客观原因。人们现在使用各种项目信息系统去加工项目信息，其根本目的就是缩短信息滞后的时间，但是人们永远无法消灭这种项目信息的滞后性，因为这是一种客观存在。

（3）项目主客观环境的发展变化。这是一种由主客观因素综合造成的项目风险原因。其中，客观因素是指项目各种环境和条件的发展变化，从而使得项目出现了损失或收益的可能性，如天气下雨而造成实施现场积水这种项目客观环境的发展变化就会给建设项目带来一定损失的可能性。正如中国有句话所说的那样"树欲静而风不止"，人们需要的天时、地利、人和三者兼备的项目条件只是一种理想的情况而已。其中，项目主观环境的发展变化是指项目各相关利益主体主观意愿的发展变化，从而使得项目发生各种各样的主动变更而造成项目损失或收益的可能性，如项目业主在项目实施过程中提出修改项目设计方案之类的这种项目主观环境的变化就可能会给建设项目带来收益（或损失）的可能性。所以这些项目主观和客观环境的发展变化也是项目风险的根本原因。

（4）项目沟通和信息资源管理问题。造成项目风险的另一个原因是人们在项目信息资源管理和项目沟通管理方面存在问题，最主要的是人们滥用自己的项目信息优势地位谋取私利的问题。具体的项目信息资源管理方面问题主要包括信息资源的收集问题、加工处理问题和信息资源的合理使用问题。项目沟通方面的问题主要包括项目相关利益主体的知识分享问题和共同分享信息去开展项目风险控制的问题。项目本身具有的独特性使项目信息资源不足，这种不足大大地增加了项目的不确定性并导致项目风险增加。同时，项目沟通管理涉及诸多项目相关利益主体之间的利益协调和项目沟通管理中的信息不对称问题（"委托代理"的信息不对称现象），这些都是形成项目风险的重要原因。

10.2.2　项目风险的分类及其特性分析

项目风险可按不同标志进行分类，通过分类人们可以认识项目风险及其具有的特性。

1．项目风险的分类

项目风险的分类方法主要有图 10-5 所示的几种，具体描述如下。

（1）按项目风险后果发生概率分类。按项目风险后果发生概率分类的方法，可以使人们充分认识项目风险后果发生可能性的大小。人们可以将项目风险后果按照发生概率大小分为三级（高、中、低）、五级（高、较高、中、较低、低）或多级。

（2）按项目风险后果严重程度分类。这种分类方法可以使人们充分认识项目风险后果的严重性，一般可按照项目风险后果严重程度分为三级（高、中、低）、五级（高、较高、中、较低、低）或多级（如按照风险损失或收益额分成若干级）。

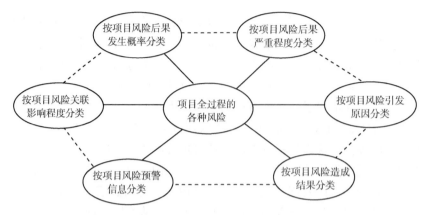

图 10-5　项目风险分类关系图

（3）按项目风险引发原因分类。这种分类方法可使人们充分认识造成项目风险的原因，以便人们可以有针对性地采取项目风险应对措施。人们可将项目风险引发原因按主观或客观分类，也可按组织内部和外部分类，还可按技术、经济、运行或环境等原因进行分类。

（4）按项目风险造成结果分类。这种分类方法可以使人们充分认识项目可能带来的损失，从而使人们预先采取项目风险防范措施。人们可将项目风险造成后果按人、财、物的损失分类，也可按其他方法分类，但是这种分类必须能充分表明项目风险造成的结果。

（5）按项目风险预警信息分类。最常用的项目风险分类是将项目风险分成有无预警信息的风险：无预警信息风险是一种突然爆发的项目风险，有预警信息风险是逐渐发展的项目风险。通常，有预警信息的风险占全部风险的大多数，二者需使用不同方法去应对。

（6）按项目风险关联影响程度分类。这种分类方法可以使人们充分认识项目的风险是独立发生的，还是有关联后果的。一般情况下，关联影响小的项目风险是相对独立发生的，关联影响大的项目风险会造成关联后果。这种分类有助于人们采取针对性的应对措施。

2. 项目风险的主要特性

项目本身具有一次性、独特性和创新性等特性，所以导致项目风险也具有一系列的特性，项目风险的主要特性有如下几个方面。

（1）项目风险的随机性。项目风险都是随机发生的（偶然的），没有人能够准确预言项目风险发生的确切时间和后果（能够准确预言就是确定性事件了）。虽然人们通过概率与数理统计分析可以发现某些项目风险发生和发展的规律，但那也只是一种统计性的规律。项目风险的这种随机性，是出现项目风险后果的根本成因。

（2）项目风险的相对可预测性。项目风险会有损害或收益的后果，人们为控制项目风险后果就必须预测和认识项目风险。但是，由于项目及其所处环境的不断变化和人们认识项目风险的能力有限，所以人们不可能完全确认和预测项目风险，而只能是借助统计规律去认识和预测项目风险及其后果，这就使得项目风险只是具有相对可预测性的特性。

（3）有预警项目风险的渐进性。实际上绝大部分项目风险都不是突然爆发的（无预警项目风险除外），而是随着环境和条件的发展与变化形成的，这种项目风险就是有预警的项目风险。通常这种项目风险是随着项目内外部条件和环境的逐步发展变化的，这种项目风险的大小和后果都会发生变化，所以项目风险具有逐渐增大或缩小的渐进性特性。

（4）有预警项目风险的阶段性。有预警的项目风险存在阶段性，这是指项目风险的发展变化是分阶段的，而且这种项目风险的各个阶段都有相对明确的界限、里程碑和风险征兆。通常，有预警信息的项目风险发展过程一般有三个阶段：其一是项目潜在风险阶段，其二是项目风险发生阶段，其三是项目风险后果阶段。

（5）无预警项目风险的突变性。无预警项目风险（如地震等自然灾害）就是没有任何预警信息的项目风险，这种项目风险具有突变性的特性。无预警项目风险都是由于项目环境与条件发生突变而造成的，所以无预警信息项目风险是一种在没有预警信息的情况下突然出现的项目风险，而且这种项目风险的后果也存在很大的突发性和更大的不确定性。

10.2.3　项目风险评估的内容和程序

这包括项目风险评估的内容和项目风险评估的程序两大部分，其具体内容分述如下。

1. 项目风险评估的内容

项目风险评估的内容包括如下两个方面。

（1）项目风险的识别。这是指识别和确定项目究竟存在哪些风险的一项工作，其主要任务是找出项目风险、识别引起项目风险的原因。在项目风险的识别中，人们需要使用推理分析的方法对项目风险做出必要的推断和识别。项目风险识别工作的好坏在很大程度上取决于人们掌握项目信息的多少以及项目决策者和风险识别者的知识与经验。

（2）项目风险的度量。这是指对识别出的项目风险的后果进行定性评估和定量分析的工作，这一工作的根本任务是对项目风险后果的可能性大小（P）和项目风险后果（损失和收益）的严重程度等做出定量的估计，同时还要做出项目风险关联影响大小和项目风险后果发生的时间进程做出度量，这些都是为未来的项目风险管理（应对和监控）服务的。

2. 项目风险评估的程序

项目风险评估的程序主要是项目风险识别与度量的过程和步骤，项目风险识别与风险度量的具体步骤由图 10-6 给出，其中各步骤的具体内容如下。

图 10-6 给出的项目风险评估的程序是循环进行的，项目每经过一个阶段就需要开展一次项目风险识别和度量，这种程序中包括如下步骤。

（1）项目风险管理信息系统的开发与建立。人们首先要根据项目风险管理的需要，建立项目风险管理信息系统。这种系统既可以是以计算机和人为基础的人—机信息系统，也可以是纯人工的信息系统。这一信息系统的基础功能是及时收集、处理和存储有关项目每个具体活动与过程的各种风险信息，以便为项目风险的识别、度量和后续管理服务。

（2）项目风险信息的跟踪、收集、处理和生成。这是使用项目风险管理信息系统去跟踪项目过程以及项目活动发展与变化、项目所处环境与条件的变化等信息，去收集、处理和生成有关项目过程与项目具体活动的风险信息的工作。这不仅是一个一般的项目信息收集与处理工作，它还是为开展项目风险识别与度量活动提供动态信息的工作。

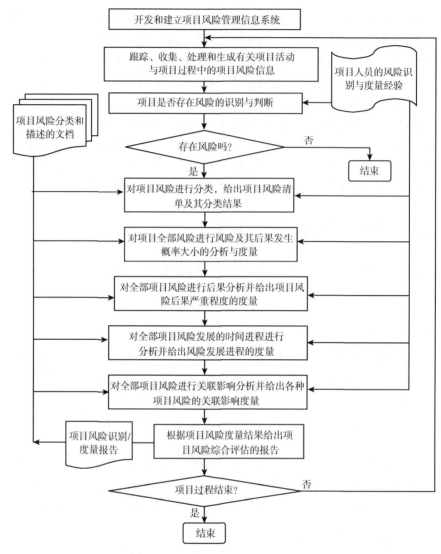

图 10-6 项目风险评估的程序示意图

（3）项目风险的识别与判断。这是运用项目风险管理信息系统生成的信息，再加上项目管理人员的风险管理经验，对项目各种风险进行全面分析和识别，从而找出项目各种风险的工作。由于项目风险信息存在有缺口，所以这一工作需要人们运用专家经验和智慧去分析与识别，因此项目管理者和专家的经验与判断都是项目风险识别中必不可少的。

（4）项目风险的分类与开列。在识别出项目风险后，人们还需要按照一定的分类标志对项目风险进行必要的分类，以便更加全面和深入地认识项目风险的各种属性。例如，人们需要按项目风险发生概率、项目风险引发原因、项目风险后果等进行分类，然后人们就可以按照分类标志给出项目风险清单，这是项目风险管理的一份十分重要的基础文件。

（5）项目风险及其后果发生概率的度量。这是对所有已识别出的项目风险所进行的项目风险及其后果发生概率的度量，以此为制订项目风险应对措施和开展项目风险控制奠定基础。这需要借助项目现有信息、历史数据和专家经验等，尤其是以前做过的类似项目或相近项目的项目风险真实情况的记录，最终做出项目风险及其后果发生概率的度量。

（6）项目风险后果严重程度的分析与度量。这是对项目各种风险可能造成的后果及其严重程度的分析与确定。人们在这一工作中不但要分析项目风险可能造成的后果，而且要度量出项目风险后果（项目风险造成的损失或收益）的大小（使用货币单位表示的项目后果价值）。这种项目风险后果严重程度的度量是确定项目管理优先序列的主要依据。

（7）项目风险发展进程和时间的度量。这是指对已识别项目风险所进行的项目风险发展进程及其发生时间的度量。这种项目风险发展进程及其发生时间的度量是要找出项目风险事件将会在何时出现以及项目风险后果的发生时间。这种项目风险发展的进程及其发生时间的度量也是项目风险应对和监控必需的信息之一。

（8）项目风险关联影响方面的度量。这是指对全部项目风险进行关联影响的分析，并给出各种项目风险的关联影响的度量方面的工作，这一工作的根本目的就是度量和给出一个项目风险是否有"多米诺效应"这类的关联影响。

（9）给出项目风险综合评估报告和项目风险识别与度量报告。根据上述项目风险识别与度量结果，编制和给出一份项目风险综合评估的报告，同时给出一份项目风险识别与度量的报告。由于一个项目的风险识别与度量需要反复进行多次，而每次都要最后给出这两种报告。这两种报告中包括了项目风险清单、项目风险度量结果和项目风险综合评估结果等内容。

10.3　项目风险识别与度量的方法

项目风险识别与度量是项目风险性评估中最主要的两项工作，其具体方法现分述如下。

10.3.1　项目风险识别的方法

由图 10-6 可以看出项目风险识别是项目评估的首要工作，有关这一项目评估工作的具体内容和方法分述如下。

1. 项目风险识别的具体内容

项目风险识别是一项项目风险评估的基础性工作，其目标就是识别和确定出项目究竟存在哪些风险，以及这些项目风险究竟有哪些基本特性。项目风险识别有时还包括项目风险引发原因的识别，即识别和确认项目的风险究竟是由于什么因素造成的。通常，项目内部因素造成的项目风险可以较好地进行评估、管理和控制，但是项目外部因素造成的项目风险就比较难控制了，所以只能采取一些规避或转移的方法去应对这类项目风险，如项目所需资源的市场价格上涨风险就属于外部因素造成的，这是项目组织无法控制的。

在项目风险识别的过程中，不但要全面识别出可能带来的各种损失项目风险，而且要识别出可能带来的各种机会或收益的项目风险，这种项目风险带来的机遇是一种人们可能获得的额外的项目风险收益。另外，在项目风险识别中还要识别项目风险造成损失与机遇的相互转化条件，这样人们就可以在制订项目风险应对措施时努力使项目风险带来的损失得以降低或消除，或者是将项目风险带来的机遇转化为项目组织的实际收益。所以，项目风险识别是项目风险评估中非常关键的工作，其具体内容包括如下几个方面。

（1）识别并确定项目有哪些风险。因为只有识别和确定项目可能会遇到哪些风险，才能够进一步度量这些风险。所以在项目风险识别工作中，首先要全面分析项目的环境与条件发展变化的各种可能性，从而识别出项目潜在的各种风险并整理汇总成已识别出的项目风险清单。

（2）识别引发这些项目风险的原因。因为只有识别清楚各项目风险的主要原因才能把握项目风险发展变化规律，才有可能对项目风险进行正确的评估。所以在项目风险识别中要全面分析各项目风险的原因及其对项目风险后果的影响方式、影响方向和影响力，并且要运用各种方式将项目风险与其原因的相互关系描述清楚。

（3）识别项目风险可能引起的后果。因为在识别出项目风险及其原因之后，必须全面分析项目风险可能带来的后果才能够全面地认识项目风险。项目风险识别的根本目的是找到项目风险并进一步设法缩减或消除项目风险所带来的不利后果，如果人们能预知项目风险可能引起的后果就可以采取相应项目风险应对措施了。

2. 项目风险识别所需的信息和依据

人们识别项目风险的关键在于找到足够的项目信息，这些信息可以作为项目风险识别的依据，这方面的信息主要包括如下几个。

（1）项目产出物的描述。这是项目风险识别的主要依据之一，因为项目最大的风险就是项目能否按时、按质、按量和按预算生成项目产出物以实现项目的目标。所以项目风险识别要依据项目产出物的描述和要求，去识别出可能影响项目产出物质量、数量和交货期等方面的项目风险。因此项目产出物描述中给出的产出物数量、质量和技术特性等各方面的要求与说明是人们进行项目风险识别的最重要的依据之一。

（2）项目的各种计划信息。这是指项目集成计划和项目各种专项计划中所包含的全部信息与文件。这些信息既是项目风险识别的依据，又是项目风险识别的对象，因为所谓的项目风险在很大程度上就是不能按照既定计划去实施和运营项目。例如，一个项目的成本计划信息可以是分析与识别项目风险的重要依据。同时，项目计划也是项目风险识别的对象，通过项目计划能否完成的分析就可识别出项目的主要风险。

（3）历史类似项目的资料与信息。这是人们以前所完成的类似项目实际情况（包括风险）的资料，它们也是识别新上项目风险的重要信息和依据。因为这种"前车之鉴"在项目风险识别中具有很好的借鉴作用，所以在项目风险识别中要全面收集这种历史类似项目的信息，特别是各种历史类似项目经验与教训的信息。这些历史类似项目信息中应包含有项目风险原因分析和项目风险发生过程记录，以及项目风险造成的损失和收益等信息，具体资料或信息包括以下几项。

①历史类似项目的各种原始记录。这可以从历史类似项目实施组织之处得到，人们一般都会保留历史类似项目各种原始记录。在一些应用专业领域中的项目管理组织成员也会

保存历史类似项目的原始记录，如造价工程师就会保留项目的各种成本资料。

②商业性的历史类似项目数据库。有许多项目管理咨询公司保留有大量历史项目信息和统计资料或数据库，它们就是通过提供这种资料去开展相关经营活动而盈利的，所以可以通过这类商业性的项目管理咨询公司获得项目风险识别所需的各种历史类似项目的信息。

③历史类似项目团队成员的经验。历史类似项目的团队成员中也会有人保留项目的信息和数据，这种信息也是项目风险识别的重要依据。但是这种信息通常比较难以收集，因为这是一种思想型的历史类似项目信息，多数需要通过与这种团队成员面谈的方式获得。

3. 项目风险识别的方法

项目风险识别的方法有很多种，但是最主要的有如下几种。

（1）假设分析法。这是一种通过分析项目计划的假设前提条件所可能出现的发展变化，去识别和找出项目风险的方法。例如，当人们预计项目所需原材料未来 3 个月价格上涨幅度会达到 30% 的概率为 70%，而未来 3 个月价格上涨幅度达到 20% 的概率为 25%，未来 3 个月价格上涨幅度达到 10% 的概率为 5%，此时人们会按照未来 3 个月价格上涨幅度达到 30% 的假设前提条件制订项目的预算计划安排（因为这种情况的发生概率最高）。但项目所需原材料在未来 3 个月中会按照自己的供需关系而发展变化，所以人们就必须分析和研究 "未来 3 个月价格上涨幅度达到 30%" 的这一假设前提条件是否发生了变化，从而分析和识别项目是否存在预算方面的风险。例如，若在做出假设和项目预算计划之后第二个月就发现项目所需原材料价格上涨幅度已经达到 40%，那就知道该项目存在严重的项目预算风险了。

（2）核检清单法。这是一种通过预先设计一套项目风险识别的核检清单，然后利用这种项目风险核检清单去分析和找出项目风险的方法。例如，人们可以将项目的风险划分为技术、商务、分包和项目服务四大类风险，然后根据历史项目的信息找出各大类风险中的具体风险情况，从而设计出一份由表 10-2 所示的项目风险识别用核检清单。这种方法的最大好处是，人们在项目全过程的风险识别中可以反复使用这种核检清单，直至最终项目结束。

表 10-2 项目风险识别用核检清单

序号	项目风险及其分类	有风险	无风险
1	技术风险		
1.1	不同厂家提供的设备不匹配的风险	√	
1.2	项目实施技术达不到项目实施技术要求的风险		√
...			
2	商务风险		
2.1	项目的中标造价过低的风险		√
2.2	项目实施组织需要提供银行担保的风险	√	
...			

续表

序号	项目风险及其分类	有风险	无风险
3	分包风险		
3.1	项目现有分包商的能力不足风险	√	
3.2	项目供应商无法按时供货的风险		√
...			
4	项目服务风险		
4.1	项目服务不及时而遭索赔的风险	√	
4.2	项目服务未尽责而发生纠纷的风险		√
...			

（3）系统分析法。这是一种利用系统分解和系统分析的原理，将一个复杂的项目分解成一系列简单和容易认识的子系统或系统元素，从而识别项目各子系统、系统要素和整个项目中的各种风险的方法。这种方法首先将项目按照系统分解的方法划分成一系列的项目阶段、项目工作包和项目活动，然后通过分析项目工作包和项目活动（或者项目过程各环节）的方法，去分析和找出项目的风险。例如，一个城市承办奥运会的整件事情就是一个大的项目组合，它可以分解成为场馆建设、赛事组织、交通安排、安全保卫、宣传报道和运动员生活六个大的项目群，然后其中的赛事组织可以进一步分解成30多个大项和一系列小项的比赛项目，最终人们可以进一步分析每个比赛所存在的时间、安全、设施、人员等方面的风险。这种方法就是系统分析的项目风险识别的方法。

（4）流程图法。项目流程图法是一种使用包括系统流程、工作流程图、因果关系图等一系列的图形去分析和识别项目的风险的方法。项目流程图和工作流程图给出了一个项目的工作流程，描绘了项目各部分之间的相互关系。项目的系统流程图、项目实施作业流程图等各种不同详细程度的流程图和项目因果关系能够很好地解释项目各个环节与各项活动之间可能隐藏的风险以及这些方面的原因或来源。项目风险识别中使用的流程图法就是使用这些流程图去分析和识别项目风险的方法，这种方法的结构化程度比较高，所以对识别项目风险和风险要素与风险来源都是非常有用的。这种方法使用项目流程图分析和识别项目各个环节中存在的风险以及项目风险的起因与影响。例如，一个建设项目就有一个由可行性分析、技术设计、施工图设计、计划、实施组织等一系列的环节构成的流程，这些流程构成的项目流程图就可以用来分析和识别该项目的各种风险。

（5）头脑风暴法。这是一种通过使用专家经验去分析和识别项目风险，非结构化的项目风险识别方法，它是运用专家的创造性和发散性思维及其专家经验，通过会议等形式去识别项目风险的一种方法。这种方法首先要将项目所属领域的技术和管理专家召集到一起，然后按照解放思想和各抒己见的方法由专家根据自己的经验与判断去识别出项目各方面的风险。在使用这种项目风险识别方法时，组织者要善于提问和引导并能及时地调整项目风险分析与识别的结果，促使与会专家能不断地发现和识别出项目的各种风险。一般在使用这种方法时，需要专家回答的主要问题包括：如果实施这个项目会遇到哪些项目风险，这些项目风险的主要成因是什么，项目风险有哪些基本的特性，等等。

（6）情景分析法。情景分析法是通过对项目未来的某个状态或某种情况（情景）的详细描绘与分析，从中识别出项目风险及其原因的一种项目风险识别的方法。在一些具有较高独特性和创新性的项目风险识别中，需要使用这种能够创造性地识别各种项目风险及其影响的方法。项目情景（项目未来某种状态或情况）的描述可以使用图表、文字或数学公式等形式，对涉及影响因素多、分析计算比较复杂的项目风险识别作业可借助于计算机模拟系统进行情景分析。使用情景分析法识别项目风险一般需要：先给出项目的某些情景描述，然后找到项目在发生这些情景时的发展变动情况，最后分析和识别出每种项目情景会出现的风险。这种方法也需要调动专家用自己的经验去分析和识别项目的风险。情景分析法对某些特殊项目的风险识别特别有效，如有资料显示这种方法对国际反恐项目风险的识别很有效。

4. 项目风险识别的结果

通常，项目风险识别工作的结果主要包括以下几个方面。

（1）识别出的各种项目风险。识别出的各种项目风险是项目风险识别工作最重要的成果，人们需要将这种识别出的项目风险开列出来并称其为项目风险清单。项目风险清单所包括的风险就是可能最终会造成项目损失或收益的事件。

（2）识别出的项目风险原因。这是指人们找到的引发项目风险的根源，即项目风险的来源或起因，人们只有识别出项目风险的根源才能够更好地认识项目风险，从而才可以对项目风险进行后续的度量、监督和控制。

（3）识别出项目风险发生的征兆。项目风险的征兆是指那些指示项目风险即将发生的现象或标志，所以它们又被称作项目风险的触发器或项目风险发生的临界值。项目风险的征兆可能不仅一个，要识别出项目风险的主要征兆并说明清楚。

10.3.2　项目风险度量的方法

项目风险度量是项目风险评估中十分重要的工作，这项工作的各方面分述如下。

1. 项目风险度量的具体内容

项目风险度量的具体内容包括：对项目风险发生可能性（或概率大小）的度量，对项目风险后果严重程度（损失或收益的大小）的度量，对项目风险关联范围大小的度量，以及对项目风险发生时间进程的度量四个方面。项目风险度量是项目风险性评估中将所有已识别出的风险进行进一步的分析和量化，从而给出项目风险定性和定量描述的一种项目风险评估的活动。项目风险度量的具体内容介绍如下。

（1）项目风险发生可能性的度量。这是项目风险度量的首要任务，即分析和估计项目风险发生概率的大小，这也是项目风险度量中最为重要的工作。因为一个项目风险的发生概率越高，造成项目损失或收益的可能性就越大，人们就越需要对这个风险进行监控和应对。所以在项目风险度量中首先要分析、确定和度量项目风险发生可能性的大小。

（2）项目风险后果严重程度的度量。项目风险度量的第二项任务是分析和估计项目风险后果的严重程度，即度量项目风险可能带来的损失或收益的大小。这也是项目风险度量中的一项非常重要的工作，因为即使一个项目风险发生概率并不大，但是若这种风险发生的后果十分严重，人们就必须对它进行更加严格的监控和应对。

（3）项目风险关联范围大小的度量。项目风险度量的第三项任务是分析和估计项目风险关联影响的范围大小，即项目风险可能会关联影响到项目哪些方面和哪些工作。因为即使一个项目风险的概率和后果严重程度都不大，可它的发生会引发其他风险而影响到项目许多方面或许多工作，人们也需要对它进行严格的管理与控制，以防止这种风险的发生。

（4）项目风险发生时间进程的度量。项目风险度量的第四项任务是分析和估计项目风险时间进程的度量，即项目风险可能在项目的哪个阶段或什么时间发生，以及它们会如何不断地发展和变化。对于项目风险的监控和应对都是根据项目风险发生时间进程安排的，人们对越是先发生的项目风险就越应该优先控制，而后发生的项目风险可以延后采取措施。

2. 项目风险度量所需的信息和依据

人们要科学地度量项目风险，关键是在于找到足够的项目信息，并使用这些项目信息作为项目风险度量的依据，这方面的信息主要包括如下几个。

（1）项目产出物和项目工作的信息。这是项目风险度量的主要依据，因为项目风险度量的核心内容是定性和定量地给出项目能否按时、按质、按量和按预算生成项目产出物与完成项目工作。所以人们要使用项目产出物和项目工作的信息为依据，去定性和定量地给出可能影响项目产出物与项目工作的质量、数量和时间等方面的项目风险度量。

（2）项目的各种计划和变更的信息。这是指项目集成计划和专项计划以及项目各种变更中所包含的全部信息，这些信息是项目评估中的项目风险度量的主要依据。因为项目评估中的风险度量就是对照项目各种计划和变更信息去度量项目是否存在无法完成计划的风险，以及项目无法完成计划的风险后果如何，所以这些信息也是项目度量的依据。

（3）历史类似项目的资料与各种统计信息。这是指人们以前所完成类似项目的实际情况的统计资料和项目本身所处环境与条件的发展变化信息，它们都是度量项目风险的重要信息和依据。因为这些信息所表现出来的项目及其环境发展的趋势，在项目风险度量中具有很重要的推理和度量指导作用，所以它们是项目风险度量中的重要依据。

（4）项目技术专家和管理专家的经验。这是指项目所属专业领域的技术专家和管理专家所具有的思想型信息，这些也都是项目风险度量的重要依据。因为这种思想型信息是专家在多年实践中积累起来的一种经验和判断（甚至是一种直觉），所以它们是一种非结构化的信息，而且这种思想型信息也是项目风险度量的重要依据。

3. 项目风险度量的方法

在项目风险度量过程中所能够使用的主要方法有如下几种。

（1）概率分析法。在项目风险度量中同样需要使用概率分析法，这种方法主要用来度量项目风险及其后果的发生概率。当项目存在风险时，人们就需要首先使用概率分析法去度量项目风险及其后果的发生概率。这种概率分析法与前面所讨论概率分析法一样，所以详情可以参见前面的讨论。

（2）期望值法。这也是一种项目风险度量的方法，这种方法是在度量给出项目风险发生概率后，进一步度量项目风险可能带来的损失或收益期望值大小的一种方法。因为由式（10-3）可知，人们可以将各个项目风险的发生概率和风险后果大小相乘，然后再将它们全部相加求出项目整体风险后果的期望值。这种项目整体风险后果的期望值就是一种项目风险后果大小的度量，具体做法读者可以学习概率与数理统计中的期望值法。

（3）模拟仿真法。模拟仿真法是使用人工或计算机模拟仿真模型和系统去度量项目风险的一种方法，这种方法多数使用蒙特卡罗模拟等项目风险模拟技术方法去得到项目风险发生的概率和项目风险后果大小的模拟结果。这种方法可用来度量各种能够模拟的项目风险，多数用在大型项目或复杂项目风险度量上，小项目则使用概率分析法和期望值法。

（4）专家决策法。专家决策法也是在项目风险度量中经常使用的方法之一，在许多大型和复杂的项目风险度量中会邀请项目技术和管理等方面的专家，并要求他们运用自己的专家经验做出项目范围、项目工期、项目成本、项目质量等方面风险的度量。这种项目风险度量的方法简便且比较准确和可靠，但是相关专家的寻找和使用有一定的限制。

4. 项目风险度量的结果

项目风险度量的最终结果就是给出有关项目风险后果的发生概率、项目风险后果的严重程度、项目风险关联影响的范围以及项目风险后果发生的时间。

（1）项目风险后果的发生概率。项目风险度量的首要结果是给出项目风险发生概率的大小，即项目风险的可能性大小。因为项目风险发生概率的大小，度量了项目发生各种风险的可能性，从而使得人们能够就项目风险发生可能性的大小对其开展应对和监控。

（2）项目风险后果的严重程度。项目风险风险后果的严重程度是指项目风险可能带来的损失或机遇的大小，这是项目风险度量的第二项结果。这能使人们认识到项目风险可能带来的后果情况，从而使人们就后果的严重程度对项目风险进行监控和应对。

（3）项目风险关联影响的范围。项目风险度量的第三项结果是给出项目风险的关联影响范围的大小，即项目风险发生后会影响到项目的哪些方面。因为在项目风险管理中，人们需要根据项目风险关联影响范围的大小，去区别对待不同项目风险的应对与监控。

（4）项目风险后果发生的时间。项目风险度量的第四项结果是给出项目风险发生的时间以及项目风险时间进程的度量，即给出项目风险可能在项目哪个阶段或什么时间发生，以及项目风险如何不断地发展和变化，这也是人们开展项目风险管理的依据之一。

10.4　项目风险综合评估

在项目风险评估的过程中不但包括上述项目风险识别和项目风险度量的方法，还包括下述对项目风险进行综合评估的方法，这方面的具体内容介绍如下。

10.4.1　项目风险综合评估概述

项目风险综合评估是指项目的决策者或项目管理者依据项目风险识别和度量的结果，去进一步综合评估项目在存在各种风险的情况下是否仍然可行的工作。项目风险综合评估会涉及项目风险三个构成要素的综合评估，即项目风险原因、项目风险事件和项目风险后果这三个要素的综合评估。人们可以根据这三个要素之间相互作用关系，建立一套具体项目风险综合评估的方法并给出相关的评估结果。

1. 项目综合分析评估中的项目风险原因

这是指引发项目风险和导致项目风险后果的因素与条件，引发项目风险的因素越多会使得项目风险发生可能性和风险后果越大，所以项目风险综合评估中必须包括项目风险原因这一要素。在现实世界中的项目风险原因大体上可以归为三个主要类别：一是物质性的项目风险原因，即影响项目物理功能的有形因素，如建筑项目的物质性风险原因可以是不合理的建筑结构、劣质的建筑材料等；二是道德性的项目风险原因，即与人的品德修养有关的项目风险原因，如在软件开发项目中设置"黑客窗口"以侵犯用户利益的行为等；三是心理性的项目风险原因，即与项目成员的心理状态有关的风险因素，如在项目投保后有意识地忽视项目风险防范等。这三个方面的项目风险原因构成了项目风险综合评估中的第一个要素，在整个项目的风险综合评估中必须对这三个方面的项目风险原因进行综合评估。

2. 项目综合分析评估中的项目风险事件

这是指直接或间接造成项目损失或收益（如成本增加、进度延迟、质量缺陷等）的项目随机事件，是由于项目的一个或几个项目风险原因所导致可能发生的项目风险事件。项目风险事件是带来项目风险后果的成因，因为只有项目风险事件发生才会产生项目风险后果。同时，项目风险事件具有三个阶段，即项目风险事件的潜在阶段、项目风险事件的发生阶段和项目风险事件的后果阶段。在项目风险事件的三个阶段中，人们可以采用不同的项目风险应对措施去管理和控制项目风险后果，因此项目风险事件的三个阶段构成了项目风险综合评估中的第二个要素，在整个项目的风险综合评估中必须对这些项目风险事件的发展阶段进行综合性的评估。

3. 项目综合分析评估中的项目风险后果

这是指由于项目风险原因的存在和项目风险事件的发生所导致的项目收益或损失的减少或增加的结果。项目风险后果还可以分为三个主要类别：一是有害的项目风险后果，即会给项目带来损失的项目风险后果；二是有利的项目风险后果，即会给项目带来收益的项目风险后果；三是利弊皆有的项目风险后果，即会给项目同时带来收益和损失的项目风险后果。这些不同的项目风险后果会给整个项目的可行性带来不同的影响，因此项目风险后果的这三种情况就构成了项目风险综合评估中的第三个要素（也是最重要的要素），在整个项目的风险综合评估中必须对这些项目风险后果进行综合性的评估。

实际上，项目风险原因、项目风险事件和项目风险后果三者之间存在很强的相互关联性，所以项目风险的综合评估必须综合考虑这三个方面的要素。项目综合评估中这三大要素的基本关系是：项目风险原因可能会引发项目风险事件，项目风险事件可能会导致项目风险后果，因为项目风险原因、项目风险事件与项目风险后果之间是存在一定的偶然性（或随机性）的关系（而不是确定性的关系），所以三者之间并不具有绝对的必然性关系。因此人们需要针对具体项目风险这三个要素之间所具有的具体而独特的相互关系，找到具体项目的分析综合评估的方法去做好项目风险综合评估，最终给出项目在有风险情况下的可行性评估结果。

10.4.2　项目风险综合评估方法

为了全面而综合地认识项目的整体风险，人们必须根据项目风险识别与度量的信息，在做好项目单项风险评估的基础上，对项目的整体风险进行全面的综合评估。

1. 项目风险综合评估的基本方法

有关项目风险的研究表明，项目风险的发生和发展是有阶段性的，因为项目风险的发生源于项目风险因素、风险事件、风险后果所构成的相互作用机制和传导关系。人们可以依据具体三方面的关系对项目风险进行综合评估，这方面的方法主要包括如下几个。

（1）项目风险综合评估的核心要素。项目风险综合评估的核心要素包括项目风险概率、项目风险后果、项目风险原因、项目风险关联影响、项目风险时间进程、项目风险有无预警信息等。项目风险的综合评估就是要根据这些核心要素进行综合分析并给出一个项目整体风险的最终评估结果。

（2）项目风险综合评估的基本方法。项目风险综合评估的主要步骤和相关方法包括：首先是将已经识别和度量的项目风险按照发生概率、项目风险后果、项目风险时间进程等项目风险度量指标给出权重，然后对已识别和度量的项目风险按照相加或相乘的综合定量评估的技术办法求出项目风险的综合评估初步结果，在做好进一步的分析和确认后最终给出项目风险综合评估的最后结果。

（3）定性与定量相结合的项目风险综合评估方法。在实际的项目综合风险评估中，人们多数倾向于使用定量化的方法，但由于项目风险本身的信息不完备性，人们很难完全依靠定量化的方法去做好项目风险综合评估。同时，如果人们仅仅使用定性的项目风险综合评估的方法，又可能会出现过于简单或人为偏见过高的项目风险综合评估结果。因此项目风险综合评估最好使用定性与定量相结合的评估方法，如层次分析法和模糊评判法等方法去综合评估与给出项目的整体风险。

（4）突出重点的项目风险综合评估方法。在项目风险综合评估中人们还必须采取针对主要项目风险进行综合评估的做法，对于项目组织能够容忍的项目风险人们可以不用放入项目风险综合评估中。因为没有人能在项目风险综合评估中考虑到所有的项目风险，而且也没有必要去给出项目全部风险的综合评估结果。另外，在项目过程中人们还必须不断地开展项目风险综合评估，以便监控项目风险的量变和质变情况，从而防止那些以前容忍的项目风险变成为主要的项目风险而没有计入综合评估结果的情况。

（5）项目风险综合评估结果的处理方法。经过项目风险综合评估而确定出的项目风险综合评估的结果一般会呈现两种情况：一是项目的整体风险超出了项目组织所能接受的水平，二是项目整体风险未超出项目组织所能接受的水平。这两种不同情况应该采取不同的项目风险综合评估的处理方法，对第一种情况项目组织最好的处理方法就是停止或取消项目，从而规避项目整体风险带来的严重不利后果；对第二种情况项目组织要积极主动地采取各种措施去避免或消减项目风险的不利后果，同时要积极采取措施扩大项目风险的有利后果。实际上所有项目风险综合评估都是为应对项目风险和开展项目管理服务的，所以人们要分析清楚项目风险综合评估的后果情况，并采取相应的处理方法。

2. 项目风险综合评估的具体方法

项目风险综合评估的具体方法主要包括如下几个。

（1）经验性的项目风险综合评估方法。因为项目风险综合评估的根本目的是说明清楚项目在具有各种风险的情况下是否仍然可行，从而证明项目方案或计划的科学性和正确性。此时人们对于项目风险的认识通过项目风险识别和度量已经有了很大的提高，所以人们可以使用经验性的项目综合风险评估方法给出相应的评估结果。这种方法就是使用项目专家的经验，去评估项目综合风险情况和项目在具有这些风险的情况下是否可行的方法。这种方法多数时间是请专家根据自己的经验这种思想型信息去做出项目风险的评估，所以这种方法经常会使用"你认为这个项目是可行的吗？"或者"你认为这个项目的预算是可行的吗？"等这类问题去获得项目专家的意见和理由，从而完成对于项目综合风险的评估工作。

（2）系统性的项目风险综合评估方法。这种方法是使用在项目风险的识别和度量中所获得项目风险信息，去分析和评估项目综合风险情况与项目在具有这些风险的情况下是否可行的方法。这种方法多数时间需要依据很多的项目风险方面的系统性信息，然后根据这些信息去做出项目风险的评估。这种方法经常使用系统分解法、流程分解法、工作分解法、组织分解法等系统分析的常规方法，去完成对于项目计划或方案的风险综合评估工作。

（3）结构化的项目风险综合评估方法。因为项目风险综合评估的根本目的是给出项目整体风险的评价和项目在有风险的情况下是否仍然可行的估计，为此人们可以使用结构化的项目风险综合评估方法。这种方法多数是使用一些具有结构化或程序化的技术方法去综合评价和估计项目的风险情况与是否批准项目的方案或计划，这种方法多数时间具有严格的结构（如层次结构或树状结构等），然后使用像层次分析法或系统动力学方法等结构化的技术方法，严格依据这些技术方法的结构化程序和做法去做出项目风险的评估结果。

（4）非结构化的项目风险综合评估方法。当项目风险综合评估所需的信息相对不完备或以定性数据为主的时候，项目风险综合评估就需要使用非结构性的评估方法。这种方法多数是使用一些非结构化和非程序化的技术方法去评价与估计项目的综合风险情况。这种方法多数时间需要依据专家的经验和判断等思想型的项目风险信息，使用像专家打分法或德尔斐法等非结构化的技术方法，进一步评价和估计出项目风险的评估结果。这是一种"集思广益"的方法，即这种方法多数时间需要依据专家在项目风险综合评估方面的思想型信息，因此这种项目风险评估的方法相对简便易行。

 思 考 题

1. 项目不确定性分析有哪些主要的方法？
2. 项目风险评估有哪些主要的方法？
3. 你是如何理解项目的不确定性和风险性的？
4. 项目风险评估的作用和好处有哪些？
5. 项目风险识别与项目风险度量之间有何种关联？
6. 项目风险评估各有哪些具体的方法？

第11章　项目综合评估

本章首先给出了项目综合评估的基本概念、作用、要素、内容和原则与特点等方面的概述性内容。随后讨论了项目综合评估所需的评估指标体系的内容、构成和建立方法。更进一步，本章讨论了项目综合评估的方法，这包括项目综合评估的定性方法、定量方法和综合技术方法，这些都是针对不同项目所需分别或集成采用的评估方法。最后，本章给出了项目综合评估的全面集成方法，并且给出了项目综合评估最终结果与相关报告的内容和做法。本章最根本的内容是项目综合评估基本原理和方法。

实践表明，人们在项目专项评估基础上还必须进行项目综合评估，这样才能从总体上判断项目整体的必要性和可行性，从而为项目投资决策提供科学依据。因此项目综合评估是项目决策的前提条件，一个项目的决策必须源于科学的项目综合评估，它是在人们完成的项目专项评估基础上所做的一种全面性和集成性的项目评估。

11.1　项目综合评估概述

项目综合评估就是从微观环境、宏观环境、技术、经济、财务、环境、风险和社会等诸方面对项目的可行性进行分析与评估，以判断项目是否可行或从项目备选方案中遴选出满意的方案。由于人们开展项目的多目标性，因此需要用项目综合评估去给出最终结论。

11.1.1　项目综合评估的基本概念

项目综合评估是在项目各专项评估的基础上，通过综合或集成的评估分析而给出项目综合性评估结论，并以此作为项目决策者进行决策依据的项目评估工作。开展这种评估的根本原因主要表现在两方面：一是各项目专项评估的结论都只是"一孔之见"或"一得之功"，所以人们需要对项目进行综合分析与评估去整合这些专项评估结果；二是项目决策必须依据项目整体评估结果，所以人们需要对整个项目的可行性有一个整体的评估结果。因此项目综合评估必须遵循科学性、客观性、导向性、动态性、可行性、可比性等原则，并使用基于系统分析比较、综合集成原理、定性与定量相结合、专家与决策者相结合、经验与数学方法相结合等原则构成的一整套方法。

11.1.2　项目综合评估的基本要素

项目综合评估涉及多种要素,但是最基本的要素有如下五个方面。

1. 项目综合评估的客体或对象

这是指项目(项目变更)的各种可替代的备选方案,当一个项目的综合评估客体或对象(方案)多于 1 时,这种项目综合评估就是一种项目多方案选择的综合评估。在现实社会中,人们实现项目目标的方案会有很多种,所以人们有必要综合评估项目的各种备选方案,然后根据项目综合评估的结果去优选项目方案。

2. 项目综合评估的指标体系

一个项目可以看成一个由一系列子系统组成的系统,所以项目各个方面都需要有自己的评估指标,这些评估指标是从某个侧面反映项目的实际情况,项目的全部评估指标放在一起就构成项目综合评估的指标体系。在这种项目综合评估的指标体系中,每一种项目评估的指标都是从不同的侧面刻画项目具有的某种特征。

3. 项目综合评估指标的权重

由于项目综合评估的目的不同,所以项目综合评估的指标体系中各个指标的相对重要程度也不同。项目综合评估各指标的相对重要性可以用它们的权重系数来描述,因此项目综合评估的结果决定项目方案各指标的评估值和该评估指标的权重,这种项目综合评估指标的权重也是这种评估的主要要素之一。

4. 项目综合评估的模型

这是指借助一定建模过程而确定出的项目综合评估的计算与合成模型,这种模型可以将项目综合评估指标体系的全部评估指标值“集成”为项目综合评估结果。为此人们可以根据被评估项目的特点和项目综合评估的目的与要求,去选择和建立项目综合评估的模型,从而给出适合项目特征和要求的项目综合评估模型。

5. 项目综合评估的主体或评估者

这是指项目综合评估的实施者,这种主体也需要根据项目综合评估的目的予以确定。这种主体既可以是项目的直接相关利益主体,也可以是这些项目直接的相关利益主体聘请的专业咨询机构。人们需要根据具体项目综合评估的目的、作用、要求和实施者的能力等做出选择,因为他们在这种评估中的作用是最为重要的。

综上所述,项目综合评估有多个基本要素,各个基本要素之间的关系是:人们首先要在明确评估目的的基础上确定出评估的对象(客体),然后根据评估目的和项目独特性去建立项目综合评估指标体系,进一步确定出项目各项评估指标对应的权重系数,然后选择或构造项目综合评估的模型,最终由项目综合评估的主体去综合评估出结果。由此可以看出,这种评估的过程是一个评估主体和客体与评估方法的综合集成过程。

11.1.3　项目综合评估所综合的内容

项目综合评估所综合的主要内容包括如下几个方面的专项评估结果。

1. 项目的必要性评估结果

项目是否符合国家、企业或社会的需要等。项目必要性的条件包括：首先要符合国家产业政策、符合国民经济长远发展规划要求，有利于国家产业结构调整和区域经济的协调、符合国家或地方的区域经济发展布局和要求；其次要有利于企业创新和创业，最重要的是有利于提高企业盈利能力和竞争能力；等等。

2. 项目的财务和经济可行性评估结果

因为只有项目在财务和经济方面可行，人们才能够开展项目的实施和运营。这方面的内容包括正确估算项目投资、科学制订项目投资方案、正确确定主要财务和经济可行性指标（从企业财务和国民经济两方面均能达到规定标准）、项目投资回收期和借款偿还期符合要求等。

3. 项目技术可行性评估结果

因为任何项目的工艺技术、技术装备和实施技术都应该具有一定程度的先进性、经济性和适用性，都必须达到可行性的要求。其中，项目工艺技术必须具有较高的先进性，项目的技术装备必须能够获得和能够使用，而项目实施技术和实施计划必须兼具科学性与可行性。

4. 项目微观环境可行性评估结果

这包括项目运行所涉及的市场环境和运行所需资源供应环境等环境方面的评估结果，项目运行所涉及的项目所需原材料、能源与动力等资源供应和市场与竞争等产品或服务销售条件的评估结果，特别是项目产品或服务的市场条件的可行情况对于综合评估是至关重要的。

5. 项目宏观环境可行性评估结果

这包括项目运行所涉及的宏观政治、经济、法律、社会、自然和技术等宏观环境方面的评估结果。这些项目宏观环境的可行性评估结果对于整个项目是否可行的综合评估是至关重要的，因为只有项目这些宏观环境和条件是可行的才有项目整体的可行性。

6. 项目自然环境影响的可行性评估结果

这包括项目对于环境造成的污染和生态环境的破坏等影响不能超过国家或地方的规定与要求。因为在当今社会的项目综合评估中，项目自然环境影响的可行性评估结果具有一票否决权，所以只要是对环境造成过度污染，对生态环境造成严重破坏的项目，都无法获得批准。

7. 项目社会影响的可行性评估结果

这包括项目对于社会所造成的好影响和坏影响的评估结果。同样，在当今社会的项目综合评估中，某些项目社会影响的可行性评估结果也具有一票否决权，如项目会对少数民族的社会环境造成不利影响或对地方的文化与风俗造成坏的影响也是无法获得批准的。

8. 项目的不确定性和项目风险评估的结果

项目的不确定性和项目风险必须在可接受范围，而项目风险后果必须是人们可承担的，只有项目的结果达到这样的水平，项目的综合评估结果才能是可行的。所以项目综合评估必须综合项目的不确定性和项目风险评估结果。

实际上，项目综合评估就是综合了项目各个专项评估的结果，最终集成了关于项目综合可行性的结果。

11.1.4　项目综合评估的作用

项目综合评估的根本作用是给出项目整体可行性评估结果，其具体作用如下。

1. 在项目专项评估基础上进行全面综合

实际上项目综合评估的首要作用就是全面综合项目各个专项评估的结果，从而在项目各专项评估的基础上进行综合的分析并给出综合性的评估结论，以便决策者在项目决策中使用。所以项目综合评估的工作就是对于项目微观环境评估、项目宏观环境评估、项目技术评估、项目财务评估、项目国民经济评估、项目自然环境影响评估、项目社会影响和项目风险评估等专项评估结果的全面集成，这种评估的指标体系就是有关静态评估指标、动态评估指标、不确定性和风险性评估指标的全面整合，而这种评估的方法包含有定量方法、定性方法、定性与定量相结合的方法的全面配置。因为项目各个专项评估的结果只是从不同的角度去分析和评估项目的可行性，所以它们具有一定的独立性、专业性和割裂性，并不是对于项目可行性的完整性结论，因此必须开展项目综合评估。

2. 形成一个整体的项目可行性评估结论

项目各个专项可行性评估的结论有两种情况：一种是项目各专项可行性评估的结果都是可行的，此时的项目综合评估结果必然是可行的，所以在这种情况下的项目综合评估结论比较容易得出；另一种是项目各专项可行性评估的结论并不都是可行的，此时的项目综合评估结论就必须综合项目各个专项可行性评估的结果，最终给出一个项目的综合评估结论是否可行。所以项目综合评估的一个很重要的作用就是在全面综合项目各个专项评估的结果的基础上，形成一个整体性的项目可行性评估结论。实际上在现实的项目评估中必须把好的和不好的项目专项评估通过项目综合评估去做出一个项目整体性的可行性评估结论。

3. 根据综合评估结果提出项目改进意见和建议

对项目进行综合评估的过程中，人们还需要针对综合评估结果中发现项目存在的问题和不足，从项目总体目标出发去提出一系列的改进意见和建议，这也是项目综合评估的主要作用之一。现实中的国外某些开发银行在它们的项目综合评估结论中会提出项目的"重新组合"方案，即对项目某些内容加以修改和重新组合成一个改进后的项目。此时，项目综合评估人员就应该针对这一问题提出项目的"重新组合"建议方案，即设法扩大该项目的生产规模，使其达到经济规模的水平，从而使该项目的财务效益得以提高而项目综合评估得出该项目综合评估可行的结论。

11.2 项目综合评估的指标体系

项目综合评估首先要确定一套科学可行的项目综合评估指标体系，在项目综合评估指标体系的建立过程中应遵守系统性、科学性、可比性、可测性、可靠性和有效性等基本原则，因为这种指标体系的好坏在很大程度上决定了项目综合评估结果的好坏。

11.2.1 项目综合评估指标体系的概念

项目评估指标是衡量项目好坏的准则，是对于项目质量和数量的综合测度，具体项目评估指标的名称和数值是对于项目特性的质与量的规定。所以构建项目评价指标体系的根本目的是把项目各方面的好坏变成能够量度、计算、比较、评估的数字、数据或标志，通常情况下项目评估指标的主要分类包括五种：一是描述性指标与评估性指标（前者用于描述，后者用于判断），二是观察性指标和计划性指标（前者用于给出信息，后者用于计划安排），三是定性指标和定量指标（前者是对项目进行质的描绘，后者是对项目进行量的描述），四是客观指标和主观指标（前者是实际客观情况的反映，后者是人们主观期望的说明），五是经济指标和非经济指标（前者可以用质量表示，后者需要使用实物量或劳动量来描述）。

项目评估的指标体系是综合反映说明项目好坏、是否可行或发展趋势的一组具有内在联系的项目评估指标，它们是从项目整体或系统目标出发，在分别评估得出项目的子目标的基础上，为评估项目各方面展现出的项目整体好坏所使用的综合指标系统。这种指标体系的特点包括四个方面：首先是每项具体指标都要与其上一级指标的内涵保持一致，其次是各层级的指标不宜过多且要相互有联系，再次是在同一级的各指标之间要达到正交化差异从而各具不同的评估作用，最后是各项具体指标是整个项目评估指标体系中最低且不可再分的层级。

为了从整体上综合评估项目，人们在建立项目综合评估指标体系时需要坚持的原则有：科学性与实用性相结合、完备性与可操作性相结合、互斥性和有机性相结合、绝对指标和相对指标相结合、静态指标和动态指标相结合、定性指标和定量指标相结合、客观指标和主观指标相结合，以及全体指标的具体性和整体性相结合。

11.2.2　项目综合评估指标体系的构成

人们要开展项目综合评估首先就要明确评估的目标和内容，然后根据这些评估的目标和内容去确定出评估所需指标体系（包括定量和定性指标）。由于项目综合评估是一种多方面的综合评估，所以项目综合评估指标体系的建立涉及三方面的工作：其一是确定所要综合的具体专项评估，即项目综合评估中包括哪些项目专项评估的内容；其二是确定每个项目专项评估在综合评估中所起的作用，每个项目专项评估在综合评估中的地位和权重；其三是确定如何去综合和集成各个专项评估而得到项目综合评估的结果，即使用何种原则和方法去综合这些项目专项评估而给出最终结果。项目综合评估的指标体系由图 11-1 给出，其中的项目综合评估指标体系的构成是根据项目各个专项评估的主要指标构建而成的。

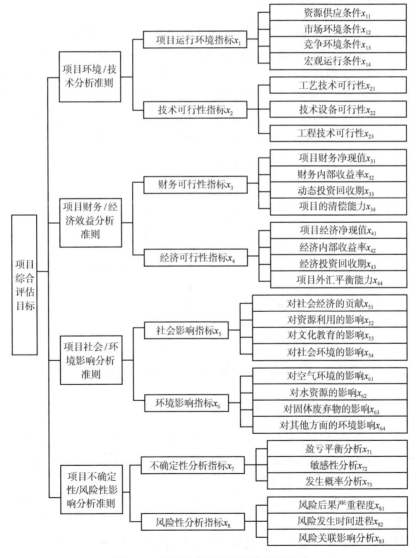

图 11-1　项目综合评估指标体系的构成

11.2.3　项目综合评估指标体系的建立

在具体项目的评估时，人们需要根据自己项目评估的目标和作用，按照项目综合评估目标、准则和指标的层次递阶结构去建立具体项目综合评估的指标体系。项目综合评估指标体系建立的主要依据和来源有三种：一是根据政府或主管机构的政策法规建立的各种政策性和规划性的指标，这需要从担负着社会管理职责的政府或主管机构等部门获得；二是根据项目相关利益主体的目标和要求而建立的财务性与要求性的指标，这是由项目相关利益主体部门根据互惠互利和公平合理等原则确定的；三是以国际惯例或社会公认的理论与方法为基础的指标，这可以从社会化项目管理咨询或服务机构获得。

1. 项目综合评估指标体系的集成

根据上述三种依据和来源而建立的具体项目综合评估指标体系必须是一个有机的集成整体，而且这三种依据和来源各自的项目综合评估子指标体系也必须是一个有机的集成整体。图 11-2 给出了项目目标要素中的质量、成本、时间及其之间就必须进行有机集成的示意，图 11-2 给出项目质量、成本和时间三者必须按照"三位一体"的要求进行全面的集成。由于任何项目都不可能实现质量最高、成本最低和时间最短这样的指标要求，这三者必须有机协调并在全面妥协的基础上设置自己的项目综合评估指标体系。

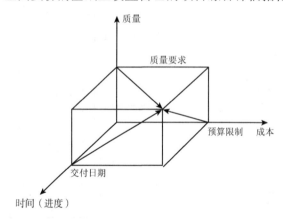

图 11-2　项目的目标：效用、成本、时间的有机集成示意图

2. 项目综合评估指标体系的建立方法

建立项目综合评估指标体系的方法需因具体项目而异，但总体可以概括为两大类的方法：一是根据项目评估专家的意见予以确定的专家法，二是根据决策者的意志和要求予以确定的主观法。其中，专家法是基于专家群体的知识、智慧、经验、直觉、推理、偏好和价值观之上的方法，这种方法特点是专业性和科学性比较强，但是比较费时费力。这种方法的具体步骤是：首先选定专家组，然后由专家各自提出项目综合评估的指标，进一步经过几轮的信息反馈和专家意见修订的过程，最终会综合整理给出具体项目综合评估指标体系。主观法是基于决策者自身的知识、经验、直觉、偏好和价值观之上的一种方法，这种方法直接由决策者选择和确定具体项目综合评估指标体系。这种方法的最大特点是简单快

捷和能够满足决策者开展项目决策的要求，但其专业性和科学性会相对弱一些。

11.3　项目综合评估的技术方法

具体项目的综合评估不但需要有自己的指标体系，而且需要使用自己的评估具体技术方法。由于任何具体项目不仅有质的定性描述，而且还有量的定量描述，因此在这种评估中人们必须综合定性和定量两个指标去评估具体的项目，所以在具体项目综合评估中就必须使用定性与定量相结合的评估技术和方法。

所以项目综合评估的方法就必须既有定性的技术方法，也有定量的技术方法，而且还要有定性与定量相结合的集成方法。其中，使用数字描述的项目特性评估指标需要使用定量评估技术方法去得出项目评估结论，如项目净现值和项目内部收益率（internal rate of return，IRR）就属于项目评估的定量技术方法获得的评估结果。使用文字描述的项目特性评估指标需要使用定性评估技术方法得出项目评估结论，如项目风险评估得到的项目风险发生概率和后果严重程度就是使用定性技术方法获得的评估结果。

项目综合评估的定性和定量相结合技术方法的使用前提是必须将项目评估定性指标做定量化处理，从而使项目的定性指标与定量指标能够同度量化以便最终能够将定性和定量两方面的指标集成或综合成一个整体。这种处理工作有很多具体的技术方法，如人们可将项目的定性评估结果描述先分成极重要、很重要、重要、一般、不重要的等级，然后分别使用 5、4、3、2、1 的数字去量化这五类评价结果，最终使它们能够同定量指标同度量化。另外，人们也可以通过优先序列排序或专家打分等方法去进行同度量化的处理，甚至可以使用层次分析法的两两比较矩阵方法或模糊数学中隶属度的方法去做定性指标的定量化处理。但是由于定性的项目评估技术方法所使用的资料和依据是定性化的，而且定性的项目评估结果是源于评估者主观的判断和评审，所以定性的项目评估结果很难准确地予以十分科学的定量化处理。因此人们在将定性指标做定量化处理的时候必须十分谨慎，从而使这种处理的结果能够比较科学而准确地表达项目评估的结论。

11.3.1　项目综合评估的定性方法

项目综合评估的定性方法有很多种，其中最主要的技术方法分述如下。

1. 专家判断法

专家判断法是以项目评估专家的主观判断为基础的一种项目综合评估的定性方法，这种方法通常使用描述性或判断性的指标值作为评估结果，如好坏、可行与不可行等评语或鉴定作为项目综合评估的结果。常用的专家判断法中有单一专家判断法和专家组集体判断法两种，前者是由单一的专家或权威根据自己的主观判断给出具体项目的综合评估结果，后者是由一组专家或权威在各自主观判断的基础上，根据一定的综合准则去汇总专家的意见，最终给出具体项目的综合评估结果。

2. 专家打分法

这种方法是借用专家的经验和判断，通过先由专家打分，然后综合专家打分结果而给出评估结果的方法。这种方法的具体做法可以使用数学方法做出描述：设某具体项目有 M 个项目综合评估对象（项目或项目备选方案）和 N 个综合评估指标，这些评估指标的规定指标值可用评语（如优秀、良好、中等、及格、不及格）或重要度排序的办法表述（如极其重要、很重要、重要、一般、不重要），则这种方法的数学公式可具体表述为：假如第 i 项目综合评估对象在第 j 指标中得到的评估指标值为 S_{ij}，则项目综合评估的结果为

$$S_i = \sum_{j=1}^{n} S_{ij} \tag{11-1}$$

或

$$S_i = \Pi_{j=1}^{n}(S_{ij}) \tag{11-2}$$

其中：$i=1, 2, \cdots$；M 为项目综合评估对象个数；$j=1, 2, \cdots$；N 为项目综合评估中具体评估指标的个数。

式（11-1）给出的是一种将专家打分的结果按照连加进行综合的项目综合定性评估结果的计算方法，这种方法一般用在没有一票否决权指标的项目综合评估的情况。式（11-2）给出的是一种连乘式的项目综合评估结果计算方法，这种方法一般用在具有一票否决权指标的项目综合评估的情况。

3. 专家表格法

当项目综合评估的对象和评估的指标较少时，人们可以利用专家表格法给出项目综合评估结果。表（11-1）就是项目综合评估专家表格法示意，这是具体项目综合评估对象为1 个（$M=1$）而项目综合评估指标为 10 个（$N=10$）的情况下，使用专家表格法进行综合评估的结果。在使用这种方法的项目综合评估中，评估的组织者要事先准备好表格并填入相关评估指标，评分专家根据项目是否符合项目评估指标的标准要求，对每个评估指标给出判断和结论，最终填写得到表 11-1 的结果。需要注意的是，这种方法的专家选择要求比较高，选出的评估专家必须明确熟悉项目所属专业领域和项目综合评估的对象与指标。当然，这种项目综合评估方法的科学性有些不足，只能用于初步的项目综合评估。

表 11-1　项目综合评估表的样本

项目评估指标	满足条件	不满足条件
不增加能源需求	×	
不添加新设备	×	
不降低最低产品的质量	×	
不需要调整现有组织结构		×
对工人的生产安全无不利影响	×	
对环境无不利影响	×	
有利于提高企业盈利能力	×	

项目评估指标	满足条件	不满足条件
在 3 年内达到盈亏平衡水平		×
与现有产品经营能够协调		×
对公司形象无不利的影响	×	
总计	7	3

4. 优先序列法

这是由专家按照一定方法将所有项目综合评估对象（M 个）所获得的每个指标值（N 个）各自排出优劣次序后，计算每个方案的优先指标个数，最终选择优先指标个数最多的项目方案的技术方法。例如，某投资建设项目有 5 个方案，需要考虑 3 个指标进行评估，各方案的指标值情况如表 11-2 所列。由表 11-2 中的结果可知，方案 A1 在指标值 F1 的优先序列最好（第一），方案 A1 在指标值 F2 的优先序列是第二，方案 A1 在指标值 F3 的优先序列是第三，方案 A1 的综合序数最小（总和为 6），所以与其他项目方案相比，方案 A1 是最优的项目方案或选定的方案。

表 11-2　项目方案及其优先序列指标值示意表

方案	投资回收情况 F1（序数）	市场销售情况 F2（序数）	贷款获得情况 F3（序数）	序数和表示的综合评估结果
A1	1	2	3	6
A2	2	3	4	9
A3	4	4	2	10
A4	3	5	1	9
A5	5	1	5	11

需要注意的是，使用这种方法有一个基本前提，即表 11-2 中的所有项目方案都是可行的，所以这种综合评估是在选优时使用的一种项目综合评估方法。

11.3.2　项目综合评估的定量方法

项目综合评估的定量方法中涉及的项目评估指标都是定量的，所以它们都需要使用数学计算的方法。项目综合评估的定量方法的数学计算方法使用的是最优化理论，常用的项目综合评估的定量方法有以下两种。

1. 单目标决策方法

当项目综合评估只有单个目标时，常用的项目综合评估定量方法是一种单目标决策的方法。一般来说，单目标决策的核心问题是最优化问题，这种项目综合评估的方法中最常用的是线性规划的方法。一般而言，所有求线性目标函数在线性约束条件下的最大值或最小值的问题被统称为线性规划问题，而项目的单目标决策正是一种线性目标函数在线性约束条件下的最大值问题。线性规划的标准形式如下：

$$\min（或 \max）z=f（x）\tag{11-3}$$

$$s.t.\cdots g_i（x）\leqslant 0（i=1，2，\cdots，m）\tag{11-4}$$

其中：z 为项目综合评估的结果；x 为项目综合评估的具体评估指标；i 为评估指标（约束条件）的个数；目标函数和约束条件中 $g_i（x）$ 函数都是线性函数。

2. 多目标决策方法

当项目综合评估具有多个目标时，人们需要使用多目标的决策方法。一般来说，处理这种多目标决策问题首先需要进行必要的简化，常用的简化方法是删除不重要的项目评估目标。项目综合评估中可使用的多目标决策方法有多种，其中最常用的有加权和方法、加权平方和方法、乘除法和目标规划法等。常用的加权和方法是项目综合评估的主要定量方法，其一般数学形式如下：

$$S_i=\sum_{j=1}^{N}S_{ij}W_j（i=1，2，\cdots，M；j=1，2，\cdots，N）\tag{11-5}$$

其中：S_i 为第 i 项目方案的综合评估值；S_{ij} 为第 i 项目方案的第 j 指标得分情况；W_j 为第 i 项目方案的第 j 标准（指标）的权重。

使用式（11-5）求出每个项目方案的综合评估结果以后，比较各个项目方案的 S_i，人们就可以得到项目综合评估的定量分析结果了。其中，有关每个指标的权重 W_j 都可以根据项目决策者确认的方法产生，既可以使用特尔菲法由专家确定，也可以使用决策者主观决定的方法去确定，或者使用比较矩阵法等去确定。

11.3.3 项目综合评估的定性与定量相结合的方法

当项目综合评估要求将一个项目所涉及的全部定性和定量评估指标进行综合或集成，以便最终得出一个综合的评估结果的时候，人们就需要使用项目综合评估的定性和定量相结合的技术方法了。这方面的方法中最为常用的是综合评分法和层次分析法，这两种方法分别说明如下。

1. 综合评分法

项目综合评估的综合评分方法中有加法综合评分法、加权加法综合评分法、修正加权加法评分法和乘法评分法等。其中，加法综合评分法最为简单，假设第 i 项目评估对象在第 j 指标得到评分值为 S_{ij}，则第 i 项目评估对象在加法综合评分法时的综合评估结果为

$$S_i=\sum_{j=1}^{N}\frac{S_{ij}}{N}（i=1，2，\cdots，M；j=1，2，\cdots，N）\tag{11-6}$$

其中：S_i 为第 i 项目评估对象的综合评估值；S_{ij} 为第 i 项目评估对象的第 j 指标得分情况；M 为评估对象数；N 为评估指标数。

这种加法综合评分法的主要缺点是未全面考虑各评估指标在项目综合评估目标中的地位和重要性（平等看待了各指标的重要性），当人们需要考虑各评估指标的重要性时，

就必须使用加权的加法综合评分法。这种加权加法综合评分法是在项目综合评估中最常用和最重要的一种方法，这种方法进一步又分为线性加权和层次加权等形式，这里只简介线性加权加法综合评分法。这种方法要求将各指标在项目评估中的重要性用权重系数 W_j 来表示，通常为了计算方便，人们可以用规范化的权重系数，即 W_j 满足公式（11-7），而加权加法综合评分法计算的项目综合评分值 S_i 如式（11-8）所示。

$$\sum_{j=1}^{N} W_j = 1 \quad (0 < W_j < 1) \tag{11-7}$$

$$S_i = \sum_{j=1}^{N} W_j \cdot S_{ij} \quad (i=1, 2, \cdots, M; \ j=1, 2, \cdots, N) \tag{11-8}$$

其中：S_i 为第 i 项目评估对象的综合评估值；S_{ij} 为第 i 项目评估对象的第 j 指标得分情况；W_j 为第 i 项目评估对象的第 j 标准（指标）的权重；M 为评估对象数；N 为评估指标数。

2. 层次分析法

层次分析法也是一种项目综合评估中常用的定性和定量指标综合的技术方法，这是美国著名教授 Saaty 先生研究提出的一种评估技术方法。它采用构造比较判断矩阵和两两比较的方法去评估各种事情（包括综合评估项目）的重要度与优劣，利用求解最大特征根的特征向量去确定评估指标权重，并使用和积法给出各评估对象的综合评估结果。用层次分析法进行项目综合评估的基本过程和方法分述如下。

（1）建立项目综合评估指标体系的层次结构。人们首先需要根据项目综合评估的目标、准则和指标系统之间的相互关系，构造一个由上到下的层次性的框架结构。在这种层次框架结构中，最上层为项目综合评估的目标层，中间为项目综合评估的准则层，再下一层是项目综合评估的指标层，最下一层是项目综合评估的对象或方案。图 11-1 的项目综合评估指标体系为四层次的框架结构，其中的指标层因为指标众多而进一步分解成两个层次。

（2）建立两两比较判断矩阵。这需要根据项目决策者或评估专家组的主观判断，针对层次结构中每个下层元素对上层元素的重要度，通过对有逻辑关系的下层元素进行一对一的比较（如图 11-1 中 x_{11}，x_{12}，x_{13}，x_{14} 相对于 x_1 的重要度之间的比较），从而构成两两比较矩阵。这种判断矩阵提出使用 1～9 重要性标度（级别）来表示两两比较判断结果的方法。其中，1 表示两要素同等重要，3 表示两要素的前者比后者略微重要，5 表示两要素的前者比后者相当重要，7 表示两要素的前者比后者明显重要，9 表示两要素的前者比后者绝对重要。同时，人们也可以使用 2、4、6、8 表示两要素比较的重要度中间值。反过来，1/3 表示两要素的后者比前者略微重要，而 1/5，1/7 和 1/9 则可以此类推了。典型的层次分析法评估指标的两两比较矩阵表如表 11-3 所示，层次分析法中的两两比较矩阵的数学公式可以式（11-9）予以描述。

表 11-3　典型的层次分析法评估指标的两两比较矩阵表

准则 2	指标 1	指标 2	指标 3	指标 4	指标 5
指标 1	1	3	5	7	9
指标 2	1/3	1	3	5	7

续表

准则2	指标1	指标2	指标3	指标4	指标5
指标3	1/5	3/5	1	3	5
指标4	1/7	3/7	5/7	1	3
指标5	1/9	3/9	5/9	7/9	1

这种层次分析法中的比较矩阵表也可以使用数学公式的方法给出，公式（11-9）给出的就是上述比较矩阵表的数学表述。

$$A=\begin{pmatrix} a_{11} & a_{12} & ... & a_{1n} \\ a_{21} & a_{22} & ... & a_{2n} \\ ... & ... & ... & ... \\ a_{n1} & a_{n2} & ... & a_{nn} \end{pmatrix}=\begin{pmatrix} w_1/w_1 & w_1/w_2 & ... & w_1/w_n \\ w_2/w_2 & w_2/w_2 & ... & w_2/w_n \\ ... & ... & ... & ... \\ w_n/w_1 & w_n/w_2 & ... & w_n/w_n \end{pmatrix} \quad (11\text{-}9)$$

其中：如果对 a_{ij}（i，$j=1$，2，$\cdots$，N）的比较判断具有一致性，则会有

$$a_{ij}=\frac{1}{a_{ji}}\text{和}a_{ij}=a_{ik}\cdot a_{kj} \quad (11\text{-}10)$$

其中：在 $i=j$ 时，$a_{ij}=1$。

（3）求解各个比较判断矩阵。这需要通过求解式（11-11），得到判断矩阵的最大特征根的相应特征向量，然后使用该特征向量的分量作为相应指标的权重或相应项目备选方案的得分值。在项目综合评估中，人们需要求解每个比较矩阵并得到每个比较矩阵所描述的评估指标权重值或项目备选方案的得分值，以便最终使用这些评估指标的指标权重和项目备选方案得分值去求得整个项目的综合评估结果。

$$AW=\lambda_{max}W \quad (11\text{-}11)$$

其中：A 为式（11-9）给出的比较判断矩阵；λ_{max} 为 A 的最大特征值向量（各因素相对重要性的权重向量）。

（4）用和积法得到项目综合评估的结果。最终人们需要使用层次分析法中的和积法去综合计算得到项目综合评估的最终结果。这种方法的基本做法是：首先将项目各备选方案在具体指标的得分值与该指标的权重相乘，进一步按照层次分析结构向上层做和积法（将同层指标得分相加，然后乘以上一层给出的这些指标的权重），就这样逐层求和并乘以权重而得到被评估的项目备选方案加权得分值（这就是所谓的和积法内容之一），最终得到对于各个项目备选方案的综合评估结果。关于层次分析法中的和积法计算方法以及其中的一致性检验等具体做法，同样是因属于数学方法问题（而非评估方法），因此如有读者需要了解可以参阅层次分析法的相关书籍。

11.4   项目综合评估的全面集成过程和方法

在项目综合评估的全面集成过程和方法中，全面集成是指集中、合成、组装、综合、整合、一体化，就是把项目评估的各部分结果融合组成一个优化、高效、统一的有机整体，项目综合评估全面集成的过程和方法具体分述如下。

11.4.1　项目综合评估的全面集成程序和步骤

项目综合评估的集成程序有五个具体步骤，其示意图如图 11-3 所示。

由图 11-3 可知，项目综合评估的全面集成过程具体介绍如下。

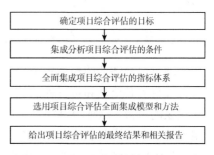

图 11-3　项目综合评估过程的主要步骤示意图

1. 确定项目综合评估的目标

项目综合评估的目标可能有很多个，但最为重要的就是通过这种评估确定项目的必要性和可行性。为了实现这两方面的目标，人们必须完成一系列的项目综合评估的全面集成工作。这既包括项目综合评估指标体系的集成工作，也包括项目综合评估方法的集成工作，以及在项目综合评估中所得到评估结果的集成工作。本章前面由图 11-2 给出的就是一种项目综合评估指标体系的集成结果，虽然它是针对投资建设项目的，但是仍然不失一般性。

2. 集成分析项目综合评估的条件

这主要是对于开展项目综合评估所需各种具体条件的集成情况进行分析，这种集成分析既包括项目综合评估工作的硬件条件和评估者的条件的分析，也包括项目综合评估所需信息的完备程度和项目的可评估性等具体条件的分析。因此在对项目进行综合评估之前人们必须集成分析这些条件，同时还要集成考虑这些条件对于项目综合评估的影响。另外，在市场经济和法治社会中还必须集成考虑国家与社会对于项目综合评估的要求，在经济全球化和市场一体化的大环境下开展项目综合评估还要集成考虑项目在整个国际社会系统中的各种特定评估条件，等等。

3. 全面集成项目综合评估的指标体系

这是将项目的定性和定量的评估指标按照合理配置关系所进行的全面集成的工作。这种集成工作做得好坏将直接关系到项目综合评估结果的可信度和有效性，所以项目各个评估指标之间必须呈现出合理的配置关系，而这种合理的配置关系需要通过集成过程去实现。由于项目综合评估需要集成很多具体评估指标，而这些指标的权重也是需要集成的重要信息，因此这些都是全面集成的对象而最终实现合理配置的目标。需要注意的是，不管选用哪种项目综合评估指标权重的确定方法都需要做正交化处理，以防止项目综合评估指标权重的重叠性和项目综合评估指标的非正交化。

4. 选用项目综合评估全面集成模型和方法

开展项目综合评估的全面集成方法或模型有很多种，其中既有连加的综合评估方法，也有连乘的综合评估方法，还有像层次分析法等定量和定性相结合的综合评估方法与模型。最为关键的是如何从确定合理配置关系的角度出发，选用具体项目最为适合的项目综合评估集成模型和方法。这种项目综合评估集成模型和方法的选用或建立，首先需要根据项目评估目标的要求和具体项目需要，然后依照全面集成的思想去选用一种或综合几种集成的方法，最终选定或建立一套适合于具体项目综合评估的模型和方法。

5. 给出项目综合评估的最终结果和相关报告

项目综合评估的最后一个步骤是给出项目综合评估的最终结果和相关的各种报告，即有关项目的必要性和可行性的综合评估结果的各种文档，包括对于项目的相关改进的意见和建议的报告。这种项目综合评估的最终结果和相关报告都是为说明项目是否必要与可行服务的，所以这既包括项目综合评估的最终结果报告，也包括从项目各专项评估结果给出必要的说明和结论，以便人们能够从综合评估的角度判断项目的必要性和可行性，而且还应该有必要的意见和建议方面的内容。项目综合评估的最终结果和相关报告是项目决策的根本依据，所以必须给出全面的项目决策支持信息。

11.4.2 项目综合评估的集成方法与模型

按照系统理论和项目集成管理的原理，项目综合评估就是一种系统集成的评估工作。所以项目综合评估的集成方法和模型就要按照系统与集成的思想去选用项目综合评估所需的全面集成方法和模型，项目综合评估的集成模型主要有如下几种。

1. 加法集成模型

这种项目综合评估的集成模型的特点是简便易行，它使用简单求和、加权求和或修正加权求和等具体集成方法，将项目综合评估的各项指标全面集成为一个整体，然后由此给出项目的综合评估结果。其最一般的模型如下。

$$x'_i = \sum_{j=1}^{n_{ij}} W_{ij} \cdot x'_{ij} \quad (i=1,\ 2,\ \cdots,\ N;\ \sum_{j=1}^{n_{ij}} W_{ij}=1) \qquad (11\text{-}12)$$

其中：x'_i 为第 i 指标的归一化数值；x'_{ij} 为第 i 指标所包括的第 j 分指标的归一化数值；W_{ij} 为相应的权重；n_{ij} 为第 i 指标包括的分指标个数。

注意：若式（11-12）中的 W_{ij} 皆相等，则该模型可转化为简单求和模型。

2. 乘法集成模型

乘法集成模型的特点是要求项目综合评估各个指标之间的关联度很强，并且这些指标要求必须同时得到满足。这种模型中又包含有简单乘法、加权乘法、广义模糊乘法等具体的乘法集成模型。其中，最为一般性的加权乘法模型如下。

$$x'_i = \prod_{j=1}^{n_{ij}} W_{ij} x'_{ij} \quad (i=1,\ 2,\ \cdots,\ N) \qquad (11\text{-}13)$$

其中：x'_i 为第 i 指标的归一化数值；x'_{ij} 为第 i 指标所包括的第 j 分指标的归一化数值；W_{ij} 为相应的权重；n_{ij} 为第 i 指标包括的分指标个数。

注意：若式（11-13）中的 W_{ij} 皆相等，该模型即可转化为简单乘法模型。

3. 其他集成模型

除了上述加法和乘法集成模型与方法以外，还有许多其他的项目综合评估的集成模型和方法。例如，既有加法、又有乘法的集成模型，这种模型的具体表述如式（11-14）所示，另外，有关层次分析法等定性和定量相结合的综合评估方法与模型等，由于前面已经做了介绍，在此就不再赘述了。

$$x_i' = \left(\sum_{j=1}^{n_{ij}} W_{ij} \cdot x_{ij}' \right) \times \left(\prod_{j=1}^{n_{ij}} W_{ij} x_{ij}' \right) \quad (i=1, 2, \cdots, N; \ \sum_{j=1}^{n_{ij}} W_{ij}=1) \qquad (11-14)$$

其中：x_i' 为第 i 指标的归一化数值；x_{ij}' 为第 i 指标所包括的第 j 分指标的归一化数值；W_{ij} 为相应的权重；n_{ij} 为第 i 指标包括的分指标个数。

11.4.3　项目综合评估的最终结果与相关报告

项目综合评估的最终结果与相关报告应从总体上给出项目的必要性和可行性，从具体上应该给出项目的技术先进性和适用性，项目财务和国民经济的效益与价值，项目的社会环境和自然环境的适应性与协调性，特别是要给出项目综合评估的结论性意见和需要改进或改善的意见与建议。由于项目综合评估是一项内容繁多、涉及方方面面的评估工作，因此是一种系统集成性的复杂工作。但是由于人们分析和判断一个项目是否可行的根本依据就是这种集成性的项目综合评估最终结果，因此项目综合评估相关报告必须从不同角度报告项目的必要性和可行性，从而给出项目综合评估的结论性意见。

1. 编制项目综合评估最终结果和相关报告的工作程序

为给出项目综合评估的最终结果，人们就需要编制项目综合评估的相关报告，这方面的工作程序包括如下的程序和步骤。

（1）整理项目综合评估的全部信息。在编制项目综合评估最终结果及其相关报告之前，人们首先要对项目各专项评估和项目综合评估的资料与数据进行全面的整理，特别是要对在项目综合评估阶段给出的最终结果进行必要的检查、核实、整理和归类，然后在此基础上初步整理成书面材料，作为项目综合评估相关报告的基础资料。

（2）汇总项目各专项评估与项目综合评估的结论。其核心任务是以项目综合评估指标体系中的目标、子目标和指标的层次结构框架去汇总项目各专项评估与项目综合评估的结论。这是编写项目综合评估报告的一项重要工作，要求汇总内容必须具有系统性和完备性。

（3）提出项目综合评估最终结论和建议报告。在上述整理和汇总的基础上，提出项目综合评估最终结论和建议报告，这也是项目综合评估重要的一个环节。项目综合评估人员要根据各专项评估结论和项目综合评估结论，给出最终的结论性意见，并根据评估中发现的问题提出建设性的意见和建议，以便在项目决策中使用。

（4）正式编写项目综合评估的最终报告。这是项目综合评估的最后一项工作，其基本要求：第一是最终评估结论必须科学可靠（必须科学、公正、实事求是地给出项目评估的结论），第二是提出的意见和建议必须切实可行（要根据项目实际情况提出切实可行和符合实际的意见与建议），第三是报告的语言要简明精练和一目了然。

2. 项目综合评估报告的主要内容

项目综合评估最终结果及其相关报告是项目综合评估结果的书面文件，也是项目决策的重要依据。虽然项目综合评估最终结果和相关报告的内容因项目类型、规模及其复杂程度的不同而有所不同，但是通常主要包括以下几个部分的内容。

（1）报告提要。这部分内容包括：其一是对项目的总体描述以使项目决策者能了解整个项目，其二是明确清楚地描绘出项目的目标、可行性等综合评估最终结论。这一部分报告内容可以使阅读者对项目总体情况和评估结论有一个大致的了解。如果项目过大和过于复杂，人们可以将这部分中的相关解释和说明等内容列为整个报告的附件而另行给出。

（2）报告正文。这种报告正文应包括的内容有如下几个方面：项目主要相关利益主体的概况、项目的概况、项目专项评估的内容与结论情况、项目综合评估内容与结论以及就影响项目可行的关键性问题提出的切实可行的建议。

（3）报告附件。这包括项目综合评估报告的主要附表（主要附表包括投资估算、财务经济效益分析、国民经济效益分析等各种基本和辅助表格等）、项目综合评估报告的各种附件（主要包括项目专项评估的报告和项目的各种批件等）。

 思 考 题

1. 项目综合评估的内容有哪些？
2. 有哪些项目综合评估指标体系的建立原则？
3. 为什么项目综合评估要有定性的技术方法？
4. 为什么项目综合评估要有定量的技术方法？
5. 为什么项目综合评估要有综合的技术方法？
6. 常用的项目综合评估的集成方法有哪几种？

第 3 篇　项目跟踪评估

　　中国有句话说："计划赶不上变化"，说的就是管理学中的基本原理之一，即任何时期都必须不断地适应所处环境与条件的变化。因为任何时期的环境与条件都是不断发展变化的，所以人们只有不断地修订计划和安排，才能够将正确的事情做好。对于项目管理而言，项目变更就成了项目全过程管理中最为重要的管理工作。因为实际上如果没有环境与条件的发展变化，人们只要做好计划然后全程按照计划执行就好了，而这是不需要管理的。所以项目管理的核心在于针对项目环境与条件的发展变化去开展项目变更管理，而要开展项目变更管理就需要开展相关的项目跟踪决策，而项目跟踪决策的依据和出发点就是项目跟踪评估。由此可见，项目跟踪评估是项目管理中十分重要的一环。但是，以前的项目评估教科书中缺少这方面的原理和方法，本篇的内容就是作者自 20 世纪 80 年代以来所做相关研究的成果或结果。

第 12 章　项目实施绩效评估

本章首先给出项目实施绩效评估的基本概念、核心任务和主要作用，其中对于项目绩效综合评估的发展历程做了相应的介绍。随后，讨论了项目实施绩效评估的指标体系的分类和构成以及建立方法。进一步讨论了项目实施绩效评估的挣值分析方法的原理、做法和现存问题，不但推导给出了项目挣值管理方法所使用的综合指数法及其存在的缺陷，而且给出了解决这些不足和缺陷的方法与途径。最后讨论了项目实施绩效评估的综合集成方法的思想、模型、原理和技术方法，这些都是作者在项目挣值管理方法的基础上经过全面创新和验证而提出的。

从理论上说，项目评估就是为项目决策提供信息和支持的。由于项目决策不仅有项目起始决策，还有项目跟踪决策，因此项目评估也不能只有项目前评估，而必须有项目跟踪评估。项目跟踪评估进一步分成了项目实施绩效评估、项目变更投资方案评估与项目变更实施方案评估，这些都属于为制订项目跟踪决策方案提供信息和支持的项目跟踪评估。

由于以前的项目管理只重视项目前评估和后评估，因此对于项目跟踪评估的研究和讨论相对较少，甚至在大多数的项目评估教材和专著中都很少提及这方面的内容。本篇是根据现有项目前评估和后评估的相关原理与方法，以及项目跟踪评估的特殊要求，经过作者多年的潜心研究和实验验证而提出的项目跟踪评估的原理与方法。实际上当今重要的创新项目和创业项目更需要项目跟踪决策，因为这两类项目的管理和决策过程就是一个"不断试错"的过程，因此更加需要项目跟踪评估的原理和方法。

12.1　项目实施绩效评估概述

项目实施绩效评估指的是在项目实施到一定的阶段（有足够可统计数据）以后，人们为分析项目实施的状况而开展的一种项目评估工作，这种项目评估工作的基本概念和要素以及这种评估的主要内容与作用分述如下。

12.1.1　项目实施绩效评估的基本概念

从定义上说，项目实施绩效评估就是人们为认知和评价项目实施到一定阶段以后的各方面工作绩效，从而发现和评价项目工作中出现的偏差，以便为项目跟踪决策提供支持的一项项目评估工作。这种项目评估工作的概念、特性、内容和作用都不同于项目前评估和项目后评估，因为这是为发现项目实施绩效问题和开展项目跟踪决策服务的。

但是，项目实施绩效评估与本篇后续讨论的项目变更投资方案评估和项目变更实施方案评估在内容与方法等方面有很多不同。因为项目实施绩效评估是要评估项目的"现状和问题"，从而确定是否需要开展项目变更服务，而项目变更投资方案评估和项目变更实施方案评估是为全面评价项目变更的投资和实施方案用的。因此本章的项目实施绩效评估具有很强的独特性和自己专门的用途，具体讨论和说明如下。

1. 项目实施绩效评估的客体

项目实施绩效评估所评估的客体（对象）是在实施中的项目绩效状况，这种评估是分析和评价项目实施的绩效如何，以及项目是否需要采取纠偏措施或进行变更。然而，项目前评估的客体是尚未实施的项目提案或项目计划与设计方案，项目前评估的目的是分析和确认项目是否可行与科学合理；项目后评估的客体是已经实施完成并开始运行或运行结束的项目，后评估的目的是总结经验或如何使得项目运行能够可持续发展。但是，项目实施绩效评估与项目前后评估都是不同的，这种评估的核心内容不是项目的经济、技术、财务等各方面的可行性，而是项目实施的绩效和项目环境与条件的发展变化情况。因此项目实施绩效评估主要考核和评价的内容涉及项目与项目管理中的项目进度（时间）、成本（造价）、范围、质量、资源采购等方面的绩效情况，以及项目环境与条件的发展变化等方面的情况。

2. 项目实施绩效评估的主体

项目实施绩效评估的主体包括项目业主、承包商（或实施者）、贷款银行以及政府主管部门等，这些项目跟踪评估的主体各自进行的项目跟踪评估在目的和内容等方面都是不同的。其中，项目业主更关心项目实施进度、成本、范围、质量等方面的绩效如何，以及他们为此所要付出的代价如何。项目承包商最关心的是项目实施在进度、成本、范围、质量等方面的实施绩效，以及由此会给他们带来的收益和损失。项目贷款银行进行项目实施绩效评估所关心的焦点是他们的贷款利息和本金偿还会受到何种影响。政府主管部门开展这种评估更多的是关心项目实施是否造成污染或损害他人的利益。总之，不同评估主体所开展项目实施绩效评估的目的和内容是不同的。

3. 项目实施绩效评估的独特性

综上所述，项目实施绩效评估具有自己的独特之处，这主要表现在以下三个方面。

（1）评估时点的独特性。项目前评估是在项目起始之前开展的评估，而项目后评估是在项目实施完成以后开展的评估，只有项目实施绩效评估是在项目实施的过程中所开展的评估工作。所以这种评估具有"非零起点"的特性和"未过终点"的特性，因此项目实施绩效评估主要用于支持项目跟踪决策，以便管理好项目的实施和更好地实现项目目标。

（2）评估依据的独特性。项目前评估依据的是在项目起始之前对项目未来所做的预测和假设（或设计）数据，而项目后评估依据的都是在项目实施完成以后得到的实际数据，但是项目实施绩效评估的数据既有在项目实施过程中的实际数据，也有根据项目评估时点的现状对未来发展变化的预测和假设数据。所以这种评估需要做两个方面的数据收集和加工工作，即项目实际发生的数据与项目未来发展变化的预测数据的收集和加工与处理工作。

（3）评估作用的独特性。项目前评估的作用是为项目起始决策提供支持，而项目后评估的作用是为检验项目成果和总结项目经验与教训服务，只有项目实施绩效评估的作用是为项目的跟踪决策和变更管理服务。人们开展这种评估是要评价项目实施绩效和发现偏差与问题，以便采取纠偏措施或者是开展项目变更，最终能够更好地实现项目的目标和要求。

4. 项目实施绩效评估的其他特性

项目实施绩效评估除了有上述三个方面的独特性外，还有很多其他特性。这些特性都是项目所具有的独特性和一次性等特性所要求与导致的，具体分述如下。

（1）时效性。项目实施情况与计划情况之间总会有偏差，人们必须尽早发现并采取纠偏措施，否则就会因这种偏离而给项目相关利益主体带来损失。这就要求项目实施绩效评估必须具有时效性，不但要及时进行这种评估，而且要积极报告和应用评估结果（项目报表比日常运营的报表周期更短且频率更高），否则过了时效期就会变成"马后炮"而没用了。

（2）综合性。项目实施中出现的偏差会表现为项目某个方面或某几个方面的问题，但导致这些偏差的深层原因多数是综合性的，所以这种评估还必须具有综合性的特点。例如，项目实施中出现成本偏差的深层原因可能会包括项目多方面的问题，需要人们去综合分析和评估，这就是在项目实施绩效评估中开展项目挣值管理（earned value management，EVM）等综合评估的原因。

（3）半结构性。项目实施绩效评估与企业日常运营绩效评估不同，后者具有很高的结构性，企业日常运营的报表都是按既定格式、内容和要求编写的。项目实施绩效评估则不同，它有很大一部分是非结构性的，所以这种评估只能算半结构性的。这种评估的半结构性使得这种评估的结果中会有许多非结构性的内容，如对项目突发事件的评估等。

（4）半程序性。项目实施绩效评估与企业日常运营绩效评估还有一个不同之处，因为后者具有很高的程序性（按固定程序和周期开展）。但是项目实施绩效评估很大部分是非程序性的，所以这种评估具有半程序性的特性。项目实施绩效评估无法完全按照程序化进行评估，因为项目会有许多突发事件需要按照非程序化的方式去评估和报告。

（5）求是性。项目实施绩效评估最主要特性就是实事求是的特性，即通过项目实施绩效评估去找出项目发展变化的问题和规律的特性。其中，"实事"就是项目实施绩效评估客观地反映项目的绩效情况，"求是"就是通过这种评估去找出项目发展变化规律。前者用于分析和发现项目实施中的偏差，后者用于分析和预测项目发展变化并找出应对方案。

12.1.2　项目实施绩效评估的主要作用

如上所述，项目实施绩效评估的作用与项目前后评估的作用有很大不同，项目实施绩效评估的主要作用是为项目跟踪决策提供信息和决策支持。

1. 项目实施绩效评估的决策支持作用

项目实施绩效评估的最根本作用是为项目的跟踪决策提供所需的信息以及相应的各种决策支持服务。如图 12-1 所示，项目实施绩效评估的根本作用是在项目实施过程中借助这种评估去不断地填补项目管理和决策中存在的信息缺口。这些项目决策中存在的信息缺口是由于项目的不确定性和风险性造成的，而项目的不确定性和风险性又是项目决策失误或错误的根源所在。因此，项目实施绩效评估的根本作用之一就是提供必要的信息去弥补这种信息缺口，以便能够使项目决策者的项目跟踪决策（包括项目变更决策）更加符合项目的客观实际。所以在项目开展实施以后，每过一段时间就应该开展一次项目实施绩效评估，并且由图 12-1 可以看出，这种评估的间隔周期越短，其时效性就越高，从而弥补项目决策信息缺口的作用就越好，因此对于项目决策的支持就越有效。

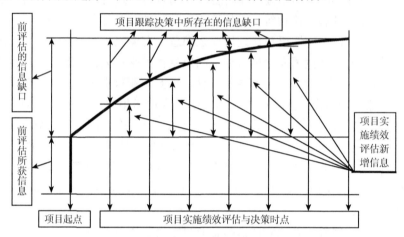

图 12-1　项目实施绩效评估的决策支持作用示意图

2. 项目实施绩效评估的管理信息作用

项目实施绩效评估的另一个重要作用就是为项目的管理和控制提供必要的信息支持，由图 12-2 可以看出，项目每个阶段都有一个属于项目决策范畴的"起始过程"，此时人们需要信息去支持而做出下个项目阶段是否起始和继续实施的决策，这属于上述的项目实施绩效评估的决策支持作用。但是，由图 12-2 还可以看出，每个项目阶段还有自己的计划过程、组织过程与控制过程，这些管理过程也都需要项目实施绩效评估为其中的管理和控制工作提供必要的信息支持，而这就是项目实施绩效评估工作另一项十分重要的作用，即项目实施绩效评估的管理信息作用。

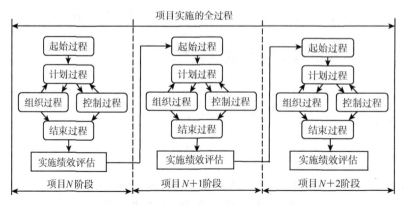

图 12-2　项目实施绩效评估的管理支持作用示意图

3. 项目实施绩效评估的其他主要作用

项目实施绩效评估除了上述根本作用以外，还有两个方面的主要作用。

（1）记录项目实施绩效的作用。项目实施绩效评估具有确认和记录项目实施的实际情况与效果的作用，这又分为两个方面的具体作用：其一是确认和记录项目实施的实际情况与效果，即项目实施到某个时点而形成的项目绩效；其二是确认和记录项目实施从项目起点到项目实施绩效评估时点的累计情况与效果的作用，并给出项目实施绩效的偏差，以便供人们用于修订计划和开展项目控制工作。

（2）指导提出项目变更方案的作用。项目实施绩效评估还具有判断项目是否需要变更，以及通过项目变更需要去改变项目实施所出现的哪些偏差方面的作用。这本身还进一步分成两个方面的具体作用：其一是根据项目实施绩效评估发现的偏差，去判断项目是否需要进行变更和需要哪些方面的变更；其二是当项目需要变更时去分析和评估这些变更需要弥补项目哪些问题与偏差，以便指导项目变更及项目变更方案的制订。

12.1.3　项目实施绩效评估的核心任务

项目实施绩效评估的主要任务是分析评价项目实施的实际情况，给出项目实施的实际水平与计划水平之间的偏差情况，分析并找出导致这些项目偏差的原因，进而据此分析项目是否需要采取纠偏措施或者进行项目变更。作者的研究结果表明，为此人们必须做好四个方面的具体事情，才能够得到最终的评估结果。项目实施绩效评估的这四方面的任务及其做法的示意如图 12-3 所示，具体说明和讨论如下。

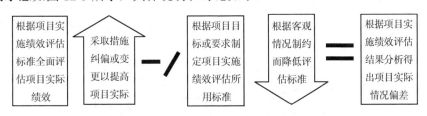

图 12-3　项目实施绩效评估主要内容的示意图

由图 12-3 可知，项目实施绩效评估的核心任务包括五个方面，具体分述如下。

1. 根据项目计划制定项目实施绩效评估所用的标准

项目实施绩效评估必须有科学的评估标准做依据，这种评估标准是根据项目目标、计划和要求制定的。但是这种评估标准必须比项目目标、计划和要求更为严格，而这二者之间的差异便是为项目管理与控制所留出的必要"容忍空间"。图 12-4 给出了项目目标、计划与要求和项目实施绩效评估标准的关系，可以看出，二者之间为项目管理与控制留出了足够的"容忍空间"。因为如果没有使用项目目标、计划或要求去做评估标准，一旦项目实际超过了项目目标、计划或要求就会造成项目完全失败。所以项目实施绩效评估的标准实际上是一种预警用的控制标准，因为当项目实施绩效超出了这一标准还没有到破坏或无法实现项目目标、计划和要求的程度。另外，人们还需要使用统计规律去发现项目绩效偏差,图 12-4 给出了项目连续七次的数据均出现偏差且均朝同一方向变化或集中在中线同侧的,这就表明项目实施出现了系统性问题或偏差情况。这就是项目实施绩效评估标准的统计控制标准,人们必须分析和找出这方面的评估信息与项目偏差。

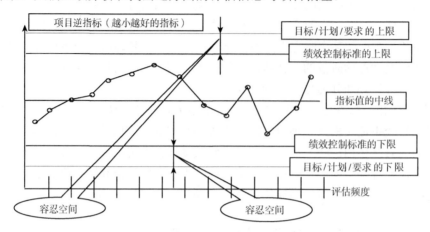

图 12-4   项目目标、计划或要求与项目实施绩效评估标准的关系

2. 对照项目实施绩效评估标准去度量项目实际绩效

这是项目实施绩效评估任务中最重要的一项,因为人们开展项目实施绩效评估的根本目的就是要评估和度量项目实际绩效的真实情况。这包括两方面的工作:其一是对照项目实施绩效评估标准去度量和评价项目的实际绩效情况,其二是对照项目标准或目标、计划与要求而给出项目实际情况的偏差大小。图 12-5 给出了对于项目正指标(越大越好的指标为正指标,越小越好的指标为逆指标)而言,项目实施绩效评估可能出现的各种偏差的示意。

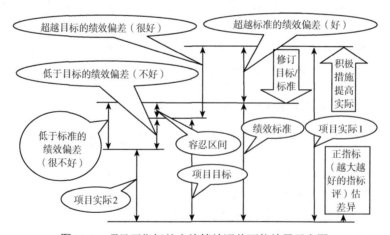

图 12-5   项目正指标的实施绩效评估可能结果示意图

由图 12-5 中可以看出,通过项目实施绩效评估发现偏差以后,人们会有两种纠正项目实施绩效偏差的方法:其一是只要客观环境和条件允许,人们就应该采取积极措施去向上提高项目实施的实际绩效;其二是当客观环境和条件不允许时,人们只能采取消极

的措施去向下调整项目实施的目标和标准了。但是，采取这两方面的措施之前必须首先评估项目实施绩效的实际情况，以便在下一步评估工作中找出项目实施绩效所存在的偏差情况。

3. 根据项目绩效实际结果比较得出项目存在的偏差

在人们评估并给出了项目实际绩效情况以后，这种评估的下一步任务是分析发现项目实际情况与项目实施绩效评估标准或与项目目标、计划及要求之间的偏差。图 12-5 给出了针对项目正指标的实施绩效评估的偏差情况（图 12-4 给出的是项目逆指标的情况），从图 12-5 中可以看出有两种偏差：其一是项目实施实际绩效与项目实施绩效评估标准的偏差情况，其二是项目实施实际绩效与项目实施的目标、计划和要求的偏差情况。前者主要用于为项目管理与控制提供依据和支持，而后者主要用于为项目决策提供依据和支持。例如，项目业主和承包商之间会根据项目实施实际绩效去开展工程项目造价（成本）的结算，而项目承包商自己会依据项目实施实际绩效情况去实施内部激励措施。实际上通过比较分析而确定出项目实施绩效中存在的这两种偏差，才是项目实施绩效评估的核心所在，因为人们需要依据这些偏差去制订和采取必要的项目管理纠偏或项目变更措施。

4. 根据项目绩效偏差情况确定是开展纠偏还是进行变更

人们在找出项目实际绩效的偏差后，就需要分析给出这些项目实施绩效偏差的严重程度及其成因，即究竟是项目自身变化造成了偏差，还是项目外部环境与条件变化而造成了偏差。不同原因造成项目实施绩效偏差，需要采取不同的措施去消除偏差。如图 12-5 所示，当项目实施绩效与评估标准之间存在偏差，且偏差严重程度并未危及项目目标、计划或要求时，人们只需采取某些积极提高项目实施的实际绩效的项目纠偏措施即可；但是当项目实施的实际绩效与项目目标、计划或要求之间出现了偏差，且这种偏差已经危及了项目的目标、计划或要求时，人们就必须采取项目变更措施（甚至终止项目）了。

5. 项目实施绩效偏差的纠偏或变更方案选择

通常有三种引发项目实施绩效出现偏差的原因和需采取的应对措施。有些项目绩效偏差是由项目实施主体造成的，且可通过他们的自我努力去消除偏差，此时人们只需要采取努力提高项目实施绩效的纠偏措施即可。有些偏差是由其他项目相关利益主体造成的，而项目实施主体可以通过多方面努力去消除偏差，此时在采取努力提高项目实施绩效的纠偏措施的同时，还必须开展补偿项目实施主体的必要变更（如开展项目造价变更以补偿这种努力）。最重要的项目实施的偏差是由项目外部环境与条件的发展变化造成的，且无法通过人们的主观努力去解决，此时人们只能够采取项目全面变更（甚至包括终止项目）的措施了。这些情况的分析及其应对措施如表 12-1 所示。

表 12-1 项目实施绩效的偏差情况与应对措施的分析矩阵

项目绩效偏差的程度	项目绩效与评估标准之间出现偏差，但这种偏差并未达到伤害或破坏项目的目标、计划或要求的程度	项目绩效与项目目标、计划或要求之间出现偏差，且这种偏差已经伤害或破坏了项目的目标、计划或要求
由项目实施主体的因素造成，且这些主体可通过自身努力而解决问题	只需要采取相应的项目纠偏措施即可	只能通过采取项目变更的措施去解决
由项目其他相关利益主体造成，项目实施主体可自行解决，且没有额外损失	只需要采取相应的项目纠偏措施即可	只能通过采取项目变更的措施去解决
由项目其他相关利益主体造成，项目实施主体可自行解决，但会有额外的经济损失	只能通过采取项目变更的措施去解决	只能通过采取项目变更的措施去解决
由项目外部环境与条件变化造成，且无法通过项目相关利益主体的努力去解决	只能通过采取项目变更的措施去解决	只能通过采取项目变更的措施去解决

12.2 项目实施绩效评估的指标体系

为了开展项目实施绩效评估，人们首先需要针对具体项目对于进度、成本、质量、范围、资源、风险等各方面的管理要求和项目实施绩效评估的需要，去建立一套具体项目所用的绩效跟踪评估指标体系，这方面的具体概念和工作分述如下。

12.2.1 项目实施绩效评估的指标分类

项目实施绩效评估是一种统计分析和评价工作，所以人们需要按照统计指标的分类方法进行项目实施绩效评估的指标分类。由于项目实施绩效评估是为项目管理服务的，因此人们需要按照满足项目管理需要的角度去进行分类。另外，项目实施绩效评估要求评估项目计划情况和项目实际情况之间的差异并设法消除这种差异，所以人们还需要从有利于消除项目绩效偏差的角度去对指标进行分类。因此，项目实施绩效评估的指标有三种分类方法，具体如下。

1. 按照项目实施绩效评估的统计对象和量纲分类

这是按照统计指标所反映的内容和所采用量纲的不同，分成以下三种指标。

(1) 项目实物量指标。这是以一种实物单位计量的统计指标，它能具体反映项目活动中每一种东西的数量，从而说明项目活动的规模和水平等情况。例如，项目实施范围多使用实物量指标，这种实物量指标是项目实施绩效评估各种指标的基础，因为这种按实物量计算的评估指标能直接反映项目某些方面的具体数量，能清楚地表明项目具体事物的规模和水平，但项目实物量指标的综合性能较差，因量纲不同而较难进行汇总。

(2) 项目劳动量指标。这是一种以劳动单位（工日、工时等）或劳动时间计量的统计指标，它能反映项目活动实际消耗的劳动数量，从而说明项目活动的规模和水平等情况。例如，项目时间（进度）可以使用劳动量指标（项目挣值管理方法就是这样）。这种评估指标最大的特点是能够直接反映项目活动所涉及的劳动数量、规模和水平，特别是因其量纲是按照劳动时间量给出的，因此项目劳动量指标的综合性能较好。

（3）项目价值量指标。这是以货币单位计量的统计指标，它能较好地反映项目活动中所使用资源的市场价值或计划价值的数量，从而说明项目活动或项目资源消耗的规模和价值水平等情况。例如，项目成本（造价）多数使用价值量来描述。这种指标的最大优点是它具有最广泛的综合性和概括能力，可以用于表示项目各种现象的总规模和总水平，但有时会无法阐释项目的具体现象和问题实质。

2. 按照项目实施绩效评估的指标作用和形式分类

这可分为项目总量指标、项目相对指标、项目平均指标和项目标志变异指标，具体分述如下。

（1）项目总量指标。这是反映项目现象总体规模的统计指标，通常以绝对数的形式来表现而又被称为绝对数指标，如项目总成本和项目总工期等。这种指标涉及项目实际与计划方面的总量指标，以及项目实际与计划或要求之间的绝对差异指标。按其反映的项目时间特性又可分为按项目时期和时点统计的指标，项目时期指标是项目某现象在一定时期内的累计总量，项目时点指标是项目某现象在某特定时刻上的总量情况。

（2）项目相对指标。这是使用项目实际数据与项目计划或要求等数据进行相对比较而得出的结果指标，它告诉人们关于项目实际与计划或要求之间的相对差异。这种指标又分成四类：项目计划完成相对数、项目动态相对数、项目结构相对数和项目强度相对数。它们都是两个绝对数之比，如项目实际成本与计划成本之比得到的项目成本计划完成情况就是一种项目计划完成相对数，相对数通常用比例或比率等方式给出。

（3）项目平均指标。它反映的是项目某现象在特定的时间或空间上的平均数量状况，这又包括算术平均数、中位数、众数、几何平均数、加权平均数和调和平均数等形式。其中，项目算术平均数是用项目统计资料中各观测值的总和除以观测值个数所得的商，如项目人均完成工程造价数额就属于算术平均数。实际上项目的平均数给出的就是一种削平波峰和波谷数值的统计指标。

（4）项目标志变异指标。上述的项目平均指标描述的是项目某事物总体的集中趋势，而项目的标志变异指标描述的是项目某事物总体的离中趋势。确切地说，这种指标是反映项目事物总体中各单位标志值变动程度或差异程度，从而度量事物统计分布离中趋势的综合指标。项目主要的标志变异指标有极差、平均差和平均差系数等，这些都是测定标志变异程度最简便的指标，但它们的数理科学性和反映标志差异程度的准确性较差。

上述这些按照统计对象和量纲等分类原则给出的指标的具体经济与数学含义，以及相应的计算方法和计算公式，读者可参阅有关统计学的教科书，本书在此省略而不详述。

3. 按照项目统计指标的管理功能作用分类

这可将项目实施绩效评估指标分为项目描述性指标、项目评价性指标和项目预警性指标，具体分述如下。

（1）项目描述性指标。这是指反映项目实施状况、过程和结果的指标，这种指标可提供对项目情况的全面说明，这是项目实施绩效评估信息中的主体。例如，反映项目范围、项目质量、项目进度和项目成本的指标多数都属于项目的描述性指标。这些指标相互配合可以反映项目实施的实际情况，如项目进度计划的完成情况和项目造价的实际情况等。

（2）项目评价性指标。这是指对项目实施结果进行比较、评估和考核的指标，是涉及评价项目好坏和成败的指标。这包括从项目业主、承包商、政府等不同项目相关利益主体角度进行评价的不同指标，这些指标的根本作用是给出项目实际与计划、要求或考核标准之间的差异，以便人们根据这种指标去采取必要的措施。这方面指标包括各种统计学分析方法生成的评价性指标，如相关系数和成功度等指标。

（3）项目预警性指标。这是用于对项目各种风险或发展变化进行监测的一种指标，这是报告项目实际与计划差异已超过界限的预警指标。这实际上是项目出现风险、问题或失控情况的征兆性指标，所以人们需要选择项目管理中具有风险性、敏感性、极限值的现象去设定这类指标。例如，奥运场馆项目要求不能拖期，所以属于项目进度控制方面的预警性指标。

12.2.2　项目实施绩效评估的指标体系构成

由于项目实施绩效评估涉及项目的各个方面，而这些需要评估的各方面相互联系和相互作用，所以人们必须根据项目实施绩效评估的需要去建立相应的评估指标体系。这种评估指标体系是根据具体项目的管理需要以及项目各方面相互联系而建立的有机整体，这种指标体系必须能够满足项目实施的各方面绩效评估的实际需要。

1. 项目实施绩效评估的指标体系构成内容

通常，任何一种评估指标体系都是根据具体评估任务的需要去设计的，因此项目实施绩效评估指标体系中的各项指标各自要反映不同的评估内容，同时又能综合和集成项目各方面的绩效情况而给出综合的评估结果。为此，人们必须把这种评估指标体系中的评估指标分为专项评估指标和综合评估指标，专项评估指标是反映项目进度、成本、质量和范围等各方面情况的指标，而综合指标是反映项目整体情况的问题或是否可行的指标，而且综合指标应是项目各专项评估指标的综合。项目实施绩效评估的指标体系必须能够全面涵盖所要评估的具体项目各方面，以及这些具体方面之间的互相联系和集成关系。所以具体项目实施绩效评估的指标体系必须根据需要和要求进行专门的设计，以便更好地为具体项目的评估服务。

2. 项目实施绩效评估的指标体系构成原则

由于人们必须针对具体项目的实施绩效评估需要去设计指标体系，在设计具体项目的实施绩效评估指标体系时人们必须坚持相应的一些原则，从而才能设计出科学和有效评估具体项目绩效的指标体系，即既能够客观而科学地评估具体项目各个方面的绩效，又能够全面评估具体项目综合绩效的指标体系。在具体项目实施绩效评估指标体系设计中必须坚持的原则包括下述几方面。

（1）具体项目具体设计的原则。没有哪本书或哪个国家或哪个行业规范规定的项目实施绩效评估指标体系是可以"放之四海而皆准"的,因为每个项目的绩效评估要求都是不同的。因为有的项目需要优先强调的是项目进度(奥运会场馆建设项目),有的项目优先强调的是项目质量(如博士和硕士学位论文项目),有的项目优先强调的是项目成本(如限定预算的某些项目),等等,所以项目实施绩效评估的指标体系设计必须贯彻根据具体项目要求去具体设计的原则,任何人都不能照搬别人项目的实施绩效评估指标体系。

(2)根据项目管理需要设计的原则。因为项目实施绩效评估是为项目的跟踪决策和管理与控制服务的,所以这种评估指标体系的设计必须贯彻满足项目管理和决策需要而进行设计的原则。例如,对于一年内完成的项目和对于像长江三峡工程这种历时十几年的项目实施绩效评估指标体系的设计,二者因管理和决策需要不同则设计会完全不同。另外,对于像武器研发项目和住宅建设项目的实施绩效评估指标体系的设计,因为两种项目在决策和管理与控制的严格程度上完全不同,所以它们的这种评估指标体系设计也不同。

(3)符合国家、地方和行业现行法规与制度的原则。项目实施绩效评估的指标体系的设计还必须遵守坚持和符合国家、地方与行业的现行财税和统计制度与规定的原则,这包括必须遵守国家有关项目的财务、税务和行业管理等方面的法律法规,国家统计主管和业务主管部门的统计要求和统计报表等方面的规定,等等。实际上人们在设计具体项目实施绩效评估的指标体系过程中坚持这一原则,不但在自己今后进行项目实施绩效评估的时候有用,而且也是为应对国家、地方和行业的财税检查与统计报表填报等做准备。

(4)坚持重点突出和统筹兼顾的设计原则。任何组织或项目的绩效跟踪评估都不可能涵盖项目各方面的情况,所以这种评估指标体系的设计还必须坚持重点突出和统筹兼顾的原则。其中,重点突出的原则是指这种评估指标体系的设计首先必须满足项目管理和控制的重点方面与要求,即根据项目各方面绩效的重要程度做出必要的评估指标选择,并且要设计给出选定的绩效跟踪评估指标的优先序列。统筹兼顾的原则是指这种评估指标体系的设计还必须做好综合反映项目绩效情况的指标设计,只有这样这种评估指标体系才能很好地使用。

12.2.3 项目实施绩效评估的指标体系建立

项目实施绩效评估指标体系的建立过程和任务,可以用图 12-6 给出示意。其中各个步骤的具体任务和内容如下。

1. 确定具体项目实施绩效评估的目的和作用

这一过程的首要步骤是设计和确定项目实施绩效评估的目的、要求和作用,即确定给出具体项目实施绩效评估的目的、要求和作用是什么。因为从项目业主、承包商或贷款银行等不同项目相关利益主体的角度出发,人们开展项目实施绩效评估的目的、要求和作用是不同的。他们有的是为了发现项目实施的业绩和成就(以便结算工程款项),有的是为了找出项目实施的偏差和问题(以便采取纠偏措施),而有的是偏重于预测未来的发展和变化(以便采取积极的项目变更),等等。因为项目实施绩效评估的目的、要求和作用不同则选用的指标与指标体系就会不同,所以这是人们在建立指标体系过程中的首要任务和步骤。

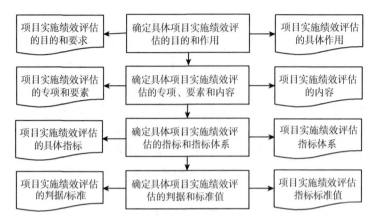

图 12-6　项目实施绩效评估的指标体系建立过程示意图

2. 确定具体项目实施绩效评估的专项、要素和内容

这首先要确定究竟需要评估哪些专项（如项目进度、成本、质量还是范围等）的绩效，其次要确定究竟要评估这些专项的哪些具体要素（如项目质量专项中的项目产出物质量还是项目工作质量）的绩效，最后要确定需要评估这些专项的具体要素的哪方面的内容（如只是评估项目进度和成本的绝对差异与相对差异，还是同时要评估项目进度和成本的平均差异及其指数分析等）。这些是这类指标体系设计的第二项重要任务和步骤。

3. 确定具体项目实施绩效评估的指标和指标体系

确定了上述两个方面以后，人们就可设计具体项目实施绩效评估的指标及其指标体系了。这一步骤的工作可以使用表 12-2 中给出的矩阵方法进行。在此借用了 12.3 节要讨论的项目挣值管理原理（所以表 12-2 中英文符号代表的具体指标及其含义请见 12.3 节），这里借用仅可供人们建立项目实施绩效评估指标体系借鉴之用。

表 12-2　具体项目实施绩效评估的指标体系确定的矩阵分析示意表

目的和作用	描述		评估		判定		预测
评估的专项	进度	成本	进度	成本	进度	成本	成本
评估的要素	完成度	预算控制	好坏	好坏	好坏	好坏	差异
评估的内容	相对与绝对差	相对与绝对差	相对与绝对差	相对与绝对差	情况好坏判断	情况好坏判断	到完工差多少
评估的指标	WS/WP/ 计划完成情况	PV/EV AC 计划完成情况	SV/ SPI 等指标	CV/CPI 等指标	SV>0 SPI>1 等指标	CV<0 CPI<1 等指标	EAC/ETC 等指标
指标体系	由上述这些指标所构成的指标体系						

由表 12-2 可知，项目挣值方法要评估的是项目成本与进度两个专项评估以及二者的综合评估，具体的评估要素是分析和给出项目进度的完成情况以及项目预算的控制好坏，而具体的评估内容包括这两个专项的相对差异、绝对差异、好坏判断和所缺预算的预测。由

表中可以看出，人们先需要确定项目实施绩效评估的目的和作用（包括描述、评价、判定和预测），然后是确定评估的项目专项（项目进度和成本）和指标（完成程度、预算控制和好坏情况），进而确定评估的具体内容（相对差异、绝对差异、预测差异），然后将这些评估指标有机地结合在一起就构成了一个具体项目实施绩效评估的指标体系。

4. 确定具体项目实施绩效评估的判据和标准值

在完成上述具体项目实施绩效评估的指标体系建立之后，人们还必须进一步确定这些项目实施绩效评估具体指标的判据和标准值。例如，表 12-2 中给出的 $SV>0$ 就是项目进度绩效绝对值指标的判据，而 $SPI>1$ 是项目进度绩效相对值指标的判据，因为这些都表明项目进度出现了拖期；其中的 $CV<0$ 是项目成本绩效绝对值指标的判据，而 $CPI<1$ 是项目成本绩效相对值指标的判据，因为这些都表明项目成本出现了超支。更进一步说，表 12-2 中给出的 $SV=0$ 就是项目进度绩效绝对值指标的标准值，$SPI=1$ 是项目进度绩效相对值指标的标准值，因为它们表明了项目进度既没有拖期、也没有提前；而其中的 $CV=0$ 是项目成本绩效绝对值指标的标准值，$CPI=1$ 是项目成本绩效相对值指标的标准值，因为它们表明了项目成本既没有超支、也没有节约。

12.2.4　项目实施绩效评估的专项评估指标建立

项目实施绩效评估指标体系建立的首要任务是确定专项评估指标体系，即根据具体项目实施绩效评估的需要确定究竟要评估项目实施管理的哪些专业或方面，以及究竟需要使用哪些评估指标去开展评估。这在很大程度上还取决于项目实施绩效评估主体的意愿和需要，如项目业主更注重项目产出物质量、项目承包造价和项目进度，而项目承包商则更注重项目范围、项目实施成本和项目工作质量。不过总体而言，项目实施绩效评估主要包括如下几个方面的专项评估及其具体评估指标。

1. 项目质量的专项评估指标

多数项目的实施绩效评估都会开展项目质量的专项评估，因为如果项目实施的质量出现问题则整个项目的结果就有问题了。项目质量的专项评估又进一步分成项目产出物质量和项目工作质量两个方面的评估，项目产出物质量是项目质量的集中体现，项目工作质量是项目产出物质量的根本保障。项目质量的专项评估指标主要包括项目质量实际水平与计划水平之间的绝对差异和相对差异两种评估指标。

2. 项目范围的专项评估指标

多数项目的实施绩效评估也会开展项目范围的专项评估，因为当项目实施的范围出现扩大或缩小的问题就会直接关系到项目业主和项目实施者的利益。项目范围的专项评估可以使用实物量和劳动量两种统计量进行评估，而项目范围的专项评估指标主要包括项目范围的实际水平与计划水平之间的绝对差异评估指标。

3. 项目时间的专项评估指标

多数项目的实施绩效评估会开展项目时间的专项评估，而项目时间的专项评估又进一步分为项目进度（以强调项目实施的时点保证情况为主）和项目工期（以强调项目实施所花费时间长短为主）两个方面的评估。因为有些项目十分注重时点，而有些项目则更注重时期，所以项目时间的专项评估指标主要包括项目进度和项目工期两方面的实际水平与计划水平之间的绝对差异和相对差异评估指标。

4. 项目成本的专项评估指标

几乎全部项目的实施绩效评估都会开展项目成本的专项评估，而项目成本的专项评估又进一步分为项目承包成本（项目造价）和项目实施成本（项目花费）两个方面的评估。因为项目业主和项目实施者所关注的项目成本的角度与范围是不同的，所以项目成本的专项评估指标会有两种，而这两种项目成本专项评估的主要指标包括项目承包成本和项目实施成本两方面的实际水平与计划水平之间的绝对差异和相对差异评估指标，以及项目成本实际水平的平均指标（如平均每平方米住宅建筑的承包成本或实施成本等）。

5. 项目资源配置的专项评估指标

在某些项目的实施绩效评估中人们会开展项目资源配置的专项评估，这又分为项目人力资源、项目信息资源和项目物力与劳力资源三种资源及其配置的专项评估。同时，这三种项目资源配置的评估又进一步分成项目资源采购绩效评估和项目资源使用绩效两个方面的评估。项目资源配置的专项评估指标主要包括项目资源采购和项目资源使用两方面的资源实际使用水平与计划水平之间的绝对差异和相对差异评估指标，以及项目资源配置实际水平的平均指标。需要特别指出的是，项目资源配置的好坏会通过项目成本和项目时间等指标体现出来，所以在开展项目实施绩效综合评估的时候，不能重复评估项目资源配置的绩效。

6. 项目资源价格的专项评估指标

这包括项目人力资源、项目信息资源和项目物力与劳力资源三种资源价格实际和计划情况的比较与评估，而且这三种项目资源价格的评估也会进一步分成项目资源采购价格和项目资源使用价格两个方面的评估。这两个方面的项目资源价格的专项评估指标主要包括项目资源采购和项目资源使用的实际价格水平与计划价格水平之间的绝对差异和相对差异评估指标，以及项目资源价格涨跌水平的平均指标。需要特别指出的是，项目资源价格的高低是项目环境与条件的客观因素造成的，所以这种评估结果不能最终由项目实施者承担。

7. 项目风险的专项评估指标

项目风险的专项评估是一种项目实施环境发展变化的评估，所以并不真正属于项目实施绩效评估的范畴。但是，项目风险是项目实施绩效的影响因素之一，所以有些项目在需要分析项目实施绩效的原因时，也会开展项目风险的专项评估。因此必须注意：项目风险专项评估是项目实施绩效变化原因方面的评估，而不是项目实施绩效自身的评估组成部分。项目风险专项评估指标主要包括项目风险的发生概率、项目风险的后果严重程度和项目风险的关联影响严重程度等，最终给出项目实施到评估时点的项目风险情况。

12.3　项目实施绩效评估的挣值管理方法

在项目实施绩效综合评估的方法中，现有较好的方法是项目挣值管理的方法。这是美国空军最初用来评估其项目承包商的实施绩效的方法，后来美国国防部将其发展成为一套科学有效的项目实施绩效综合评估的指标体系和技术方法。虽然这种方法至今还存在很多不足（在后续章节中将做出进一步的讨论），但实际上这是最早也是最成功的项目实施绩效综合评估的技术方法。当然，这种方法还可用于项目成本的预测，但本章要讨论的是它在项目实施绩效综合评估方面的功能、方法和指标体系等。

12.3.1　项目实施绩效评估的挣值管理方法介绍

早在 20 世纪 60 年代，美国国防部就在空军装备项目中开始使用"项目成本进度控制系统规范"（Cost/Schedule Control Systems Criteria，C/SCSC）[①]，后来推广作为美国国防工程项目采购中的项目实施绩效综合评估的方法。20 世纪 90 年代中期，这种方法经改进而被称为项目挣值管理的方法。随后这种方法开放给了民间私营部门，有关这种方法的具体情况介绍如下。

1. 项目挣值管理方法的优越性

项目挣值管理方法借助于统计学的原理和方法，尤其是统计学中综合指数分析的方法，解决了以前在项目绩效考核和综合评估中存在的两个问题，具体分述如下。

（1）部分地解决了项目实施绩效综合评估指标的割裂问题。在没有这种方法之前，人们只能独立或孤立地去分别考核项目成本和进度两个专项各自的绩效，而无法对项目各专项绩效之间的相互关联和影响给出很好的综合评估，而项目挣值管理方法解决了这些问题。

（2）较好地解决了项目实施绩效评估对象的区隔问题。同样，在没有这种方法之前，人们既无法对项目各专项之间的相互关联和影响给出充分的反应，也无法将项目成本和进度各自单独所造成的项目影响进行科学的分解和区隔，项目挣值管理方法较好地解决了该问题。

2. 项目挣值管理方法的缺陷和问题

由于项目的复杂性和一次性等特性，人们只对一个项目的成本和进度两要素进行绩效综合评估是远远不够的。因为一个项目的实施绩效还涉及项目质量、范围、资源价格等诸要素的作用和影响，而项目挣值管理方法只涵盖了项目成本和进度两要素的绩效综合评估

---

① DoD and NASA，Guide to PERT/Cost，Washington，D C，1962.

（及成本预测）方法，所以这种方法存在着缺陷和问题，这主要有两方面。

（1）项目实施绩效评估中的专项缺失问题。项目挣值管理方法中缺少项目范围和项目资源价格等专项评估的问题，在这种绩效评估中也没有考虑项目范围和资源价格等项目专项绩效评估及其综合评估，这是项目挣值管理方法一个最重要的缺陷。这方面的问题将在12.4节中全面进行讨论，并将给出克服这种缺陷的综合评估方法。

（2）项目实施绩效评估的综合评估问题。虽然项目挣值管理方法将项目成本和进度两要素进行了集成评估或综合评估，但是项目挣值管理方法对于项目实施绩效的综合评估中不包括项目范围、项目质量和项目所需资源价格等方面的内容，所以这也是项目挣值管理评估方法存在的问题或需要解决的问题之一。

12.3.2　项目实施绩效综合评估的挣值管理方法原理

关于项目挣值的定义可表述为：这是项目已完成作业量的计划价值，是项目在给定时间内所完成的实际作业量乘以项目预算成本得到的一个中间变量，其计算公式如下。

$$项目挣值（EV）＝项目实际完成作业量（WP）\times预算成本（BC）\qquad（12\text{-}1）$$

从式（12-1）中可以看出，项目挣值（earned value，EV）实际上是社会统计学中综合指数分析的一个中间变量，是由项目质量指标［项目成本的计划数值（budget cost，BC）］和项目数量指标[项目进度的实际数值（work performed，WP）所构成的一个中间变量［也被称为预算成本价值（budget cost of work performed，BCWP）］，用它可对项目成本的质量指标和项目进度的数量指标进行分析、评估和比较。

所以项目挣值管理的基本原理是借用社会统计学中综合指数分析或企业经营活动因素分析的中间变量替代原理而建立的，其具体分析和推导证明如下。

假定一个变量 F 是由一个质量指标 Q 和一个数量指标 P 按相乘关系构成，即有

$$F＝P\times Q\qquad（12\text{-}2）$$

用 Q_0 和 P_0 表示计划值，Q_1 和 P_1 表示实际值，则变量 F 就有计划值 F_0 和实际值 F_1：

$$F_0＝P_0\times Q_0，\quad F_1＝P_1\times Q_1\qquad（12\text{-}3）$$

将变量 F 的计划值 F_1 与实际值 F_0 相比，就可得到一个综合指数 E，即有

$$E＝\frac{F_1}{F_0}＝\frac{P_1Q_1}{P_0Q_0}\qquad（12\text{-}4）$$

根据社会统计学原理，在引入不同的中间变量后可以得到两个不同的综合指数 E_p 和 E_q。如果引进的中间变量为 $P_0\times Q_1$，则有

$$E_q＝\frac{P_0\times Q_1}{P_0\times Q_0}\times\frac{P_1\times Q_1}{P_0\times Q_1}\qquad（12\text{-}5）$$

式（12-5）中两部分乘式的具体说明和基本原理说明如下。

1.　式（12-5）中 $\dfrac{P_0\times Q_1}{P_0\times Q_0}$ 部分的含义讨论

这表示在综合指数中将质量指标 P 固定在 P_0 水平时，去分析由于数量指标 Q 从 Q_0 变化到 Q_1 所造成变量 F 的相对变化情况。如果使用（$P_0\times Q_1$）－（$P_0\times Q_0$），则可进一步给出在质量指标 P 固定在 P_0 时，由于数量指标 Q 从 Q_0 变化到 Q_1 所造成变量 F 的绝对变

化情况。

2. 式（12-5）中 $\dfrac{P_1 \times Q_1}{P_0 \times Q_1}$ 部分的含义讨论

这表示将综合指数的数量指标 Q 固定在 Q_1 水平时，去分析由于质量指标 P 从 P_0 变化到 P_1 所造成变量 F 的相对变化情况。同样，如果进一步用 $(P_1 \times Q_1) - (P_0 \times Q_1)$ 就可得出在数量指标固定在 Q_1 时，由于质量指标 P 从 P_0 变化到 P_1 所造成变量 F 的绝对变化情况。

综上所述，项目挣值这一指标的实质就是一个中间变量 $(P_0 \times Q_1)$ 的，在社会统计学的综合指数分析中将其称为拉氏指数，即综合指数的质量指标 P_0 与数量指标 Q_1 的乘积。因此，人们可用项目挣值 $(P_0 \times Q_1)$ 作为中间变量去分析当项目成本固定在预算水平 P_0 时，项目作业量从计划水平 Q_0 变化到实际水平 Q_1 所造成的项目绩效变化情况，然后人们可以将项目作业量固定在实际水平 Q_1 上，通过分析和比较项目成本从计划水平 P_0 变化到实际水平 P_1 所造成的项目绩效变化情况，从而找出项目实施和管理在项目成本与工期两方面的绩效综合评估结果。

12.3.3　项目实施绩效综合评估中的挣值分析方法

使用项目挣值管理方法去做项目实施绩效综合评估需要利用三个基本变量，分析和生成一系列的绝对差异分析和相对差异分析的指标，然后使用这些指标去开展项目实施绩效综合评估，具体分析原理和方法讨论如下。

1. 项目挣值管理中的三个基本变量指标

项目挣值管理的三个基本变量指标是这种项目实施绩效综合评估的基础，具体分述如下。

（1）项目计划价值（budgeted cost of work scheduled，BCWS）指标。这是用项目预算成本（项目的计划综合单价）乘以项目计划完成的工作量，从而得到的一个项目综合指数分析的计划价值指标（planed value，PV）。

（2）项目的挣值指标。这是用项目预算成本（项目的计划综合单价）乘以项目实际完成的工作量，从而得到的一个项目综合指数分析的中间变量指标（EV）。

（3）项目实际成本（actual cost of work performed，ACWP）指标。这是用项目实际发生成本乘以项目实际已完成工作量，从而得到的一个项目综合指数分析的实际成本价值指标（actual cost，AC）。

这三个基本变量是项目挣值管理方法中使用不同的项目成本与项目工作量水平计算得出的指标数值，它们分别反映了项目成本和工期指标的计划与实际水平。

2. 项目挣值管理方法中的差异分析指标

根据项目挣值管理方法中的三个关键变量，人们可以计算出如下六个差异分析指标。

（1）项目成本与进度绝对差异（cost schedule variance，CSV）指标。计算公式如下。

$$CSV = PV - AC = BCWS - ACWP = (P_0 \times Q_0) - (P_1 \times Q_1) \tag{12-6}$$

这一指标反映了项目计划作业量的预算成本（或计划综合单价）与项目已完成实际作业量

的实际成本之间的绝对差异值。这种差异是由于项目成本从预算值变化到实际值，以及项目进度从计划作业量变化到实际完成作业量，这两个项目因素综合变动造成的。很显然，这一指标值为正值时表示计划完成得好，反之则表明项目工期和成本综合出现了问题。

（2）项目成本绝对差异（cost variance，CV）指标。计算公式如下。

$$CV = EV - AC = BCWP - ACWP = (P_0 \times Q_1) - (P_1 \times Q_1) \tag{12-7}$$

这一指标反映了项目实际已完成作业量的预算成本（或计划综合单价）与项目实际已完成作业量的实际成本之间的绝对差异。这一差异剔除了项目作业量变动的影响因素，独立地反映因项目预算成本和实际成本的差异对项目成本（价值或造价）造成的变动影响。同样，这一指标值为正值时表示计划完成得好，反之则表明项目成本管理出现了问题。

（3）项目进度绝对差异（schedule variance，SV）指标。计算公式如下。

$$SV = EV - PV = BCWP - BCWS = (P_0 \times Q_1) - (P_0 \times Q_0) \tag{12-8}$$

这一指标反映了项目计划作业量的预算成本（或计划综合单价）与项目挣值之间的绝对差异，这一指标剔除了项目成本变动的影响，独立反映因项目计划作业量和项目实际完成的作业量之间的差异对项目成本的影响。同样，这一指标值为正值时表示计划完成得好，反之表明项目工期管理出了问题。

（4）项目成本进度相对差异（cost schedule performance index，CSPI）指标。其具体的计算公式如下。

$$CSPI = PV \div AC = BCWS \div ACWP$$
$$= (P_0 \times Q_0) \div (P_1 \times Q_1) \tag{12-9}$$

这一指标反映了项目计划作业量的预算成本与项目已完成实际作业量的实际成本之间的相对差异值。这种差异是由于项目成本从预算值变化到实际值和项目进度从计划作业量变化到实际已完成作业量这两个因素的共同影响造成的相对差异。很显然，这一指标值大于1时表示计划完成得好，反之则表明项目工期和成本综合出现了问题。

（5）项目成本绩效指数（cost performance index，CPI）指标。计算公式如下。

$$CPI = EV \div PV = BCWP \div ACWP$$
$$= (P_0 \times Q_1) \div (P_0 \times Q_0) \tag{12-10}$$

这一指标反映了项目实际完成作业量的实际成本与项目实际完成作业量的预算成本二者之间的相对差异值，这一指标排除了项目作业量变化的影响，从而度量了项目成本控制工作绩效的情况，它是前面给出的项目成本差异指标（绝对数指标）的相对数分析指标。这一指标值大于1时表示计划完成得好，反之则表明项目成本管理出现了问题。

（6）项目计划完工指数（schedule completion index，SCI）指标。计算公式如下。

$$SCI = EV \div PV = BCWP \div BCWS$$
$$= (P_0 \times Q_1) \div (P_0 \times Q_0) \tag{12-11}$$

这一指标是项目挣值与项目计划作业的预算成本（或造价）的相对数，这一指标排除了项目成本变动因素的影响，从而度量了项目实际作业量变动对项目成本的相对影响程度，它是前面给出的项目进度差异指标（绝对数指标）的相对数形态。同样，这一指标值为正值时表示计划完成得好，反之表明项目工期管理出了问题。

上述这些项目挣值管理指标的具体图示说明见图 12-7 给出的示意。

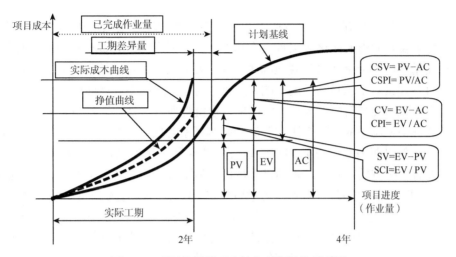

图 12-7 项目挣值管理方法各项指标的示意图

图 12-7 给出项目挣值管理方法中各具体绩效分析指标的示意,这样人们不但能够正确地分析与发现项目进度和成本的实际水平与计划水平之间的差异,而且能够明确地区分由于项目进度和项目成本的实施、管理与控制问题而各自和共同造成的项目差异或偏差情况。这对指导人们开展项目成本和进度方面的管理是非常有意义与十分重要的,因为有了这些项目实施绩效综合评估的统计数据和分析,人们就可以根据分析找出原因和后果去采取相应项目跟踪决策与措施了。

需要注意的是,图 12-7 给出的只是项目挣值管理中可能出现的一种情况(项目挣值大于项目计划价值,而项目实际价值大于项目挣值的情况),实际上项目实际价值、挣值和计划价值之间的差异会出现很多情况,如项目挣值有可能小于项目计划价值,而项目实际价值也可能小于项目挣值,甚至项目实际价值会小于项目计划价值等情况。

12.4 项目实施绩效综合评估的全面集成方法

根据上述讨论可知,项目挣值管理方法虽然是一种很好的项目实施绩效综合评估技术方法,但是这种方法中至少简化掉了项目范围和项目所需资源价格变化等方面的影响,所以这并不是项目实施绩效综合评估的全面集成方法。因此,人们需要比项目挣值管理方法集成度更高的项目实施绩效综合评估的原理和方法。

12.4.1 项目实施绩效综合评估的全面集成思想及其简化

在 12.3 节的讨论中已经指出了使用项目挣值管理方法进行项目绩效综合评估存在着只涉及项目成本和进度两个方面的绩效综合评估的问题,所以需要予以改进。

1. 项目挣值管理方法的假设与简化分析

作者的研究结果表明,实际上项目挣值管理方法把项目范围、项目质量、项目所需资源价格等要素的影响混淆进了项目成本和进度两要素对项目绩效的影响之中。从客观上说，这种将多要素的影响简化成项目成本和进度两要素影响是有客观原因的，因为这样人们就可以使用平面二维空间去直观地描述项目两要素的综合绩效情况。但是如果人们要全面考虑项目各要素对于项目绩效的影响，则此时的项目实施绩效评估就变成了一个十分复杂的多维空间或多变量解析的问题。所以项目挣值管理方法就把这种原本复杂的项目多要素绩效集成评估问题中的项目范围和资源价格等要素对项目绩效的综合影响给虚拟掉了。

　　作者的研究结果发现，项目挣值管理方法的这种简化中包含有一系列的假设前提条件。这主要有两个方面：其一是将项目质量假定为不可变更的（对于许多国防装备项目的确是这样），其二是将项目范围变化所造成的绩效影响加入项目成本的增减之中。这样项目挣值管理方法就将项目质量和项目范围两要素给虚拟掉了，这种虚拟和变化可用　图12-8 给出示意。由该图可以看出项目挣值管理方法现有的成本和进度二维变量，至少应该是增加项目质量和范围而变成四维变量的项目绩效综合考核方法。

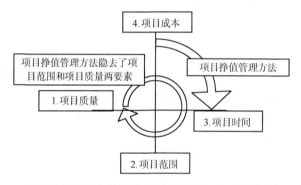

图 12-8　项目挣值管理方法隐去了项目质量和项目范围要素示意图①

　　当然，最初在美国国防部 20 世纪 60 年代初提出这套方法时，这样做的根本目的可能是要简化项目绩效管理的复杂程度和管理的工作量，而在缺乏计算机辅助管理的 20 世纪 60 年代，这种简化处理应该说是一种"无奈但明智之举"。然而，在信息技术发达的今天，如果继续使用这种简化的方法，就会给项目实施绩效综合评估带来诸多缺陷和问题。

2. 项目实施绩效综合评估的全面集成模型

　　更进一步说，项目实施绩效综合评估应该全面集成项目及其管理所涉及的全部要素或专项的评估，按照美国 PMI 的项目管理知识体系（project management body of knowledge，PMBOK）的说法，项目的管理应该涉及项目质量、范围、时间（进度）、成本、采购（物力和劳力资源）、风险、沟通（信息资源）、人力资源和集成管理九个方面。如果去掉项目集成管理（因为它本身不属于被集成的对象）这一要素或专项，那么就还有八个项目管理的要素或专项。从项目实施绩效综合评估的全面集成思想出发，这些项目和项目管理的要素或专项应该构成图 12-9 所示的项目实施绩效综合评估要素或专项评估的体系。

---

　　① 戚安邦. 项目全面集成管理原理与方法. 天津：南开大学出版社，2016.

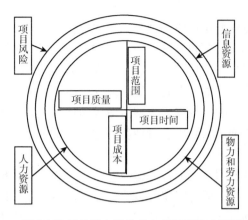

图 12-9 项目实施绩效综合评估的全部要素集成模型示意图[①]

3. 项目实施绩效综合评估的全面集成模型的简化

图 12-9 所给出的项目实施绩效综合评估全部要素集成模型中的八个要素并非直接并按照线性关系去影响项目绩效的，这些要素对项目绩效的影响具体分述如下。

（1）项目质量要素的间接影响及其简化。对多数项目而言，项目质量变动会直接导致项目范围的变化，而项目范围的变化会直接导致项目成本、进度和绩效的变化，所以项目质量变化对项目成本、进度和绩效的影响是间接的，是借助项目范围的变化而影响到项目成本和项目绩效的。所以项目质量变动对项目成本、进度和绩效的间接影响可以并入项目范围的变动之中，即把项目质量变动引起的项目范围变动和其他项目原因引起的项目范围变动归并在一起，人们就可以将全面集成的要素简化掉一个，即可以将项目质量变化的影响暗含在项目范围变化对项目成本和进度等绩效的综合影响之中。

（2）项目资源要素的独特影响及其简化。如前所述，项目管理的要素中涉及项目所需人力资源、物力和劳力资源（采购管理）与信息资源（沟通管理）三种资源管理的要素。这三种项目资源管理要素对项目绩效的影响可分为两方面：其一是项目管理者对这些资源的科学与合理配置的影响，其二是客观环境造成的这些项目所需资源价格变化的影响。其中，项目所需资源的科学与合理配置对于项目绩效的影响会直接作用到项目质量、范围、成本、进度等方面的绩效，并在这些要素或专项的绩效中予以反映，所以如果再次去集成这方面对项目绩效的影响就会出现重复集成的问题，因此必须在项目绩效全面集成中去掉（简化）这方面的影响。然而，对客观环境造成的项目所需资源价格变化会直接影响项目的绩效，所以在项目绩效综合评估的全面集成中必须包括这方面的影响，而且必须严格地将这种客观环境对项目绩效的影响与人们通过努力所带来的项目绩效影响进行科学的区隔。因此在项目实施绩效评估的全面集成中，这三种资源要素可以简化为一个"项目所需资源价格要素"，并且必须把这一个要素作为项目实施绩效综合评估中的一个专项和综合方面。

（3）项目风险要素的成因性质及其简化。另外，项目风险要素属于项目绩效变化的引发原因性质的要素，因为项目风险要素引发了项目范围、成本、进度、质量等方面的发展

① 戚安邦及其团队所获国际项目管理协会（International Project Management Association，PMA）2009 年度研究大奖成果。

变化，而这些被引发的发展变化造成了项目绩效的变化。所以在项目实施绩效综合评估中不能集成项目风险这一不属于项目实施绩效结果的要素，因此本书在项目实施绩效综合评估的全面集成中去掉（简化）了项目风险这一要素。需要注意的是，在项目绩效的成因分析（不是项目绩效结果分析）中，人们必须仔细分析和区隔由于项目风险要素而造成的项目绩效问题，以及由于人们的主观努力不够所造成的项目绩效问题。因为不能把这种项目风险所造成的绩效问题归罪于人们的管理或努力方面的原因，所以项目风险要素也需要简化和去掉。

显然，按照上述种种原因，在项目实施绩效综合评估的全面集成中应该简化掉项目质量和项目风险两个要素，并将项目所需资源的三种要素归并成项目所需资源价格变化一个要素，这样原有的八个项目要素就被简化成只剩下项目范围、成本、进度、质量和项目所需资源价格五个直接影响项目绩效的要素，有关这五个要素综合评估的全面集成模型和方法讨论如下。

12.4.2　项目实施绩效综合评估的全面集成模型和原理

根据上述有关项目实施绩效综合评估的全面集成中所需简化的项目要素讨论，实际项目实施绩效综合评估的全面集成模型和原理中只包括五个专项的项目实施绩效评估，以及这些专项的项目绩效评估的综合评估原理和方法。

1. 项目实施绩效综合评估的全面集成模型

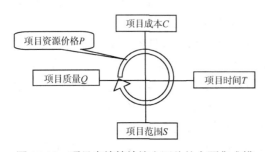

图 12-10　项目实施绩效综合评估的全面集成模型示意图

借助图 12-8 中有关项目挣值管理方法中简化或隐去的项目范围和项目质量的示意图，按照上述项目实施绩效综合评估的全面集成的简化原理，可用图 12-10 给出综合集成的项目实施绩效综合评估的全面集成模型示意，其详细的讨论见后。

由图 12-10 可知，项目实施绩效综合评估的全面集成模型中包含五个直接影响项目绩效的要素或专项，所以这种项目实施绩效综合评估的全面集成模型中有五个专项的项目实施绩效评估，以及一个全面集成这五个专项的项目实施绩效综合评估。

2. 项目实施绩效综合评估的全面集成原理

综上所述，这种项目实施绩效综合评估的全面集成中有五个项目绩效影响因素，最终集成给出了项目实施绩效综合评估的模型。因此这种项目实施绩效综合评估的全面集成可以使用式（12-12）和式（12-13）给出其原理的描述。

项目综合绩效的函数：　　　　　　　　$Y=f(S, T, C, P, Q)$　　　　　　　（12-12）

约束条件：　　　　　　　　　　　　Sub: R, R_1, R_2, R_3　　　　　　　　（12-13）

其中：S 为项目范围；T 为项目时间；C 为项目成本；Q 为项目质量；P 为项目资源价格；R 为项目风险；R_1 为项目人力资源；R_2 为项目信息资源；R_3 为项目劳力和物力资源。

由统计学综合指数分析的原理和企业经营活动多元要素替代分析的原理可知，人们需要通过每次固定其他项目要素，去专门评估某个要素对项目绩效整体所造成的变化情况，并最终综合评估项目绩效集成情况，这就是项目实施绩效五要素综合评估的集成原理。

所以这种项目实施绩效综合评估的全面集成原理可以使用式（12-14）和式（12-15）所给出的综合指数编制，即通过插入的一系列中间变量去分别做出项目五要素的专项绩效评估以及集成五要素专项评估结果的项目绩效综合评估。

$$E=\frac{S_1 T_1 C_1 Q_1 P_1}{S_0 T_0 C_0 Q_0 P_0} \tag{12-14}$$

$$E=\frac{S_1 T_0 C_0 Q_0 P_0}{S_0 T_0 C_0 Q_0 P_0} \times \frac{S_1 T_1 C_0 Q_0 P_0}{S_1 T_0 C_0 Q_0 P_0} \times \frac{S_1 T_1 C_1 Q_0 P_0}{S_1 T_1 C_0 Q_0 P_0} \times \frac{S_1 T_1 C_1 Q_1 P_0}{S_1 T_1 C_1 Q_0 P_0} \times \frac{S_1 T_1 C_1 Q_1 P_1}{S_1 T_1 C_1 Q_1 P_0} \tag{12-15}$$

其中：S 为项目范围；T 为项目时间（进度）；C 为项目成本；P 为项目资源价格。这四者各自的脚标为 0 代表它们的计划水平，为 1 代表它们的实际水平。

式（12-14）所描述的是这种项目实施绩效综合评估的全面集成结果，而式（12-15）给出的五个相乘的部分所描述的是项目实施绩效评估的专项评估的结果。其中，式（12-15）给出项目五个专项绩效的评估原理和方法，这是借助在综合指数编制中插入的中间变量 $S_1 T_0 C_0 Q_0 P_0$，$S_1 T_1 C_0 Q_0 P_0$，$S_1 T_1 C_1 Q_0 P_0$ 和 $S_1 T_1 C_1 Q_1 P_0$ 实现的。

很显然，式（12-14）给出的项目绩效实施综合评估的相对指标和结果，若使用公式中的分子减去分母即可得到项目绩效实施综合评估的绝对指标和结果。同样，式（12-15）中的五个相乘的部分，每个部分都是一个专项绩效评估的相对指标和结果，而每个部分中的分子和分母相减得到的都是该专项绩效评估的绝对指标与结果。这一原理与现有项目挣值管理方法的原理是一致的，都是通过插入中间变量而去分析各相乘部分的分子和分母的相对与绝对差异情况，最终给出项目绩效的专项评估结果和项目绩效的综合评估结果。

由上述讨论可知，这种项目实施绩效综合评估结果中集成了五个专项项目实施绩效评估结果，所以它就是一个五维空间的分析与评价问题，或说是一个五个变量的多变量解析问题。由于五维空间没有办法使用平面坐标系进行描述，所以作者借用项目挣值管理方法的原理给出了图 12-11 中的平面坐标系，借此对这种集成程度更高的项目实施绩效综合评估原理给出示意。很显然，图 12-11 使用平面坐标系给出五个要素的集成关系，可以直观说明这五个专项之间的相互关系和集成的原理与方法。

由图 12-11 可以看出，项目成本、项目时间（进度）、项目范围、项目质量和项目所需资源价格变化是项目实施绩效综合评估需要集成的五个要素或专项。人们通过对这五个项目要素的专项影响评估而给出它们对项目整体绩效的影响，在图 12-11 中分别标出了这五个要素各自对项目整体绩效的影响示意。这五个专项绩效集成后就形成了项目整体绩效综合评估结果，在图 12-11 中给出了项目绩效综合评估结果的示意。

另外，图 12-11 中给出了五个专项对项目整体绩效的同向影响情况，但是实际上这五者中有的会使项目整体绩效增加，而有的会使项目整体绩效减少，甚至有的对项目整体绩效并没造成影响，等等。所以图 12-8 和图 12-11 都只是一种示意图，但是它们都给出了相应的项目实施绩效综合评估的基本模型和原理。其中图 12-8 给出是两要素项目实施绩效综合评估的原理（EVM 方法），而图 12-11 给出的是五要素项目实施绩效综合评估的全面集成的基本原理，有关这种项目实施绩效综合评估的集成技术方法讨论见 12.4.3 节。

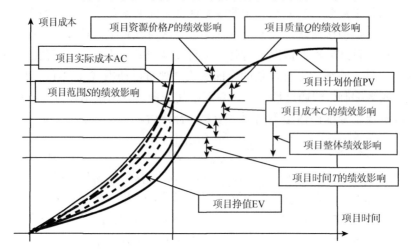

图 12-11 使用二维坐标给出的项目五要素绩效集成评估原理示意图

12.4.3 项目实施绩效综合评估的全面集成技术方法

依据上述对项目实施绩效综合评估的全面集成原理的讨论，即可给出这种项目实施绩效综合评估的全面集成的方法，具体介绍如下。

1.项目实施绩效综合评估的技术方法及其结果

很显然，前面给出的是这种项目实施绩效综合评估的原理，具体方法如下。

（1）项目实施绩效综合评估中的相对差异评估方法。这种评估方法的公式如下。

$$\text{WPI} = \frac{S_1 T_1 C_1 Q_1 P_1}{S_0 T_0 C_0 Q_0 P_0} \qquad (12\text{-}16)$$

其中：WPI 为项目整体绩效相对偏差情况。

显而易见，式（12-14）是将项目五要素的实际水平 $S_1 T_1 C_1 Q_1 P_1$ 和它们的计划水平 $S_0 T_0 C_0 Q_0 P_0$ 进行比较，从而得到它们的相对差异情况的描述。

（2）项目绩效综合评估中的绝对差异评估方法。这种评估方法的公式如下。

$$\text{WV} = (S_1 T_1 C_1 Q_1 P_1) - (S_0 T_0 C_0 Q_0 P_0) \qquad (12\text{-}17)$$

其中：WV 为项目整体绩效的绝对偏差情况。

由于式（12-15）是用项目五个要素的实际水平 $S_1 T_1 C_1 Q_1 P_1$ 减去项目这五个要素的计划水平 $S_0 T_0 C_0 Q_0 P_0$，因此得出的就是项目实施绩效综合评估的绝对差异情况。

2. 项目范围专项绩效评估的方法

根据式（12-15）所给出的基本原理，这种项目实施绩效评估的范围专项评估方法是借助于插入了 $S_1 T_0 C_0 Q_0 P_0$ 这一中间变量，然后使用式（12-18）和式（12-19）去分析与比较项目范围由 S_0 变化到 S_1，而对于项目整体绩效所造成的相对和绝对影响，具体分述如下。

（1）项目范围专项绩效评估的相对差异评估方法。这种评估方法的公式如下。

$$\text{SPI} = \frac{S_1 T_0 C_0 Q_0 P_0}{S_0 T_0 C_0 Q_0 P_0} \tag{12-18}$$

其中：S，T，C，Q，P 及其注脚的含义同前所述；SPI 为项目范围引起的绩效相对差异情况。

显然，由于式（12-18）是将项目五要素的计划水平 $S_0 T_0 C_0 Q_0 P_0$ 和有四个要素是计划水平而唯独项目范围要素变化到实际水平的 $S_1 T_0 C_0 Q_0 P_0$ 进行相对比较，所以得到的就是项目范围专项绩效对于项目整体绩效所造成的相对差异情况。

（2）项目范围专项绩效评估的绝对差异评估方法。这种评估方法的公式如下。

$$\text{SV} = (S_1 T_0 C_0 Q_0 P_0) - (S_0 T_0 C_0 Q_0 P_0) \tag{12-19}$$

其中：SV 为项目范围引起的绩效绝对偏差情况。

显然，由于式（12-19）是用有四个要素是计划水平而项目范围要素为实际水平的 $S_1 T_0 C_0 Q_0 P_0$ 减去项目五要素计划水平的 $S_0 T_0 C_0 Q_0 P_0$，因此得到项目范围专项绩效对于项目整体绩效所造成的绝对差异情况。

3. 项目时间专项绩效评估的方法

同理，这种项目时间专项绩效评估的方法是借助于插入 $S_1 T_1 C_0 Q_0 P_0$ 这一中间变量后，使得式（12-20）和式（12-21）中可以得到项目时间由 T_0 变化到 T_1 对于项目整体绩效所造成的相对与绝对影响，具体分述如下。

（1）项目时间专项绩效评估的相对差异评估方法。这种评估方法的公式如下。

$$\text{TPI} = \frac{S_1 T_1 C_0 Q_0 P_0}{S_1 T_0 C_0 Q_0 P_0} \tag{12-20}$$

其中：TPI 为项目时间引起的绩效相对差异情况。

很显然，由于式（12-20）是用将项目范围和时间要素固定在实际水平上并将项目其他要素固定在计划水平上所得到的 $S_1 T_1 C_0 Q_0 P_0$，同将项目范围要素固定在实际水平并将其他四个要素固定在计划水平而得到 $S_1 T_0 C_0 Q_0 P_0$ 进行相对比较，最终得到了项目时间专项对于项目整体绩效所造成的相对差异情况。

（2）项目时间专项绩效评估的绝对差异评估方法。这种评估方法的公式如下。

$$\text{TV} = (S_1 T_1 C_0 Q_0 P_0) - (S_1 T_0 C_0 Q_0 P_0) \tag{12-21}$$

其中：SV 为项目时间引起的绩效绝对偏差情况。

由于式（12-21）是将项目范围和时间要素固定在实际水平上，而将项目其他要素固定在计划水平上，然后用 $S_1 T_1 C_0 Q_0 P_0$ 减去 $S_1 T_0 C_0 Q_0 P_0$ 所得到的结果，这种结果就是项目时间专项对项目整体绩效所造成的绝对差异情况。

4. 项目成本专项绩效评估的方法

这种项目成本专项绩效评估的方法是借助于插入 $S_1 T_1 C_0 Q_0 P_0$ 的中间变量后，使用式（12-22）和式（12-23）去分析与比较项目范围由 C_0 变化到 C_1 所导致的项目成本专项实施绩效对于项目整体绩效所造成的相对和绝对差异或影响。

（1）项目成本专项绩效评估的相对差异评估方法。这种评估方法的公式如下。

$$CPI = \frac{S_1 T_1 C_1 Q_0 P_0}{S_1 T_1 C_0 Q_0 P_0} \qquad (12\text{-}22)$$

其中：CPI 为项目成本引起的绩效相对差异情况。

由于式（12-22）是将项目范围、时间和成本三要素固定在实际水平上并将项目其他要素固定在计划水平上从而得到 $S_1 T_1 C_1 Q_0 P_0$，然后用它去同将项目范围和时间要素固定在实际水平而将项目其他要素固定到实际水平所得到的 $S_1 T_1 C_0 Q_0 P_0$ 进行比较，所得到的就是项目成本专项绩效对项目整体绩效所造成的相对差异情况。

（2）项目成本专项绩效评估的绝对差异评估方法。这种评估方法的公式如下。

$$CV = (S_1 T_1 C_1 Q_0 P_0) - (S_1 T_1 C_0 Q_0 P_0) \qquad (12\text{-}23)$$

其中：CV 为项目成本引起的绩效绝对偏差情况。

由于式（12-23）是用将项目范围、时间和成本要素固定在实际水平上而将项目其他要素固定在计划水平上得到的 $S_1 T_1 C_1 Q_0 P_0$，减去将项目范围和时间要素固定在实际水平而将项目其他要素固定到计划水平上所得到的 $S_1 T_1 C_0 Q_0 P_0$，得到的就是项目成本专项绩效对项目整体绩效所造成的绝对差异情况。

5. 项目质量专项绩效评估的方法

这种项目质量专项绩效评估的方法是借助于插入 $S_1 T_1 C_1 Q_1 P_0$ 的中间变量后，使得式（12-24）和式（11-25）中可以分析与比较项目范围由 Q_0 变化到 Q_1，项目质量专项绩效对于项目整体绩效所造成的相对和绝对影响。

（1）项目质量专项绩效评估的相对差异评估方法。这种评估方法的公式如下。

$$QPI = \frac{S_1 T_1 C_1 Q_1 P_0}{S_1 T_1 C_0 Q_0 P_0} \qquad (12\text{-}24)$$

其中：QPI 为项目质量引起的绩效相对差异情况。

由于式（12-24）是将项目其他要素固定在实际水平上并将项目资源价格要素固定在计划水平上而得到 $S_1 T_1 C_1 Q_1 P_0$，用它去同将其他要素固定在实际水平而将项目质量和资源价格要素固定到实际水平所得到的 $S_1 T_1 C_1 Q_0 P_0$ 进行相对比较，所得到的就是项目质量专项绩效对于项目整体绩效所造成的相对差异情况。

（2）项目质量专项绩效评估的绝对差异评估方法。这种评估方法的公式如下。

$$QV = (S_1 T_1 C_1 Q_1 P_0) - (S_1 T_1 C_1 Q_0 P_0) \qquad (12\text{-}25)$$

其中：QV 为项目质量引起的绩效绝对偏差情况。

由于式（12-25）是将项目其他要素固定在实际水平上，而将项目资源价格要素固定在计划水平上所得到的 $S_1 T_1 C_1 Q_1 P_0$，减去将项目其他要素固定在实际水平而将项目质量和资源价格要素固定到计划水平的 $S_1 T_1 C_1 Q_0 P_0$，所得到的就是项目质量专项绩效对项目整体绩效所造成的绝对差异情况。

6. 项目资源价格专项绩效评估的方法

这种项目资源价格专项绩效评估的方法是借助于插入 $S_1 T_1 C_1 Q_1 P_0$ 这一中间变量后，使得式（12-26）和式（12-27）中可以分析与比较项目资源价格由 P_0 变化到 P_1 而对项目整体绩效所造成的相对和绝对影响。

（1）项目资源价格专项绩效评估的相对差异评估方法。这种评估方法的公式如下。

$$PPI = \frac{S_1 T_1 C_1 Q_1 P_1}{S_1 T_1 C_1 Q_1 P_0} \tag{12-26}$$

其中：PPI 为项目资源价格引起的绩效相对差异情况。

由于式（12-26）是将项目全部要素都固定在实际水平上得到的 $S_1 T_1 C_1 Q_1 P_1$，然后用它去同将项目其他四要素固定在实际水平而项目资源价格要素固定到计划水平上所得到的 $S_1 T_1 C_1 Q_1 P_0$ 进行相对比较，所以得到的就是项目资源价格专项绩效对项目整体绩效所造成的相对差异情况。

（2）项目资源价格专项绩效评估的绝对差异评估方法。这种评估方法的公式如下。

$$PV = (S_1 T_1 C_1 Q_1 P_1) - (S_1 T_1 C_1 Q_1 P_0) \tag{12-27}$$

其中：PV 为项目资源价格引起的绩效绝对偏差情况。

由于式（12-27）是将项目全部要素都固定在实际水平上而得到 $S_1 T_1 C_1 Q_1 P_1$，然后用它减去将项目其他四要素固定在实际水平而将项目资源价格要素固定到计划水平上所得到的 $S_1 T_1 C_1 Q_1 P_0$，所以这样得到的就是项目资源价格专项绩效对项目整体绩效所造成的相对差异情况。

上述这些公式和方法就是项目实施绩效综合评估的集成技术方法，使用这些方法就能够分析得出项目实施绩效综合评估的结果和项目绩效五个专项评估的结果。

 思 考 题

1. 简述项目实施绩效评估的主要作用。
2. 如何建立项目实施绩效评估的指标体系？
3. 项目实施绩效评估的挣值分析方法有哪些缺陷？
4. 为什么项目实施绩效评估要做综合集成？
5. 简述综合集成的项目实施绩效评估的基本原理。
6. 简述综合集成的项目实施绩效评估的技术方法。

第 13 章　项目变更投资方案评估

本章首先给出项目变更投资方案评估的基本概念、基本特性和基本类型，以及项目变更投资方案评估的主要内容、基本过程和具体步骤。随后讨论了项目变更投资方案的财务可行性评估的原理、方法和具体技术，这是一种与项目前评估中的财务可行性分析完全不同的内容、原理和方法。更进一步，讨论了项目变更投资方案的环境评估、风险评估和其他方面的评估原理与方法。最后讨论了项目变更投资方案的综合评估的独特性、内容、过程和方法，这是一种非零起点的项目跟踪评估中的综合评估的独特过程和方法。本章最根本的内容是关于项目变更投资方案评估的原理和方法。

项目变更的投资方案评估是项目跟踪评估中的一个重要组成部分，本章专门讨论这方面的评估原理和方法。本章和第 14 章都是为项目变更方案所做的评估，都是为项目变更决策提供信息和支持的，都是项目变更决策的前提条件和基础。

13.1　项目变更投资方案评估概述

项目变更投资方案评估是在项目实施到某一时点所进行的一种项目跟踪评估，这是人们根据项目实施绩效评估的结果和对项目环境条件变化的预测分析，在发现需要对项目进行变更的情况下，对于项目变更及其方案从投资角度所做的跟踪评估工作，这种项目评估的基本概念与类型和主要内容与作用分述如下。

13.1.1　项目变更投资方案评估的基本概念

这种评估是对于项目变更及其方案的一种评估，所以只有在出现项目变更时才会有这种项目变更投资方案评估。这方面有关的概念和内涵分述如下。

1. 项目变更的概念和内涵

从概念上说，项目变更的实质是对项目原有计划、设计和安排的一种修改与变动，是对原有项目计划不周或安排不当的一种改变。所以项目变更实际上是人们在项目实施一段时间以后，通过对项目实施绩效评估和项目客观环境与条件发展变化的分析，发现并认识到项目原有的计划、设计和安排存在问题或不符合客观环境的发展变化而必须进行改变，并通过项目变更去使项目更符合实际情况或能够获取更多的利益。因此，项目变更实际上是人们"审时度势，因势利导"的一种具有"纠正、完善和提高"等内涵的项目管理行动。

图 13-1 给出了项目变更这一特性的示意，具体的解释和讨论请见后续说明。

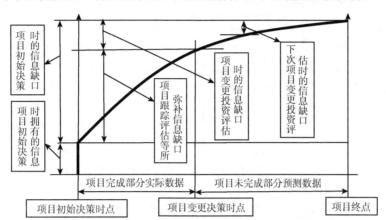

图 13-1　项目变更投资方案评估的"非零起点"特性示意图

从图 13-1 中可以看出，当项目实施到项目变更时点时，人们所拥有的信息比人们在项目起始决策时所拥有的信息要多很多。所以，此时人们对于项目及其环境的认识更加符合实际，因为此时有很多当初在项目起始决策时所做的预测数据已经被项目实施结果的实际数据所代替，而且从项目变更时点去预测项目后续情况也会比当初在项目起始决策时点所预测的数据要精确许多。因此，这时由于项目起始决策存在的信息缺口被部分或全部弥补，结果人们就会发现项目起始决策中的计划不周、方案失误或决策错误等问题，而这些问题需要断然采取项目变更措施予以改正。所以项目变更是一种改正项目起始决策失误或当初计划不周或错误的项目管理行动，是一种项目全过程管理中的项目跟踪决策工作，是项目全面管理中一种必不可少的改正性工作和行为。

2. 项目变更投资方案评估的概念和内涵

很显然，由上述关于项目变更的概念和内涵可知，项目变更投资方案评估就是在项目实施到某个时点时，人们对于项目变更的必要性和可行性从技术经济角度所做的一种跟踪评估。由于这种评估是为项目变更决策提供信息和支持用的项目评估工作，所以项目变更投资方案评估在概念、分类、内容和作用等诸多方面都不同于本书所讨论的项目前评估与项目后评估，它有自己完全不同的特性、评估对象、评估内容、评估原理和评估方法。

从时间特性上说，项目变更投资方案评估是项目实施到某时点所开展的一种项目跟踪评估，所以它与在项目起点开展的项目前评估不同，它与在项目终点开展的项目后评估也不同。从评估角度和具体作用上说，项目实施绩效评估是从考核角度去评估项目实施情况所开展的一种项目跟踪评估，而项目变更投资方案评估是从项目投资决策角度对项目变更的必要性和项目变更投资方案的可行性所开展的跟踪评估，后续的项目变更实施方案评估则是从支持项目实施决策的角度对项目变更实施方案所做的评估。人们可以从图 13-1 中看出，项目变更投资方案评估与项目前评估和后评估在评估时间特性方面的不同，人们也可以从图 13-2 中看出项目变更投资方案评估与项目变更实施方案评估在评估角度、内容和具体作用等方面的不同。

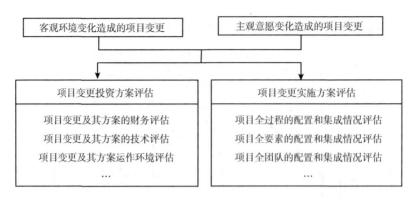

图 13-2　两大类不同的项目变更和项目变更方案评估内容

13.1.2　项目变更投资方案评估的基本特性

显然，项目变更投资方案评估与项目实施绩效评估都属于项目跟踪评估的范畴，所以它们在某些方面的特性是相似的。例如，项目变更投资方案评估在时效性、综合性、半结构性、预测性和"非零起点"等特性方面与项目实施绩效评估都是相似或相同的。项目变更投资方案评估自身的独特性主要体现在四个方面，具体分述如下。

1. 项目变更投资方案评估的项目投资决策支持特性

项目变更投资方案评估的首要特性是这种评估是用于支持项目投资决策的，即这种项目跟踪评估的根本目的是保障和优化项目变更及其方案能够更好地实现项目投资目标。实际上项目前评估是为项目初始投资决策提供支持的，而且项目变更投资方案评估是为项目跟踪决策提供支持的。所以项目变更投资方案评估的内容就是项目变更方案的必要性，其在财务、技术、运作条件、资源、风险及对于环境和社会影响等专项上的可行性与综合可行性，因此这种评估具有支持项目投资决策的特性。需要特别说明的是，第 14 章讨论的项目变更实施方案评估在很大程度上是为项目承包商等项目实施者服务的一种项目跟踪评估，所以这种项目变更实施方案评估具有支持项目实施决策的特性，这是不同于项目变更投资方案评估的。

2. 项目变更投资方案评估的"信息相对完备"特性

项目变更投资方案评估与项目前评估相比具有"信息相对完备"的独特性，因为它不像项目前评估是在项目开始实施之前所进行的评估，而是在项目实施到一定的时点（项目变更时点）所开展的一种项目跟踪评估。人们在不断开展项目实施过程中不断获得项目信息，使当初项目前评估中存在的信息缺口此时得到了很大程度的弥补。这种项目变更投资方案评估具备"信息相对完备"特性主要的原因分述如下。

（1）项目实施完成情况方面的新增信息。因为项目变更投资方案评估是在"项目变更决策时点"开展的，这使它拥有了项目已实施完成部分的信息，从而使得这种评估比项目前评估拥有更多的项目信息，因此使它具有"信息相对完备"的特性，因为项目已实施完成情况的信息弥补了项目起始决策时存在的大部分信息缺口。

（2）已经出现的项目环境条件发展变化信息。项目变更的多数原因是项目客观环境和条件发生了变化，项目实施到变更时点时人们就会拥有项目环境条件已经发生的发展变化信息，并且这使得人们能够更为精确地去预测将要出现的项目环境条件发展变化的信息，这些同样也是这种评估具有"信息相对完备"特性的根源之一。

（3）项目未来实施和环境条件情况的预测信息。人们在项目变更时点开展的项目后续实施情况预测比在项目前评估时所做预测要精确得多，因为人们拥有了上述两方面的新增信息，再加上人们所要预测的未来更加靠近预测时点，这些都使得此时的预测结果会更加客观和准确，这也是项目变更投资方案评估具有"信息相对完备"特性的根源之一。

3. 项目变更投资方案评估需要兼顾人们主观偏好的特性

项目变更投资方案评估还有一个十分重要的独特性，就是这种评估要充分考虑并尽可能满足项目相关利益主体的意愿、要求和期望等方面的主观偏好，因为任何项目变更都是为更大地增加项目相关利益主体的收益服务的。特别是当项目变更是由项目相关利益主体主动提出的时候，他们的主观偏好就应作为项目变更投资方案评估的主要依据和标准。对这种项目变更投资方案评估就必须充分考虑项目相关利益主体的主观偏好的情况分述。

（1）项目业主的主观偏好。有些项目变更是由项目业主在利益、意愿、要求和期望等主观偏好发生变化后提出的，而在项目业主提出变更请求后，人们需要据此制订出项目变更方案，并对这种项目变更开展投资评估。因此这种项目变更的投资方案的评估就必须充分考虑项目业主的主观偏好，同时还必须做到对于项目其他相关利益者的利益的保全。因为如果项目业主期望通过项目变更去获得更大利益，但同时也会造成项目其他相关利益主体受损或受害，这种项目变更方案就是不可行的。所以这种项目变更投资方案评估要考虑项目所处客观环境条件制约，且要兼顾项目其他相关利益主体的利益保全和增加。

（2）项目实施者的主观偏好。也有一些项目的变更请求是由项目实施者为自己的利益、要求和期望等变化而提出的，这种项目实施者请求的主观变更也需要制订项目变更方案并对其进行投资评估。这种项目变更投资方案评估就需要充分考虑项目实施者的主观偏好，当然同样需要项目客观环境条件许可且不损害项目其他相关利益主体的利益。同样，如果项目实施者通过项目变更而获得更大利益，但却造成项目其他相关利益主体受损或受害，这样的项目变更也是不可行的。所以对于这种项目变更投资方案评估也要兼顾项目客观环境条件的限制，以及项目其他相关利益主体的合理利益保全和与项目实施者的利益同比增加。

4. 项目变更投资方案评估的客观评价特性

这是项目变更投资方案评估最重要的特性，即在这种评估中人们必须充分考虑项目环境条件已发生的各种发展变化，以及项目环境条件未来可能发生的各种发展变化，这种评估的客观性具体包括如下两个方面内容。

（1）对已经发生的项目环境条件发展变化的客观评估。这种特性首先体现在对已发生的项目环境条件发展变化的评估要客观和中肯，并以此为真正的依据去客观地评价项目变更及其方案。这涉及两方面变化的客观评估：其一是项目宏观环境和微观环境已经发生的发展变化，即项目外部客观环境的发展变化；其二是项目实施能力和条件已经发生的发展变化，即项目内部条件的发展变化。这两方面发展变化需要严格区隔和认真评估，因为项目外部情况变化不以人的意志为转移，所以一旦这方面变化到一定程度项目就必须进行变更了。但是项目内部条件的变化有时可以通过人们的努力而进行改善，所以即使其发展变化到较高程度，项目也并非一定需要变更。因此人们必须区别对待项目这两方面的发展变化情况，既不能出现不顾客观环境条件的问题，也不能出现因评估不客观而开展不必要的项目变更。

（2）对未来可能发生的项目环境条件发展变化的客观评估。这种特性还体现在对未来可能发生的项目环境条件发展变化的客观评估方面，人们必须客观地预测和度量项目未来可能面对的环境条件发展变化情况，并据此去客观地评价项目变更及其方案。这同样会涉及项目宏观和微观环境发展变化与项目实施能力和条件的发展变化，而且这两方面的项目外部情况的发展变化也是不以人的意志为转移的，所以这方面的多数变化会要求必须进行变更。

实际上项目变更既是解决项目前期计划不周或决策失误的一种对策，也是重新计划和安排项目后续阶段的再计划工作，所以为此所做的评估就必须充分考虑和照顾项目未来可能需要面对的项目环境条件的发展变化，否则人们就无法借助项目变更投资方案评估去实现通过项目变更而"变坏事为好事"的作用和结果。

总之，项目变更投资方案评估不同于项目前评估、项目后评估和项目实施绩效评估，是专门针对项目变更及其投资方案的一种项目评估。

13.1.3　项目变更投资方案评估的基本类型

根据上述项目变更投资方案评估的概念和特性，人们可以对这种评估做出不同的分类。但作者通过研究发现，按照项目变更的原因进行项目变更及其评估的分类是最有利于项目变更管理的。这种分类方法主要是将项目变更分成两大类：其一是项目相关利益主体的意愿和要求变化而带来的项目变更，其二是由于项目所处客观环境条件的发展变化而造成的项目变更。当然，有时也会出现这二者兼顾的项目变更。这种分类的示意如图 13-2 所示。

由图 13-2 可知，有两类不同的项目变更和两类不同的项目变更方案评估：一类是对于项目变更投资方案的评估，即从项目投资决策支持的角度对项目变更的必要性和项目变更投资方案的可行性进行的评估（这就是本章所要讨论的核心内容）；另一类是项目变更实施方案的评估，即从项目实施决策支持的角度对项目变更实施方案的科学性和集成性进行评估（这是第 14 章所要讨论的内容）。对于图 13-2 中给出的两类完全不同的项目变更，以及它们的特性和要求等分述如下。

1. 项目相关利益主体主观意愿和要求变化所造成的项目变更

这是项目相关利益主体在项目实施过程中自身主观意愿的变化而主动提出的项目变

更，所以这种项目变更的投资方案评估和实施方案评估都必须以提出变更请求的项目相关利益主体的新意愿与要求为依据和评估标准。因此，人们首先必须确定项目变更的目标和要求，然后才能根据这些变更后的项目目标和要求去评估项目变更投资与实施方案的可行性，从而借助项目变更去满足变更提出者新的主观意愿和要求与确保这种项目变更的 成功。

2. 项目实施与运行的客观环境条件发展变化所造成的项目变更

这种项目变更是由于项目所处客观环境与实施条件的发展变化带来的项目变更。当人们在项目实施绩效评估中发现项目客观环境或条件已出现较大变化，从而使得项目原定的目标无法实现，人们就不得不开展这种性质的项目变更。这种项目变更的投资和实施方案的评估都必须以项目客观环境变化问题为依据去进行相应的评估，因为这种项目变更就是为了适应项目客观环境变化的需要而开展的变更。

3. 两者兼有的项目主观和客观变更并存的情况

实际上有很多时候，项目变更是上述两种情况"合二而一"的变更，即涵盖项目环境条件发展变化和项目相关利益主体主观意愿变化两方面因素的项目变更。此时的评估既要依据项目相关利益主体的主观意愿变化的要求，也要考虑项目所处客观环境与条件发展变化的需要。实际上很多时候就是项目所处客观环境条件的发展变化导致项目相关利益主体主观意愿的发展变化，所以就会出现这种"合二而一"性质的项目变更。人们在对这种项目变更投资方案评估和实施评估时必须同时考虑项目客观环境变化与项目相关利益主体主观意愿变化两方面的需要和评估标准，以保障这种"合二而一"的项目变更得以成功。

13.2　项目变更投资方案评估的内容和过程

由上述项目变更投资方案评估的基本概念、特性和分类可知，项目变更有两种不同的情况。但是这两种项目变更都需要从项目投资角度去对项目变更的必要性和项目变更投资方案的可行性进行全面的评估，这些方面的评估内容和过程与步骤等分述如下。

13.2.1　项目变更投资方案评估的主要内容

项目变更投资方案评估的主要内容是从投资决策支持角度，去评价和给出项目变更的必要性和项目变更投资方案的可行性。其中，项目变更的必要性评估主要是评估项目所处环境条件是否允许人们进行项目变更，以及项目相关利益主体的主观意愿是否愿意进行项目变更。项目变更投资方案的可行性评估，主要是分析和评价项目变更方案能否实现项目变更后的项目目标与要求。这些方面的项目变更投资方案评估主要内容具体分述如下。

1. 环境条件变化所造成项目变更的必要性评估

这方面评估的首要内容是对项目环境与条件发展变化而造成的项目变更是否有必要进行评估，这包括人们根据项目客观环境条件所发生变化而提出的项目变更是否必要和是否充分两个方面的评估。关于项目变更是否必要的评估，主要是评估如果人们不做项目变更是否就无法实现既定的项目目标和要求。关于项目变更是否充分的评估，主要是评估如果有了人们提出的项目变更，是否就能够实现新增的项目目标和要求。这种评估必须给出项目变更是否必要和是否充分的肯定性答案，如果答案是项目变更不必要，人们就可用某种纠偏措施去解决项目出现的偏差和问题；如果答案是项目变更必要但不充分，人们就必须去修改项目变更的内容和变更程度；直到答案是项目变更不但必要而且充分的时候，人们才可以进一步开展项目变更投资方案的可行性评估。

　　需要注意的是，客观环境与条件变化造成的项目变更是与一般项目纠偏措施完全不同的项目管理行动，因为项目纠偏措施只是"头痛医头，脚痛医脚"的针对性措施，而项目变更则是涉及改变项目目标、内容、方法和可行性等的项目管理行动。通常，只有采取项目纠偏措施无法解决项目客观环境条件变化带来的问题时，人们才有必要开展这种项目变更。

2. 环境条件变化所造成项目变更投资方案的可行性评估

　　这种环境与条件变化所造成项目变更投资方案可行性评估是项目变更投资方案评估的最主要内容，因为项目变更决策最重要的依据就是从项目投资角度评估给出的项目变更投资方案的可行性结论。这项评估工作是在确认项目变更必要性的基础上开展的，而这方面评估的内容包括对于项目变更投资方案的可行与否和优劣情况两方面的评估。关于项目变更投资方案可行与否的评估，主要是评估项目变更投资方案在技术、财务、资源、运作环境和环境与社会影响方面是否都是可行的，以及项目变更投资方案的综合可行情况如何。关于项目变更投资方案的优劣情况评估，主要是评估所有备选方案中哪个方案在技术、财务、资源、运作环境和环境与社会影响方面是相对最优的，以及哪个方案在综合方面是相对最优的。

　　需要注意的是，项目变更投资方案的综合优劣评估与后续要讨论的项目变更投资方案的集成性评估有着本质的区别。虽然在项目管理领域中"综合"与"集成"这两个词汇有时可以混用，但这里的项目变更投资方案的综合评估是从项目投资决策支持角度对项目财务、技术、运作环境等投资评估的结果进行的综合评估，从项目决策支持角度对项目全要素、全过程和全团队的全面集成情况的评估。

3. 项目相关利益主体主观意愿所造成项目变更的必要性评估

　　由于项目相关利益主体的主观意愿发生变化而造成的项目变更，其项目变更必要性评估的核心内容有两个：一个是分析和评价项目相关利益主体主观意愿的变化所带来的项目目标与要求等方面的变化，另一个是分析和评估根据项目新目标与要求人们所提出的项目变更的必要性。因为在有些情况下，虽然项目相关利益主体提出项目变更的出发点是好的，但是项目所处环境与条件并不允许人们进行这种项目变更，或者项目所处环境与条件没有足够资源支持人们通过项目变更实现项目的新目标和要求。此时，这种项目变更的必要性就不足了。只有当项目相关利益主体提出的项目新目标和要求能够获得项目客观环境与条件的支持时，人们才有必要进行这种主观意愿改变带来的项目变更。

需要特别指出的是，在这种项目变更的必要性评估中首先必须对项目相关利益主体的主观意愿变更进行必要性分析。因为在项目管理实践中经常会有某些项目相关利益主体缺乏项目所属的专业知识和项目管理知识，而出现提出的项目变更不切合实际的问题。实际上在这种项目变更中存在着项目相关利益主体"说要的不一定是想要的"（他们说要的会比想要的多以增加他们的谈判筹码），"想要的不一定是需要的"（他们思想中的确想要的东西，客观实际上他们并不需要，他们自己也不清楚究竟需要什么），"需要的并不一定都是能实现的"（他们的实际需要也因客观环境条件的制约而无法实现）。这三句话中的前两句是事关这种项目变更必要性评估的问题，而最后一句是下面要讨论的这种项目变更投资方案的可行性评估方面的问题。

4. 项目相关利益主体主观意愿所造成项目变更投资方案的可行性评估

项目相关利益主体主观意愿变化所带来的项目变更投资方案的可行性评估，也是项目变更投资方案评估的核心内容之一，这方面的评估要求分析和确认这种主观提出的项目变更投资方案能否真正实现项目的新目标与要求。因为任何项目相关利益主体提出的项目变更投资方案如果不能实现人们提出的项目新目标和要求，那么这种项目相关利益主体提出的项目变更投资方案就是不可行的。实际上这种项目相关利益主体提出的项目变更投资方案可行性评估，首先需要评估的是他们主观提出的项目变更投资方案是否与项目所处实际环境条件相匹配。因为项目相关利益主体主观意愿的变化多是为自己谋取更多的利益，所以这种项目变更的投资方案评估必须深入评估人们开展项目变更的主观意愿是否符合项目所处客观环境条件的实际情况，这是这种项目变更投资方案可行性评估最为关键的内容。

另外，当项目客观环境条件无法支持人们主观提出的项目变更，但是项目客观环境与条件自身变化又要求项目必须进行某种变更时，人们就必须去修订自己的主观意愿和借此提出的项目新目标与要求。然后，人们需要再次进行这种项目变更的可行性评估，直到人们根据主观意愿提出的项目变更以及借此提出的项目新目标与要求，都能够符合项目客观环境条件的制约时，这种项目变更投资方案才是可行的。所以实际上这种项目变更投资方案评估就是一种寻找人们的项目变更主观意愿如何与项目客观实际环境条件相一致或妥协的努力和工作，而且只有通过这种项目变更投资方案评估并实现了这种妥协时的项目变更才是可行的。

13.2.2　项目变更投资方案评估的过程

项目变更投资方案评估是一项对于改正项目前期决策的项目变更所开展的投资决策支持方面的评估，这种评估的过程和步骤如图 13-3 所示。由图 13-3 可以看出，项目变更投资方案评估中包含两部分工作：其一是项目变更的必要性评估，其二是项目变更投资方案的可行性评估。同时，项目变更评估又分成两种不同性质的项目变更评估：其一是对于因项目客观环境变化而造成的项目变更（以下简称"项目客观变更"）；其二是对于因人们主观意愿变化而造成的项目变更（以下简称"项目主观变更"），这两类项目变更投资方案的评估步骤及内容也都在图 13-3 中给出了示意。

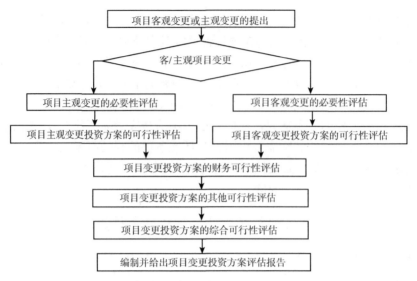

图 13-3　主/客观项目变更投资方案评估过程示意图

　　需要特别指出的是，因为项目变更投资方案评估主要是为项目变更需要的投资决策提供支持的，所以图 13-3 中将项目变更方的财务可行性评估列为单独部分予以列出，而将项目变更投资方案的技术、国民经济、运作环境、风险以及项目对环境和社会的影响都纳入项目变更投资方案的其他可行性专项评估。这有三方面原因：第一是项目变更投资方案评估的投资决策支持的性质使然，因为项目变更投资方案的财务可行性评估是专门为投资决策提供支持的；第二是项目变更投资方案评估的跟踪评估的性质使然，因为项目前评估中所得出的其他方面的可行性评估结论，跟踪发展到项目变更时点有些仍然与项目前评估的情况基本一致（如技术可行性），所以将它们并入其他可行性评估一类，而没有单独将它们分节进行讨论；第三是项目变更投资方案的财务可行性评估的对象、内容和方法与项目前评估相比发生了很大变化，而其他方面可行性评估的内容和方法基本与项目前评估相同，只是增加了项目变更之前的信息累积。

　　但是，将项目变更投资方案的其他专项可行性评估统一归并在一节中，这并不意味着项目变更投资方案的其他专项可行性评估不重要。特别是当项目变更是因为这些"其他方面"出了问题的时候，人们就必须针对问题的实际需要去深入开展项目变更投资方案的其他专项可行性的评估。例如，如果项目变更会带来更大的风险，那么人们就需要去做深入的项目变更投资方案的风险评估，所以在 13.4 节中这部分的内容占了很大的篇幅。

13.2.3　项目变更投资方案评估的步骤及其内容

　　图 13-3 中给出的项目主观变更和客观变更这两种变更方案的投资评估的过程示意，其中的各个主要步骤及其评估内容的说明如下。

1. 项目客观变更或主观变更的提出

　　首先，人们必须开展三个方面的分析与评估，并据此提出项目主观变更的请求或客观变更的要求：其一是根据项目绩效评估的结果去分析评价整个项目是否已经偏离了项目起始决策的既定目标和要求，其二是根据项目客观环境条件的发展变化去分析项目是否已经无法实现初始决策既定的项目目标和要求，其三是根据项目相关利益主体的主观意愿的发展变化去分析项目是否需要修订初始决策的既定目标和要求。

如果这三个方面的分析与评估结果的答案是肯定的，那么人们就的确需要开展项目的客观变更或项目的主观变更，因此这三个方面的分析是项目变更投资方案评估的前提和首要步骤。其中，前两方面的分析结果会导致项目的客观变更的发生以及其变更方案的评估，而上述第三种情况的分析结果会导致项目的主观变更请求的提出以及其变更方案的评估。

2. 项目主观变更或客观变更的必要性评估

随后人们必须开展项目主观变更或项目客观变更的必要性评估，以便做出是否开展项目主观或客观变更的决策。其中，当项目绩效评估的结果明确显示项目已经严重地偏离了项目前期决策的既定目标和要求，或者项目所处的客观环境条件的发展变化已经无法实现项目前期决策的既定目标和要求，此时项目客观变更的必要性是毋庸置疑的。

当项目相关利益主体的主观意愿希望修订项目前期决策的既定目标和要求，并且项目所处客观环境与条件也允许去实现这种人们根据主观意愿提出的项目变更，此时项目的主观变更的必要性就已经具备了。这两方面的项目变更必要性分析或评估结论，是人们下一步开展项目变更投资方案的可行性评估的前提条件和必要步骤。

3. 项目主观或客观变更投资方案的可行性评估

更进一步，在人们分析和认定了项目变更的必要性以后，就需要根据项目主观变更请求或项目客观变更要求去制订出项目变更投资方案，然后人们需要进一步去评估项目主观变更或客观变更投资方案的可行性。此时，首先进行的是项目主观变更或项目客观变更投资方案的可行性分析中的定性分析与评估，后续的各步评估才是定量的项目变更投资方案的可行性评估。

对项目客观变更投资方案的可行性评估要兼顾项目所处客观环境条件发展变化的实际情况方面的评估，以及这些情况与实现项目前期决策既定目标和要求的需要是否匹配方面的评估。对项目主观变更投资方案的可行性评估重点需要评估项目所处客观环境条件发展变化的实际情况，对项目相关利益主体根据自己的主观意愿提出的变更和新目标与要求的制约情况的分析。

4. 项目变更投资方案的财务可行性评估

项目变更投资方案的财务可行性评估是在项目变更投资方案评估中首要的内容，因为项目变更投资方案的财务可行性评估是专门为投资决策提供支持的，而且项目变更投资方案的财务可行性评估在评估对象、内容和方法等方面也相对于项目前评估的评估对象、内容和方法都发生了很大的变化。

但是项目主观变更和项目客观变更的投资方案财务可行性评估标准与依据或判据是不同的，项目主观变更投资方案的财务可行性评估的标准和依据在很大程度上是提出项目主观变更请求的项目相关利益主体的新目标和新要求，而项目客观变更投资方案的财务可行性评估标准和依据与项目前评估是一致的。当然，主客观项目变更投资方案的财务可行与否的判据还是一样的。

5. 项目变更投资方案的其他专项可行性评估

在人们评估项目主观变更或项目客观变更投资方案的财务可行性并得出了项目变更投资方案在财务方面是可行的结论以后，人们还需要更进一步地去开展项目主观变更或项目客观变更投资方案的其他可行性评估。项目主观或客观变更投资方案的其他可行性评估内容包括项目技术、运作条件、风险、对于环境和社会的影响等方面的专项可行性评估。项目变更投资方案其他专项评估的内容和深度都需具体进行设计与取舍，但项目变更投资方案的风险评估是必需的。

项目变更投资方案的其他可行性评估的具体内容由具体项目决定，如果项目技术或运作条件并没有改变，那么人们就可以不做这两方面的可行性评估；而如果项目变更投资方案对于自然环境和社会环境没有新增不良影响，那么人们也就可以不对这两个方面进行可行性评估。只有项目变更投资方案的风险评估是必需的，这是项目变更投资方案评估不可缺少的内容。

6. 项目变更投资方案的综合可行性评估

在完成上述各个项目变更投资方案评估的步骤以后，人们还需要综合项目主观变更或客观变更投资方案的各个专项可行性评估结果，最终得出项目变更投资方案的综合可行性结论。从项目投资角度进行的项目变更投资方案的综合可行性评估方法与项目前评估中的综合评估方法基本是一样的，也是主要包括连加、连乘、连加带连乘和层次分析法等一系列的方法。

通常，项目变更投资方案的综合可行性评估中很少有"一票否决"性的项目专项内容，所以多可选择连加的综合评估方法。需要特别注意的是，从项目投资角度进行的项目变更投资方案的综合可行性评估多数时间比项目前评估要相对简单，因为此时有些项目专项的情况和条件是不变的，所以不需要像前评估中那样做全面的项目综合可行性评估。

7. 编制并给出项目变更投资方案评估报告

人们在完成上述的项目变更投资方案评估的各个步骤以后，即可去编制并给出项目变更投资方案评估报告。这种报告的内容主要包括：人们提出的项目主观变更或客观变更投资方案，对项目变更必要性和项目变更投资方案可行性的评估工作与评估结论，在项目变更投资方案评估中所出现的项目变更及其投资方案各方面不足或缺陷的修订或改动工作与结果，以及最终的项目主客观变更批准与做出项目变更决策等方面的内容。

实际上，人们在项目需要主观和客观变更的时候，都需要按照上述这七个步骤不断地去开展项目变更、项目变更投资方案评估和相应的决策，直至最后的项目终结之时，而且只有这样人们才能够在项目不断变更中更加接近项目环境与条件的客观实际和项目相关利益主体的主观意愿。

综上所述，人们使用上述项目变更投资方案评估过程去不断地修订自己的主观意愿，以便更好地适应项目客观环境与条件的发展变化，从而使自己的主观意愿与项目客观环境和条件更加一致与和谐，从而成功地实现项目的各种目标和要求。

13.3　项目变更投资方案的财务可行性评估

在项目出现变更的时候，项目前期评估中所得出的项目可行性结论就不足为凭了。所以人们就必须对项目变更投资方案的可行性进行评估，而其中的财务可行性评估是项目变更投资方案评估中最重要的内容。因为所有人都是通过项目变更去获得更大的利益或降低更多的成本，而这些都是与项目财务可行性直接相关的。

13.3.1　项目变更投资方案的净现值计算与评估

项目主、客观变更发生时，项目客观环境的新增制约会使得人们在项目前期评估中得出的项目财务可行性结论发生改变，所以人们必须对项目变更投资方案的财务可行性进行评估。特别是在项目相关利益主体主观提出要进行项目变更时，他们全新的项目目标和要求也会使人们在项目前期评估中所得出的项目财务可行性结论不再适用了，所以人们也必须对项目变更投资方案的财务可行性进行跟踪评估。由此可见，项目主观或客观的变更首先影响的都是项目财务可行性，所以就需要做这方面的再评估。

1. 项目变更投资方案评估与项目前评估的净现值评估比较

在项目前评估的财务可行性评估中，最重要的评估指标有三个：其一是项目净现值，其二是项目投资回收期，其三是项目内部收益率。由于项目变更投资方案评估中内部收益率评估原理与方法同项目前评估中所用原理和方法变化不大，所以本节只讨论项目净现值以及项目投资回收期两个项目变更投资方案的财务可行性评估指标及其计算与分析方法。由于项目变更后的投资方案的现金流量和净现值都已经发生变化，包括项目的现金流入和流出以及项目现金流的折现系数等都发生了变化。有关项目变更时点的项目净现值计算可使用下面一系列图示给出直观的说明，其具体的项目净现值分析需要使用式（13-1）中给出的解析计算，而这些图示和式（13-1）的相关解释见后。

由图 13-4 可以看出，项目前评估中的现金流量涉及项目建设期的年度净现金流量和项目运营期的年度现金流量以及累计的项目净现金流量三个部分。显然，只有项目累计的净现值≥0，则项目在财务方面才是可行的。这种项目前评估的净现值分析是项目财务可行性的第一判据，但是需要进行各年度现金流量的折现，具体可由图 13-5 给出示意。

由图 13-5 可以看出，不管是项目建设期的年度净现金流量，还是项目运营期的年度净现金流量，都需要向项目起点进行折现。这是从世界银行到我国各种项目投资评估中普遍使用的项目净现值的计算方法，这种方法的折现系数变化情况如图 13-6 所示。

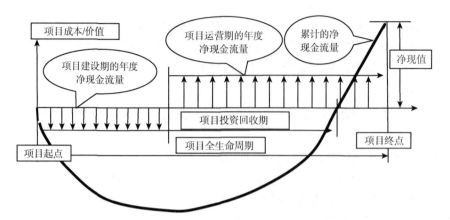

图 13-4　项目前评估中的净现值与投资回收期示意图

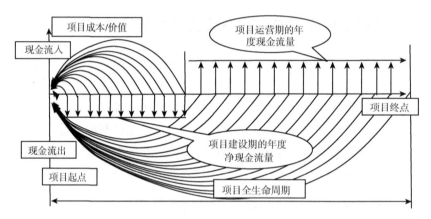

图 13-5　项目前评估中各年度现金流量向项目起点折现的示意图

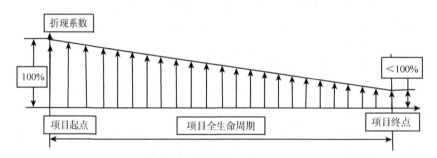

图 13-6　项目前评估的各年现金流量折现系数变化示意图

由图 13-6 可以看出，项目前评估的各年现金流量折现系数在项目起点处为 1 或 100%，而随后逐渐变小且越到项目经营的后期，该年度的折现系数就越小。这种变化是由项目前评估的净现值计算方法和公式决定的，项目前评估的净现值计算如式（13-1）所示。由式（13-1）可以看出，在项目起点处的年现金流量折现系数为 1 或 100%，因为此时的折现系数 $(1+i_c)^{-t}$ 等于 1，而随后各年的折现系数 $(1+i_c)^{-t}$ 都会小于 1 或 100%。

$$\text{NPV}=\sum_{t=0}^{n}(C_i-C_o)_t(1+i_c)^{-t} \tag{13-1}$$

其中：NPV 为项目累计净现值；C_i 为年度现金流入；C_o 为年度现金流出；i_c 为项目所属行

业的基准利润率。

2. 项目变更投资方案的净现值计算及其评估的不同之处

对于项目变更投资方案评估而言，项目变更的时点必须作为项目净现值的折现基点，所以整个评估结果和结论情况就发生了变化，而这就是项目变更投资方案的财务评估与项目前评估的财务可行性评估最重要的不同之处。这种不同可以由图 13-7 和图 13-8 给出示意。

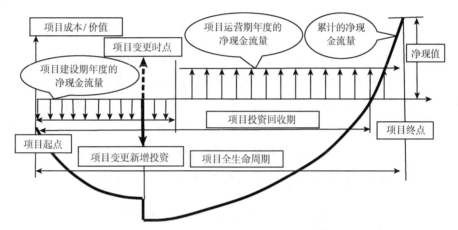

图 13-7　项目变更投资方案评估的年度和累计净现金流量示意图

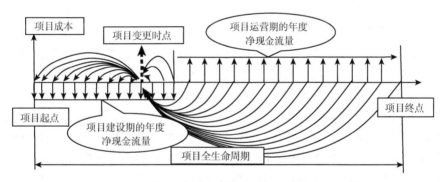

图 13-8　项目变更投资方案各年度净现金流量折现示意图

由图 13-7 可以看出，如果项目变更就会出现新增投资和其他新增现金流量，此时的项目累计现金流量就会出现折线，即呈现图 13-7 中给出的情况。由此可知项目变更投资方案的财务评估与项目前评估的财务可行性评估具有很大的不同。其中最大的不同在于项目各年度现值中的"现在"变成了项目变更的时点而不是项目起始点，因此整个项目各年度都是向项目变更时点进行折现，图 13-8 以及式（13-2）给出了相关示意和说明。

由图 13-8 可以看出，此时项目各年度现金流量都必须向项目变更时点进行折现，这与项目前评估向项目起点折现是完全不同的。这就造成了项目各年度现金流量的折现系数发生了根本性的变化，这可以由图 13-9 以及式（13-2）给出示意和说明。

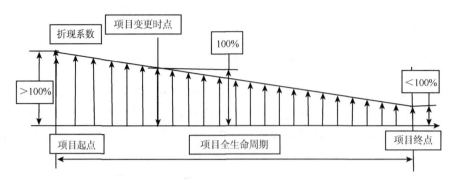

图13-9　项目变更投资方案各年度净现金流量折现系数示意图

由图13-9可以看出，在项目变更时点处的年度现金流量折现系数为1或100%，因为此时式（13-2）中的折现系数$(1+i_c)^{(m-t)}$和$(1+i_c)^{-m}$都等于1，而项目变更时点之前各年的折现系数$(1+i_c)^{(m-t)}$都会大于1或100%，项目变更时点之后各年的折现系数$(1+i_c)^{-m}$都会小于1或100%。所以项目变更投资方案的项目净现值计算式（13-2）从项目变更时点处划分成两部分，有关这一点可从式（13-2）中看出，具体含义分述如后。

$$\text{NPV} = \sum_{t=0}^{m}(C_i - C_o)_t \times (1+i_c)^{(m-t)} + \sum_{t=m}^{n}(C_i - C_o)_m \times (1+i_c)^{-m} \qquad （13\text{-}2）$$

其中：NPV为项目累计净现值；C_i为年度现金流入；C_o为年度现金流出；i_c为项目所属行业的基准利润率。公式前半部分从$t=0$累计到$t=m$，m是项目变更时点处，这一部分的折现系数$(1+i_c)^{(m-t)}$是大于1的。公式后半部分是从$t=m$累计到$t=n$，这一部分的$(1+i_c)^{-m}$的折现系数是小于1的。具体讨论和说明如下。

（1）计算项目变更投资方案的项目净现值。项目变更投资方案的净现值是否大于零仍然是项目变更投资方案是否可行的第一判据，即有NPV≥0是项目变更投资方案可行的必备条件。所以这种评估需要使用式（13-2）中前后两部分去计算出整个项目变更投资方案的净现值。但此时计算项目净现值的时点必须是项目变更时点，所以式（13-2）包括了以项目变更时点划分的两个部分，分别用于计算从项目起点到项目变更时点的净现值和用从项目变更时点到项目终点的净现值，最终将二者的结果相加而得到项目变更投资方案的项目净现值计算结果。需要注意的是：由于项目变更时点前的现金流量随着时间推移而有了"正"的资金时间价值，所以这部分各年的现金流量折现（或叫"增现"）系数是大于1的；而项目变更之后的现金流量的时间价值会缩小或减少，所以这部分各年的现金流量折现系数都是小于1的。

（2）计算从项目起点到变更时点的项目累计净现值。这是使用式（13-2）中的前半部分，即$\sum_{t=0}^{m}(C_i - C_o)_t \times (1+i_c)^{(m-t)}$进行项目各年和累计净现值的计算。这一部分项目现金流量净现值的计算首先要给出从项目起点到项目变更时点之间每年的现金流入和流出，然后要将二者相减而得到项目年度净现金流量，进一步将它们向项目变更时点进行折现（但这部分的折现系数大于1，所以实际是"增现"），从而获得从项目起点到项目变更时点这段时间项目累计的净现值。

（3）计算项目起点到项目变更时点各年的净现金流量。这是使用式（13-2）中的

$(C_i-C_o)_t$ 去计算给出每年度的项目净现金流量值，其中的 C_i 是指这段时间中每年项目的现金流入，C_o 是指这段时间中每年项目的现金流出，二者之差即为这段时间每年的项目净现金流量。

（4）计算从项目起点到项目变更时点每年的折现系数。这是使用式（13-2）中的 $(1+i_c)^{(m-t)}$ 去计算从项目起点到项目变更时点每年的折现系数。其中，i_c 是指从项目起点到变更时点项目所属行业的基准利润率，$(m-t)$ 次方是从项目起点到变更时点之间每年的折现系数的次方数。因为从项目起点到项目变更时点的项目现金流量随着时间的推移而已经有了资金的时间价值，所以需要使用 $(m-t)$ 次方将项目这部分现金流量的资金时间价值进行计算。很显然，其中越接近项目起点年份的现金流量的折现系数会越大，越接近项目变更时点年份的现金流量的折现系数会越小，而在 $m=t$ 时项目年度现金流量的折现系数会等于 1，因为项目变更时点是项目变更净现值评估方法"现在"时点。

（5）计算从项目变更时点到项目终点的净现值。这需要使用式（13-2）中后半部分，即 $\sum\limits_{m=0}^{n}(C_i-C_o)_m\times(1+i_c)^{-m}$ 进行折现计算。这部分的计算首先要给出从项目变更时点到项目终点之间每年的现金流量，然后将这段时间每年的现金流量折现到项目变更时点。这一段时间的项目现金流量的折现系数均小于 1，从而计算得出从项目变更时点到项目终点这段时间的项目累计净现值。

（6）计算从项目变更时点到项目终点的年度净现金流量。这需要使用式（13-2）中的 $(C_i-C_o)_m$ 部分去计算，而其中的 C_i 是指从项目变更时点到项目终点之间每年的现金流入，C_o 是指从项目变更时点到项目终点之间每年的现金流出，二者之差为这段时间各个年度的净现金流量。

（7）计算从项目变更时点到项目终点的每年折现系数。这需要使用式（13-2）中的 $(1+i_c)^{-m}$ 部分去计算，其中 i_c 是指从项目变更时点到项目终点的项目所属行业基准利润率，$-m$ 次方是指从项目变更时点到项目终点之间每年的折现比率。二者共同构成了项目这一阶段的折现系数，因为从项目变更时点到项目终点每年的现金流量会随着时间推移而出现负的资金时间价值，所以使用 $-m$ 次方作为这段时间项目现金流量的折现比率，由此计算得到的项目年度现金流量折现系数越接近项目终点就越小，而越接近项目终点就越大，但是都小于 1，而只有在 $t=m$ 的时候折现系数等于 1。

从上述讨论中可知，项目变更投资方案中的净现值计算与项目前评估中的净现值计算，在计算公式、计算方法、折现系数以及计算结果等方面都是不一样的。但是，项目变更投资方案的项目累计净现值是否大于零仍是项目变更及其方案是否可行的第一判据，只有项目变更投资方案满足 NPV$\geqslant$0 的要求其财务评估结果才是可行的。

13.3.2　项目变更投资方案的投资回收期分析与计算

项目前评估得出的投资回收期也会因为项目变更以及不同的项目变更投资方案而发生变化。按照一般项目财务评估的要求，项目变更投资方案的财务可行性还必须满足项目投资回收期方面的要求，所以项目变更投资方案还必须满足式（13-3）的财务可行性条件。

$$P_t \leqslant P_c \tag{13-3}$$

其中：P_c为项目所属行业的基准投资回收期；P_t为项目变更投资方案按照式（13-2）计算的项目累计净现值等于 0 时的实际项目投资回收期。

这可以用图 13-7 和式（13-2）中分析给出，按照式（13-2）计算得到的项目变更投资方案累计净现值等于 0 的时候，从项目起点到累计净现值出现等于 0 处的累计时间长度就是项目变更后的实际投资回收期。需要注意的是：图 13-7 只是给出了项目变更所引起项目投资增加的这种变化情况，但也有项目变更会引起项目投资减少的变化，这两种不同的项目变更所引起的现金流量变化，会导致不同的项目投资回收期的变化。如果一个项目因为变更而使得项目投资回收期超过了行业基准投资回收期，那么这种项目变更投资方案在财务评估方面就是不可行的。

项目变更投资方案的财务可行性评估还有一些其他的指标和分析，但是上述这两个方面是最重要的项目变更投资方案的财务可行性基础判据。另外，项目变更投资方案的财务可行性评估其他指标和分析基本上与项目前评估的财务可行性分析是一致的。

13.3.3　项目变更投资方案的财务可行性评估结果

任何项目变更投资方案的财务可行性评估最终都应该给出一个其在财务上是否可行的明确答案，并最终做出项目变更及其方案的财务可行性的结论，然后才能做出项目变更及其投资方案的决策。这就是项目变更及其方案的财务可行性评估的结果，这种评估结果是整个项目变更及其投资方案评估结论，其主要的特点包括如下两个方面。

1. 项目变更投资方案财务可行性评估结果中应增加风险性的现金流量

由于现代项目比传统项目和工程项目风险性更高，特别是各种各样创新项目和创业项目的风险性远远高于传统项目与工程项目。所以这些项目在很大程度上是一种风险性的投资项目且变更情况会很多，因此在对于这种项目变更投资方案的财务可行性评估中还必须包括项目风险收益和损失的分析与评价，即在项目变更投资方案的财务可行性评估中的净现值等指标所包含的现金流量中还应该包括有风险性的投入和收益方面的现金流量。

2. 项目变更投资方案国民经济可行性评估可使用本节提出的方法

如前所述，项目经济评估不能只做财务可行性评估，还应该做好项目的国民经济评估，项目变更投资方案的评估也是如此。特别是对于那些涉及国计民生的项目，如果这种项目变更的投资方案会对国民经济发展质量和速度造成影响就必须开展项目变更投资方案的国民经济评估。但是本章并没有专门讨论项目变更投资方案的国民经济可行性评估的原理和方法，这主要有两方面原因：其一是多数项目变更投资方案的变动幅度有限，而不至于对国民经济造成影响，所以项目前评估所做出的项目国民经济可行性评估仍然有效；其二是即使项目变更投资方案会影响项目的国民经济可行性，人们也可借助本章给出的式（13-2）去计算国民经济净现值，但是这种评估中的项目收益和费用必须按照第 7 章中国民经济评估的项目收益和费用科目进行计算。

13.4　项目变更投资方案的其他方面可行性评估

项目变更投资方案的可行性评估除了需要进行财务可行性评估外，还需要进行项目变更投资方案的技术可行性、运作条件可行性、项目风险可行性、环境影响可行性、社会环境影响可行性等各方面可行性的评估。只有项目变更投资方案在所有这些专项可行性评估的结果都可行的情况下，项目变更投资方案才是可行的。

13.4.1　项目变更投资方案的技术与运作条件可行性评估

项目变更投资方案的技术可行性与运作条件可行性是相互关联的，因为任何项目变更如果涉及技术方面的更新换代或全面升级都会要求有全新的项目运行环境作为支持，所以作者将这两方面的项目变更投资方案的可行性评估放在同一节中。

1. 项目变更投资方案的技术可行性评估

通常，只有在项目工艺技术、实施技术或技术装备出现重大变化时，人们才需要开展项目变更投资方案的技术可行性评估，否则就不需要开展项目变更投资方案的技术可行性评估。例如，在信息系统开发项目过程中，如果所采用的计算机或网络技术出现变革，人们就必须开展项目变更投资方案的技术可行性评估了。

这种项目变更投资方案的技术可行性评估，在基本内容、原理和方法上都与项目前评估中的技术可行性评估基本是一样的。只是在项目变更投资方案的技术可行性评估中人们会受到项目已实施完成部分的既定工艺技术、实施技术和技术装备的限制。如果这些限制不存在，则人们只需要对项目新增或变化的技术进行可行性评估即可。

在许多项目管理实践中，人们会中途变更项目的技术或技术装备，以适应项目所属技术领域中出现的进步和发展变化。此时，人们必须开展这种项目变更投资方案的技术可行性评估，并必须评估项目前评估做出的技术可行性评估结果是否"已失效"，以及项目技术方面的变更是否能够与已经实施完成部分的项目技术很好地集成。当一个项目发生以技术升级为主的项目变更时，多数会同时造成项目财务、运作条件、项目对于环境与社会的影响等多方面变化，所以此时人们除了需要开展项目变更投资方案的技术可行性评估以外，还必须配套开展项目变更投资方案的其他专项的可行性评估。

2. 项目变更投资方案的运作条件可行性评估

同样，如果人们发现项目原定的运作条件无法适应或满足项目变更投资方案的实际需要和要求，就必须开展项目变更投资方案的运作条件可行性评估，否则人们并不需要开展项目变更投资方案的运作条件可行性评估。例如，项目变更导致原定由国内供应商提供的原材料必须依靠国外供应商提供原材料，或者项目起始决策既定的项目运作条件实际上已经发生较大变化时，人们都必须开展项目变更投资方案的运作条件可行性评估。

同样，项目变更投资方案的运作条件可行性评估在基本内容、原理和方法上与项目前评估中的运作条件可行性评估基本是一样的。二者最主要的不同是在项目变更投资方案的运作条件可行性评估中，人们需要对项目运作条件要求变化部分进行可行性评估，而不需要对不要求变化的项目运作条件进行再次的可行性评估。因为项目各方面的运作条件基本是离散的和相互不干涉的，所以只需要评估出现变化部分即可。

在项目管理实践中，项目客观环境条件会导致项目运作条件的变化，并有可能使得项目运行条件无法满足项目实施和运行的实际需要。出现这种情况的时候，人们都必须开展项目变更投资方案的运作条件可行性评估，而且如果项目变更投资方案的运作条件可行性评估结果是不可行，那么整个项目变更投资方案就是不可行的。

同时，当项目运作条件发生了变化，肯定会导致项目在财务、技术、风险、环境与社会影响等方面的变化。所以人们在开展这种项目变更投资方案运行可行性评估时，必须配套开展项目变更投资方案的财务、技术、风险和环境与社会影响等方面的可行性评估。

13.4.2 项目变更投资方案的风险评估

任何项目一旦出现变更，则项目前评估中的风险评估结果就无用了。因为项目变更会造成项目前评估中的风险识别和风险度量等评估结果与结论失效，这是因为项目变更使得原有项目风险评估中所得出的项目风险概率评估、项目风险后果评估、项目关联后果评估等结果都会出现重大的变化，所以必须重新进行项目风险方面的评估。

1. 项目变更投资方案中的风险评估过程模型

项目变更投资方案的风险评估与项目前评估的项目风险评估的内容、原理和方法等方面基本是一样的，实际上每个项目每过一段时间就必须做一次项目风险评估，只要项目尚未结束就需要不断地进行这种项目风险跟踪评估。

项目变更投资方案的风险评估与项目前评估的风险评估的最大不同是在项目变更投资方案的风险评估中，人们更注重项目风险各种关联影响的评估。因为从项目各方面的科学配置和全面集成的角度出发，只要项目在某个或某些方面变更，就会引发一系列的项目关联变化，从而导致一系列的项目风险及其关联影响。图 13-10 所示为项目变更投资方案的风险评估过程模型。

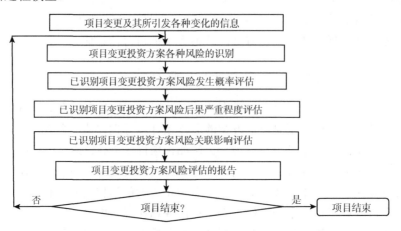

图 13-10 项目变更投资方案的风险评估过程模型

由图 13-10 中可以看出，项目一旦出现变更，就必须重新进行项目变更投资方案的各种项目风险识别和度量，做好项目变更投资方案的风险发生概率的评估、风险后果严重程度的评估和风险关联影响的评估等一系列的项目变更投资方案的风险评估工作，并最终给出项目变更投资方案的风险评估报告。

2. 项目变更投资方案的风险评估步骤和内容

因为一旦出现项目变更不仅会带来项目变更部分的新增风险，而且会使整个项目的风险发生变化，所以需要对项目变更及其投资方案进行风险评估，具体内容如下。

（1）项目变更及其引发各种变化信息的收集加工。这是项目变更投资方案中风险评估的首要任务和基础工作，其核心任务是收集和处理项目变更所引发的各种风险变化的相关信息与数据，因为项目变更和项目变更投资方案的风险评估都需借助这些相关信息与数据。

（2）项目变更投资方案的各种风险识别。人们必须进行项目变更投资方案的风险识别工作，全面分析和识别出项目变更投资方案的各种风险，最终给出全新的项目风险识别结果，以便用于后续的项目风险发生概率和后果严重程度的评估与度量。

（3）已识别项目变更投资方案风险发生概率的评估。人们在识别出项目变更投资方案的风险以后，就必须进一步开展这些项目变更投资方案的风险发生概率的评估，从而分析和找出已经识别出的项目变更投资方案风险发生概率的定性与定量评估。

（4）已识别项目变更投资方案风险后果严重性评估。人们需用使用定性和定量的方法去做好已识别项目变更投资方案的风险后果严重程度的评估。这包括项目变更投资方案的风险性损失后果大小和风险性收益后果大小两方面的评估。

（5）已识别项目变更投资方案的风险关联影响的评估。人们需要做好已识别项目变更投资方案的风险关联影响的定性和定量评估工作。这是对于项目变更投资方案各种风险是否具有"多米诺效应"的评估，同样存在有益和有害的风险关联影响评估。

（6）项目变更投资方案的风险评估报告。人们开展完上述项目变更投资方案的风险评估各个步骤的工作以后，最终需要给出项目变更投资方案的风险评估报告。这种报告的内容包括已识别出的项目变更投资方案风险清单、已识别项目变更投资方案风险发生概率、风险后果严重性，以及风险关联影响等方面的评估结果。

综上所述，任何项目一旦出现较大的变更，人们就必须对项目变更投资方案进行风险识别和度量等方面的评估。

13.4.3　项目变更投资方案的环境影响与社会影响评估

项目变更投资方案的环境影响与社会影响可行性评估是相互关联的，如有许多投资项目因为污染了人们赖以生存的自然环境，而引发了十分严重的社会问题并造成了十分恶劣的社会影响，所以作者将这两方面的项目变更投资方案评估放在同一节之中进行讨论。

1. 项目变更的自然环境影响评估

不管是项目技术变更还是项目投资或运营规模增加,都会引发项目对于自然环境影响的变化。因为如果项目出现技术变更就有可能出现新技术造成环境污染和破坏的情况,而项目因投资增加而使得运营规模扩大就会超出项目所在地区的生态环境承载能力,同样也会造成环境污染和破坏的情况。所以一旦项目出现变更,人们就需要仔细分析这种项目变更对于自然环境所带来的影响,而这种影响会有三种不同的情况,对应有三种不同的项目变更的环境影响评估内容和方法。

(1)项目技术变更或经营规模扩大给自然环境带来正面影响。人们如果分析和判断项目变更对于自然环境的影响是正面的,那么多数时间不需要再做项目变更投资方案的自然环境影响评估。例如,现有农业种植项目和林业种植项目的技术变更或规模变更多数会对自然环境带来正面的影响,这种就不需要进行项目变更自然环境影响评价。

(2)项目技术变更或经营规模扩大对自然环境带来负面影响。此时人们不但需要分析和判断项目变更投资方案对于自然环境有什么样的负面影响,而且必须做深入的项目变更对自然环境影响大小的评估。此时还必须评估项目变更对于自然环境负面影响的叠加效应。例如,工业生产项目的技术变更与经营规模扩大都需要做好对于自然环境负面影响的评估。

(3)项目技术变更或经营规模扩大对自然环境影响不大。此时人们虽然也需要评估项目变更对于自然环境是有正面还是负面影响,且必须评估项目变更对于自然环境的负面影响大小,但是这种项目变更自然环境影响评估的要求相对比较低。例如,高等教育项目和文化体育项目多数会对自然环境带来的影响不大,所以不需做这方面评价。

综上所述,项目变更的自然环境影响评估同项目前评估中的项目自然环境影响评估一样是分成三类情况进行的,而且国家对于这三种情况的自然环境影响评估要求也是不同的。

2. 项目变更的社会影响评估

同样,项目变更也会对项目所处的社会环境造成影响,因为任何项目变更都会打破项目原有的既得利益格局,这就有可能出现某个项目相关利益主体因利益受损而造成不好的社会影响,甚至会造成项目社会影响发生严重恶化的局面。所以一旦出现项目变更,多数时间就需要去做好项目变更的社会影响评估。项目变更的社会影响评估也会有三种不同的情况,人们需要进行不同的评估,这包括在评估内容、方法和过程等方面的不同。

(1)项目变更投资方案会给项目业主、投资人或发包方带来不当收益。由此就会给项目实施者、项目团队或项目承包方等带来损失,所以这种项目变更不但需要仔细分析由此造成的项目相关利益主体的利害关系变化和影响大小,而且需要更深入地评估这种利害关系变化会造成的社会冲突和影响。通常,这还需要人们努力去设法调整和改进项目变更投资方案。以便使项目变更方案尽量能够平衡各方的利害得失。

(2)项目变更投资方案会给项目业主、投资人或发包方带来额外损失。这是由于项目实施者、项目团队或项目承包方通过变更而获得更多收益造成的,所以此时人们必须仔细评估项目变更造成的相关利益主体的利害关系变化和影响大小。同样,此时也需要更为深入地评估项目变更带来的利害关系变化可能造成的社会冲突和影响，并且努力调整和集成项目变更投资方案而使项目变更对于相关利益主体的利害得失能够很好地予以平衡。

（3）项目变更投资方案会对其他项目相关利益主体造成不利影响。此时，项目变更可能对于项目承发包双方都有利，但却会给其他项目相关利益主体带来不利的影响。在实际中这样的项目变更是造成社会影响最严重、最恶劣和最广泛的项目变更情况。此时，人们不但需要仔细评估这方面的不利影响及其大小，而且要更为深入地评估这种项目变更的不良社会影响的蔓延程度和可能性。所以在项目变更投资方案中，人们必须仔细评估这种变更使得项目其他项目相关利益主体利益受损而造成的不良社会影响，并且设法避免或消减。

综上所述，项目变更投资方案评估同项目前评估二者在项目社会影响评估的原理和方法等方面是相同的，唯一不同的是这种不同的社会影响评估所关注的焦点不同。因为通常人们对既得利益变更的反应强烈程度，要远远高于人们对于最初利益划分不公的反应程度。所以项目变更的社会影响评估更关注这种变更所造成的社会影响的严重程度，因此项目变更投资方案评估与项目前评估相比在对于项目社会环境影响评估的要求方面要高许多。

3. 项目变更对于自然环境影响和社会影响评估的报告

项目变更对于环境影响和社会影响的评估结果实际上都应该具有"一票否决"的权重，因此任何项目变更如果其对于环境影响和社会影响的评估不可行，那么这个项目变更就是不可行的了，甚至整个项目就会变成不可行的了。所以对于项目变更在环境影响和社会影响方面的评估应该按照"贵极无价"的原则进行评估。

所以在项目变更的环境影响和社会影响评估中不能简单地使用本章式（13-2）给出的净现值计算方法，因为那些 30 年以后才会出现的项目变更带来的环境影响的价值通过"折现"后就不值钱了（30 年的折现系数会变得很小）。因此项目变更自然环境影响和社会影响的评估结果对项目变更决策是至关重要的，任何项目变更都必须认真做好这两个方面的评估并科学报告项目所造成的环境影响和社会影响评估的结果。

在项目变更自然环境影响和社会影响评估的权重安排方面，对于那些可能带来严重环境污染、生态破坏、社会冲突或恶劣社会影响的项目变更应该具有"一票否决"的权重。上述这些都应该体现在项目变更的自然环境影响和社会影响评估结果报告中，即使项目变更对于自然环境影响和社会影响都不大，人们也需要在项目变更投资方案评估结果报告里直接给出项目自然环境影响和社会影响评估结果，以便更好地去指导人们的项目变更决策。

13.5　项目变更投资方案的综合评估

在完成上述项目变更投资方案的各专项评估任务以后，人们还必须进行项目变更投资方案的综合评估。这种综合评估的概念和内容等与项目前评估中的综合评估有所不同，但是项目变更投资方案的综合评估与项目前评估中的综合评估所用的方法基本是一致的，所以本节的核心内容并不讨论项目变更投资方案的综合评估方法。人们可以参见第 11 章的项目综合评估中专门讨论综合评估方法的内容。实际上，项目前评估和项目变更投资方案评估的作用都是为支持项目投资决策服务，所以二者在综合评估中所使用的方法必然是一致的。

13.5.1　项目变更投资方案综合评估的概念

项目变更投资方案评估与项目前评估在综合评估中的相同与不同之处具体分述如下。

1. 项目变更投资方案评估与项目前评估在综合评估中的相同之处

由于项目变更投资方案上述各方面的评估结果可能有好有坏，因此人们必须综合权衡利弊，从投资角度做出项目变更投资方案的综合评估与决策。这种主要从项目投资决策角度进行的项目变更投资方案的综合评估，其所使用方法与项目前评估的综合评估所用方法是相同的。因为从投资决策支持的角度，项目前评估是为项目初始投资决策服务的，而项目变更投资方案评估是为跟踪决策服务的。

因为都是为项目投资决策服务的，所以不管是项目前评估还是项目变更投资方案评估，它们主要的综合评估目的和做法以及所使用的综合方法都是一致的。如果一个项目或项目变更的综合评估能够获得项目应有的回报和收益，那就可以开展项目或项目变更而去获得这些应有的投资收益。如果项目前评估或项目变更投资方案的综合评估结果是不可行的，那就必须做出不能起始项目或必须终止项目的决策。因此项目变更投资方案的综合评估在作用和方法等方面多数是与项目前评估中的综合评估一样的。

2. 项目变更投资方案评估与项目前评估在综合评估中的不同之处

项目变更投资方案的综合评估与项目前评估的综合评估也有一些不同之处，最主要的包括两个方面：其一是二者的综合程度不同，项目变更投资方案的综合评估中综合了项目前评估的结果，因为项目变更投资方案的综合评估要综合项目已经发生和未来预测的项目专项评估结果；其二是综合评估的约束条件不同，项目变更投资方案的综合评估是在项目变更时点开展的，此时项目已经实施了一定时间，所以会增加很多前提条件和实际制约情况。

另外，人们还需要明白从项目投资跟踪决策角度所进行的项目变更投资方案的综合评估，与从项目初始投资决策角度所进行的项目综合评估是不同的。最重要的是，从项目变更投资方案角度开展的综合评估的目的是评估项目变更的必要性和项目变更投资方案的可行性。对于项目变更必要性的评估，从项目投资跟踪决策角度所做的综合评估必须是必要的，对于项目变更投资方案的评估，从项目投资跟踪决策角度所做的综合评估必须是可行的，只有这样人们才可以做出项目变更的跟踪决策。

13.5.2　项目变更投资方案综合评估的地位和独特性

另外，项目变更投资方案的综合评估与第 14 章需要讨论的项目变更实施方案的综合评估在地位和作用方面也是不同的，这些不同以及项目变更投资方案综合评估的独特性讨论如下。

1. 项目变更投资方案综合评估在项目决策中的地位和作用

项目变更投资方案的综合评估在项目跟踪决策中的地位和作用，以及它与项目前评估和项目变更实施方案评估等其他项目评估之间的关系如图 13-11 所示。

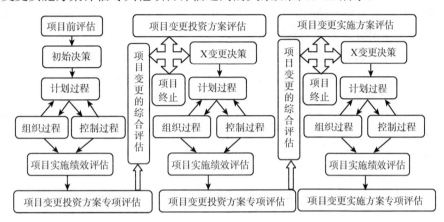

图 13-11　项目变更投资方案综合评估的地位和作用示意图

由图 13-11 可知，从作用上说，项目前评估用于一个项目的起始决策，项目变更投资方案评估用于做出项目变更的投资跟踪决策，而项目变更实施方案评估用于项目实施的跟踪决策，只有后二者共同可行才能做出项目变更的跟踪决策。

从时间上看，首先开展的是项目前评估，然后项目经过起始、计划、组织、控制过程而进入项目阶段性的终结过程，此时人们就需要开展项目实施绩效评估。当人们通过项目实施绩效评估发现项目需要变更的时候，人们就需要先开展项目变更及其投资方案的专项评估，然后是开展项目变更投资方案的综合评估。如果这两方面的评估都是可行的，人们还必须进一步去开展项目变更实施方案的评估，只有这些评估结果都是可行的，人们才能去做项目的变更，并进一步去完成项目变更的计划、组织、控制、终结过程。项目每过一段时间或每到一个项目的里程碑，人们都需要按照上述步骤和过程去做好项目跟踪评估与决策。

2. 项目变更投资方案综合评估的独特性分析

由于上述项目变更投资方案综合评估在项目管理和决策中的地位与作用，这种评估具有自己的独特性，这种评估与项目其他评估的不同和相互关系分述如下。

（1）项目变更投资方案评估与项目前评估的不同和独特之处。项目前评估是为项目的起始决策提供支持和服务的，而项目变更投资方案评估是为项目的变更决策提供支持和服务的，所以二者在决策支持作用上是不同的。项目前评估是在项目尚未起始的时间所做的一种项目前期评估，而项目变更投资方案评估是在项目实施到变更时点的时候所做的一种项目跟踪评估，所以二者在评估时点上是完全不同的。因此，项目变更投资方案评估具有项目跟踪评估的特性，是在项目"非零起点"所做的评估。

（2）项目变更投资方案评估与项目实施绩效评估的不同和独特之处。人们开展项目实施绩效评估的目的是确认项目实施绩效和发现项目实施结果是否与项目既定目标和要求存在差异。所以这是一种评价实施绩效和找出项目偏差的评估。人们开展项目变更投资方案评估是要从投资角度评价是否需要项目变更以及项目变更投资方案是否可行，所以这是一种评价变更必要性和变更投资方案可行性的评估。虽然二者都属于项目跟踪评估，但是项目实施绩效评估具有发现问题的特性，而项目变更投资方案评估具有设法解决问题的特性。

（3）项目变更投资方案评估与项目变更实施方案评估的不同和独特之处。人们通过项目变更投资方案评估去分析和确定项目变更的投资是否合算与可行，而通过项目变更实施方案评估去分析和确定项目变更能否实施与实现变更的既定目标，所以二者各自的评估对象是不同的。项目变更投资方案评估多是从项目业主等投资者角度去开展的项目变更评估，而项目变更实施方案评估多是从项目承包商等实施者角度去开展的项目变更评估，所以二者各自的评估角度是不同的。时间上，项目变更投资方案评估在前，项目变更实施方案评估在后。

13.5.3　项目变更投资方案综合评估的过程和步骤

项目变更投资方案的综合评估中涉及多项工作，这些工作按照先后顺序而构成了自己的程序和步骤，具体的过程和步骤及其内容分述如下。

1. 项目变更投资方案综合评估的过程

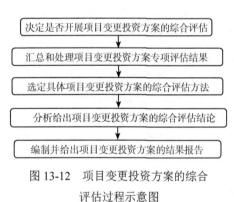

图 13-12　项目变更投资方案的综合评估过程示意图

项目变更投资方案的综合评估的过程可由图 13-12 给出示意和说明，可以看出，这种综合评估的核心工作有三项：其一是汇总和处理项目变更投资方案专项评估结果，这包括对于项目变更投资方案各个专项评估结果的同度量化处理工作；其二是选定具体项目变更投资方案的综合评估方法，可根据具体项目需要选用连加、连乘、层次分析法等综合评估方法；其三是分析给出项目变更投资方案的综合评估结论，即综合评估项目变更及其方案是否可行的最终结果。

2. 项目变更投资方案综合评估的步骤及其内容

由图 13-12 可知，项目变更投资方案的综合评估中包括如下步骤及各自的具体内容。

（1）决定是否开展项目变更投资方案的综合评估。人们首先需要做出是否开展项目变更投资方案的综合评估的决定，因为实际上项目变更投资方案的专项评估会有不可行且"一票否决"的情况。例如，项目变更投资方案某专项评估结果不可行，且该专项评估结果具有"一票否决"的权重，此时人们就可以不做项目变更投资方案的综合评估工作了。

（2）汇总和处理项目变更投资方案专项评估结果。其中，最重要的是对于项目变更投资方案各个专项评估结果进行的同度量化处理，因为项目变更投资方案的各个专项评估结果具有完全不同的度量单位（如财务评估的量纲是万元，技术评估的量纲是技术先进程度）。人们要想综合评估这些不同量纲的专项评估结果就必须设法做好同度量化的处理工作，人们多数使用归一化处理的方法（如将不同量纲的评估结果转换成相对数）。

（3）选定具体项目变更投资方案的综合评估方法。不同项目所适用的项目综合评估方法不同，人们需要根据具体项目评估选定这种评估的综合评估方法。这种项目变更投资方案的综合评估方法与项目前评估的综合评估方法是一样的，通常专项评估结果没有"一票否决"权重的可选连加方法，否则需选用连乘或层次分析法等其他方法。

（4）分析给出项目变更投资方案的综合评估结论。在选定综合评估方法以后，人们就可以使用选定的方法评价和给出项目变更投资方案综合评估的结论了。这会有两种不同的结论：其一是因这种综合评估结果未达到要求而导致项目变更投资方案是不可行的，这有可能需要重新修订项目变更投资方案或直接终止项目；其二是这种综合评估结果达到了要求而使得项目变更是必要和可行的，这就需要进一步去开展项目变更实施方案的评估和决策。

（5）编制并给出项目变更投资方案的结果报告。在人们完成了项目变更投资方案的综合评估工作并得出了最终结论以后，人们就必须去编制并给出项目变更投资方案的结果报告。这种报告的内容不仅要包括项目变更投资方案的综合评估的工作和结论，而且要包括项目变更投资方案的专项评估的工作和结论，甚至还要包括项目变更投资方案的专项和综合评估的方法及其选用原因等方面的说明。

 思 考 题

1. 项目变更投资方案评估与项目变更实施方案评估有何不同？
2. 项目变更投资方案评估的主要内容有哪些？
3. 项目变更投资方案评估的主要步骤有哪些？
4. 项目变更投资方案评估与项目前评估在财务可行性评估上有何不同？
5. 项目变更投资方案的其他专项可行性评估有哪些？
6. 项目变更投资方案评估与项目前评估的综合评估内容有哪些不同？

第14章　项目变更实施方案评估

本章介绍

　　本章首先给出项目变更实施方案评估的基本概念、内容、特性和基本模型，以及项目变更实施方案评估的基本过程和具体步骤。随后讨论了项目变更实施方案的全过程评估的原理和方法，以及项目变更实施方案全过程的分层集成评估原理和方法。更进一步讨论了项目变更实施方案目标要素和全要素集成评估的原理与方法，这包括项目变更实施方案四个目标要素的集成评估方法和进一步加上资源要素以及风险要素的全要素集成评估的原理与方法。在此基础上，还讨论了基于项目变更目标四要素优先序列的项目变更实施方案评估原理和方法。最后讨论了项目变更实施方案的全团队集成模型及其分层集成评估方法。

　　任何项目出现变更都是难以避免的，在项目变更过程中人们必须把各方面的因素都考虑周全才能获得成功。所以项目变更要想获得成功就必须进行项目变更实施方案的评估，以确保项目变更实施方案能够解决由项目变更所带来的各方面的变化。

14.1　项目变更实施方案评估的概念和内容

　　作者的研究结果表明，现有很多项目变更并没有开展项目变更实施方案的评估，结果导致许多项目的变更无法实现全面的成功，甚至最终还会引发项目整体的失败。造成这种情况的根本原因之一是现有项目评估学的理论和方法中，缺少这方面的跟踪评估的原理和方法，本章就专门为解决这种广泛存在的问题而研究和提出了这方面的原理与方法。

14.1.1　项目变更实施方案评估的概念

　　项目变更实施方案评估与项目变更投资方案评估和项目实施绩效评估的概念有所不同，项目变更实施方案评估与项目前评估的概念也有所不同，这种评估的定义和内涵如下。

　　1. 项目变更实施方案评估的定义和内涵

　　项目变更实施方案评估是指在项目变更过程中如何去分析和研究实现项目变更的方案是否可行的一项工作，它涉及项目变更的全过程（这包含项目变更阶段、工作包和具体活动等内容）、项目变更全要素（这包含项目目标要素、资源要素和风险要素）和项目变更全团队（这包含项目业主、承包商、贷款银行、最终用户等）这三方面的全面集成评估，只有这样才能使项目变更及其实施方案能够实现变更的目标和要求。任何项目变更都必须开展这种集成评估，以实现项目变更方案在全过程、全要素和全团队三方面的全面集成与科学配置。

作者的研究结果证明，许多项目变更的失败都是由于项目变更实施方案在这三个方面的配置不当或集成不好造成的。因此项目变更实施方案评估的核心是评估这三个方面的合理配置关系以及全面集成情况，人们开展项目变更的根本目的是要使项目后续计划能够符合项目发展变化的环境与条件，以及更加符合项目相关利益主体的利益和主观意愿。

2. 项目变更实施方案评估的独特性

项目变更实施方案的可行性评估是在项目已有实施结果和后期即将实施内容与要求的基础上开展的，所以此时必须考虑项目变更实施方案对于所有项目相关利益主体的影响和利益平衡。所以项目变更实施方案可行性的评估必须评估在项目变更实施方案中人们是否合理匹配和科学集成了项目变更实施方案所涉及各方面的合理配置与科学集成。

因为任何项目的变更都会有"牵一发动全身"的结果，所以项目变更实施方案评估不能仅仅评估项目变更的要素情况，而且要评估由此带来的项目各方面的变更以及这些变更的合理配置关系。然而，现在很多项目在变更的时候只是"就事论事"，或"只顾一点，不及其余"，结果这种"单打一"式的项目变更，最终导致了"多米诺骨牌"的破坏效应，甚至使得整个项目失败。所以项目变更实施方案的可行性评估的核心是项目变更所涉及各方面的合理配置的关系和全面集成的计划安排，考虑的重点是项目变更如何从目标到过程，从单个要素到整个项目，以及从直接到间接涉及的所有相关利益主体的利益。

14.1.2　项目变更实施方案评估的内容与基本模型

项目变更多数是由于项目某个方面出了问题造成的，这种问题可能是项目环境发展变化造成的，也可能是项目相关利益主体的主观意愿发生变化造成的。

1. 项目变更实施方案评估的内容

显然，人们为了解决项目某个方面出现的问题而进行项目变更就必须去考虑由此所涉及的项目各方面，即必须去考虑项目变更所涉及的项目各方面的变化和由此给项目相关利益主体带来的变化。所以项目变更实施方案评估的主要内容是评估项目变更实施方案的全过程、全要素和全团队这三方面的全面集成与合理配置的计划安排，以便最终得出项目变更实施方案的实施是否可行的结论。实际上，项目变更实施方案可行性评估真正需要评估的内容就是如何在解决项目某方面问题时合理配置和科学集成项目变更的各方面、各阶段和各个要素。因为只有实现了这三个方面的合理配置关系，项目变更实施方案才是真正可行的。

2. 项目变更实施方案评估的内容模型

图 14-1 给出了项目变更实施方案评估的内容模型的示意。

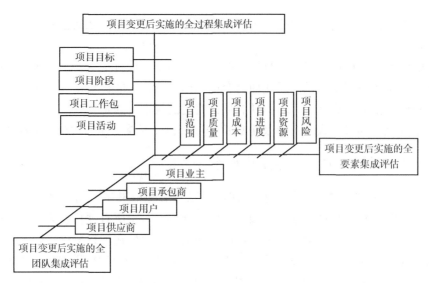

图 14-1　项目变更实施方案评估的内容与基本模型示意图

由图 14-1 可以看出，项目变更实施方案评估的内容涉及三个方面。这三个方面包含了项目变更实施方案的实质内容，形成了项目变更实施方案全面集成评估的三个分支。

14.1.3　项目变更实施方案评估的步骤和过程

项目变更实施方案评估有自己的过程和顺序，具体如下。

1. 人们先需要开展项目变更实施方案的全过程集成评估

这是指在项目决定变更并提出新的目标和内容后，人们如何做好项目变更实施全部工作的全面集成评估。这主要是评估项目变更后的项目阶段、工作包和活动等是否实现了合理配置关系，以及这些方面构成的全过程能否保障项目变更实施的成功。因为如果项目变更实施过程中缺少或多余某些项目工作包或活动，就有可能导致项目变更的不成功甚至失败。这种项目全过程集成评估的具体内容包括：根据项目变更提出的新目标和内容去变更项目阶段与项目工作包，然后根据项目工作包去分解项目变更所需的活动清单，借此使得项目目标和工作能够集成为一个有机整体。这要求人们在制定和评估项目变更实施的全过程中必须对整个过程中的事情进行"充分/必要"的审查与检验，从而使得项目变更实施全过程中既没有"不必要"的项目工作或活动，也不缺少"必要"的项目工作和活动，从而实现项目变更实施的所有工作都是为实现项目变更新目标服务的。

2. 人们还需要开展项目变更实施方案的全要素集成评估

这是对项目变更实施方案中目标、资源和风险等各要素之间是否具有科学配置关系的评估，人们借此去全面考虑和计划安排好项目变更实施方案各要素之间的合理配置关系。这主要是评估项目变更实施方案中涉及的质量、范围、时间和成本的四目标要素与人力、物力、信息的三资源要素以及风险要素之间是否具有科学合理的配置关系。这既会涉及项目变更实施方案目标要素的科学配置评估，也涉及项目变更实施方案的目标要素、风险要素和资源要素三者之间的科学合理配置。实际上，我国现有项目评估理论中缺少这方面的评估原理和方法，而且现在我国几乎没有开展项目变更实施方案的全面集成评估。

3. 人们更需要开展项目变更实施方案的全团队集成评估

这是指在项目变更及其方案的评估中，人们必须同时考虑所有项目相关利益主体的利益和要求的全面集成，而不能为了照顾某个项目相关利益主体的主观意愿而去伤害项目其他相关利益主体的利益。这种集成评估主要是评估项目变更及其方案是否综合考虑项目全体相关利益主体都能从变更中公平地获益，特别是项目变更方案是否会造成项目相关利益主体之间的利益冲突，因为那样会导致项目变更的失败。由于项目全体相关利益主体的利益是一个全面集成的整体，所以项目变更及其方案就必须全面兼顾项目全团队各方面利益的集成。但是，当今我国很多公共项目和私营项目都因为缺少这种项目变更实施的全团队集成评估，而导致项目相关利益主体之间出现了很多利益冲突甚至相互倾轧的问题，最终导致项目的整体利益和各方的利益都出现了损失。

4. 项目变更实施方案评估过程和顺序安排的理由

上述项目变更实施方案评估的过程和顺序的这种安排，主要是因为人们只有明确和集成项目变更的目标与任务以后，才会知道项目各个要素各自会因此而发生哪些变化；而人们只有明确和集成了项目变更实施的各个要素以后，才会知道项目这些要素的变化会给项目各个相关利益主体带来哪些利害。所以人们首先需要开展项目变更实施的全过程集成评估，然后才能进行项目变更实施的全要素集成评估，最后才能去做好项目变更实施的全团队集成评估。有关这三方面的项目变更实施方案评估的定义及其具体评估内容将在后续各节中展开讨论。

14.2　项目变更实施的全过程集成评估

这种评估首先需要进行项目变更实施全过程的集成评估，因为任何项目变更实施方案（与项目初始计划方案一样）都必须首先做好项目目标、项目产出物、项目工作包、项目可交付物和项目活动四个层面的全面集成。另外，人们还必须做好项目工作或活动顺序安排的合理性评估，以保证项目变更实施全过程各方面的科学配置和集成，有关项目变更实施的全过程集成评估，具体内涵及评估要求和做法分述如下。

14.2.1　项目变更实施全过程的集成评估

任何项目变更都必须实现项目目标、产出物、工作包、可交付物和项目活动四个层面的科学集成与合理配置，绝不能出现项目目标出现变更，而项目产出物和项目工作包却都没有变更的情况，所以项目变更实施方案评估首先必须评估这四个层面的全面集成评估。

1. 项目变更实施全过程评估的集成模型

这四个层面的集成评估有四个方面的要求：其一是要确保所有项目变更活动都是为生成项目变更后的可交付物服务的，其二是要确保所有变更后的项目可交付物都能够满足项目产出物变更的要求，其三是要确保所有项目工作包的变更都是为生成项目变更要求的产出物服务的，其四是要确保所有项目产出物的变更都是为实现变更项目目标服务的。这种集成评估是用项目分解技术自上而下逐层分解实现的，图 14-2 给出了示意和说明。

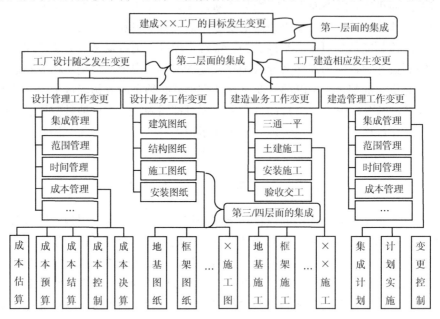

图 14-2 项目变更实施全过程的集成评估模型示意图

图 14-2 表明，这种集成评估分四个层面：第一层面的集成评估是人们需要根据项目目标的变更去评估分解产生出的项目产出物变更，从而保障所有项目产出物的变更都是为实现项目变更后的目标服务的；第二层面的集成评估是人们需要根据项目产出物的变更去评估分解得到项目工作包的变更，从而保障所有变更的项目工作包都能为满足生成变更的项目产出物服务；第三层面的集成评估是人们需要根据变更后的项目工作包而分解得到新项目工作包中所包含的可交付物，从而保障所有的项目可交付物变更都已经包含在变更后的项目工作包中；第四层面的集成评估是人们需要根据变更后新的项目可交付物去分解得到项目活动的变更，从而保障所有的项目活动变更都是为生成变更后的项目可交付物而服务的。

例如，项目成本管理的工作包中原有项目估算书、预算书、结算书、控制报告和决算书五个项目可交付物，一旦项目发生变更，则就会多出来一个项目变更的预算书的新可交付物，所以变更后的项目成本管理工作包中就会多出来一项项目变更预算书的新活动，而变更后的这个项目工作包就会有六项项目成本管理方面的活动。

2. 项目变更实施全过程的集成评估的技术方法

图 14-2 还表明，上述这四个层面的科学配置和有机集成都是通过自上而下的层次分解

结构技术实现的。其中，第一层面集成评估用的是项目分解技术（project breakdown structure，PBS），第二层面集成评估用的是项目工作分解技术（work breakdown structure，WBS），第三层面集成评估用的是项目可交付物的分解技术（deliverable breakdown structure，DBS），第四层面集成评估用的是项目活动分解技术（activity breakdown structure，ABS）。

因版面所限的原因，图 14-2 并未展开给出第三层面集成用可交付物的分解技术分解得出的结果和第四层面集成用项目活动分解技术分解得出的具体结果，但该图已经给出了相关的示意。这种自上而下逐层分解过程，最终会确保这种项目变更所需的自下而上全面集成，从而最终实现了项目这四个层面变更的科学配置关系，所以项目变更这四个层面的合理配置关系，实际就是项目变更实施的全过程集成评估的主要对象和内容。

14.2.2　项目变更实施全过程的逐层评估

实际上人们可从图 14-2 模型中的不同层面开展项目变更，所以人们需要选用这四个层面中不同层级去开展相应项目变更实施的集成评估，这就需要人们根据具体项目变更去使用图 14-2 给出模型中的四个不同层面的集成去进行评估。

1. 模型中第一层面集成的评估

如果项目变更涉及项目目标的变更，人们就必须从图 14-2 模型中的第一层面开展自上而下的集成评估。对于模型中第一层面集成情况的评估，其内容主要是分析和评价项目目标变更与项目产出物变更的集成情况，即人们分解得到的变更后项目产出物是否都是为实现变更后的项目目标服务的。所以这方面集成评估的标准是变更后的项目产出物必须是充分和必要的，即所有变更都必须是为实现项目变更后的目标服务的。换句话说，在整个项目目标和产出物的变更中，既不能有多余的项目产出物，也不能缺少必要的项目产出物。

2. 模型中第二层面集成的评估

如果项目变更不涉及项目目标的变更，只涉及项目产出物的变更（如项目设计变更的情况），人们只需要开展图 14-2 模型中第二层面的集成评估。这方面评估的内容主要是分析和评价变更后的项目产出物与项目工作包之间的集成情况，即是否所有的项目工作包的变更都是为生成变更后的项目产出物服务的。因此这种项目变更实施方案评估的标准就是项目工作包变更是否充分和必要，即项目工作包的变更都必须是为生成变更后的项目产出物而服务的。换句话说，项目变更既不应该出现无用的项目工作包，也不能缺少必要的项目工作包。

3. 模型中第三层面集成的评估

如果项目变更中既不涉及项目目标的变更，也不涉及项目产出物的变更，而只是涉及项目工作包的变更（如项目实施方案变化的情况），此时人们需从图 14-2 模型中的第三层面去开展相关集成评估。这种评估的内容主要是分析和评价项目工作包及其所包含的项目可交付物的变更集成情况，即变更后的项目工作包及其所包含的项目可交付物是否实现了科学的集成。因此这方面评估的标准就是变更后的项目可交付物必须具备完备性和必要性，即所有变更后的项目可交付物必须能够共同构成项目产出物的整体。换句话说，项目工作包的变更不能形成多余的项目可交付物，也不能造成必要项目可交付物的缺项。

4. 模型中第四层面集成的评估

如果项目变更不涉及项目目标、项目产出物和项目工作包的变更，只涉及项目可交付物方面的变更（如项目实施技术变更的情况），此时人们就只需要做图 14-2 模型中的第四层面的集成评估了。这种项目评估主要是评估项目可交付物与项目活动的集成情况，即变更后的项目活动是否都是为生成变更后的项目可交付物而服务的。因此这种评估的标准就是项目活动与项目可交付物的匹配性，即每个变更后的项目活动必须对应一个变更后的项目可交付物。换句话说，这种项目变更的结果中不能有多余的项目活动，也不能缺少必要的项目活动。

14.2.3 项目变更实施全过程活动顺序的评估

人们在做好上述项目变更实施全过程四个层面的全面集成评估基础上，还必须做好项目工作包和项目活动顺序在时间上的合理安排，以保证项目变更实施过程的科学集成。

1. 项目实施全过程的先后顺序模型

图 14-3 给出了项目阶段、项目工作包和项目活动顺序计划安排合理性的示意。

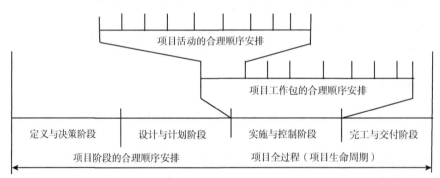

图 14-3 项目实施全过程的先后顺序模型示意图

由图 14-3 中可以看出：首先任何项目都必须合理划分成一定的项目阶段并将它们的先后顺序进行合理安排；其次每个项目阶段中所包含的一系列项目工作包也必须合理安排先后顺序；更进一步每个项目工作包中所包含的一系列项目活动也必须合理安排先后顺序。任何项目变更都必须做好这三个方面的合理顺序安排，从而实现项目全过程的科学集成。

2. 项目变更实施全过程的先后顺序安排问题

由图 14-3 还可以看出，项目全过程中各个项目阶段不但不能先后颠倒，而且很难做成并行工程（如工程建设项目边决策、边设计和边施工的"三边工程"），它们必须科学安排项目的各个阶段顺序及其时间接续关系。同样，对于项目变更实施全过程也必须做到这一点，项目变更实施方案的过程必须根据项目所属专业的独特要求，去做好项目变更实施的全过程中各个阶段先后顺序的合理安排。

同时，项目每个阶段中所包含的全部项目工作包也必须有一个合理的顺序安排，它们必须根据客观依存关系、外部依存关系（如有外购或外包时）以及人为优化的依存关系去合理地安排好各个工作包的先后顺序。显然，项目变更后的工作包之间也必须合理地安排先后顺序，特别需要去合理地安排项目未变更工作包和新增项目工作包之间的先后顺序关系。

从图 14-3 也可以看出，每个项目工作包中所包含的各项项目活动必须做好合理的顺序安排，所有的项目活动也必须根据客观依存关系、外部依存关系（如有外购或外包时）以及人为优化的依存关系，去合理地安排好相互之间的先后顺序。同理，当项目变更造成了项目活动的变化时，人们就必须重新安排变更后的项目活动先后顺序，特别需要去合理地安排未变更项目活动和新增项目活动之间的先后顺序关系。

3. 项目变更实施全过程先后顺序的集成评估

变更后的项目阶段、项目工作和项目活动顺序安排的全面集成之评估有三个方面的核心内容，有关这三方面的评估内容分述如下。

（1）变更后项目阶段先后顺序的集成评估。这是对项目变更实施全过程中各个项目阶段之间的顺序安排和配置关系的评估，这种评估先要研究找出变更后各项目阶段顺序安排的依存关系，然后依据这些依存关系去做好这方面的集成评估。所以这种评估的内容包括：首先是分析和找出项目变更实施全过程中各项目阶段顺序安排的客观依存关系与要求，其次是分析和确认这些项目变更实施全过程中各个阶段的顺序安排的外部依存关系与要求，最后是分析和评估这些项目变更实施全过程中的各个阶段的顺序安排的内部条件或要求。因为只有项目变更实施全过程的各阶段之间顺序安排的计划方案能够满足这三种依存关系要求，项目变更实施全过程各阶段的科学集成才能实现。

（2）变更后项目工作包先后顺序的集成评估。这是对项目变更实施全过程中每个项目阶段里所包含的项目工作包的顺序安排的合理性与集成性的评估，这方面的评估主要用于实现项目变更实施全过程中项目工作包的先后顺序安排能够符合客观依存、外部依存和人为优化的依存关系。所以这种评估的内容首先也是分析和确认项目变更实施各项目阶段中所有项目工作包的顺序安排是否都能满足其所涉及的专业领域与外部环境给定的客观依存关系的要求，其次是分析和确认各项目阶段中所有项目工作包的顺序安排是否都能满足项目实施的外部依存关系的要求，最后是在能够满足这两方面要求的基础上人们是否合理地优化了项目各工作包间的顺序安排。同样，只有项目变更实施全过程中各工作包的顺序安排能够全面满足这三种依存关系的要求，项目变更实施全过程的工作包才是科学集成的。

（3）变更后项目活动先后顺序的集成评估。这是对项目变更实施过程中每个项目工作包中所包含项目活动顺序安排合理性与集成性的评估，因为项目变更实施活动的顺序安排也有自己特定的客观、外部和人为优化的依存关系，所以也必须开展先后顺序的集成评估。这种评估的内容也有三个方面：首先是分析和确认项目变更实施全过程中所有项目活动的顺序安排是否都能满足客观依存关系的要求，其次是分析和确认所有项目活动的顺序安排是否都能满足项目实施的外部依存关系要求，最后也是人们是否合理地优化了项目各活动间的顺序安排。同样，只有项目变更实施过程的全部活动顺序安排能够满足这三种依存关系要求，项目变更实施过程的活动间顺序安排的集成性才是可行的。

14.3 项目变更实施方案的全要素集成评估

项目变更实施方案评估还必须进行的是项目变更实施方案的全要素集成评估，因为任何项目要素的变更都会造成项目其他要素的关联变动。所以对于项目变更还必须做好项目质量、范围、时间、成本这四个目标要素的合理配置与科学集成，进一步人们还必须做好项目目标要素与项目资源要素和风险要素的全面合理配置关系的集成情况评估。因为只有这样才能保证项目变更实施方案的科学性、合理性与可操作性。有关这些方面的项目全要素集成性的内涵及其评估的要求和做法分述如下。

14.3.1 项目变更实施方案四目标要素的集成评估

任何项目变更方案都必须首先实现项目质量、范围、时间和成本四方面的合理配置，因为这四个项目要素是相互干涉和相互影响的，所以必须按照工程方法去实现"一对一"硬逻辑的合理配置（而不能按照 N 对 N 的软逻辑去配置项目目标要素）。

1. 项目变更实施方案的四目标要素配置关系模型

这种项目变更实施方案的四个目标要素全面集成有三个前提条件：其一是项目范围是项目变更方案中的自变量（并非所有项目的范围都是自变量），即项目范围要素的变动会直接影响项目质量、时间和成本的变化；其二是项目质量应该是项目变更首先要确定的变量，即人们是根据项目质量要素的变更去确定出项目范围、时间和成本要素的变更；其三是在项目变更中质量、范围、时间和成本四个要素具有优先序列安排的要求（这四者具有不同的权重或优先权，案例中的权重序列是质量第一，范围第二，时间第三，成本第四，对于不同项目变更会有不同的权重或项目目标要素的优先序列）。基于这三个前提条件的项目变更实施方案的四目标要素合理配置关系可以使用图 14-4 给出其示意，具体解释和说明见后。

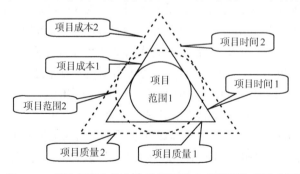

图 14-4 项目变更实施方案的四要素合理配置关系示意图

由图 14-4 可知，项目变更实施中的范围变更是自变量，而项目质量、时间和成本三个要素是因变量。当项目范围目标要素发生了从状态 1 到状态 2 的变化后，那么项目质量、时间和成本三个目标要素会相应地从状态 1 变化到状态 2，即它们会随着项目范围目标要素的变化而出现相应的变化。

2. 项目变更实施方案四目标要素合理配置关系模型的内涵

在项目变更实施方案的这四种目标要素的合理配置关系模型中，作者使用外接三角形代表项目质量、时间和成本三个目标要素构成的因变量之间相互依存的关系。这三者必须与代表项目范围目标要素的内切圆紧紧相接而不能留下任何空间或干涉，因为如果出现"外接三角形"过小而切掉了"内切圆"的一部分，就代表项目变更实施方案的范围目标不足了；而如果出现"外接三角形"过大而远离了"内切圆"并留出空间，就代表这四个要素之间的配置关系出问题了，很可能导致某个项目目标无法实现或出现问题。

因此，在项目变更实施方案的全要素集成评估中，首要的是评估这四个目标要素的合理配置关系中是否出现"外接三角形"过大或过小的问题。换句话说，项目变更实施方案的四目标要素集成评估的标准就是当图 14-4 中的项目范围目标要素从"项目范围 1"变化到了"项目范围 2"的时候，项目时间、成本和质量这三个目标要素都从"状态 1"变化到了"状态 2"。从而在项目范围目标要素的"内切圆"发生变化后，项目其他三个目标要素的"外接三角形"也相应变更，以便最终确保"内切"和"外接"之间的无缝相接，最终实现新的项目这四个目标要素的合理配置关系。

14.3.2　项目变更实施方案四目标要素集成过程的评估

上述项目变更实施方案的四目标要素合理配置关系是人们通过对于这四个要素的两两分步集成的方法去实现的，所以在项目变更实施方案的四目标要素集成评估中还要去评估项目变更实施方案四目标要素实现合理配置关系的科学集成过程和步骤，具体讨论如下。

1. 项目变更实施方案四目标要素集成过程的模型

因为项目变更实施方案中这四个目标要素的合理配置关系是通过科学集成过程和步骤给出的结果，所以人们就需要使用两两分步集成的方法去实现这种项目四要素的合理配置关系的集成过程，这种过程和步骤的模型如图 14-5 给出的示意。

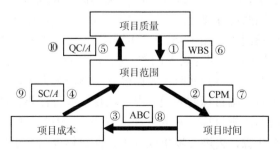

图 14-5　项目变更实施中的四要素全面集成过程示意图

2. 项目变更实施方案四目标要素集成过程的步骤和内容

在进行项目变更实施方案的计划安排中人们必须使用图 14-5 中这种两两分步集成的方法去实现项目变更实施方案四目标要素合理配置关系，这些集成过程、步骤和方法，以及相关项目变更方案四目标要素集成评估的内容分述如下。

（1）项目质量和范围两目标要素的变更集成。这两个项目目标要素变更的集成是整个四目标要素变更的全面集成首要步骤（图 14-5 中的步骤①），因为项目变更最根本的是项目质量目标要素的变更，所以人们必须根据项目质量要素的变更去确定出项目范围、时间和成本这三个目标要素的变更。这一步骤中的两两集成过程需使用项目工作分解技术去实现，即人们首先需要根据项目变更的目标去确定出项目变更后的质量规定，然后根据项目质量变更的要求去分解得出项目产出物和项目工作包的变更，这样就分解得到项目范围的变更（项目范围包括项目产出物范围和项目工作包范围两个方面），从而实现了项目质量和范围的两目标要素变更的集成，并为下一步的项目范围和时间两目标要素的集成奠定了基础。其中，需要特别注意的是，项目质量和项目范围之间的变更集成关系是可以互动的，即由图 14-5 中的双向箭头所表明的那样，项目范围目标要素的变化反过来也会要求人们调整项目质量目标要素，特别是当项目所需资源（包括时间和成本）无法满足项目质量目标要求的时候，人们就必须根据项目范围变更的制约去调整项目质量目标要素的变化。

（2）项目范围和时间两目标要素的变更集成。这两个目标要素变更的集成是项目四目标要素变更全面集成的第二步（图 14-5 中的步骤②），因为项目范围目标的变更会直接影响项目质量、时间和成本的变更。这两个项目目标要素的变更集成也是借助于现代项目管理中的常规的关键路径方法（critical path method，CPM）来实现的。在人们确定了项目范围变更后，依据项目范围分解所得到变更后项目活动清单，去做好项目活动之间的依存关系分析和变更后的项目活动排序与进度计划安排，进而根据项目所需资源的制约去做出变更后的项目工期估算，并最终使用关键路径方法去安排给出项目的进度计划的变更，从而实现项目范围和时间两要素变更的全面集成。

（3）项目时间和成本两目标要素的变更集成。这两个项目目标要素变更的集成是整个项目四目标要素变更全面集成的第三步（图 14-5 中的步骤③），在这两个项目目标要素的变更集成的步骤中人们需要使用基于活动的项目成本核算方法来实现。实际上这就是人们根据图 14-5 中步骤②所确定出的项目变更全部活动的计划安排和资源需求，借助所获取的这些项目变更所需资源的价格信息，进而做出项目变更每项活动以及整个项目变更的成本估算和预算，最终给出项目变更的成本预算安排，从而实现项目时间和成本两要素变更的全面集成。

（4）项目成本与范围两目标要素的变更集成。这两个要素变更的集成是整个项目四目标要素变更全面集成的第四步（图 14-5 中的步骤④），这一步的变更集成使用一种项目范围调整的方法（SAT）来实现。因为当人们实际拥有的项目资金少于图 14-5 中步骤③所确定出的项目变更所需资源和成本预算时（人们没有足够资金去满足项目范围变更要求时），人们只能返回去调整项目范围目标的变更。由于项目范围目标要素调整后的结果可能干涉到此前集成的项目范围与质量目标要素的合理配置关系，因此人们有时还需要使用后续的⑤→⑥→⑦→⑧这四个步骤，去进一步集成好项目四目标要素变更后的合理配置关系。当然，如果没有项目范围目标的调整，那么就不需要后续的⑤→⑥→⑦→⑧这四个步骤，项目变更方案四目标要素的集成就可以借助这一个过程得以实现。

（5）项目范围与质量两要素变更的再集成。这两个项目目标要素变更的二次集成是整个四目标要素变更全面集成的第五步（图 14-5 中的步骤⑤），这一步只有在项目范围目标因项目成本或项目时间方面的制约而出现调整的情况下才会出现。因为当项目时间或成本的变更受限时，项目范围出现调整而无法满足最初的项目质量变更的要求（步骤①），所以此时人们必须回头去对这两要素进行再次的变更集成。这一步骤的集成使用的是一种项目质量调整的方法（quality adjust technique，QAT）。同时，这种二次集成要求人们必须进一步按图中⑥→⑦→⑧→⑨→⑩的步骤进行四目标要素变更的二次集成，以得到它们的合理配置关系。

综上所述，在项目变更实施方案的四目标要素集成评估中，人们必须评估项目变更是否按照上述步骤和方法进行了两个循环的两两分步集成，是否确保项目四目标要素变更后具有合理的配置关系，否则就会导致项目变更实施出现问题或失败。

14.3.3　项目变更实施方案全要素的集成评估

任何项目变更实施方案最基本的要求是必须实现项目质量、范围、时间和成本的合理配置与科学集成，而更高的要求是需要实现这四个目标要素进一步与项目资源要素和项目风险要素的合理配置与全面集成。其中，对那些所需资源约束较大的项目，人们必须做好项目质量、范围、时间、成本和资源五个要素变更的合理配置与科学集成；而对于那些风险较大的项目变更人们必须做好项目质量、范围、时间、成本、资源和风险六个要素变更的全面合理配置与科学集成。

1. 项目变更实施方案的全要素配置关系模型

人们在大多数情况下需要进行项目变更实施方案的全要素合理配置关系的评估，这种涉及项目全要素变更的合理配置关系可以使用图 14-6 给出示意。由图中可以看出，这种项目全要素的合理配置关系模型涉及六个变量，除了项目目标要素的四个变量之外，还有项目资源要素和项目风险要素两个变量。由于所有项目目标的实现都是通过占用、消耗和配置好资源而实现的，所以项目资源要素必须实现与项目目标要素的合理配置，这样就有了借助项目范围的目标要素去实现项目资源要素和项目目标要素的合理配置与科学集成（详见图 14-7）。同时，由于任何项目都有一定的不确定性和风险性，尤其是项目环境与条件的发展变化所带来的风险性，所以人们还必须做好项目目标要素和资源要素与风险要素的合理配置和科学集成，最主要的是在项目目标和资源要素的计划安排中预留出项目风险要素所需的发展变化空间或裕量。

2. 项目变更实施方案的风险要素合理配置原理

由图 14-6 可知，由于项目变更的实施中存在风险，这会导致项目范围、质量、时间、成本和资源这些要素的变更具有一定的不确定性与风险性。所以图 14-6 中的这五个项目要素分别用实线给出了它们的状态（1），即它们的确定性部分，和用虚线给出了状态（2），即它们的风险性部分。这就是项目风险要素所造成的项目其他五要素的可能变化情况，所以这就是项目风险要素与其他五要素合理配置关系模型及其原理。

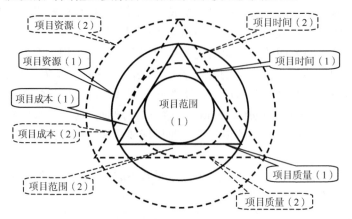

图 14-6   项目全要素变更的合理配置关系模型的示意图

根据项目风险管理理论，当人们知道了项目风险要素可能带来的变动标准差 δ 以后，人们可以使用 $\pm 3\delta$ 的方法确定出涵盖 99.7% 的项目风险分布范围。所以对于项目变更实施方案的全要素配置关系的评估中，人们不但要评估项目其他五要素的确定性部分的合理配置关系，而且要评估项目其他五要素的风险性部分的合理配置关系，以及这两种状态下的项目全要素变更的合理配置关系情况，以确保项目变更实施方案全要素的合理配置。

14.3.4   项目变更实施方案的全要素集成过程评估

同样，在项目变更实施方案的全要素集成评估中，人们还要评估项目变更实施方案的全要素合理配置关系的集成过程和步骤。因为项目变更实施方案的全要素合理配置关系是通过这种集成过程和步骤得以实现的，所以人们必须评估这种项目全要素合理配置关系实现的集成过程和步骤。

1. 项目变更实施方案的全要素集成过程模型

项目变更实施方案的全要素集成过程与步骤示意图如图 14-7 所示。

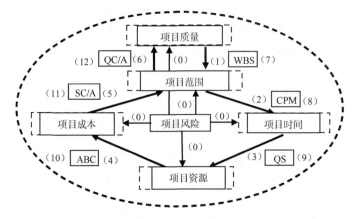

图 14-7   项目变更实施方案的全要素集成过程与步骤示意图

由图 14-7 可知，在项目变更实施方案形成的过程中，项目范围、质量、时间、成本和资源这些要素需要通过两两分步集成的方法去实现它们之间的合理配置关系。所以在进行项目变更实施方案的计划和安排过程中，人们必须使用图中给出的这种方法去实现项目变更的全要素科学集成。

2. 项目变更实施方案的全要素集成原理与方法

图 14-7 给出的这种集成过程、步骤和方法以及项目全要素集成的原理与内容分述如下。

（1）项目变更实施方案的风险要素和其他要素之间的全面集成。项目风险要素与其他要素的全面集成是项目变更全要素集成的关键一步，这种集成可使用项目计划评审技术（program evaluation and review technique，PERT）中的三点估计方法去确定出项目其他五个要素风险分布的乐观、悲观和最可能三种情况的数值，然后根据项目五要素的这种分布范围去开展项目全要素的分步集成。所以在图中用代号为（0）的步骤表示这一集成工作（以示这是首要和前提性的集成步骤），而这一步工作的结果就是给出了项目其他五个要素的风险分布范围（用虚线表示的部分）。

（2）项目变更实施方案质量、范围、时间和成本四目标要素的集成。这四个要素的两两分步集成包括项目质量与范围要素的集成、项目范围与时间要素的集成、项目时间与成本要素的集成、项目成本与范围要素的集成，以及项目四要素的二次集成等工作和步骤。这已经在 14.3.2 小节中做了全面的讨论，所以在此不再赘述。

（3）项目变更实施方案目标要素和资源要素的集成。在项目变更实施方案全要素集成评估中一个重要的内容是图 14-8 中给出的项目变更实施方案所需资源的合理配置关系和科学集成。由图 14-8 中可以看出，由于项目目标中的 A 目标发生了变更（图中省略了项目目标 B 和 C 的下层部分），所以新增了项目产出物 1~3。其中，项目变更后新增的项目产出物 2（图中省略了产出物变更 1 和 3 的下层部分）需要由项目工作包 1~3 去生成，而这些工作包所分解得到的活动需要消耗和占用各种资源去完成。在这一种项目全要素集成过程中最重要的是，使用了项目工作分解技术和项目资源分解技术两种不同的分解与集成的过程。其中，项目工作分解技术是自上而下的，即从项目目标一直分解得到项目变更实施所需开展的各项活动。项目资源分解技术也是自上而下的，即从项目活动进一步向下分解得到项目所需各种资源的构成。

14.4　项目变更实施方案的优先序列及其集成评估

不同项目或不同的项目变更会因不同需要而对项目质量、范围、时间和成本要素赋予不同的优先序列安排。实践表明，诸多项目和项目变更失败的原因是人们在项目或项目变更的计划安排中未能做好项目各要素优先序列安排，所以在项目变更实施方案评估中必须开展项目要素变更优先序列方面的集成评估。

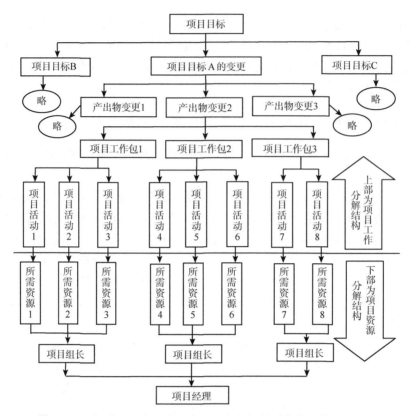

图 14-8　项目变更目标要素和资源要素之间的科学集成模型示意图

14.4.1　项目变更实施方案优先序列集成概述

项目或项目变更的实施方案各要素优先序列安排是由于项目利益相关者的要求不同，项目所属专业和项目目标的不同，项目的环境和资源等限制条件，以及许多其他原因所造成的。由此有的项目是时间要素第一，如有些比赛项目要求过时就算弃权；而有些项目是质量要素第一，如博士论文项目必须达到质量要求；有些项目则是成本要素第一，如财政预算不能超支；还有些项目是范围要素第一，如我国不允许涉及耕地的项目扩大用地范围。

1. 项目变更实施方案中具体各个要素的优先排列

任何项目变更实施方案都会涉及项目要素优先序列的变化，所以项目变更实施方案评估需要仔细评估项目各个要素的优先序列安排情况。这些项目要素的优先序列安排可以借用下面的目标函数关系进行描述，并借此进行项目变更实施的评估。

$$Y=f(\alpha_1 Q,\ \alpha_2 S,\ \alpha_3 T,\ \alpha_4 C)$$
$$\text{subject to:}\ R_1,\ R_2,\ R_3,\ R \tag{14-1}$$

其中：Y 为项目变更总体目标；Q，S，T，C 分别为项目质量、范围、时间和成本要素；α_1，α_2，α_3，α_4 分别为项目各要素的权重或优先序列；R_1，R_2，R_3 分别为项目物力和劳力资源、人力资源、信息资源；R 为项目风险。

由式（14-1）可知，项目变更实施方案的目标要素有四个，这些目标和要素受项目三种所需资源和项目变更风险要素的约束。所以不同的项目变更实施方案的四个目标要素的优先序列会有不同的排列组合情况，表 14-1 给出了质量优先情况下的配置关系的示意。

表 14-1　质量优先的项目四要素优先序列配置关系表

序号	第一优先	第二优先	第三优先	第四优先	优先序列
1	项目质量	项目范围	项目时间	项目成本	$\alpha_1 > \alpha_2 > \alpha_3 > \alpha_4$
2	项目质量	项目范围	项目成本	项目时间	$\alpha_1 > \alpha_2 > \alpha_4 > \alpha_3$
3	项目质量	项目时间	项目范围	项目成本	$\alpha_1 > \alpha_3 > \alpha_2 > \alpha_4$
4	项目质量	项目时间	项目成本	项目范围	$\alpha_1 > \alpha_3 > \alpha_4 > \alpha_2$
5	项目质量	项目成本	项目时间	项目范围	$\alpha_1 > \alpha_4 > \alpha_3 > \alpha_2$
6	项目质量	项目成本	项目范围	项目时间	$\alpha_1 > \alpha_4 > \alpha_2 > \alpha_3$

表 14-1 中只给出项目变更实施方案的质量优先的排列组合的意义，实际上如果要给出项目变更实施方案四个目标要素优先的全排列就会有 24 种不同的优先序列，由于其他情况与项目质量优先的项目四要素优先序列组合类似，故在此不再展开和赘述。

2. 项目变更实施方案四个目标要素优先序列的依次确定

实际上项目变更实施方案的四目标要素的优先序列安排是按照一定的集成计划步骤形成的，具体由表 14-2 给出相应的示例和说明。

表 14-2　不同优先序列的项目四要素配置关系与集成过程（部分）

序号	项目要素不同优先序列的排序关系	相应关系的集成步骤顺序安排
1	项目质量→项目范围→项目时间→项目成本	①→②→③→④→⑤→⑥→⑦→⑧→⑨→⑩
2	项目范围→项目时间→项目成本→项目质量	②→③→④→⑤→①→⑦→⑧→⑨→⑩→⑥
3	项目时间→项目成本→项目范围→项目质量	③→④→⑤→①→②→⑧→⑨→⑩→⑥→⑦
4	项目成本→项目范围→项目质量→项目时间	④→⑤→①→②→③→⑨→⑩→⑥→⑦→⑧

表 14-2 中只给出了不同项目变更实施方案四目标要素优先序列安排中的四种情况的步骤和顺序，人们可以根据表 14-2 的示意而去安排其他情况下的相应集成步骤和过程。表 14-2 中给出的集成步骤顺序编号用的就是前面图 14-5 中给出的项目四要素集成过程中的步骤编号。例如，表 14-2 中序号 3 那栏给出的是代表项目时间为第一优先序列的要素而项目成本、范围和质量分别是第二、第三和第四优先序列的要素的情况，按照图 14-5 给出的集成步骤编号，这种四要素优先序列的变更计划需要按照图 14-5 的标号，依次完成③→④→⑤→①→②→⑧→⑨→⑩→⑥→⑦的变更优先序列安排的集成步骤和过程。

14.4.2　不同优先序列目标要素的项目变更实施方案的集成评估

不同优先序列目标要素的项目变更实施方案需要做不同的项目全要素集成评估，其中项目质量优先的项目变更实施方案是最为常见的情况和评估对象，因为许多项目变更本身就是为改进项目质量而提出的。所以在此以项目质量优先的项目变更实施方案评估为例，去讨论不同优先序列目标要素的项目变更实施方案的集成评估。

1. 质量优先的项目变更实施方案四目标要素的科学配置关系

在质量优先的情况下，人们首先确定出项目质量变更的计划或安排。因为此时项目变更方案的四目标要素的合理配置关系是以项目质量为自变量，以项目范围、成本和时间为因变量。这方面配置关系的排列组合就是在表 14-1 中给出的那六种情况，详细讨论如下。

2. 质量优先的项目变更实施方案四目标要素的集成过程和方法

质量优先的项目变更实施方案四目标要素的合理配置关系总计有六种情况，其中有四种情况因在项目管理实践中不具备普遍性而省略，下面给出项目变更实施方案的四目标要素两种排列组合情况和一种平行组合情况的集成过程和方法。

（1）项目质量→项目范围→项目时间→项目成本的优先序列安排情况。在这种情况下人们需要首先确定项目变更实施方案的质量变更，然后通过依次调整项目范围→项目时间→项目成本要素来满足项目质量变更的需要。由此保障项目质量被赋予最高的优先序列，而项目范围是次级的优先序列，项目时间是再次级的优先序列，项目成本是最低级的优先序列安排。

（2）项目质量→项目范围→项目成本→项目时间的优先序列安排情况。在这种情况下人们还是需要首先确定项目变更实施方案的质量变更，然后通过依次调整项目范围→项目成本→项目时间要素来满足项目质量变更的需要。这里与第一种情况不同的是，人们可以在一定程度上通过牺牲时间去换取一定的项目成本的节省，所以俗称"以时间换金钱"的集成。

（3）项目质量→项目范围→项目时间/项目成本的优先序列安排情况。这种情况在项目管理实践中经常会出现，即人们赋予项目时间和项目成本两个要素相同的优先序列。此时人们还是需要首先确定项目变更实施方案的质量变更，然后去调整和确定项目范围变更，只是第三步人们可以根据具体情况去平衡项目时间和项目成本相同的变更。人们既可按"以时间换金钱"的方法，也可按"以金钱换时间"的方法进行最后项目四目标要素的集成。

上述就是按质量第一优先序列安排项目变更实施方案的集成过程和方法，对于这种优先序列下的项目变更实施方案的全要素集成过程评估就是要分析和评价项目变更实施方案中是否按照上述的要求、步骤和做法进行了相应的项目四要素集成计划与安排。同理，对于时间、范围或成本第一优先序列安排项目变更实施方案的集成过程和方法，人们也需要参照这种优先序列下的项目变更实施方案的评估方法去分析和评价人们实际上在这种项目变更实施方案中是否按照上述的要求、步骤和做法进行了相应的项目四要素集成计划与安排。

14.5 项目变更实施方案的全团队集成评估

项目变更实施方案评估中有关项目全团队集成的评估是项目变更实施中的全体相关利益主体如何相互配合与合作去开展工作的评估，因为任何项目变更都会造成项目相关利益主体各自利益的改变。所以这种评估中所进行的项目变更实施方案全团队集成评估，就是从项目变更实施方案的组织管理和全体相关利益主体利益的集成性方面进行评估。

14.5.1　项目变更实施方案的全团队集成模型

项目变更实施方案的全团队集成评估是指在项目变更中必须同时考虑项目变更实施方案在组织的三个层面上的合理配置与集成：其一是项目经理与项目团队的全面集成，其二是项目团队与项目实施组织的集成，其三是项目实施组织与其他项目相关利益主体之间的集成。有关项目变更实施方案的全团队集成模型如图 14-9 给出的示意，具体讨论如下。

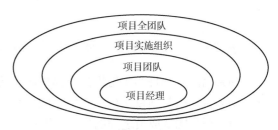

图 14-9　项目变更实施方案的全团队集成模型示意图

从图 14-9 可知，项目经理领导项目团队，所以这二者必须实现很好的组织集成；而项目团队属于项目实施组织，所以这二者也必须实现很好的组织集成；项目实施组织则属于项目全体相关利益主体（项目全团队）中的一员，所以这二者也需要有很好的组织集成。很显然，这一模型是从项目变更实施方案的组织管理角度出发去评估项目变更实施方案的集成问题，所以它是以项目实施者、实施团队和实施组织为核心进行集成评估的。

14.5.2　项目变更实施方案的全团队分层集成方法

当任何项目出现变更时，必然会导致项目组织和利益方面的相应变更，所以人们就需要进行项目实施组织和利益分配方面的集成评估。这种项目变更实施方案的全团队集成模型有四个层次和需要进行三个层面的集成，每个层面的集成都有其独特的内容和方法。有关项目变更实施方案的全团队三个层面的集成评估具体内容和方法分述如下。

1. 项目经理与项目团队的集成评估

项目经理是一个项目的主管和项目成败的关键，这可从图 14-10 给出的模型中清楚地看出。项目经理不但要领导项目团队，而且还要同项目业主、客户和其他相关利益主体打交道。所以当因项目变更而需要撤换项目经理或项目团队成员时，就必须对变更后的项目经理与项目团队的集成性进行全面的跟踪评估。

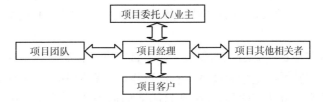

图 14-10　项目经理与项目团队及其他相关利益主体的集成示意图

由图 14-10 还可以看出，项目经理与项目团队的集成是项目全团队组织集成的首要环节。因此开展这种集成评估的根本目的是要保证在项目变更实施方案中的项目团队成员必须服从于项目经理的指挥和管理。这方面集成过程的核心内容是：项目团队成员必须由项目经理亲自选用和直接奖惩，而项目团队成员不得越过项目经理而去向组织领导请示汇报，只有实现了这种项目经理与项目团队成员的组织集成才能有好的项目变更实施绩效。

2. 项目团队与项目实施组织的集成评估

项目团队与项目实施组织的全面集成涉及两方面：其一是项目团队成员之间的集成，其二是项目团队与项目实施组织的集成。

（1）项目团队成员之间的集成。因项目团队是一个协同工作的队伍，所以团队成员在业务专长等方面必须具有互补性，这是形成团队精神的根基和物质基础。由图 14-11 可知，项目团队成员各方面情况最好呈现出图中实线菱形给出的"有长有短"以便相互"取长补短"的集成关系。即使是项目经理也不能"什么都懂"（图中实线八角形黑框表示），而必须在专业上依靠自己的团队成员。如果一个项目团队中出现了图中虚线八角形表述的人物，因为他什么都能行，就会成为"恃才傲物"的害群之马。

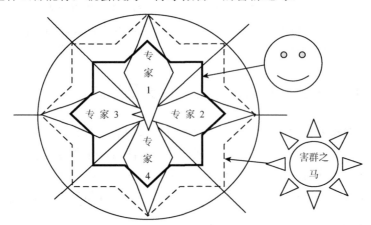

图 14-11 项目团队成员之间的组织集成示意图

需要注意的是，图 14-11 中蛛网的各个维度代表项目所需的业务知识和能力，实线菱形表示不同专家应有的业务知识和能力，实线黑框代表项目经理应有的业务知识和能力。当出现项目变更的时候，很可能会出现一些新增的项目活动，而新增项目活动就可能需要全新的专业人员，结果就会导致项目团队成员的增加或改变，此时原有图 14-11 给出的项目团队成员之间的集成关系就会被打破，所以就必须做新的项目团队成员之间集成关系评估。

（2）项目团队与项目实施组织的集成。在项目变更实施的组织集成中，这是最为重要的一环，因为项目实施组织是项目团队生存的环境，二者如果集成不好就无法完成项目变更的实施。这方面集成的最重要内容是项目团队如何去适应项目实施组织环境的要求，表 14-3 给出了在不同项目实施组织环境下，项目团队应如何适应项目实施组织环境的要求，以及相应的项目团队与项目经理的组织和权力安排的要求。

表 14-3　项目团队与项目实施组织的集成关系

实施组织结构	直线职能型	弱矩阵型	均衡矩阵型	强矩阵型	项目型
项目经理的权力	很低	较低	中等	偏高	很高
项目团队全职人员	几乎没有	0%～25%	15%～60%	50%～95%	85%～100%
项目经理的角色	非全职	非全职	全职	全职	全职
项目经理的称谓	项目协调人	项目协调人	项目经理/官员	项目经理/官员	项目经理/官员
项目管理人员情况	非全职	非全职	非全职	全职	全职

实际上在项目变更实施方案的这方面集成评估中，只有强矩阵型和项目型组织需要开展相应的项目团队与项目实施组织变更的双向集成评估。其他三种类型的组织，由于它们自身的组织刚性很强，所以只能做好项目团队如何适应项目实施组织环境的评估。

3. 项目实施组织与其他相关利益主体的集成评估

项目实施组织是项目变更任务的实施者，它们在很多方面与项目其他相关利益主体需要有一种虚拟性组织的集成。实际上项目实施组织与项目其他相关利益主体在组织上存在着两种关系：其一是一种"委托和受托"的合同关系，这种关系是由项目或项目变更有关的各种合同所规定的由法律调整的关系；其二是一种合作伙伴式的关系，即项目实施组织与项目其他相关利益主体通过合作而创造和获得更大项目价值并合理分享的关系，这种关系是由项目合作伙伴协议所调节的合作关系。图 14-12 给出了这两种关系的示意，图中虚线椭圆给出的是合同关系，实线大圆给出的是合作关系。

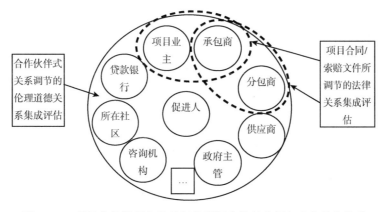

图 14-12　项目实施组织和其他相关利益主体的合同与合作伙伴关系

从项目变更实施组织集成的角度出发，项目实施组织与其他相关利益主体的利益集成最重要的是项目变更实施工作的组织责任和任务的集成，因为这直接关系到项目变更实施的组织责任和项目变更实施的成败。这方面集成最重要的内容是在项目的某个目标或要素发生变更后，人们必须同时集成性地去变更那些由此所涉及的项目目标和要素。

实际上在项目管理实践中，许多纠纷都是由于项目实施组织与项目其他相关利益主体的集成问题引发的。所以在项目变更实施方案的评估中，人们必须认真地评估上文讨论的项目组织集成问题。例如，当项目发生变更时，整个项目变更实施的计划和安排就必须考虑由于项目发生的变更而引发的项目变更实施方案的组织集成评估。

 思 考 题

1. 简述项目变更实施方案评估的基本内容。
2. 简述项目变更实施方案评估的过程和顺序。
3. 简述项目变更实施的全过程集成评估内容。
4. 简述项目变更实施的全要素集成评估内容。
5. 简述项目变更实施的优先序列及其集成评估的内容。
6. 简述项目变更实施的全团队集成评估的内容。

第4篇　项目后评估与专业项目评估

本篇最重要的内容是各种不同专业或行业的项目评估，因为不同行业或专业的项目具有自己独特的项目评估的内容和要求。很显然，投资建设项目和创新创业项目的评估是完全不同的，国内项目的评估与跨国或国际项目的评估也是完全不同的。为了更好地认识这些不同项目评估的独特内容和方法，本篇单独将这些不同行业或专业的项目评估的特性和独特评估方法做了基本的讨论。中国有句话说"差之毫厘，谬以千里"，对于项目评估也是一样的。例如，工业投资项目与农业投资项目相比，后者的投资回收期会长很多，所以如果使用工业投资项目评估的计算年限（如 20 年），就无法正确评估农业投资项目的成本和收益了。再例如，如果使用工业投资项目评估的方法去评估贷款项目或商业项目，同样也是会出现很大问题或错误的。总而言之，人们开展项目评估必须使用针对具体行业或专业的项目评估方法。

第 15 章　项目后评估

本章首先给出了项目后评估的定义、内容、原则和作用，以便学生可以掌握这方面的基本概念和内容。随后讨论了项目后评估的各种分类及其内容，这包括侧重于绩效评价的项目后评估、侧重于改善决策的项目后评估和侧重于环境影响的项目后评估。更进一步，讨论了项目后评估的程序和各个阶段所使用的具体方法。在此基础上讨论了项目后评估中的数据处理和项目后评估的技术方法。最后，讨论了项目后评估的结果反馈与应用。

项目评估不仅需要有为项目决策提供支持而开展的项目前评估和项目跟踪评估，也需要为总结经验和教训以及为项目后续发展服务的项目后评估。项目后评估既可以用来重新审视和评价项目前评估与跟踪评估的好坏，以及项目起始决策和跟踪决策的结果好坏，还可以为项目的后续改善和可持续发展决策提供支持。因此项目后评估实际上是一种总结经验和组织学习的过程，它是整个项目评估学的一个重要组成部分。

15.1　项目后评估概述

项目后评估与项目前评估和跟踪评估的定义、作用等有所不同，具体分别讨论如下。

15.1.1　项目后评估的定义

项目后评估是指在项目建成竣工验收后所开展的一种项目评估，这是一种使用项目实际的建设成果或项目运行情况所做的一种项目评估。因此，项目后评估可以是对照项目决策和设计中确定的项目技术经济要求，分析和评价项目决策、实施和运行中的成绩与问题的项目评估，也可以是一种评估项目实施和运行的实际效果、效益、作用和影响，判断项目既定目标的实现程度的项目评估，还可以是一种总结项目管理和决策的经验与教训，以便为指导后续的拟建新项目和调整改进已建成的项目或修改组织的项目决策大政方针等所做的一种项目评估。有关项目前评估、项目跟踪评估和项目后评估的时点如图 15-1 所示，其中项目后评估的时间范围应是在图 15-1 中的 D 点到 T 点及其之后进行。

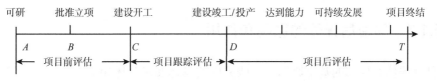

图 15-1　项目全生命周期中的项目评估时点示意图

项目后评估的作用有三种：第一种是对已完成项目的目标、效果、效益、作用和影响进行系统客观的分析与评价，由此检查与总结项目既定目标的实现情况和项目决策与计划的合理有效情况的后评估，这是在图 15-1 中 D 点上开展的项目后评估；第二种是根据项目运行实际情况去做出项目可持续发展决策服务的项目后评估，这是在图 15-1 中 D 点到 T 点之间的时间里开展的项目后评估；第三种是为了总结经验教训和改进未来项目管理与决策所开展的后评估，这是在图 15-1 中 T 点上开展的项目后评估。人们可以通过这些项目后评估去分析找出项目成败的问题和原因，去及时有效地反馈信息以改善和提高已建成项目的可持续发展效益与效果，去总结项目成败的经验和教训以便为未来新项目的决策服务。

同时，项目后评估也是一个组织学习的过程，这是在项目建设完成以后通过对项目目标、过程、效益、作用和影响进行全面系统的分析与评价和总结项目正反两面的经验与教训，从而使项目决策者、管理者和建设者得以学习与进步的过程。因为项目后评估是在项目建成并投产和运营以后开展的，它对已建成项目的指导意义并不大，所以项目后评估的主要作用是为改善未来的项目决策服务，只是对指导未来项目的决策具有十分重要的意义，尤其是为提高未来的项目决策提供服务和支持。另外，通过项目后评估的反馈，人们可以学习、完善和调整相关的项目管理方针、政策和管理程序，进而达到提高和改善投资效益的目的。例如，世界银行就设有独立的项目后评估局，该局的主要作用就是通过开展项目后评估去总结经验教训，然后修订世界银行的贷款项目管理政策和评估方法。

15.1.2　项目前评估和后评估的区别

项目前评估和项目后评估既有共同点，也有许多的不同点。二者既是相对独立与分别进行的，又是紧密联系和相互关联的。项目前评估和后评估在评估原则与方法上没有太大的区别，都需要使用定量和定性相结合的评估方法；但是这两者在评估时点上是不同的，一个是在项目实施前开展的（图 15-1 中的 C 点之前），一个是在项目建成后、或运营一定时期后、或项目全生命周期完结以后开展的（图 15-1 中的 D 点和 T 点之间）。

项目前评估是在项目开始实施以前为分析和确定项目是否可行与开展项目决策服务的，项目前评估使用预测技术和数据来评估项目未来的成本与收益以分析确定项目是否可行。项目后评估则是在项目建成或运行一段时间、甚至是项目全生命周期完结之后，为总结项目实施和运营情况而通过使用实际数据对项目成果所进行的分析与评估。项目前评估的根本目的是为开展项目决策提供支持，项目后评估的根本目的是总结经验教训以便学习和进步。所以，二者的评估指标和方法也不同，项目前评估主要使用财务指标分析判别项目的可行情况和收益情况，而项目后评估主要使用绩效指标分析和判别项目实施与运行绩效情况。

15.1.3　项目后评估的原则和作用

项目后评估有自己的基本原则，这些原则的具体要求分述如下。

1. 项目后评估的原则

项目后评估的主要原则包括独立性、科学性、实用性、透明性和反馈性等原则。

（1）独立性原则。这是指项目后评估不能受项目决策者、管理者、执行者和项目前评估人员的干扰，这是项目后评估的公正性和客观性的重要保障。没有这种独立性或者独立性不完全，项目后评估就无法做到公正和客观。所以为确保项目后评估的独立性，人们必须从评估组织、人员、职责等方面去综合安排，使项目后评估保持相对的独立性且便于运作。这种独立性应包括从项目后评估内容选定、任务委托、评估者组成、工作大纲编制，到评估数据资料的收集、现场调研和报告的编审与信息的反馈都要贯穿独立性的原则。

（2）科学性原则。这是指项目后评估的方法必须科学可靠，必须能够科学正确地反映出项目成败的经验和教训。这不但要求项目后评估的数据资料和信息必须科学可靠，同时项目后评估所选用的技术方法也必须具有很好的适用性。另外，这种科学性还取决于项目后评估人员能否科学地开展项目后评估活动，是否有能力获得项目后评估所需的信息和资料。因此，项目后评估多数时间都应该聘请独立的专业单位和个人去开展。

（3）实用性原则。这是指项目后评估的开展和结果能够具有实际的作用，即项目后评估能够很好地为未来的项目决策提供支持和服务。这包括：项目后评估报告的文字说明要具有可读性，报告中所总结的经验教训要具有可借鉴性，报告所提出的建议和意见要具有可实施性。为此，项目后评估报告就必须贯彻这种实用性原则，尤其是在项目后评估报告中所提出的建议和意见，都应该构成独立的部分进行单独表述。同时，这种项目后评估中的建议和意见还必须切实可行并有具体措施和要求，而且报告还必须简便易读。

（4）透明性原则。这是指项目后评估的工作过程和项目后评估的报告必须做到透明，因为项目后评估的透明度越高，了解和关注项目后评估结果的人就越多，从而获得学习效果和受益的人就越多。这样从项目后评估成果的扩散、反馈和应用效果来看，项目后评估必须坚持透明度越高越好的原则。否则人们就无法在未来的项目决策中借鉴过去的经验和教训，所以世界银行设立有专门的独立项目后评估局，该局所做的项目后评估报告都可在世界银行书店中买到，正是这种透明性的原则使世界银行的运行能够不断地学习和进步。

（5）反馈性原则。这是指项目后评估的结果必须反馈给需要这些信息的人，从而这些人能够应用这些项目后评估的信息去起到"吃一堑，长一智"的学习作用。实际上项目后评估的根本目的就是将其评估结果应用到后续的项目决策中去，因此通过项目后评估获得的未来改进项目决策的意见和建议必须反馈到项目决策部门与个人以作为未来项目评估和决策的参考与借鉴，并且需要作为项目组织调整项目决策和政策的依据。因此，项目后评估的反馈原则，以及与之相适应的项目后评估机制和方法就成了这种项目评估成败的关键。

2. 项目后评估的作用

项目后评估的主要作用有如下三个方面。

（1）反馈信息的作用。项目后评估的首要作用是及时反馈信息，人们通过开展项目后评估去获得项目成败及其绩效的信息，然后通过反馈和应用去调整项目决策，以便改进或完善项目的决策,调整项目决策的相关政策和方法,为改进或完善项目决策提供服务,为项目的可持续发展提供服务。

(2)评价绩效的作用。项目后评估的另一个重要作用是评价项目管理绩效,人们通过开展项目后评估去获得评价项目起始决策和跟踪决策的成败以及项目管理的绩效的信息,然后根据这些信息去区分是项目决策中的主观失误造成的错误,还是客观环境变化造成的项目决策问题,以决定是否追究项目决策者的责任和改正项目决策者的错误。

(3)总结和学习的作用。总结项目管理中的经验教训和学习提高是项目后评估最主要的作用之一,人们可以通过项目后评估去总结与反馈信息以改进和完善组织的项目决策及其政策方针。人们还可以通过项目后评估的经验教训总结与反馈,调整和完善自己的项目决策方针与政策,改进未来的项目决策方法以提高项目决策的效果和效益。

15.2 项目后评估的种类及其内容

项目后评估可以根据其评估目的和内容的不同而分成不同的种类,不同种类的项目后评估都有自己的目的和内容,项目后评估的主要种类及其内容分述如下。

15.2.1 侧重于项目实施绩效的项目后评估

侧重于项目实施绩效的项目后评估是在项目完成后,或项目运行一段时间以后所进行的项目评估(一般为项目运行 2~3 年开展这种评估)。这种项目后评估的主要目的是检查和确认项目所达到实际效果及其目标的实现程度,以便评价项目实施与运行的实际效果是否实现了既定的项目目标以及实现程度如何。同时,这种项目后评估也有总结项目决策和管理的经验教训,为组织的未来项目决策和管理提供反馈信息的作用,但是这些都不是这种项目后评估的主要目标和作用。

这种项目后评估需要对照在项目立项或可行性分析阶段所做的项目前评估与可行性研究报告的数据,以及项目既定的目标和指标去分析与评价项目实际实施和运行的结果情况,并且需要通过对于项目实际和项目目标的比较分析找出二者之间的差异并分析造成这些差异的原因。所以这种项目后评估的主要内容和具体评估工作包括:实际项目的合同执行情况分析,项目实施与管理的情况分析,项目运行绩效的情况分析,项目资金来源和使用情况的分析,以及项目实施效果的各种指标的全面分析和评估。

这种评估主要使用项目前评估与项目实际情况的对比分析方法和问题原因分析方法,一方面人们要将项目起始决策时的计划与目标同项目实际的计划完成情况进行对比分析;另一方面人们还应把项目的实际环境变化情况与项目起始决策时的项目环境情况进行对比分析,只有充分考虑项目环境的发展变化才能客观地做好项目实施和运行效果的后评估。然后,人们要在此基础上找出造成项目计划同项目实际之间出现偏差的原因,并且要严格区分是人为决策失误的原因还是项目环境发展变化的原因,进而科学正确地总结项目管理和决策中的经验与教训。由于这种项目实际和项目计划对比的数据存在时间与口径等方面的不同,所以需要对这些数据进行可比性处理,这也是此类项目后评估需做的工作。

所以侧重于项目实施绩效的项目后评估的具体内容包括如下几个方面。

1. 项目起始时的既定目标和计划的合理性评估

这种项目后评估中的首要任务是对项目起始时的既定目标和计划的正确性与合理性进行分析和评估。因为如果项目起始时的原定目标和计划不符合实际情况，项目在实施和运行过程中就无法实现既定目标和计划。所以这种项目后评估要对项目起始时原定目标和计划进行分析与评估，这主要是对项目可行性研究报告的目标和项目初始计划进行评估。这包括对于项目可行性研究报告或项目前评估中关于市场上供求状况的预测分析和据此确定的项目目标的科学合理性，对于项目产品或服务对象、市场定位、价格和质量、售后服务、项目盈利等既定目标和计划是否合理，对项目投入、产出、经济效果等既定目标和计划是否正确与合理做出科学的评估。

2. 项目实际环境与条件的发展变化评估

这种项目后评估的第二项任务是对项目起始时制订目标和计划的项目环境与条件所做假设的正确性和合理性进行分析与评估。这主要是将项目后来实际发生的情况和条件，对照分析和确认当初人们在制订项目目标和计划时所做的项目环境与条件假设的正确性和合理性程度。如果当初人们制定的项目环境与条件假设有问题，项目在实际的环境情况和条件之下是无法实现当初既定的各种目标和计划的。所以这方面评估的主要内容包括项目所在国家及地区的宏观经济条件、市场供需情况与项目建设的各种中观和微观环境与条件的发展变化情况，这些发展变化与最初的项目环境与条件假设的偏差情况，以及由于这种项目环境与条件的发展变化对于实现项目既定目标和计划的影响程度等。

3. 项目既定目标和计划的实现情况评估

这种项目后评估的第三项任务是对项目起始决策的既定目标和计划实现情况进行分析与评估，从而最终给出项目实施和运行绩效的评估结果。这方面的评估主要是分析和确认项目实际实现的目标与计划的情况及其合理性，以及项目实际与项目原定计划和目标的一致性程度。这种项目后评估在对照原定项目既定目标和计划去分析与评估项目实际完成情况的时候，不但需要使用绝对量和相对量的指标，而且要使用平均数和指数等评估指标去检查项目实际实现目标与计划的情况，从而用绝对数、相对数、平均数与指数等表述方式给出项目既定目标和计划指标与项目实际实现的指标之间的发展变化情况。

侧重于项目实施和运行绩效的项目后评估可以使用表 15-1 给出的内容与方法。

表 15-1　项目实施效果后评估的分析框架表

项目计划指标 （目标和计划）	项目实际结果 （实际的效果）	项目管理中的主观 失误	项目环境的客观 变化	对于项目实施效果的 评估
指标 1				
指标 2				
指标 3				
...				

15.2.2 侧重于改善组织决策的项目后评估

侧重于改善组织决策的项目后评估是一种十分独特的项目后评估，这又可以分成侧重于项目后续可持续发展的后评估和侧重于改善组织未来的项目决策的后评估。

1. 侧重于项目后续可持续发展的后评估

这种项目后评估主要是对于项目全生命周期剩余部分（图 15-1 中 D 点之后和 T 点之前）的后续发展的情况进行全面的评估，即对照项目前评估中对于这方面的预测和未来可能的项目环境与条件和全面修订项目后续运行条件与改造项目的政策所做的评估。这种评估的作用是：为了项目更好地可持续发展和改进项目未来的运行环境与条件，从而采取各种改进项目的技术与经济措施，以便项目在未来能够可持续发展和产生更好的效益与效果。这种项目后评估的时点的要求是项目生命周期必须还有较长的后续发展阶段。这种项目后评估一般不涉及关于项目前评估和项目决策与计划的评价，而只为项目后续阶段提供改进意见和方案。

这种项目后评估的方法有些与项目前评估基本是一致的，但是评估的对象是项目后续发展阶段的可持续发展方案和办法，所以被称为侧重于项目后续可持续发展的后评估。虽然这种项目后评估可以使用项目前评估的某些方法，但是它与项目前评估最大的不同是：项目前评估使用的是根据假定的项目环境和条件而预测的项目数据，而这种项目后评估是用项目已经完成的实施和运行的实际数据与项目后续阶段的预测数据进行评估的。

2. 侧重于改善组织未来的项目决策的后评估

这种项目后评估是全面地总结和评估项目的最终情况，然后对照项目前评估给出的结果去分析和评价整个项目的大政方针，以及决策与计划中存在的问题和经验与教训，以便组织在未来的项目中能够接受这些经验和教训而改进自己在项目方面的政策、管理和决策。这种项目后评估的时点是在整个项目的生命周期结束之后（图 15-1 的 T 点）进行的，由于这种项目后评估的时点不同，所以其评估的内容和作用也不同。这种项目后评估是对项目全生命周期的后评估，是在整个项目的各个阶段都已经完成或在项目的全生命周期已经终结的情况下所开展一种项目后评估。在这种时点进行这种项目后评估对于项目本身的管理和决策已经没有意义了，因为现有项目已经完全终结而无法改变了。如果在这种评估中不涉及对于项目前评估和项目决策与计划的评价，那么其唯一的目的就是为改善组织未来的项目决策服务，所以此时的项目后评估被称为侧重于改善组织未来的项目决策的后评估。

同样，这种项目后评估的主要内容是评估项目全面完成的实际情况，所以这种项目后评估所使用的数据都是已终结项目的实施和运行的实际数据，而这种后评估的主要结论必须是侧重于改善组织未来的项目决策的意见和建议。

15.2.3 侧重于环境影响情况的项目后评估

侧重于环境影响情况的项目后评估主要是评估项目实施与运行对于项目环境和条件的影响情况，这包括对于自然环境的影响、对于社会环境的影响，以及项目实施和运行对于技术与经济环境的适应和影响情况三个方面的评估。

1. 项目对于自然环境影响的后评估

项目对于自然环境影响的后评估是对照项目前评估时批准的项目自然环境影响报告书，重新审查项目对于环境影响的实际结果，并评估二者之间的差异及其原因的一种后评估。这种后评估最主要的内容包括：审查项目决策中有关环境管理的决定和规定以及参数选择的可靠性与实际效果，审查项目实施自然环境影响评估报告和项目自然环境实际影响现状的差异。同时，进一步对有可能产生突发性事故的项目自然环境影响风险要素进行的识别和分析。项目对于自然环境影响的后评估的具体内容分述如下。

（1）项目的污染控制评估。这种评估的主要工作内容有：分析和评估项目在废气、废水和废渣及噪声的总量与浓度上是否达到了国家和地方政府颁布的标准，项目实际的污染控制情况与项目设计目标之间的差距，项目的环保治理措施是否运转正常和项目环保的管理是否有效，等等。

（2）项目的自然资源利用和保护评估。这包括项目对于水资源、海洋、土地、森林、草原、矿产、渔业、野生动植物等自然资源的合理开发、综合利用、积极保护等方面的评估，这种评估分析的重点是节约资源和资源的综合利用。这种评估的方法主要根据国家和地区环保部门制定的有关规定与方法。

（3）项目对区域生态环境的影响评估。这主要包括项目对于人类、植物和动物种群，特别是珍稀濒危的野生动植物等生态环境所造成的综合影响。这方面的后评估内容主要是评估项目实际对于区域生态环境的影响，以及对项目前评估的预计情况和项目后评估的实际情况进行必要的对比分析。

2. 项目对于社会环境影响的后评估

这种后评估主要是分析和评价项目对国家或地方的社会发展目标的实际影响情况，以及对照项目社会环境影响的前评估结果，最终给出项目对于社会环境影响的后评估结论。这种评估内容主要包括：项目对于就业、收入和收入分配的影响，项目对于社区居民的生活条件和生活质量的影响，项目受益者范围的分析，项目对于地方和社区的文化教育事业发展的影响，项目对于妇女、民族以及宗教信仰等方面的影响。这些方面评估的具体内容分述如下。

（1）项目对于就业的影响评估。这里主要是指项目对于其所在地区或社区就业项目的实际和直接影响，这种影响的评估可以使用绝对量指标（项目总共创造多少就业机会），也可以使用相对量指标（项目投资总额与创造就业机会的比值）。使用绝对量指标可以评价项目对于就业的绝对影响，使用相对量指标可以评价项目对于就业的相对影响。

（2）项目对地区收入及其分配的影响评估。这主要是指项目对地区的收入及其分配的影响，即项目对公平分配和扶贫等方面的影响。项目对于这些方面的影响的后评估主要是评估项目实际的影响和项目实际情况与项目前评估的预计情况的差距，以及造成这些差距的原因，从而修订决策或采取相应的改进措施。

（3）项目对居民生活条件和生活质量的影响评估。这主要包括分析和评价项目实际引起或导致的所在地区居民收入的变化，人口和计划生育情况的变化，住房条件和服务设施的改善，教育和卫生条件的提高，体育活动和文化娱乐活动的改善，等等，以及相应的项目前后评估的对比分析。

（4）项目对于地方和社区发展的影响评估。这主要是评估项目实际上对于地区和社区的基础设施建设以及整个社会发展的各种影响，包括项目对于地方和社区的社会安定、社区福利、社区组织和管理等方面的影响。这种后评估的内容也要做项目实际情况与项目前评估预计情况的比较。

（5）项目对于文化教育和民族宗教的影响评估。这方面的项目后评估内容主要包括：项目对于文化和教育事业的影响，项目对于妇女的社会地位的影响，项目对于少数民族和民族团结的影响，项目对于当地人民的风俗习惯和宗教信仰的影响，等等。这种后评估也包括项目实际情况的评估和项目前后评估指标的对比。

3. 项目对于技术和经济环境的适应与影响后评估

这种后评估包括三个方面：其一是项目对于技术环境的适应和影响后评估，其二是项目对于财务环境的适应和影响后评估，其三是项目对于国民经济环境的适应和影响后评估。

（1）项目对于技术环境的适应和影响后评估。这种后评估主要是对项目在工艺技术、技术装备和工程技术方面的可靠性、适用性、配套性、先进性、经济合理性的评估。由于在项目起始决策阶段人们认为可行的项目技术，在项目实施或运行中有可能出现变化，所以在这种评估中需要针对这些变化的问题、原因和解决方案进行评估。这样既可以及时对项目的技术进行适当的调整，也可以使人们在未来的项目技术设计中做得更好。这种后评估的主要内容包括对于项目技术可靠性、合理性、适用性、配套性以及先进性的评估。这些评估都需要从两个方面开展工作：其一是分析和评价项目技术是否跟得上整个社会技术进步的步伐，其二是分析和评价项目技术是否对整个社会技术进步具有促进作用。

（2）项目对于财务环境的适应和影响后评估。这种后评估主要是对项目的财务盈利性和项目的财务清偿能力进行分析与评估，在这种项目后评估中人们注重的是项目在财务方面是否能够适应周围的环境和条件，以便使项目能够更好地适应自己的环境和条件或在未来的项目决策中能够更合理地开展项目的财务分析。这种后评估的主要内容包括：项目的财务盈利能力评估（主要是对项目财务指标的实际数据与项目前评估的预测数据进行对比分析），项目的财务清偿能力的评估。项目对于财务环境的适应和影响后评估主要方法是项目财务指标的对比分析方法，这种方法就是将项目前评估和项目实际发生的财务指标进行对比分析，具体可使用表 15-2 给出的对比表进行。

表 15-2　项目对于财务环境的适应和影响后评估与前评估指标的对比表

分析内容	分析用报表名称	评估指标名称	指标值		偏离值	偏离原因
			前评估	后评估		
盈利能力分析	全投资现金流量表	全部投产回收期				
		财务内部收益率（税前）				
		财务净现值（税前）				
	自有资金现金量表	财务内部收益率（税后）				
		财务净现值（税后）				
	损益表	资金利润率				
		资金利税率				
		资本金利润率				
清偿能力分析	资金偿还表	借款偿还期、偿债准备率				
	资产负债表	资产情况				
		负债情况				
		流动比率				
		速动比率				

这方面的评估需要在财务分析计算中剔除物价上涨等客观变化因素，所以在评估中必须按照项目后评估与前评估的不变价格进行，从而使这种后评估的数据具有可比性。

（3）项目对于国民经济环境的适应和影响后评估。这种后评估同上述项目对于财务环境的适应和影响后评估十分相似，只是其主要内容是分析和评估项目对于国民经济环境的适应与影响。这种后评估主要通过编制项目投资的国民经济影响报表来完成，这方面的报表包括项目国民经济效益和费用流量表、外汇流量表、国内资源流量表等。然后使用这些报表计算出项目实际的国民经济成本与盈利指标，从而分析和评估项目实际上对国民经济的发展与对于所在行业发展的影响。这种后评估的做法是通过将项目前后评估指标进行对照和比较，分析项目前评估和项目决策质量与项目实际的国民经济成本效益情况，以及分析和给出项目的可持续性发展情况。表 15-3 给出了项目国民经济后评估与前评估指标的对比表。

表 15-3　项目对于国民经济环境的适应和影响后评估与前评估指标的对比表

分析内容	报表名称	评估指标名称	指标值		偏离值	偏离原因
			前评估	后评估		
国民经济盈利分析	全投资社会经济效益费用流量表	经济内部收益率				
		经济净现值				
	国内投资社会经济效益费用流量表	经济内部收益率				
		经济净现值				
外汇效果分析	出口产品国内资源流量及出口产品外汇流量	经济换汇成本				
	替代出口产品国内资源流量及替代出口产品外汇流量	经济节汇成本				

15.3 项目后评估的程序

项目后评估是一个完整的过程，这个程序中有很多步骤和内容。项目后评估的过程包括计划阶段、实施阶段及结果和报告阶段。

15.3.1 项目后评估的计划阶段

项目后评估的计划阶段涉及项目后评估的计划编制、项目后评估内容的确定、项目后评估专家的选择和组织三个步骤。

1. 项目后评估的计划编制

项目后评估计划的制订最好是在项目前评估和项目实施的过程中就确定下来，以便项目管理者和执行者在项目实施过程中就注意收集资料。从项目全生命周期的概念出发，每一个项目起始之初都应计划和准备项目后评估的工作。因此，有些国家和地方会以法律或法规的形式，把项目后评估作为项目管理中一个必不可少的阶段。项目前评估和项目计划与决策是项目后评估的基础和对象，所以项目后评估的计划安排必须与项目前评估和项目跟踪评估的计划安排一起考虑，以便使其能够更好地为组织的项目决策服务。

2. 项目后评估内容的确定

项目后评估涉及的范围十分广泛，具体项目后评估的内容要具体予以确定，而且要限定在可行的范围之内。因此，在项目后评估实施之前人们必须明确具体项目后评估的范围和内容。项目后评估的内容通常要以项目后评估任务书的形式确定，任务书中主要的内容有项目后评估的目的、项目后评估的范围、项目后评估的内容、项目后评估的方法、项目后评估使用的指标体系、项目后评估的经费和进度。有关项目后评估需要完成的特定要求，在任务书中也必须给出十分明确而具体的说明。

3. 项目后评估专家的选择和组织

项目后评估的实施可以采用组织自我评估或独立专家评估两种方式，理想的是使用独立专家评估的方式，以保障项目后评估的客观性。在使用独立专家开展项目后评估时既可以委托独立的项目评估机构或咨询单位去实施，也可以由企业组织独立的项目评估专家去实施。使用组织内部专家做后评估的好处是专家更为熟悉项目的背景和环境发展的变化情况，而外部专家则更为客观公正和更加熟悉项目后评估的专业与程序，二者合作就能更好地做出独立项目后评估的结论。

15.3.2 项目后评估的实施阶段

项目后评估实施阶段的主要工作内容包括如下几个方面。

1. 项目后评估的书面数据资料收集

项目后评估的实施首先从资料收集入手，项目后评估的基本资料应该包括：项目自我后评估的报告、项目完工报告、项目竣工验收报告，项目决算审计报告、项目概算调整报告及其批复文件，项目开工报告及其批复文件、项目初步设计及其批复文件，项目前评估报告、项目可行性研究报告以及项目审批文件，等等。

2. 项目后评估的现场调查与资料整理

项目后评估实施的另一项内容是现场调查与分析，这一调查分析的任务包括：项目的实施情况、项目目标的实现情况、项目目标的合理性、项目的作用和影响等。然后应该使用资料收集和现场调查的结果对项目的各种资料进行必要的归纳与整理，以便能够开展相关的分析和得出结论。

3. 项目后评估的全面分析和做出结论

根据上述项目后评估资料的收集和现场调查结果，人们就可以对这些信息进行全面而认真的分析，从而得出项目后评估的结论了。这方面的内容包括：第一是项目实际情况的评估，包括项目成本收益情况、项目目标实现情况和项目成败的经验等；第二是项目前后评估结果的对比分析与评估，主要内容是比较项目前评估和项目后评估结果中各项指标的差异与分析造成这些差异的原因，评价项目前评估的有效性和可信度，等等；第三是项目未来发展预测的分析与评估，主要分析项目可持续发展情况、项目经验教训和项目未来发展对策等。

15.3.3　项目后评估的结果和报告阶段

这是项目后评估的最后一步工作，即项目后评估结果给出和报告的汇总与撰写。项目后评估的报告必须真实地反映这种评估的客观结果，必须客观地说明分析与评价发现的问题，认真全面地给出项目后续发展的对策和建议。项目后评估报告的功能有：项目绩效评估的功能，改善和提高项目可持续发展的功能，以及提高企业或组织未来项目决策水平的作用，所以项目后评估报告的内容和编制方法必须能够保障最终交付的项目后评估报告起到这些方面的作用。

项目后评估报告没有固定的内容和格式要求，但是项目后评估报告的质量是有要求的，这主要包括：项目后评估报告的文字和数据必须准确、清晰和实事求是，项目后评估报告应尽可能不要过多使用专业化词汇，项目后评估报告中应该包括摘要、项目概况、评估内容、主要问题、原因分析、经验教训、结论和建议、评估方法说明、评估结论等主要内容。

15.4　项目后评估中的数据处理

项目后评估所使用的数据资料既包括项目前评估中的预测数据和项目事实上发生的

实际数据，也包括人们在项目后评估的时候对于项目未来发展的预测数据。由于项目后评估必须贯彻客观真实与实事求是的原则，所以项目后评估中使用的这三种数据必须具有可比性，即项目前评估的数据、项目实际发生的数据和项目后评估中人们的预测数据在统计口径与内容界定等方面必须是具有可比性的。因此，项目后评估用的项目前评估的预测数据、项目实际发生数据和项目后评估的预测数据必须经过一定的数据处理，从而使它们具有可比性。

15.4.1 项目后评估实际统计数据的处理

项目后评估大量的项目实际情况数据资料是以财务数据或统计数据形式存在的，所以这种数据的处理和分析方法也有财务与统计数据处理两类。因此在项目后评估中，尤其是在项目经济效益的评估中要做好项目成本与价格的不变价格变换等数据处理工作，项目后评估实际统计数据处理工作的原则和方法等分述如下。

1. 项目后评估实际数据的处理原则

在开展项目后评估中必须对于项目的实际数据进行可比性的处理，这种处理的基本原则包括如下两个方面。

（1）真实性原则。人们在项目后评估中首先要检验项目实际发生的数据的真实性，并且要对项目后评估实际数据开展"去伪存真"的数据处理工作，从而确保项目后评估的科学可靠性和准确性。

（2）可比性原则。在项目后评估的实际数据收集和处理中要对项目资金、成本、价值、资源、环境等方面的实际数据做可比性处理，以剔除物价变化和其他条件变化而导致的项目实际数据不可比性因素。

2. 项目后评估实际数据的处理方法

为保障项目后评估实际数据的真实性和可比性，人们就必须使用一些方法对项目后评估的实际数据进行必要的处理。这种项目实际数据的处理工作主要包括两类：其一是折现或贴现处理（针对项目经济和财务数据所开展的可比性处理），其二是剔除物价变动的处理（针对项目成本和收益在不同时间的价格差异的处理）。这些处理所用的方法如下。

（1）按项目后评估时点为基准年的处理方法。这种方法将开展项目后评估的时点作为基准年，从而将该年物价指数定为100%，然后将项目实际发生的现金流量数据全部用各年的物价指数去换算成基准年的不变价格数据。通常的具体做法是对项目实际发生的各个现金流量，使用国家或地区统计部门公布的物价系数去进行换算，从而得出换算后用不变价格表示的项目实施现金流量的大小，然后再使用这些不变价格的数据去计算相应的项目成本效益评估指标。这种项目后评估实际数据的现金流量不变价计算如表 15-4 所示。

表 15-4 按项目后评估时点为基准年的处理方法计算表

年份	净现金流量	当年物价指数	换算系数	换算后的净现金流量
建设期 1 年	−100	100	59	−169
建设期 2 年	−150	108	64	−234
建设期 3 年	−120	117	69	−174
生产期 1 年	100	127	75	133
生产期 2 年	150	142	84	179
生产期 3 年（项目后评估时点）	180	170	100	180
第 7 年	180	170	100	180
…	…	…	…	…
第 10 年	180	170	100	180

（2）按项目完工时点为基准年的处理方法。有些国家或国际金融组织规定项目后评估的基准年以项目完工时间为准，即项目完工的那一年为换算的基准年度。采用这种方法的时候项目数据的现金流量有三部分：在项目完工前的建设期实际数据、项目运行期的实际数据和项目未来将发生的预测数据。这些项目数据的处理包括：对于从项目开工时点到项目完工时点的实际数据需按项目完工时价格指数进行换算，从项目完工年度（基准年）到项目后评估时点的实际数据要用各年的物价系数进行换算，项目后评估时点以后的预测数据则应按照该年度的不变价格进行推算。这种方法的具体实例如表 15-5 所示。

表 15-5 按项目完工时点为基准年的处理方法计算表

年份	净现金流量	当年物价指数	换算系数	换算后现金流量
建设期 1 年	−100	100	85.5	−100
建设期 2 年	−150	108	92.3	−150
建设期 3 年（后评估基准年）	−120	117	100	−120
生产期 1 年	100	127	109	92
生产期 2 年	150	142	121	124
生产期 3 年	180	170	145	124
生产期 4 年	180	170	145	124
…	…	…	…	…
第 10 年	180	170	145	124

15.4.2 项目后评估预测数据的处理

如果项目后评估的时点在项目运行阶段中，此时就会有项目后续阶段的预测数据，这是一种尚未发生的项目后续时间的预先估计和推测数据，是在项目已发生数据的基础上所做出的一种推断和预计。项目后评估的预测数据是根据项目已发生数据，利用统计和预测方法对于项目后续阶段可能出现结果的一种推测，这种推测的原则和方法分述如下。

1. 项目后评估预测数据的处理原则

在有关项目后续阶段项目数据的预测中，人们必须遵循如下几个方面的原则。

（1）惯性原则。因为没有一个项目的未来发展会与项目已经发生的实际情况没有关系，项目过去实际发展的情况会直接影响到项目未来的发展变化，这种情况被称为事物发展的惯性，按照这种惯性去预测项目后续阶段的情况数据就是所谓的惯性原则。

（2）类比原则。项目未来的发展变化常与历史类似项目的发展变化有相同的地方，所以人们要根据历史类似项目的发展变化去预测项目后续阶段的发展变化。所以使用历史类似项目和项目前期实际数据的发展变化规律去推测项目后续发展变化就是所谓的类比原则。

（3）相关原则。这是指任何项目的发展和变化都不是孤立发生的，都是项目在与其他事物的相互作用和互相影响中发展变化的。所以对于项目后续阶段的预测必须利用项目与各事物之间的相关性去预测，这就是所谓的相关原则。

（4）概率原则。项目的发展变化是不确定性的，这种不确定性可以使用发生概率来描述。因为项目后续阶段预测数据具有这种不确定性，所以预测是要给出项目发展变化的可能性（发生概率）。在项目后续发展结果预测中必须给出发生概率就是所谓的概率原则。

2. 项目后评估预测数据的处理方法

这方面方法最主要的是回归分析法、趋势分析法和专家调查法，具体分述如下。

（1）回归分析法。回归分析法适用于预测两个以上项目数据中的变量相关关系，然后利用这种相关关系来推断项目后续发展变化数据。回归分析法先要使用项目现有实际数据去做出相关变量的回归分析，然后根据相关分析结果去预测项目后续阶段的发展数据。

（2）趋势分析法。趋势分析法是根据项目已经发生的时间序列数据中所存在的发展趋势去预测项目发展变化数据的方法。这进一步可以分为线性趋势分析法和曲线趋势分析法等。其中，长期趋势分析法是项目后评估预测中应用最为广泛的一种方法。

（3）专家调查法。使用专家调查法去预测项目未来数据是一种利用专家经验进行项目后续发展预测的方法。这种方法需要组织相关专家对所要预测项目后续阶段的情况进行充分讨论后做出推断。这种方法简便可行，但容易受权威或多数人意见的影响而产生偏见。

15.5 项目后评估的技术方法

项目后评估有很多具体的技术方法，其中使用较多的有如下几种。

15.5.1 项目后评估的逻辑框架法

早在 1970 年美国国际开发署（the United States Agency for International Development，USAID）开发并使用了逻辑框架法（logical framework approach，LFA），当初就是作为一

种项目设计、计划和评估的方法使用的。目前大部分的国际组织把这种逻辑框架法作为援助项目计划、管理和评估的主要方法，原因就在于这种逻辑框架法已经是一种集成的系统研究和分析问题的思维框架模式。在项目后评估中采用这种逻辑框架法，有助于对关键因素和问题做出系统的合乎逻辑的分析。

1. 逻辑框架法的介绍

逻辑框架法是一种概念化分析和描述项目的方法，它使用一张简单的框图来清晰地分析一个复杂项目的内涵和关系。逻辑框架法是将几个内容相关且必须同步考虑的动态因素组合起来，通过分析它们的关系及其目标和实际结果来评估一个项目或一项工作。逻辑框架法为项目计划者和评估者提供一种分析的思路与框架，通过对项目目标和达到目标所需手段的逻辑关系分析去确定工作的范围与任务和评价它们的结果。

逻辑框架法的核心概念是项目事物层次间的因果逻辑关系，即项目"如果"提供了某种条件"那么"就会产生某种结果。这些项目条件包括项目内在的因素和项目所需要的外部条件，其基本模式如表 15-6 所示。

表 15-6　逻辑框架法的基本模式

层次描述	客观验证指标	验证方法	重要外部条件
目标/影响	目标指标	检测和监督手段与方法	实现目标的主要条件
目的/作用	目的指标	检测和监督手段与方法	实现目的的主要条件
产出/结果	产出物定量指标	检测和监督手段与方法	实现产出的主要条件
投入/措施	投入物定量指标	检测和监督手段与方法	实现投入的主要条件

2. 逻辑框架法在项目后评估中的应用

由于项目后评估主要需解决三个问题，而逻辑框架法可以针对这三个方面的问题进行全面的评估。这三方面的问题是：一是项目原定目标和目的是否达到了，二是项目是否对环境有不利影响，三是项目后续阶段会如何发展和应该如何应对。所以项目后评估要回答三个问题：一是项目原定目标和目的达到的程度，二是项目对环境的影响程度，三是项目未来可持续发展的情况。

项目后评估所使用的逻辑框架法的逻辑框架中的客观验证指标一般应能反映项目实际完成情况与项目前评估预测指标的差别，以及项目后续发展变化情况与项目前评估预测情况和项目实际已发生情况的差异。因此，在编制项目后评估的逻辑框架之前，人们应设立一张项目前评估、项目实际情况和项目后续发展预测数据的对比表，以求找出在逻辑框架表中应填写的主要内容，这种对比如表 15-7 所示。

表 15-7　项目后评估用逻辑框架指标对比的示意表

指标	项目前评估的原定预测值	项目实施和运行阶段实际指标值	项目后续阶段预测值	变化和差距
项目成本指标	…	…	…	…
项目效益指标	…	…	…	…

续表

指标	项目前评估的 原定预测值	项目实施和运行 阶段实际指标值	项目后续阶段 预测值	变化和差距
项目时间指标	…	…	…	…
项目质量指标	…	…	…	…
…	…	…	…	…

采用逻辑框架法进行项目后评估时可根据项目后评估的特点和项目的具体特征去设计后评估的内容与指标，以适应具体项目不同的项目后评估要求。

15.5.2 项目后评估的对比分析法

项目后评估也可以使用对比分析法，这种项目后评估方法的基本原则是必须在同度量基础上进行对比分析。这种对比分析法的内容包括：项目前评估结果和项目后评价结果的对比分析，项目前评估预计数据和项目实际结果数据的对比分析，有无项目的经济技术情况对比分析，等等。这种对比分析法的用途是找出项目实施和运行中的发展变化与差距，从而分析和找出项目的成败的程度及其原因与改进的方法，具体有如下两种对比分析的技术方法。

1. 有无对比分析法

这是指将项目实际发生的结果及其带来的影响，与假定没有开展该项目而可能发生的情况进行全面的对比分析，从而度量出项目的偏差、真实效益、影响和作用。这种有无对比方法的重点是要分析项目的偏差、实际效果、作用和影响，这种对比分析方法可用在侧重于项目效益后评估和项目影响后评估中，所以它是项目后评估方法中一个重要部分。

2. 前后对比分析法

前后对比分析法是指将项目前评估结果与项目后评估结果进行对比分析的项目后评估技术方法。因为项目前评估结果是使用预测数据做出的项目评估结果，而项目后评估结果是使用项目实际结果和部分项目后续阶段预测数据做出的项目评估结果。所以通过二者的对比分析就能找出项目的绩效和项目所存在问题以及未来应对的措施。

15.5.3 其他的项目后评估技术方法

除了上述两种项目后评估技术方法以外，还有一些其他的项目后评估方法，它们有的是独立的技术方法，有的是上述技术方法的补充，这些方法中主要的几种分述如下。

1. 层次分析法

这是一种定性和定量相结合的分析方法，它也可以用来做项目的后评估。这种方法的基本思路是根据问题的性质和要求将评估对象或问题分解为不同层次的要素，按照各个要素之间的隶属关系自上而下排列成层次结构，在每一层次上依照特定准则对该层次各因素进行分析比较，求得每一层要素的相对重要程度和各项因素的权重值，然后对于项目前后评估的数据进行比较分析并最终给出评估结果。由于项目后评估往往会涉及众多的因素和指标，所以运用层次分析法（analytic hierarchy process，AHP）可以从系统角度对项目总体效果给出一个全面而客观的整体后评估。

2. 因果分析法

由于一些项目的建设周期较长，在整个项目的建设过程中会受到社会经济发展变化与国家政策等内外部因素的影响，这些项目实施中的主客观因素影响会导致项目实际的技术经济指标与项目前评估阶段的预测发生一定的偏差，而且对于项目的实施和运行效果产生较大影响。因此在项目后评估中还要使用因果分析法去发现问题、分析问题，分析问题原因和提出解决这些问题的对策、措施和建议。这方面的分析方法必须使用因果分析法，即分析和发现项目问题的原因，以及总结经验教训并提出改进或完善措施与建议的方法。

3. 综合评估法

一个项目的优劣通常需要综合性的评估，综合项目实施的技术效果（如技术的先进性、适用性、可靠性等）、经济效果（如投资少、效益高等）、社会效果（如提高当地居民的生活质量、改善环境、减轻污染等）方面的全面效果。对于大型建设项目甚至还需要综合政治效果（如有利于国家治理、提高国际地位、有利于各民族的团结）和国防效果（如有利于巩固国防和防止敌人突然袭击）等。项目后评估的综合评估法有两个作用：其一是对于项目各部分、各阶段和各层次的综合评估，从而谋求项目整体评估的结果；其二是从不同角度（如业主、承包商、政府等）对于项目结果的综合评估。

4. 成功度评估法

这种方法是对照项目前评估所确定的项目目标去分析项目实际结果，以评估项目目标的实现程度。在使用这种方法时要十分注意项目原定目标的合理性、可实施性的评估，以及项目条件与环境发展变化的影响评估，以便根据实际情况评估项目的成功度。这种方法需要依靠评估专家或专家组的经验，综合项目各项指标的评估结果，对项目的成功程度做出最终的评价和结论。这种方法是对于项目的目标和效益成功程度进行全面系统的评估，使用的表格是根据项目后评估的任务和目的与性质决定的，表 15-8 是英国海外开发署所设计的一种统一评估其资助项目成功度的表格。

表 15-8   项目成功度评估表

序号	项目成功度评估指标	相关重要性	成功度
1	经济效益指标		
2	扩大生产能力的指标		
3	管理水平提高的指标		
4	对贫困改善的指标		
5	教育改善指标		
6	健康改善指标		
7	儿童与妇女影响指标		
8	环境影响指标		
9	社会影响指标		
10	制度影响指标		
11	技术成功度指标		
12	项目进度管理指标		
13	预算成本控制指标		
14	项目资源条件		
15	成本-效果分析		
16	财务回报率		
17	经济回报率		
18	财务持续性		
19	运营持续性		
20	项目总体可持续性		
	项目总成功度		

15.6 项目后评估的结果反馈与应用

项目后评估的结果必须通过项目后评估报告的模式给出反应和反馈，所以任何一个项目的后评估工作都必须撰写和给出相应的项目后评估报告。

15.6.1 项目后评估报告的要求

项目后评估报告的基本要求包括如下两个方面。

1. 项目后评估报告的内容要求

项目后评估涉及的内容较多，项目后评估报告最主要的内容一般包括项目背景、实施评估、效果评估和结论建议等部分。

（1）项目背景。项目背景主要包括项目的目标和目的、项目的工作内容、项目的范围、时间、成本和资金的来源等。

（2）项目前评估的情况。这主要包括项目前评估的依据和结论，项目的必要性和项目可行性的分析与结论，项目对于国家、部门或地方发展的影响，以及项目的预测数据，等等。

（3）项目实际实施情况。这主要包括项目建设实施情况的结果数据，项目建设实施中出现的各种变化及其影响，项目建设实际实施情况与项目前评估的预测情况的差异，等等。

（4）项目实际运营情况。这主要包括项目建成以后所开展的项目运营实际情况的各种结果数据，项目实际运行情况与项目前评估中有关项目运行预测数据的差异，等等。

（5）项目后评估数据。这主要包括使用调整后的数据对项目实施和运行结果的评估指标，去评估和分析项目实际效果与造成的影响，以及项目未来的情况等方面的内容。

（6）项目对比评估数据。这主要包括项目前评估结果指标和项目后评估结果指标的对比分析数据，项目有无对比分析数据和项目综合评估分析数据等方面的内容。

（7）结论和经验教训。这主要包括有关项目后评估的结论和经验教训，项目前后对比和有无对比的结论，项目综合评估的结论，以及项目经验教训的说明等内容。

（8）建议与对策。这主要包括对于项目后续阶段运营的改进建议和对策说明与对于未来组织项目决策的改进建议等方面的内容。

2. 项目后评估报告的格式要求

根据项目后评估报告的主要内容，人们可以设计项目后评估报告的格式，一般的项目后评估报告格式要求如下。

（1）报告封面与简介。这包括编号、密级、评估者名称、日期等以及报告的假设前提条件。例如，汇率、评估指标权重安排、项目的重要基础数据、报告摘要和目录等。

（2）报告的正文。这包括项目背景、项目目标、项目内容、项目工期、成本和质量等规定指标、项目资金来源和预算、项目建设实施评估、项目目标的实现程度、项目的运营和管理的情况、项目实际财务和经济效益评估、项目环境和社会效果评估、项目的可持续性评估、项目的结论和经验教训与综合评估结论以及改进建议和措施。

（3）报告的附件。这包括支持项目后评估结果的各种文件和资料，项目前评估方面的文件资料，项目实际实施情况的文件资料和项目实际运行情况的文件资料以及项目发生的各种变更的文件和资料，等等。

15.6.2　项目后评估信息的反馈和应用

项目后评估信息的反馈是指将项目后评估的结果送达项目相关利益主体的工作，项目后评估信息的反馈是项目后评估成果能否真正起到作用的关键环节之一，因为这对项目决策的影响是十分巨大的。实际上没有这种反馈和应用，项目后评估就没有意义了，人们也不能从项目后评估中吸取经验和教训，所以人们后续的项目决策也不会得到改善和提高。

1. 项目后评估信息反馈和应用的重要性

项目后评估信息反馈和应用是项目后评估体系中的一个全面沟通与使用项目后评估成果信息的过程，它可以使项目后评估的结果在未来新建项目中得以应用，或者能够用于项目未来的可持续发展决策方面。因此项目后评估是否起作用的关键在于对项目后评估中所总结的经验教训的反馈和应用，所以必须有一套项目后评估信息反馈和应用系统，并通过它提供有用的信息和经验教训，从而增强项目组织未来的项目决策和项目管理能力以及被评估项目本身未来的可持续发展能力。

2. 项目后评估信息反馈和应用系统

项目后评估信息的反馈和应用是一个动态的过程，因此必须建立一个使项目后评估信息反馈和运用的机制与系统，以便项目后评估的结果可以用于改进项目管理和项目决策。为了保证项目后评估信息反馈的及时性、针对性和系统性，人们需要对于项目后评估机构以及项目后评估信息反馈与传递机制和应用体制与系统进行科学的设计和合理使用。项目后评估信息反馈和应用系统与机制的建设应该根据科学而有效的原则去建立，项目后评估信息反馈和应用机制的有效性主要受四个方面关系的影响，即项目后评估与政策制定者的联系，项目后评估与项目计划管理者的联系，项目后评估与项目决策者的联系，项目后评估与项目实施者的联系。图15-2给出了亚洲开发银行在这方面的信息反馈和应用的流程，以供参考。

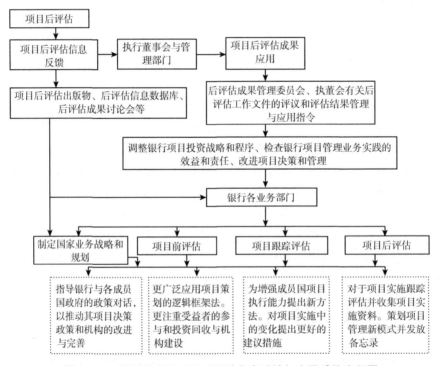

图15-2 亚洲开发银行项目后评估信息反馈与应用系统流程图

思 考 题

1. 项目后评估有哪些一般性的原则？
2. 项目后评估的基本内容是什么？
3. 项目后评估的数据处理原则是什么？
4. 项目后评估的数据处理方法有哪些？
5. 项目后评估的主要技术方法有哪些？
6. 项目后评估报告的主要内容是什么？

第16章 不同行业的项目评估

本 章 介 绍

本章首先给出了不同行业的项目评估的基本概念。随后讨论了工业投资项目和农业投资项目评估的独特性、评估原则和评估方法，特别是给出了这两种不同行业投资项目评估在内容和方法上的不同。进一步讨论了商业投资项目和银行贷款项目的评估与评估的独特性、原则和方法，尤其是商业投资项目的商圈评估方法。在此基础上讨论了政府采购项目的评估，并给出这种项目的独特性和评估方法。

不同行业的项目各有不同的作用和独特性，所以不同行业的项目评估在概念、特点和内容等方面都有所不同。虽然同一行业中的项目因项目的相关利益主体、客体、利益和作用的不同而不同，但大多数由于项目评估主体不同而造成。例如，同一个投资建设项目，项目的业主或投资人与项目的承包商或供应商在项目评估的内容、方法和结果方面是完全不同的。

16.1 工业投资项目的评估

工业生产是从自然界取得物质资源和使用各种原材料进行加工制造的物质生产部门，工业生产主要包括对天然生长植物的采伐、金属非金属矿物的采掘、工业和农业原材料的加工以及劳动工具的制造等生产部门。工业投资项目主要是指国民经济中各工业部门的投资项目，这类项目的评估有其独特的特点和方法。

16.1.1 工业投资项目的独特性分析

工业投资项目不像农业投资项目那样具有超长的项目生命周期，这是因为工业投资项目的独特性造成的，工业投资项目的主要特性如下。

1. 工业投资项目受社会经济规律的制约较强

工业作为物质生产部门，其劳动对象一般都是没有生命的自然物质资源、原料和材料等。这就决定了工业和工业投资项目受自然条件的影响较小，工业品的种类、规格、性能及其各种理化指标易于整齐划一，因而工业生产过程顺次的各个阶段有可能同时进行和常年进行，以及人们可以根据需要和可能而将生产过程适当地分解，甚至可以异地和异时组织生产。工业投资项目同样较少受自然条件和自然规律的约束，其立项或生产应主要考虑社会需要和经济规律的制约。传统的工业经济是一种典型的资源经济，所以这种工业投资项目是靠大量消耗能源和资源来生产更多产品的项目，其本质上是一种资源对产品的置换项目。

2. 工业投资项目有经济规模、比例性、连续性和节奏性的要求

工业生产是机器化大生产，其生产效率高，投入产出过程具有高度的规模经济性、比例性、连续性和节奏性。现代工业广泛运用机器和机器体系进行生产，其生产效率日趋提高，相对于其他部门而言，工业品生产的投入产出具有经济规模和劳动系数的要求。正因为机器和机器体系的广泛应用，其生产过程多为流水作业，使其表现出明显的节奏性和连续性，就很自然地要求生产线和机器设备之间，人机、班组和车间或分厂之间，有严格的比例关系和规定，同时有关的产、供、销以及储存和运输等项必须互相衔接、紧密结合。工业投资项目一定要能够体现这种高度的比例性、连续性和节奏性的要求，因此工业投资项目的系统性和集成性要求就非常高。

3. 工业投资项目对科学技术和科技进步的依赖性强

工业生产和工业投资项目的社会化程度高，既表现在专业分工越来越细，也表现在协作关系越来越复杂，以及与国民经济其他部门的联系日趋紧密。现代工业形成了不同的专业化生产部门，并在各工业部门内部进一步发展了产品专业化、零部件专业化和工艺专业化，这种广泛而精细的专业分工，必然使协作关系复杂化，使协作的地域范围也日益扩大，不仅有本地区还有跨地区甚至跨国界的国际协作关系。毫无疑问，工业部门同国民经济其他部门也是相互影响和制约的，所以工业投资项目和工业生产必须考虑这些依赖关系。

16.1.2　工业投资项目评估的原则

工业投资项目的评估有其自己的原则和程序，在工业投资项目的评估中必须遵循这些原则和程序，因为实践证明这些原则和程序是工业投资项目成功的基本要件。

1. 工业投资项目评估的基本原则

工业投资项目评估的基本原则主要包括以下几个方面。

（1）及时性原则。对于工业投资项目的评估应该在项目建议书阶段就开始，并在此阶段应该及时提出项目初步可行性研究的结果。然后，人们应该进一步收集数据并在项目可行性研究阶段及时开展项目的前评估和提出项目前评估报告。另外，在项目实施阶段和运行阶段，人们还应该及时地开展相应的项目跟踪评估和项目后评估。

（2）全局性原则。由于工业投资项目受国民经济的制约性和对其他国民经济部门的依赖性等都比较强，所以进行工业投资项目评估时必须从国家全局利益出发，树立国民经济评估的观念，考虑国家平均利润率和投入产出等理念，客观地、公正地、科学地进行评估。工业投资项目的评估人员要对项目为国民经济的贡献给出具体的评估意见。

（3）综合性原则。由于工业投资项目一定要能够体现高度的比例性、连续性和节奏性等方面的要求，所以每个工业投资项目的评估都必须做周密的调查研究，要综合分

析项目的市场需求和做产、供、销的平衡分析，既要综合分析项目技术的先进性和适用性以及项目财务经济的合理性，还要综合分析工业投资项目的社会影响与自然环境影响等各个方面。

2. 工业投资项目评估的基本程序

工业投资项目评估的基本程序主要包括如下几个步骤。

（1）确定项目评估的内容。工业投资项目评估包括前评估、跟踪评估和后评估，项目专项和综合评估，等等，任何工业投资项目的这些评估都要先确定评估内容。

（2）组织项目评估小组。工业投资项目的评估小组可以是组织内的专业人员，也可以是专业的项目评估咨询机构，工业投资项目评估需要由专业评估人员完成。

（3）制订评估工作计划。项目评估一定要根据评估的性质和内容制订相应的评估计划和安排，这包括有关评估的时间、资金和方案等方面的安排。

（4）调查研究和收集数据。组织评估人员进行调查、收集有关文件和资料及有关的技术经济基础参数，并请项目主管单位提供必要的情况和数据。

（5）开展评估分析并给出报告。按照工业投资项目评估的内容和要求，进行项目的经济技术评估和综合评估并根据评估结果编写出项目评估报告。

（6）项目评估报告审查。将评估人员完成的工业投资项目评估的报告交由专业或主管部门进行评审并提出项目评估结果的评审意见。

（7）项目评估报告的批准。经过审查后的项目评估报告应报送组织的主管部门做最终的审批，项目决策者依据项目评估报告做出项目决策。

3. 工业投资项目评估中的数据的审查与鉴定

工业投资项目评估中最重要的工作之一是在评估中必须开展对项目预测数据和实际数据的审查与鉴定，在这种评估中需要审查和鉴定的主要数据有如下几个方面。

（1）项目生产规模及产品方案数据。工业投资项目的生产规模确定是工业投资项目可行性研究和项目设计中的一个重要组成部分，这种项目的规模必须符合经济规模的要求，所以在工业投资项目评估中必须严格认真地审查和鉴定这方面的数据。

（2）工业投资项目建设的预测数据。工业投资项目多数是投资建设项目，所以都涉及项目投资的预测和预算数据。这种数据需要按项目生产能力和项目预算编制等进行审查与鉴定。当项目有进口设备时要审查关税、增值税、运费和保费等方面的投资估算。

（3）工业投资项目资金来源及筹措。工业投资项目很少完全依靠自有资金去投资建设，所以一般都有资金筹措方案和资金使用计划，这些方面的计划数据也需要进行审查和鉴定。一般要根据项目实施进度和资金来源计划审查项目资金的保证情况。

（4）项目产品成本和收益预测数据。工业投资项目一般都有物质产品的生产，所以在这种评估中都需要审查项目产品的成本和收益等预测数据。这可以国家现行的财税规定做依据，使用项目现金流量表等方式去审查和鉴定项目产品成本、销售收入和利润等数据。

16.1.3 工业投资项目评估的内容

工业投资项目评估的主要内容包括如下几个方面。

1. 工业投资项目建设必要性的评估

这方面的内容包括：工业投资项目是否符合国家的产业政策、行业规划、地区规划，工业投资项目市场调查和预测中有关项目产品市场供需情况及产品竞争能力的评估，工业投资项目在国民经济和社会发展中的作用评估，拟建工业投资项目的规模经济性分析与评估，等等。

2. 工业投资项目建设与配套条件的评估

这方面的内容主要包括：项目所需资源供应情况，项目工程地质情况，项目的原材料、燃料、动力等供应情况，项目资金贷款的情况，项目地址选择的情况，项目环境保护的方案，项目相关的配套项目同步建设情况和方案，等等。

3. 工业投资项目的技术可行性评估

这方面的内容主要包括：工业投资项目采用的工艺技术、技术设备和工程技术在既定的经济条件下是否先进、适用和可行，是否符合国家的技术发展政策，项目所采用的新技术、新方法、新设备是否安全可靠，项目产品方案和资源利用是否合理，项目技术的综合评价是否科学，等等。

4. 工业投资项目财务效益的可行性评估

这是从企业的角度出发对项目的经济效益进行评价，主要是对工业投资项目的财务评价的分析。这方面的具体评估指标包括项目的静态投资利润率、贷款偿还期、投资回收期、预期收益率和项目的动态净现值与内部收益率，等等。

5. 工业投资项目的国民经济可行性评估

由于工业投资项目的特点，对工业投资项目的评估既要考虑项目的财务效益，更要考虑项目的国家与社会效益。在很多情况下即使是那些在项目财务评估中可行的项目，如果在国民经济评估中不可行也应该予以否决。

6. 工业投资项目的社会与环境影响评估

工业投资项目一般还必须开展社会影响评估和环境影响评估，以便人们能够清楚地认识项目对于自然环境和社会环境所造成的正面影响与负面影响以及这些影响的大小。如果项目具有负面的社会和自然环境影响，人们还需要开展相应保护措施的评估工作。

7. 工业投资项目可行性的综合评估

工业投资项目的决策和实施不但要依据上述项目可行性的各个专项评估，还要依据对整个项目可行性的综合评估。一个工业投资项目可行性的综合评估是有关上述几方面的专项评估结果的综合与集成,而不仅仅是上述专项评估的简单加总。

工业投资项目评估的主要方法同前面各章中所给出的方法是一致的,所以在此就不做更多的赘述了。

16.2 农业投资项目的评估

农业投资项目与工业投资项目在内容和项目生命周期等方面有很大的不同,所以农业投资项目的评估有自己独特的地方。由于人们对于农业投资项目这些特性的认识是十分有限的,所以至今我们国家仍缺乏关于农业投资项目评估的规定和办法,人们有时不得不使用工业投资项目评估程序和办法去做农业投资项目评估,这无法满足农业投资项目决策支持的需要。

16.2.1 农业投资项目的独特性分析

传统的农业生产依赖于动植物的自然生长和再生产并由农民对其加以控制与促进,所以传统农业的根本特点表现为生产是自然再生产和经济再生产相互交织的过程。因此农业投资项目和农业生产不仅受社会经济规律的制约,而且受自然条件和规律的显著影响。所以农业投资项目与国民经济其他部门的项目相比,具有以下几个方面的特点。

1. 农业投资项目对土地有特殊的依赖性

由于农业投资项目多数会使用土地,所以土地的诸多特性直接影响农业投资项目。土地具有自然特性和社会经济特性,其自然特性是指土地的不可位移性、非再生性和生产力持续性,而其社会经济特性是指土地用途、经济地理位置、所有性质等。例如,土地既可以视同固定资产,但又不具备严格意义上固定资产的有形磨损性和无形磨损性。在农业投资项目评估时需要慎重考虑和认真对待这些特性,因为农业投资项目的首要因素就是土地。

2. 农业投资项目的周期长且涉及面比较广

农业投资项目因农业生产的周期比较长和收益相对比较难,所以农业投资项目的投资期都比较长,而且其投资效益往往较工业投资项目低。同时,农业投资项目的内容可以包括种植和养殖业、农产品加工以及农业资源的利用保护和有关的产业服务等,所以其涉及面比较广而且综合性较强。所以农业投资项目的财务效益、国民经济效益和环境与生态效益等都必须加以考虑,这是它与工业投资项目不同的地方。

3. 农业投资项目的风险性高且不易评估

农业投资项目和农业生产都会受气候阴晴旱涝、天灾人祸和病虫害等影响,而且这些影响不但难以准确预测,而且难以完全控制,所以农业投资项目的潜在风险比较大。另外,农业投资项目（如农田水利、治山治水和改良土壤等）多半具有难度高、工程量大、费时费力等特性。这些特性和不利因素集合起来对农业投资项目的影响就极为复杂了，所以有时有些农业投资项目是很难评估的，甚至是无法准确地进行项目评估的。

4. 农业投资项目具有地域性强的特性

不同农业投资项目所处地区的土地资源、水资源、生物资源、气候条件、劳动力状况、社会历史、文化、风俗习惯、经济条件等都有着较大的差异，而农业投资项目运行与这些因素是紧密相关的，所以一个农业投资项目在此区域可行，而在彼区域就未必可行。这就是说，农业投资项目带有较强的区域特征，所以它的评估就需要考虑地域性强的特点。

5. 农业投资项目具有多重目标的特性

多数农业投资项目具有多重目标，即农业投资项目的目标是多方面的。例如，某江河流域的综合开发项目，一方面可能是为了获取更多的农产品，另一方面则可能是为了保护整个流域的生态环境和防止水土流失等。农业投资项目目标的多重性也就决定了项目效果评估工作的多样化，需要在项目评价中全面地考察和评价项目多重效益。

16.2.2　农业投资项目评估的原则

由于农业投资项目具有上述特点，所以在农业投资项目的评估中需要解决以下问题，以及坚持相应的一些基本原则。

1. 珍惜土地资源和提高土地生产率

在农业投资项目的评估中要充分考虑珍惜国家的土地资源，通过农业投资项目开发去不断提高国家土地的生产率。土地的稀缺性决定了这种资源的宝贵性，特别是我国土地十分有限的国情，所以如何通过农业投资项目去提高农业劳动生产率就成为这类项目评估的一项重要内容。对于大量挤占耕地的农业投资项目原则上需要开展严格的评估，认真把好涉及土地使用的农业投资项目的评估关和审批关。

2. 在农业投资项目评估中要承认差别

不同地区、地域或地块是有差别的（所谓的地差），农业投资项目是与这种差别相关联的，这些差别在农业投资项目的经济效益上体现为所谓的"级差地租"。所以对于不同地区的农业投资项目的评估要承认这种差异的存在，这一点和工业投资项目的统一标准具有明显的不同。在农业投资项目评估中的成本分析也要考虑异地项目之间所具有的差别，甚至在很多时候应该补贴和支持在落后地区开展农业投资项目的投资。

3. 要充分估计传统习惯对农业投资项目的影响

农业投资项目与农业产品和人们的消费习惯、饮食结构和偏好等有密切联系，农业投资项目的生产及其效果受社会文化和耕作习惯的影响，不同地域、历史、文化以及宗教信仰、少数民族的特殊习惯和要求等都会影响农业投资项目的效益，所以在农业投资项目评估中应特别注意这些方面的评估。农业投资项目还受人们耕作习惯的影响，所以在农业投资项目的评估中必须注意和考虑这些问题对于项目的影响。

4. 要充分评估农业投资项目的风险

通常，在对农业投资项目进行评估时容易忽视农业投资项目的特殊性以及由此带来的项目风险性。由于影响农业投资项目产品生产的诸多因素都不是人为的因素，特别是像气候变化和自然灾害等影响因素都具有很强的偶然性与随机性，因此在对农业投资项目进行评估的时候一定要注意对项目不确定性因素的分析，一定要按照规定科学认真做好这类项目的风险分析，尤其还要充分考虑和评估农业投资项目对当地环境的副作用及不良影响。

5. 要考虑支持落后地区农业的发展

在农业投资项目的评估中要从战略高度去考虑如何支持落后地区农业发展的问题，应该将国家对农业投资项目的区域性补贴和优惠政策都考虑进去。任何国家和地区的农业区域经济发展都是有梯度的，农业投资项目的土地也有"级差地租"的分别，所以充分考虑农业投资项目的分布是十分重要的，通过合理布局，人们可以逐步改变落后地区和偏僻地区的经济与社会的发展，从而实现全局战略发展也是农业投资项目评估中必须注意的。

总之，对农业投资项目的评估要注意自然规律和经济规律的双重制约，只有从自然再生产和经济再生产这两个方面对农业投资项目加以评估与审查，才能得到可靠的评估结论。农业投资项目的地区性、季节性和风险性等特点以及投资大、回收期长和风险高等情况，都要求人们在农业投资项目评估中采用独特的评估内容和方法。

16.2.3　农业投资项目评估的内容

由于上述农业投资项目的各种特点和基本原则，所以农业投资项目评估的内容与工业投资项目评估的内容就有很多不同。农业投资项目评估的主要内容包括如下几个方面。

1. 农业投资项目的财务效益评估

农业投资项目与工业投资项目都有成本效益评估，它们之间的差别是对于土地成本的计算和土地资产的回收与工业投资项目的成本估算有所不同。同时，农业投资项目的效益估算和评估也与工业投资项目的效益评估不同，它不能只考虑农业产品销售所获得的效益，还要考虑项目的综合效益。特别需要注意的是农业投资项目的生命周期，尤其是项目的运营期要远远比工业投资项目长，所以在使用净现值等动态评估指标时必须做相应的处理（因为折现年限过长会导致 20 年以后的净现值变得影响十分有限或微不足道）。

2. 农业投资项目的国民经济评估

农业投资项目也要做国民经济评估，这也是农业投资项目决策的主要依据之一。有很多国家和地区在农业投资项目方面的评估是以国民经济效益作为根本依据的，甚至即使一个农业投资项目的财务效益指标不好，但是只要它具有很好的国民经济效益，国家和地方政府甚至有义务通过补贴或转移支付等方式使得该项目的财务效益指标变好。所以农业投资项目评估十分重视项目的国民经济评估，因为农业投资项目更多的是一种国民经济方面的投资项目，是为解决国计民生的"吃饭"问题所开展的投资项目。

3. 农业投资项目的运行条件评估

农业投资项目的评估必须充分考虑项目所在地的运行条件，因为农业投资项目更多地依赖于项目所在地的自然条件，包括气候、水资源、土壤与肥料等。这一点完全不同于工业投资项目的评估，因为工业投资项目的运行条件多数是人为的条件。因此，在农业投资项目的评估中必须充分考虑项目所在地是否具有与项目所需运行条件一致的自然条件（如气候情况、气温、湿度、风雨等），一定要通过评估对此给出肯定和正面的答案，否则无法做出农业投资项目的最终决策。

4. 农业投资项目的环境影响评估

农业投资项目对于环境的影响是直接的，这包括对自然环境、社会环境和生态环境的影响。其中农业投资项目对于自然环境的影响最为严重，有些农业投资项目甚至可能改变整个自然环境和生态环境。例如，我国的三峡工程等为农业服务的项目就直接改变了当地的自然环境和生态环境，同时通过移民和改建等也改变了当地的社会环境。所以对于这类项目必须进行严格的项目自然环境影响的评估，而且这种评估有"一票否决权"的权重。

5. 农业投资项目的社会影响评估

农业投资项目评估中最为独特的是这种项目的社会影响评估，因为农业投资项目的产品直接关系到国计民生，所以它的社会影响评估是十分独特的。中国古话讲"民以食为天"，农业投资项目是生产"食"的，所以这种项目事关"天"字的大局，必须认真评估这方面的影响。这包括一个农业投资项目对于社会各方面的发展的影响，对于社会公平与和谐的影响等方面，甚至要评估项目对于社会稳定的影响。

6. 农业投资项目的风险评估

农业投资项目受自然环境与条件的影响十分巨大，而农业投资项目面临的自然环境和条件不同于工业投资项目的人为环境与条件，它具有很大的不确定性，所以农业投资项目必须进行严格的项目风险评估。这种评估应该以各种各样的地理、气候等资料为依据，通过统计分析去确定各种风险的大小和影响范围，以充分认识项目的风险和不确定性。

7. 农业投资项目的综合评估

农业投资项目的决策和实施同样不但要依据上述项目各个专项评估的结果，而且要依据对于整个项目可行性的综合评估。一个农业投资项目的综合评估结果也不仅是有关上述几方面专项评估结果的简单加总，而是对于上述专项评估的综合与集成。在这方面农业投资项目的综合评估与工业投资项目的综合评估是一致的。

16.3　商业投资项目的评估

商业投资项目与工农业投资项目都不同，其中最大的不同在于商业投资项目并不是通过生产产品去创造价值，而是通过提供某些商业服务去创造价值。所以对于商业投资项目的评估必须针对它的独特性，使用不同的方法和过程去开展。

16.3.1　商业投资项目的独特性和原则

商业投资项目由于其产业特性和自身的特点，通常具有下列特点和原则。

1. 选址是商业投资项目成败的重要因素

商业投资项目选址的得当与否直接关系到商业投资项目的经营成败，所以对于商业投资项目的评估首先必须进行客观、细致、准确的项目选址评估。项目选址的评估就是通过对商业投资项目所覆盖区域进行调研，以了解该区域商圈的经济情况、需求状况、人口情况、商业环境、竞争状况、交通环境和客流量等现况与未来发展情况，分析项目选址的可行性。

2. 商业投资项目的评估更注重市场预测

商业投资项目的市场预测是以市场调查所得的信息资料为基础，通过整理、归纳和分析等方法，测算判断未来一定时期内项目可能的市场总量、市场占有率和销售额与利润的变化情况和发展趋势，商业投资项目评估是以此为根本依据的重要内容之一。所以商业投资项目要预测项目开业后经营情况，包括测算市场总量、市场占有率、销售额、租金等。

3. 商业投资项目评估的关键是竞争评估

商业投资项目评估中最为关键的是竞争评估，包括对竞争对手实力和策略分析，项目的竞争优势分析，项目的核心竞争力分析，等等。商业投资项目最主要的是利用项目本身的核心竞争力去取得竞争优势，从而使项目获得所需的经济效益与社会效益。商业投资项目评估中必须有项目竞争的专项评估，而且应该占整个评估的很大比例。

4. 商业投资项目评估要注重风险性评估

商业投资项目的投资大、市场竞争激烈、经营不确定性高，这些决定了商业投资项目评估必须针对项目的性质、特点、规模、投资方式、竞争环境等不确定性影响因素做出分析和评价，并提出相关的应对措施。另外，宏观环境、中观环境和微观环境也会直接给商业投资项目带来风险，所以这类项目评估中还需要评估宏观环境、中观环境、微观环境项目带来的风险。

5. 商业投资项目的商圈分析最为关键

商业投资项目评估中最为独特的内容是项目的商圈分析。这包括对于项目所处商圈的经济指标、需求状况、人口情况、商业环境、交通环境、客流量数据进行总量和细分的分析，也包括对项目所处商圈的需求状况进行深入、细致的调查与分析，甚至还包括对项目宏观、区域和微观的市场进行分析与调查，对项目未来的供给和需求进行预测。

16.3.2　商业投资项目评估的内容

根据上述有关商业投资项目评估的特点，一般情况下的商业投资项目评估主要内容包括如下几个方面。

1. 商业投资项目的选址分析与评估

这包括对于商业投资项目拟建地点的选择标准的确定和各种被选方案的评估等内容。这一评估的核心内容包括：商业投资项目的产生背景、商业投资项目的主要经营内容和经营方式、项目的主要技术经济指标、项目所处城市的整体环境分析、项目所处城市的经济发展水平分析、项目所处城市的居民购买力分析、城市发展规划与投资环境分析等。

2. 商业投资项目所处商圈的分析与评估

这是商业投资项目评估中最为重要的内容，这一评估的核心内容包括：项目所处商圈的市场容量分析、项目所处商圈的居民消费倾向分析、项目的潜在消费人群分析、消费总量、结构和消费水平分析、项目所处商圈的交通环境和物流服务分析、项目所处商圈的周边商业环境分析、项目所处商圈的竞争对手分析和项目所处商圈的市场竞争环境分析等。

3. 商业投资项目竞争和经营的分析与评估

这方面的评估内容包括：整个项目的总体经营发展规划、项目经营定位的分析与评估，整个项目的竞争态势和竞争策略的分析与评估、项目目标客户的分析与评估、商业投资项目的经营规模和未来营业收入的预测分析与评估、项目的主要经济指标、项目的经营组织机构和人力资源配置、项目的其他经营环境分析与评估，等等。

4. 商业投资项目的服务环境与条件评估

任何商业投资项目都需要使用多种不同的服务，提供这些服务的环境条件也是商业投资项目评估的独特内容，这方面评估内容包括：项目所需水、电、热、制冷等服务情况评估，项目所需金融服务方面条件与情况评估、项目所处地区交通便利程度分析与评估、项目所处地区交通设施及停车场的设置情况和项目所处地区物流服务情况的评估，等等。

5. 商业投资项目的财务和国民经济评估

商业投资项目的财务评估也是从企业的角度对于项目的财务成本和收益的评估，而商业投资项目的国民经济评估也是按照影子价格等方法所做的国民经济的成本效益评估。这方面的评估与其他项目的评估在方法和内容上基本是一致的，唯一不同的地方是工业投资项目所使用的国家财税法规与商业投资项目使用的国家财税收法规会有所不同而已。

16.3.3　商业投资项目的商圈评估方法

商业投资项目的商圈也称商业交易区，是指以商店所在地为中心沿着一定方向和距离扩展与吸引与辐射客户的范围。简言之，就是商店吸引客户或获得营业的地理区域范围。一般情况下，商业投资项目的地理位置好，项目的收益就高且效益好。因此商业投资项目商圈的分析和评估是这类项目评估中的一项重要内容。商业投资项目的商圈评估方法主要有雷利法则、赫夫法则与饱和指数法则等，这些评估法则的具体说明如下。

1. 雷利法则

这是一种零售引力的法则，它用于说明两个竞争商店吸引客户的能力。该法则认为，一个商店吸引客户的能力取决于该商店附近地区与沿边地区的人口和距离，所以确定一个商店商圈大小要考虑人口和距离两个变量，商店的吸引力由最邻近该商店的人口和里程距离共同发挥作用。一个商店吸引较多来自附近地区的人口，吸引较少的较远地区的人口。附近地区有较多人口的商店产生较大对客户的吸引力，然而距离减少吸引力。雷利法则可用于界定两个相互竞争商店的商圈分界线，这种界限又被称作中介点，雷利法则的计算公式如下。

$$D_y = d_{xy} \div \left(1 + \sqrt{(P_x / P_y)}\right) \tag{16-1}$$

其中：D_y 为中介点到 y 商店的距离；d_{xy} 为各自独立的 x、y 商店间距离；P_x 为 x 商店附近地区的人口；P_y 为 y 商店附近地区的人口。

2. 赫夫法则

赫夫法则认为一个商业投资项目的商圈取决于它的相关吸引力。在多个商业聚集区或商店集中于一地时，客户利用哪一个商业聚集区或商店的概率是由商业聚集区或商店的规模和客户到该商业聚集区或商店的距离决定的，即一个商店对客户的相关吸引力取决于两个因素：商店的规模和距离。商店的规模可以根据销售场地面积计算，距离为时间距离或空间距离。大商店比小商店有较大的吸引力，近距离商店比远距离商店更有吸引力。消费者在诸多商店中选择特定的商店购买商品，取决于该商店的相关吸引力，该模型认为消费者到特定商店的可能性等于该商店对消费者的吸引力与在这一地区内全部同类型商店的吸引力总和的比率。赫夫法则的数学模型如下。

$$P_{ij} = (S_j / D_{ij}^{\lambda}) \div \sum_{j=1}^{m} (S_j / D_{ij}^{\lambda}) \tag{16-2}$$

其中：P_{ij} 为 i 地区的消费者在 j 商店购物的概率；S_j 为 j 商店的规模（经营面积）；D_{ij} 为 i 地区的消费者到 j 商店的时间距离或空间距离；λ 为根据经验推出的消费者对时间距离或

空间距离敏感性的参数；(S_j / D_{ij}^{λ}) 为 j 商店对 i 地区消费者的吸引力；Σ 为同一区域内所有商店的吸引力。

3. 饱和指数法则

饱和指数法则是指通过计算零售市场饱和指数来测定特定的商圈内假设的零售商店类型的每平方米的潜在需求。饱和指数是通过需求和供给的对比来测量一个商圈内商店的饱和程度。需求和供给的相互影响及作用创造了市场机会，所以对商业投资项目而言，一个地区有较高的需求水平也同时有较高的竞争水平，这个地区可能不是合适的地点。换言之，一个地区有较低的需求，同时竞争水平也是低的，那么这个地区可能是有吸引力的。商业投资项目必须对所拟选的地区进行比较评估，观察饱和指数的高低。一般来说，饱和指数高就意味着零售潜力大，而饱和指数低则意味着零售潜力小。饱和指数计算公式如下。

$$IRS = （C \times RE）\div RF \tag{16-3}$$

其中：IRS 为某地区某类商品零售饱和指数；C 为某地区购买某类商品的潜在客户；RE 为某地区每一客户平均每周购买额；RF 为某地区经营同类商品商店营业总面积。

上述这些法则都是在商业投资项目的商圈评估使用的，究竟选择哪个准则或方法去评估商业投资项目的商圈，要根据具体情况而定。但是不管选择哪种准则或方法去评估商圈，这项评估工作都是必须做的，而且它是商业投资项目评估的核心内容。

16.4　银行贷款项目的评估

银行贷款项目的评估是指在申请贷款正式批复之前银行对于贷款项目的必要性和可行性所进行的评估工作。银行贷款项目的评估包括在项目各阶段所进行的评估分析评价，即包括项目前评估、项目跟踪评估和项目后评估。

16.4.1　银行贷款项目的独特性分析

银行贷款项目的评估既不同于工业投资项目和商业投资项目的评估，也不同于其他项目的评估，它具有很强的独特性。其中，最为重要的特点有如下几个方面。

1. 金融行业全面影响的特点

银行贷款项目具有金融业的特点，其中最为重要的是金融业是受国家和政府管制最为紧密的行业，因为国家的宏观金融政策直接关乎国计民生。同时，银行贷款项目不同于工农业投资项目，它是一种"钱生钱"的项目。这种项目有自己的周期、利润受国家限制、具有较大风险等特点。通常，除了流动资金贷款项目外，多数银行贷款项目是长期性的，有些甚至长达 10 年、20 年或 30 年。同时，银行贷款项目的收益直接受国家金融政策的影响，所以银行贷款项目一方面有贷款者还贷的风险，另一方面受各种各样金融风险和政策风险的影响，甚至会受到国际金融风险方面的影响。这是银行贷款项目最重要的独特性，因此这种项目有自己独特的评估方法和内容。

2. 双重项目评估的特点

银行贷款项目评估中包括双重项目的评估：其一是从银行的角度对于银行贷款项目本身的评估，其二是银行作为贷款者必须对被贷款项目进行全面的评估。这两个不同的项目由图 16-1 给出，由图中可以看出任何银行贷款项目都有自己的被贷款项目，在银行贷款项目中必须同时对这两个项目进行评估。这包括从银行的角度去评估贷款项目本身的情况，以及从这一贷款的安全性出发去评估被贷款项目的可行性及其成本收益情况。特别是当银行贷款项目是一种项目融资性的贷款时，由于这种项目贷款的回收都需要以相应的被贷款项目现金流量作为保障，因此只有被贷款项目现金流量能够按期产生归还自己的贷款，银行贷款项目才是可行的。

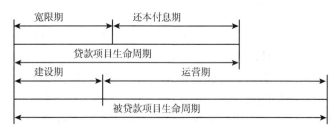

图 16-1　银行贷款项目和被贷款项目的关系示意图

3. 项目全生命周期中多次评估的特点

银行贷款项目评估在整个贷款项目的全过程中开展多次评估，这包括项目贷款发放前的贷款项目前评估和被贷款项目的前评估，被贷款项目实施过程中的跟踪评估和被贷款项目实施完成并投入运行后的还款情况跟踪评估，一直到贷款项目的贷款全部收回以后的银行贷款项目后评估。这些评估各有不同的目的和作用，项目前评估用于银行贷款项目的决策，项目中评估用于贷款项目的支付控制和偿还控制，项目后评估用于修订银行未来的贷款政策和方法。

16.4.2　银行贷款项目评估的阶段

银行贷款项目的评估所包括的主要内容有两个部分：其一是被贷款项目的评估，这包括被贷款项目产品或服务市场需求分析，项目建设或开发条件评估，项目生产运营条件评估，项目自然和社会环境评估，项目技术、财务和国民经济评估，等等；其二是银行贷款项目的评估，这包括从银行角度对贷款项目进行成本效益分析、不确定性与风险分析等。对于银行贷款项目而言，不但要对被贷款项目进行分析和评估，还要对被贷款项目业主的资信状况，项目业主领导团队的政治业务素质、管理水平和经营能力进行评估审查。银行贷款项目评估的阶段和步骤包括下述几方面。

1. 被贷款项目申请阶段的评估

被贷款项目申请阶段是银行贷款项目评估的首要阶段，这一阶段的具体评估工作包括：对于被贷款项目的理由、目标、必要性、优先程度和依据的评估，对于被贷款项目的各方面可行性的评估（包括资源、建设条件、地理位置、协作关系等方面的可行性），对于被贷款项目建设方案、规模和设计情况的评估，对于被贷款项目投资估算和筹资方案的评估（这对银行贷款项目的决策作用很大），被贷款项目的现金流量分析和评价，被贷款项目的经济效益和社会效益的评估，等等。这一阶段的评估工作首先是由被贷款者提交他们自己项目的可行性研究报告，然后由银行贷款部门的人员对这种被贷款项目的可行性分析报告进行必要的生产和鉴定，并最终从贷款银行角度给出被贷款项目可行性的评审和鉴定意见。

2. 银行贷款项目准备阶段的评估

银行贷款项目准备阶段的评估工作主要是对银行贷款项目自身的安全性、营利性和成长性等进行必要的评估。此时，人们必须对被贷款项目的市场需求、技术设计、财务计划、经济效益、组织管理和社会影响等方面进行详细的、全面的规划和研究。这个阶段的评估工作主要是由银行有关部门的雇员自行完成的，此时的核心工作是对被贷款项目进行独立的项目详细可行性研究，即对于被贷款项目的投资成本和投资收益做出分析。这种银行贷款项目准备阶段的评估工作可能会不断反复且持续很长时间，像世界银行和亚洲开发银行等组织的这种评估要持续 1～2 年的时间，世界银行和亚洲开发银行的专家会多次到被贷款项目所在地进行考察与研究。但是一旦银行完成了这一阶段的项目评估，即可进入下一步银行贷款项目自身的评估阶段。

3. 银行贷款项目自身的评估阶段

当被贷款项目的评估完成并给出正式的项目可行性报告之后，根据被贷款项目的可行性报告，银行人员就可以开始进行银行贷款项目自身评估的阶段了。这是为银行贷款项目决策提供决策支持信息的阶段，这是对于银行贷款项目自身的不同项目方案的必要性、可行性、安全性、营利性和成长性等进行全面评估的阶段。对于这些不同项目方案的评估阶段是银行贷款项目生命周期中的定义与决策的阶段，这一阶段的银行贷款项目评估必须由银行贷款评估人员从银行的角度出发，全面分析银行贷款项目自身的必要性和可行性。在这一阶段的项目评估中，人们要依据对于被贷款项目可行性的评估结果，从银行自身利益出发评估整个银行贷款项目的可行性。这一阶段银行贷款项目的评估要对项目规模、内容、费用、预算、贷款执行的安排、资金监管、资金支付和审计等一系列问题进行全面的评估，以确保银行贷款项目自身的可行性。

4. 银行贷款项目谈判阶段的评估

银行贷款项目的谈判阶段实际上也有项目评估的工作，这是银行贷款项目评估的一个重要特性。银行贷款人员通过与借款人的谈判而最终形成银行贷款项目的文件，在这种谈判之前和之中都需要开展银行贷款项目谈判阶段的项目评估，并根据这种银行贷款项目谈判阶段的评估去为银行在贷款项目中捍卫自己的利益和争取到更多的利益。在银行贷款人员同贷款项目的借款人谈判的过程中，要不断地给出银行贷款项目的谈判纪要，最终才能签署银行贷款项目的协议。随后银行贷款人员还要将银行贷款项目协议和银行贷款项目谈判纪要会同银行贷款项目谈判阶段的评估报告，报送银行董事会或主管机构进行项目的审查和批准。这种评估工作的完成标志着银行贷款项目正式进入执行与监督阶段，即银行贷款项目前评估已经全面完成，后续就是银行贷款项目跟踪评估的阶段了。

5. 银行贷款项目实施阶段的跟踪评估

银行贷款项目的实施阶段（执行与监督阶段）需要持续较长的时期，银行在这一阶段中必须监督和控制被贷款项目的实施情况并进行相应的跟踪评估。虽然被贷款项目的实施是由借款人及项目承担单位负责的，但是作为被贷款项目的主要相关利益主体，银行必须监督和控制被贷款项目发生的各种问题与出现的各种变更。因此在被贷款项目的实施阶段中银行要不断地对被贷款项目实施情况进行跟踪评估，以确保银行的利益不受影响和侵犯。这方面评估工作内容包括：对被贷款项目实施情况的监督与评估，对贷款使用情况的监督与评估，对贷款项目和被贷款项目未来的发展预测与评估。银行通过对被贷款项目实施的评估去发现银行贷款项目的问题和偏差，寻找产生问题和偏差的原因并帮助贷款人解决问题。进而通过双方的努力使被贷款项目能够顺利完成，并最终实现预定的银行贷款项目目标。

6. 银行贷款项目的后评估

在被贷款项目完工并投入运营以后，特别是银行贷款项目的还本付息完成且贷款账户关闭以后，银行应该对银行贷款项目进行独立的项目后评估，以确定银行贷款项目的成败程度和银行贷款项目的政策、体制和管理中的问题。这种银行贷款项目的后评估与第 11 章中讨论的项目后评估在原理和方法上是相通的，图 16-2 所示为世界银行的项目决策周期。

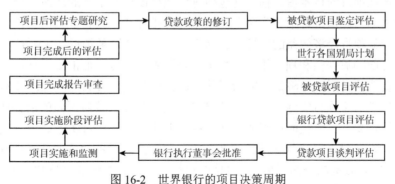

图 16-2　世界银行的项目决策周期

16.4.3　银行贷款项目评估的内容

在上述银行贷款项目各评估阶段中涉及很多项目评估内容，其中最主要的可以分成两个阶段给出这种项目评估的内容。

1. 银行贷款项目前评估和跟踪评估阶段的评估内容

银行贷款项目前评估和跟踪评估阶段的主要评估内容包括如下几个方面。

（1）借款人的评估。这包括借款人经济实力评价、借款人资产负债分析、借款人信用状况评价、借款人发展前景评价、借款人主要经营者素质评价、借款人管理能力评价等。

（2）被贷款项目的条件评估。这包括被贷款项目必要性评价、项目实施方案评价、项目技术和生产条件评价、项目环境保护评价、市场环境和竞争前景评估等。

（3）被贷款项目的筹资方案评估。这包括被贷款项目投资估算评估、筹资方案评估、项目运营成本和收益的评估、被贷款项目的自有资金和借贷资金现金流量分析等。

（4）银行贷款项目的贷款回收评估。这包括对于贷款人的偿债能力评估、项目现金流量评估、借款人其他偿债能力的评估等，其主要作用是确保银行本息能及时收回。

（5）银行贷款项目的风险与效益评价。这包括被贷款项目的风险识别、度量与应对分析、贷款项目的担保评价与分析、贷款项目资金回收的不确定性和效益分析等。

（6）被贷款项目的实施绩效评估。这包括被贷款项目时间、成本、质量、范围、收益、现金流量情况、项目变更情况等方面的评估。

这一阶段的银行贷款项目评估工作要求必须实事求是、认真彻底，这些评估工作结束标志着银行贷款项目整个项目前评估和工作的基本结束。

2. 银行贷款项目后评估阶段的评估内容

这种银行贷款项目后评估阶段的评估内容主要包括如下几个方面。

（1）被贷款项目实际必要性的后评估。这主要包括对项目建成投产后的产品对企业或组织以及对于国民经济和整个社会经济发展所起的作用及其实际必要性所进行的后评估。

（2）被贷款项目实际运行条件的后评估。这包括对于项目供水、供电、煤炭、燃料等动力资源情况，原材料来源和价格情况，协作配套情况等方面的项目后评估。

（3）被贷款项目的技术后评估。这包括对于项目投产所生产的产品质量的评估、项目所采用的技术的实际情况评估、实际各项技术经济指标与原设计能力的差距评估等。

（4）被贷款项目经济效益的后评估。这包括项目投资财务情况，主要是项目的财务成本与效益等方面的后评估和项目不确定性与风险预测分析等方面的后评估等。

（5）被贷款项目国民经济效益的后评估。这包括有关项目的国民经济成本和效益方面的后评估，这是对于项目实际给国民经济带来的效益和社会效益所做的后评估。

（6）银行贷款项目的全面后评估。这包括对于整个贷款项目实际后果与预计后果的全面对照评估，以及对于银行贷款项目所涉及的各种经济与财务效果的后评估等内容。

（7）银行贷款政策的全面评估。这包括对银行贷款项目成败的分析和对银行贷款政策、方针与程序的后评估等，其主要作用是为修改银行贷款政策和管理办法提供信息。

16.5 政府采购项目的评估

政府采购项目是一类十分特殊的项目，这类项目的评估更有其自己的独特性，所以本节专门讨论这类项目的评估。

16.5.1　政府采购项目的独特性分析

政府采购也称公共采购，它是指各级政府或其所属机构为开展日常政务活动或为提供公共服务的需要，在财政部门的监督之下以规定的方式、方法和程序，对货物、工程或服务的购买项目。政府采购项目的评估不仅包括对具体采购项目及其过程的评估，而且包括对政府采购政策、程序、方法及其管理的评估。政府采购的主体是使用国家预算资金运作的政府机构或事业单位，政府采购项目评估的主要目的是通过这种评估来实现降低政府采购成本和更好地完成采购任务的目的。政府采购项目的独特性主要有以下几个方面。

1. 采购资金来源的公共性

政府采购的资金来源为财政拨款和需要由财政偿还的公共借款，这些资金的最终来源为纳税人的税收和政府公共收费，而企业或私人采购的资金则来源于采购主体的私有资金。资金来源的不同决定了政府采购项目与企业或私人采购项目在采购管理、采购人员责任等方面有很大区别。实际上正是采购资金来源的不同，才有了政府采购项目与企业或私人采购项目。

2. 政府采购项目的非营利性

政府采购项目的目的不是盈利，而是实现政府职能和公共利益，努力节省国家的财政开支。相反，企业或某些私人采购项目多数是为了生产、转售和盈利。由于政府采购项目没有通过采购去获得盈利的动机，因此政府采购项目的评估内容、目标和方法就完全不同于企业采购项目的评估。

3. 政府采购项目的公开性

政府采购的有关法律和程序规定，政府采购项目一般应该是公开的，只有规模过小或需要保密情况的例外。所以政府采购项目过程一般是在完全公开的情况下进行的，一切政府采购项目的活动都要公开，所有的政府采购项目信息都要公开，而不能偷偷摸摸，也没有秘密可言。但是在企业或私营领域，许多采购项目不是公开的，尤其是货物采购就更没有这个义务。

4. 政府采购项目的政策性

公共支出管理是国家管理经济的一个重要手段，政府采购又是公共支出管理的主要对象和内容。所以政府采购项目必然具有很强的政策性，因为在某些时候这种采购项目还承担着执行国家政策的使命。甚至一国政府可利用政府采购项目来作为保护本国产品和企业的手段，或者作为对外交流的筹码。但是企业或私人采购就没有这种责任和属性。

5. 政府采购项目的复杂性

政府采购项目所涉及的对象从汽车、家具、办公用品到武器、航天飞机等无所不包；从普通货物到工程建设合同和各种服务，涉及经济生活的各个领域。在这方面没有一个企业或私营组织的采购能与政府采购相比。同时，政府采购项目的程序和手续也十分复杂，远非一般企业或私营部门的采购项目所能比拟的。

6. 政府采购项目的宏观调控性

政府始终是各国国内市场最大的采购者和最大的货物与服务的消费用户。按照经济学的观点，一国国民经济中的总需求包括消费、投资、出口和政府采购，由此可见政府采购项目构成了国民经济的四个组成部分之一。所以政府采购对宏观经济调控的作用是其他采购主体不可替代的，它实际上已经成为各国政府经常使用的一种宏观经济调控的基本手段。

7. 政府采购项目的程序性

国际上政府采购的经验表明，任何政府采购项目无论其采取什么方式，也不论其涉及多大金额，都必须按政府规定的采购程序去进行和管理。一个政府采购项目的完整程序包括的基本步骤有：确定采购需求，预测采购风险，选择采购方式，对供应方的资格审查，签订采购合同，履行采购合同，验收与结算和采购效益评估，等等。

8. 政府采购项目的合法性

现代国家一般都制定了系统的政府采购法律和条例，并且都有完善的政府采购规章制度。任何政府采购项目活动都必须依法开展，这种采购项目必须在严格的法律和管理规定与监督之下进行。但是企业或私人的采购项目则没有这么多限制。

16.5.2　政府采购项目评估的内容

政府采购一般有两种买卖的方式：一种是议价的方式，一种是招投标的方式。其中，议价的方式只能用于小型的政府采购项目，而且多数是对货物的采购方面。其他一般需要使用招投标的方式进行政府采购，招投标方式的政府采购多数是对于大宗货物或者是各种劳务的采购方面。这两种不同的买卖方式的政府采购项目都需要进行采购项目的评估，而按照招投标方式开展的政府采购项目的评估要求更高。政府采购项目的评估主要是对政府采购项目的内容、预算、方案和程序等进行评估，而且最主要的是对政府采购项目的供应方案的评估。政府采购项目评估的具体内容如下。

1. 政府采购项目的内容评估

根据政府采购项目的不同情况和实践经验来看，对政府采购项目的评估首先要从采购内容开始。这方面的评估大致要从政府采购单位是否真正需要的角度入手，分析和评估政府采购单位编报的政府采购项目内容，评估其是否真正是该单位的生存和发展所需要的商品、服务或工程。同时要评估该采购项目中有无属于国家限制购买的内容，有无该单位无权购买的内容，有无该单位可以暂时不买的内容，以及采购清单中是否有不符合标准规定的，有无超过配置标准的采购科目，有无违反国家政策规定的采购内容，等等。

2. 政府采购项目的预算评估

政府采购项目除了要评估政府采购项目的内容以外，还必须做政府采购预算的评估，以评估一个政府采购项目的采购资金多少及其来源是否正当与合法。这方面的评估具体内容主要是评估该采购项目有无采购资金来源和保障，以及该采购项目的资金是否有来源不当或违法违规挪用等问题。国家规定：凡是来源不当或资金来源不足的政府采购项目都不得编入同级财政的政府采购预算，所以任何一个政府采购项目都必须开展这方面的评估工作。

3. 政府采购项目的采购方式评估

在实际的政府采购项目操作中，人们首先要选择合适的采购方式。从大类上分，政府采购项目的方式可分为两类：一是招投标采购方式，二是非招标性采购。以招投标方式进行的政府采购项目一般是购量大和数额高的商品、服务和工程采购，而招投标采购方式又分成公开招投标和邀请招投标两类。一般来说，政府采购项目必须按照国家规定的采购方式进行，但是同时还要分析和评估政府采购项目的采购方式的有效性与适用性等特性。

4. 政府采购项目的供应方案评估

政府采购项目评估中最重要的内容是对政府采购项目的供应方案的评估。从本质上看，政府采购项目评估的目的就是要使采购体现物有所值，而这必须通过对政府采购项目供应方案的评估而得知和确定。政府采购项目供应方案评估的主要内容是供应方案满足需求的程度和供应方案的经济、技术和信用等方面。其中，对供应方案的经济评估主要是从供应方案（或投标方案）的价格方面进行评估，而其技术评估主要是评估政府采购方案的技术特性，对其信用的评估主要是对政府采购项目的供应商或承包商的信用评估。政府采购供应方案的评估是一种以经济效益评价为主的综合性评估。

 思考题

1. 工业投资项目评估与农业投资项目评估有何不同？
2. 工业投资项目评估应注意哪些问题？
3. 农业投资项目评估应注意哪些问题？
4. 商业投资项目评估的特点是什么？
5. 银行贷款项目评估中最重要的地方是什么？
6. 政府采购项目评估的特点有哪些？

第17章   不同种类的项目评估

本 章 介 绍

　　本章首先给出了不同种类的项目评估的基本概念。随后讨论了创新项目、创业项目和跨国项目评估的独特性、评估原则和评估方法，特别是给出了这些不同种类项目评估在内容、过程和方法上的不同。进一步讨论了科研项目和新产品开发项目的评估及其评估的独特性、原则和方法。其中，本章对于创新项目和创业项目的评估是为国内最新的"大众创业，万众创新"发展战略服务的，而跨国项目是为我国的"一带一路"倡议及其建设服务的，这些都是本书第三版中全新的内容。

　　我国自 2005 年提出要建设创新型国家开始至今，尤其是从进入经济新常态和"十三五"规划以后，正在借助"大众创业，万众创新"逐步从以前的"世界工厂"向世界"创新中心"转变，所以创新项目和创业项目就成了当今我国最为重要与数量最多的需要评估的项目。同样，自 2013 年我国提出"一带一路"倡议并不断推进其建设，有大量的跨国项目（也有人叫国际项目）涌现，包括我国企业的海外投资项目和政府的海外援助项目都是越来越多，因此大量跨国项目也就成了当今我国十分重要的需要评估的项目，所以本章新增了这种项目的评估内容与方法的讨论。科学研究项目和新产品开发项目多数时间被合称为"研发项目"，但是本书作者认为这是两类不同的项目，尤其是这两种项目各自的评估主体和客体及其评估内容与方法都是不同的，所以本章将分别讨论这两种不同项目的评估内容与方法。

17.1   创新项目的评估

　　我国为了科学地发展而近年来大力提倡"大众创业，万众创新"，使得国内涌现出大量的创新项目。由于创新项目都具有创造、创新甚至独创等方面的特性，所以这种项目具有很高的不确定性和风险性，特别是这种项目的评估与上一章中所讨论的不同行业的项目评估有很大的不同。

17.1.1   创新项目的独特性分析

　　按照作者《创新项目管理》一书中的定义：创新虽然与创造和发明具有相近的意思，但是创新具有更广泛的含义，即任何一个系统要素安排上的变化都属于创新的范畴。创新项目就是实现创新的过程，因为所有的创新活动都具有一次性和独特性等项目的特性，所以任何创新活动都属于项目的范畴。[①]创新项目包括产品与服务的创新、技术和管理方面的创新、商业模式和社会治理等方面的创新项目，而这些创新项目最大的特色就是与此前或他人的东西"有所不同"。

这些不同的创新项目有一个相同的地方，即任何创新都是为了创造"新增价值"服务的。所以创新项目评估中最为关键的是一个创新项目能否创造或带来"新增价值"，这包括商业价值和社会福利两个方面。商业价值是企业对创新项目评估所关注的核心所在，而社会福利则是政府对创新项目评估所关注的核心所在。创新项目评估就是要给出具体创新项目所能带来的商业价值和社会福利，及其是否能够成功的可行性分析。

1. 创新的定义与创新项目评估

有关"创新"的独特性，使用美国管理学大师彼得·德鲁克的定义最能体现："创新就是企业家使用的特定方法，用它去把企业环境变化带来的危机转换为企业的机会。"[②]这说明创新项目是一种将危机转化成机遇的项目，这种项目是借助企业家创新精神去应对环境发展变化的工作，所以创新项目评估的独特性之一是评估具体创新项目能否将企业带出危机而获得机遇和收益。

美国哈佛大学的著名经济学教授迈克尔·波特认为："创新并不单纯只是个体和企业的行为，它是整个国家或地区共同作用的结果。"[③]这给出了创新是一种个人、企业和国家或地区的共同行为，所以对于创新项目的评估需要涉及个人的创新意愿评估，企业的微观环境评估和国家或地区的宏观环境评估。

迈克尔·塔诗曼和大卫·纳德勒认为："创新是商业组织创造某种新产品、新服务和新工艺的过程，这包括两个部分：其一是创意的产生过程，其二是商业化的过程。"[④]由此可知，创新项目评估需要涉及两个具体方面：其一是创新项目本身从创意开始到获得创新成果的项目过程可行性评估，其二是具体创新项目的商业价值的评估。前者偏重于创新创意和实现过程的技术与管理可行性的评估，后者偏重于创新项目的经济效益和投资回收情况的评估，二者之和就是创新项目评估的核心内容。

另外，乔·蒂德和约翰·贝赞特则认为："创新是将机会转变成新的创意，然后广泛应用于实践的一个过程。所以创新也不仅仅局限于产品创新，还包括服务创新、社会创新、管理创新等。"[⑤]这一创新定义将其范围拓展到社会创新和管理创新等领域，所以创新项目的评估会涉及各种不同创新项目内容的独特评估。因为对于技术创新、管理创新、产品或服务创新、尤其是社会创新的项目各自需要完全不同的创新项目评估的内容和方法。

博威兹·艾哈迈德和查利·谢泼德对于创新的定义认为创新：第一，这是人们利用各

---

① 戚安邦，等. 创新项目管理. 北京：中国电力出版社，2016.

② Drucker P. Innovation and entrepreneurship. New York：Harper Row Publishing，1985.

③ Porter M E. The competitive advantage of nations. New York：Free Press，1990.

④ Tushman M L，Nadler D. Organizing for innovation. California management review，1996，28（3）：74-92.

⑤ Tidd J，Bessant J. Managing innovation：integrating technological，marketing and organization change. 4th ed. New York：John Wiley & Sons，2009.

种资源去发明一种新产品、新服务、新工艺或新方法的过程；第二，这是一个学习、支持和使用某种新产品、新服务和新方法的扩散过程；第三，这是一个独立的事件；第四，这是一种把原本独立的众多单个创新事件进行集成的过程；第五，这是一种突破性或渐进性的变化；第六，这是一个过程而不是一个单独的活动。他们提出：创新是在特定环境下所开展的一种过程，所以创新超越了个人或者企业的范畴，创新行为和组织架构、社会政治网络及最优资源禀赋等都有密切的联系[①]。由此可知，创新项目评估涉及诸多具体的内容，至少应该涉这个定义里给出的创新项目的过程、创新项目产出物的扩散过程、创新项目的独特性和不确定性、创新项目的集成性、创新项目的突破性和渐进性、创新项目所处的环境等内容。

2. 创新的分类与创新项目评估

创新项目可以按照分类标志的不同而划分成很多种类。首先，基于创新主体可以将创新项目分为自主创新和开放创新两大类，其中自主创新是指依靠自己（个人或组织）的资源和能力去开展创新并最终全面拥有创新成果的项目，开放创新（合作创新）是指借助他人力量合作开展并分享创新成果的一类创新项目。我国一直十分强调"自主创新"主要就是强调我们自己应该拥有创新成果的知识产权和成果。对于这两类不同的创新项目，它们所需要评估的内容和方法是不同的。

同时，按照我国的官方分类，自主创新又进一步分为原始创新、集成创新和引进消化吸收再创新三类。原始创新是指具有原创性成果的创新，集成创新则是将各种不同方面的创新成果进行综合或整合，引进消化吸收再创新实际上是新兴经济体国家特有的一种通过先从发达国家引进某些先进技术，然后在学习和掌握的基础上进一步创新的项目。显然，这三种不同的创新项目需要从不同的角度和对不同的内容去开展评估。

国际上通行的一种创新项目分类是分为突破性（或颠覆性）创新和渐进性（或持续性）创新两大类。其中，突破性创新的成果是绝对新颖和具有颠覆性的，因此是一种系统性和颠覆性的创新，会推动或导致全新的技术、产品或服务的出现。渐进性创新的成果是相对新颖和具有继承性的，这是一种循序渐进和持续改善性的创新，它们多数是在既有技术或产品和服务等方面开展的一种改进与完善。同理，这两种不同创新项目的评估也各有不同的评估内容，并且需要使用完全不同的评估方法。

国内使用最多的是根据创新项目的混合分类原则所做的分类，这可以将创新项目分成原始创新、集成创新和引进消化吸收再创新三类。它们的关键区别在于创新项目的信息缺口大小不同，原始创新项目起始时的信息缺口为100%，另外两类创新项目起始之时的信息缺口相对较小。图17-1给出了这三种不同创新项目的信息缺口及其填补过程的示意，由图中可知：原始创新的起始之时人们所拥有的信息为0（具有首创新），而另外两种创新项目的起始之时人们拥有都是不完备的信息（大于0但小于100%）。由图17-1还可知，这三种创新项目的全过程就是人们不断地收集、处理和获得信息，从而使创新项目的信息缺

---

① Ahmed P，Shepherd C. Innovation management：context，strategies，systems and processes. Pearson Education Limited，2010.

口不断缩小的"学习"过程，一直到最终创新项目结束时人们才会对创新项目拥有完备的信息。

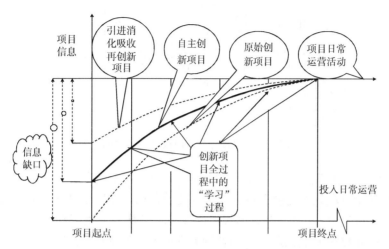

图 17-1　原始创新、集成创新和引进消化吸收再创新项目的信息缺口示意图

另外，人们还可以基于不同创新成果对创新项目进行分类，这进一步可将创新项目分解为五类：其一是产品创新项目，这是指由企业通过研发去创造出新产品而获得新增价值的一种创新项目；其二是服务创新项目，这也是指由企业通过开展研发去创造出新的服务而获取新增价值的一种创新项目；其三是流程创新项目，这是指由企业或政府通过创造新流程（包括技术和管理流程）去获得收益的一种创新项目；其四是商业模式创新项目，这是指由企业通过创造新的商业模式而获得新增价值的一种创新项目；其五是管理和治理创新项目，这包括诸如立法创新、管理创新、机制创新、体制创新等，切实通过这些创新项目去获得新增价值。对于创新项目进行分类的根本标志就是项目某个方面的特性，所以任何项目分类都是为人们认识和评估创新项目服务的。因此，创新项目评估也必须按照上述分类去针对具体创新项目确定所需评估的内容和所要使用的评估方法。例如，对于产品和服务创新项目的评估更多是突出针对新产品或服务的市场可行性去开展，而对于流程创新项目的评估更注重过程再造方面的可行性评估，对于创业模式创新项目的评估就特别需要注重对这类项目社会环境影响的评估，而对于管理或治理创新项目的评估最为复杂，因为任何管理或治理创新都会改变既定的组织或社会既得利益格局，所以需要开展"效率与公平的最佳替代"等方面的评估。

3. 创新项目的过程与评估

人世间凡事都有过程，创新项目也不例外。有众多学者都提出了他们的创新过程模型，其中最为典型和最常使用的是图 17-2 中所给出的这个由乔·蒂德和贝赞特[①]提出的四阶段创新过程模型。它很好地给出了创新项目整个生命周期中性质不同的四个阶段，以及这些阶段之间的界面划分和"门径"管理的内容，从而使得创新过程可以分阶段去进行管理。

---

① 蒂德，贝赞特. 创新管理：技术变革、市场变革和组织变革的整合. 4 版. 陈劲，译. 北京：中国人民大学出版社，2012.

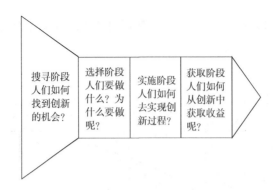

图 17-2   创新项目四阶段过程示意图

由图 17-2 可知，创新项目的搜寻阶段在前，这是收集创新项目各种信息和识别创新机会的阶段，在这个阶段人们需要开展创新项目的前评估，其核心是对于创新项目的创意和方案的评估。图 17-2 中用"漏斗"形状描述搜寻阶段是为了表明在此阶段人们需要采用"宽进严出"的策略去开展创新项目的各种创意或方案的筛选。创新项目的第二个阶段是选择阶段，这是创新项目的初始决策阶段，是人们在对多种创新项目创意或备选方案进行可行性分析的基础上做出项目可行性评估的阶段。在创新项目的选择阶段，人们必须按照项目风险评估的方法去全面评估每个创新项目备选方案（指商业计划书）的风险评估，并且需要使用"实物期权选择法"等方法去做好创新项目方案的选择工作。创新项目实施阶段是将人们选定的创新项目方案转化成创新成果的阶段，在这个阶段中人们需要不断开展项目跟踪评估，以便为解决创新项目实施中出现的各种跟踪决策提供服务。作者的研究结果表明，创新项目实施阶段是一个"边实施边变更"的阶段，是一个创新项目团队通过努力开展跟踪评估去管理与控制项目目标和资源与风险的制约情况的阶段，因为创新过程实施阶段是一个"非线性"的阶段并经常会出现变更。创新项目过程中的获取阶段是最后阶段，这是一个创造价值并回收项目投资和获得项目投资收益的阶段，这是将创新项目所生成的成果投入日常运营而取得回报的阶段。因为创新项目的根本目的在于为组织创造新增价值，所以创新项目的核心在于如何管理好这个阶段。创新项目的获取阶段有两项主要工作：其一是创新项目成果的应用，即项目投入运营和进一步扩散带来更广泛的应用；其二是利用创新项目成果获取新增价值，这包括创新成果的经济和社会两方面的价值。在这个阶段中的项目评估主要是项目后评估，这包括创新项目成果应用推广方案的评估（可持续发展性的后评估），以及从创新项目中获取经验和教训的学习性的项目后评估，以便人们能够从创新项目的获取阶段获得更多成果。

17.1.2   创新项目评估的方法

创新项目评估主要涉及四个方面：其一是创新项目风险评估，其二是创新项目技术评估，其三是创新项目经济评估，其四是创新项目组织评估。其中，创新项目的风险评估是首要的，因为人们要开展创新项目首先要评估一个具体创新项目究竟是风险收益大于风险损失（此时项目就是可行的），还是风险损失大于风险收益（此时项目就是不可行的）。其次，人们必须评估创新项目的风险能否进行应对，即组织是否有足够的资源和手段去应对创新项目面临的各种项目风险。最后，就是创新项目的技术经济分析与评估，即评估创新项目在技术上和经济上是否可行。创新项目评估十分独特的一个方面是关于组织环境的评估，因为创新项目对于人的依赖是第一位的，创新项目的成败受到组织创新能力、组织内部创新条件和创新人才等方面的影响，所以如果没有很好的组织环境是无法成功去开展创新项目的。有关这些创新项目评估的内容和基本方法分述如下。

1. 创新项目的风险评估方法

由于创新项目的不确定性和风险性很高，所以创新项目风险评估就成了首要的创新项目评估内容。创新项目风险评估本质上就是确定出项目内外部环境中的不确定性给项目带来收益或损失的可能性，这可以使用式（17-1）给出示意。

$$R=\sum_{i=1}^{n}(P_i \times L_i)+(P_i' \times I_i) \tag{17-1}$$

式中：R 为项目风险；P_i 和 P_i' 为第 i 个项目风险发生损失或收益的可能性即发生概率；L_i 为项目风险损失；I_i 为项目风险收益[①]。

因此，创新项目的风险评估需要的就是识别、度量和综合评价创新项目风险收益与损失的可能性及其带来的综合后果。所以创新项目风险评估的核心方法就是项目风险识别和度量创新项目风险、风险后果、风险发生的可能性、风险的关联影响和风险进程（时间）的分析与评估，从而为创新项目决策提供支持和为创新项目风险应对提供依据。创新项目风险评估的基本方法包括四个具体方面：其一是创新项目风险识别的方法（包括核检清单法、假设分析法、系统分析和流程分析法等具体方法），即识别和确定创新项目究竟存在哪些风险时间的方法；其二是创新项目风险度量的方法（包括项目风险概率分析法、项目风险后果度量方法、项目风险关联性度量方法和项目风险进程性度量方法等具体方法），即定性和定量地度量给出创新项目风险及其后果的方法；其三是创新项目风险综合评估的方法（这包括专家打分法、层次分析法、模糊评判法和模拟仿真法等具体方法），主要是使用式（17-1）去综合评估创新项目风险收益是否大于风险损失；其四是关于创新项目风险应对措施的评估（这包括容忍、规避、消减、分担和转移等一系列的项目风险应对措施的评估方法），即评估创新项目的风险损失是否能够被转移、消减、分担等。

2. 创新项目的技术评估方法

创新项目需要开展技术评估，因为技术是实现创新项目目标的根本手段和途径。一个创新项目如果没有先进和科学的技术做支撑与保障，那么不管项目其他条件如何都是无法成功的，所以创新项目技术评估被放在第二重要的位置。

创新项目技术专项评估有很多不同的分类，按照评估的特性可以将创新项目技术评估分为技术可行性评估、技术先进性评估、技术复杂性评估、技术适用性评估和创新项目技术综合评估。创新项目技术评估按照对象分类又有创新项目工艺技术的评估、创新项目实施技术的评估和创新项目技术装备的评估三种不同的创新项目技术专项评估，以及创新项

---

① 戚安邦. 项目风险管理. 天津：南开大学出版社，2010.

目技术这三个方面的综合评估，但是通常创新项目技术评估是指对于创新项目这三方面技术要素的全面评估。

创新项目的技术先进性评估是首要的，这种技术先进性的根本表现在于技术所带来的劳动生产率的提高，所以如果创新项目所采用的技术（尤其是工艺技术）缺乏必要的先进性而无法提高劳动生产率，那就会失去开展创新项目的根本意义。创新项目先进性评估的方法可以使用基于层次分析法的技术先进性评估方法，也可以采用模糊经济论综合评价法以及比较法等。①

创新项目的技术适用性评估方法是对创新项目所采用的技术适应其特定环境条件的情况的评估方法，因为具有先进性的技术不一定就适用于具体的创新项目，而不适用的先进技术是无法取得良好的经济效益的。所以创新项目适用性的评估需要分别使用创新项目工艺技术的适用性评估方法，其包括：评估创新项目工艺技术与所处环境能够提供的人力、物力、财力和组织技术能力的适用性评估方法，评估创新项目实施技术与所处环境能够提供的研究、实验、试制等方面所需技术能力的适用性评估方法，评估创新项目技术装备与创新项目所处组织和人力资源环境以及当地技术合作与维修等方面的条件的适用性评估方法。

创新项目的技术复杂性评估是创新项目所独有的一种评估，这包括对于创新项目技术的结构复杂性（众多技术的相互配合问题）、渐进复杂性（随着创新项目的展开使得技术越来越复杂）、方向复杂性（随着创新项目的展开对于技术的选择失去了方向）和技术综合复杂性四个方面的评估。由于创新项目技术复杂性源于创新项目自身的独特性和非线性以及较大的不确定性，所以这方面评估的方法多使用一些"软科学"的方法，如复杂性地图法、系统解剖法、半结构化方法（JAZZ法）、相关分析法、多元融合法、可可托维奇方法和斯坦尼斯拉夫斯基方法等，这些方法都是一些半结构化或非结构化的分析评估方法。

最后是创新项目技术可行性评估，即在创新项目既定条件下，技术能够满足项目需求的可能性。这种创新项目的技术可行性评估是对多种项目技术方案进行比选和评估，即不但需要考虑创新项目技术上实现的可行性，还要评估不同技术方案的优越性，以便能够选择最可行的技术方案。创新项目技术可行性分析的主要方法就是创新项目技术需求和供给的可行性评估方法，创新项目资源制约因素的可行性评估方法，创新项目技术配套环境支持因素的可行性评估方法。当然，还必须加上创新项目技术综合评估的方法。

3. 创新项目的经济评估方法

创新项目的经济评估方法与前面讨论的项目财务评估和项目国民经济评估方法是相似的，只是创新项目的成本和收益不管是从财务评估还是从国民经济评估的角度出发，都具有很大的不确定性，所以不同于一般投资建设项目的经济评估。创新项目经济评估涉及创新项目成本和收益的确定，以及二者之间综合比对而反映出的创新项目经济成果的评估。但是创新项目的成本确定比较困难，因为创新项目的成本具有很高的不确定性，而创新项目的收益的预测就更加困难，因为这受到了市场变化、人们消费习惯变化和项目技术

---

① 翟欣翔. 融入可持续发展观的技术评价指标体系构建，科学学与科学技术管理，2004，25（8）：22-25.

环境变化等一系列因素的影响。所以创新项目经济评估更多的是一种创新项目风险性成本和收益的确定与评估，因此这需要同创新项目风险评估相关联地去进行。

创新项目的经济评估首先也是要开展创新项目财务可行性的评估，即从企业角度和按照国家现行财税制度去评估一个创新项目的财务可行性。这种评估的核心方法就是使用创新项目财务净现值分析方法、创新项目财务内部收益率法和创新项目财务投资回收期法等一系列的创新项目财务可行性分析方法，不过创新项目的财务可行性评估方法必须全面考虑创新项目的确定性成本与收益，创新项目风险性成本与收益和创新项目完全不确定性成本与收益，即按照创新项目全风险成本与收益去开展创新项目的财务可行性分析。

创新项目的国民经济评估是根据既定的创新项目国民经济效益指标，从整个国民经济的角度去对创新项目所做的一种经济性的评估。这是按照国家资源合理配置的原则，从国家整体经济利益的角度出发，全面考察创新项目的经济可行性，以真实地反映创新项目对国民经济可能做出的贡献。由于创新项目不仅仅能够创造新增价值，而且还能够创造各种社会福利，特别是能够为国家带来技术进步和劳动生产率提高及国家的国际竞争地位的提高等方面的好处，所以创新项目的国民经济评估不但要使用创新项目国民经济净现值分析方法、创新项目国民经济内部收益率法和创新项目国民经济投资回收期法等一系列的创新项目国民经济可行性分析方法，还需要使用对于创新项目在提高国家的国际竞争地位和技术进步等方面的评估方法，去评估这些方面的国民经济效益。

4. 创新项目的组织评估方法

创新项目的成功需要有组织环境的支持，创新项目的组织环境涉及企业家精神、员工创造性的发挥、全员参与、知识共享、组织沟通协调等。所以创新项目的组织评估需要从创新项目所处组织环境的创新能力、组织内部所具备的创新条件、创新项目组织所面临的外部环境三个方面开展评估。其中，创新项目组织本身创新能力的评估进一步需要从创新项目经理的评估和创新项目团队的评估两个方面开展；而创新项目组织环境内部所具备创新条件的评估则需要从组织结构、组织文化、组织权力结构划分、组织的创新管理能力四个方面开展；对于创新项目组织所面临的外部环境评估主要从组织所面临的政治环境、经济环境、社会环境和技术环境四个方面开展。

对于创新项目经理的评估是创新项目组织评估的首要任务，因为创新项目经理是项目的主管，担当团队领导者与管理决策人、计划者、分析师、组织者、合作者、控制者、协调者和促进者等一系列的职责，所以必须具备很高的技能和素质，包括发现问题、分析问题、处理和解决问题、制定和做出决策、灵活应对和变更等能力，以及勇于决策、勇于承担责任、积极和大胆的创新精神等基本素质。因此，创新项目的组织评估首先需要评估项目经理的能力，主要包括抓住创新机会的能力、选择创新战略的能力、实施创新计划的能力、获取创新收益的能力和企业家精神。由于这些方面的评估都属于对人的能力和素质方面的评估，所以这方面所使用的方法多是一些管理学（甚至心理学）关于概念性技能、人际关系技能和技术技能方面的评估方法，以及一些管理人员素质评估的方法。

对于创新项目团队的组织评估，最主要是对创新项目团队成员和整体的能力评估，这包括创新项目团队的创新能力、学习能力、协作能力和风险应对能力等方面的评估。这方面的评估方法同样多是使用管理学中有关团队精神和团队能力的评估方法，只有创新项目团队的创新能力的评估是一种相对独特的评估，所以需要使用十分独特的创新项目团队成员和整个集体的创新能力评估的方法。

最关键的创新项目组织评估是对于创新项目所处组织环境的评估，因为任何创新项目目标的成功都需要组织环境的支持与保障，都是创新项目经理领导创新项目团队在创新项目的组织环境中努力工作的结果。创新项目的组织环境主要包括创新项目所处的组织结构、组织文化、组织权力结构等方面，这些方面必须与创新项目的组织环境要求相匹配和相适应。通常，创新项目的组织环境最需要的是一种项目导向型组织，这是一种项目经理具有较大的授权、项目成员具有较强的项目管理和工作能力与创造力的组织环境。这种组织文化需要的是一种学习型的组织文化，即主动学习、消化并转化知识为创新服务的组织文化，是一种能够接受组织外部的新知识去开展和保障创新项目的文化。另外，创新项目所需的组织环境中的权力结构应该是一种分权制而不是集权制的结构，因为分权制有利于综合集体的智慧去开展创新，更有利于充分发挥项目团队成员的创造力与主观能动性，通过积极构建良好的氛围来促进创新的发生。另外，创新项目组织环境的评估还应该包括对于创新项目所处微观环境和宏观环境的评估，即对于项目所处微观和宏观环境是否有利于创新项目开展与成功的环境评估，如国家和地方对于创新的财政优惠政策与产业鼓励政策等方面的评估。

17.2　创业项目的评估

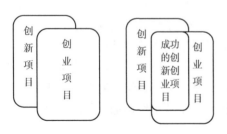

图 17-3　创新项目与创业项目的关系示意图

创业项目也是一个十分独特的项目，它与创新项目虽有关联，但是它是一个独立的项目。这二者之间的关系可以表述为：创新项目是创业项目的前提和基础，创业项目是创新项目的经济效益实现过程。这可以使用图 17-3 给出示意。

由图 17-3 可以看出，创业项目是以创新项目为前提条件的，否则就不属于创业项目，常规投资项目只是一种设立企业的项目，而非创业项目。同时，创新项目依靠创业项目作为实现商业价值的出路和途径，因为没有创业项目去对创新项目的成果进行必要的应用和推广，创新项目是难以实现商业价值的。需要注意的是，上一节中关于创新项目的实现阶段在很大程度上与此处的项目也是相同的，只是在上一节中为了保持创新项目的完整性，而将此作为创新项目的实现阶段而已。

17.2.1　创业项目的独特性分析

为了进一步说明创新项目与创业项目之间相互关联的关系，在此借鉴美国创业学之父杰弗里·蒂蒙斯的《创业学》[①]中所给出的模型（作者有所改动），该模型如图 17-4 所示。

图 17-4　创业项目与创新项目相互关联的关系示意图

　　由图 17-4 可以看出，创业项目全过程的主要组成阶段包括研发创新阶段、创立企业阶段、早期成长阶段、快速成长阶段和项目退出阶段。这就是一个创业项目的全过程，或叫创业项目的全生命周期。杰弗里·蒂蒙斯在书中并没将创业看成一个项目，但从图 17-4 可知创业过程就是一种独特的项目过程。实际上"研发创新"则应该属于创新项目的范畴，它是一个独立于创业项目的创新项目的过程，只是杰弗里·蒂蒙斯并没有严格区分这两类项目而已。但是从该模型中可以看出，在"研发创新"阶段之后，自零点开始才有"创立企业"阶段的项目活动。这从另一个角度说明，创业项目中的创立企业，不是一般意义上的注册和设立企业，它是使用创新项目成果去创立一个全新企业，是为实现创新项目的商业价值而创立新企业。

　　由图 17-4 还可以看出，该模型中所创立的企业是一种具有高速增长特性的企业，这是与一般注册或设立一个传统家族或制造企业不同的。在图 17-4 中给出的注册设立的生活服务企业，在设立初期有一定的增长后，整个生命周期都会保持稳定且较少增长的模式（国内外的许多"百年老店"都具有这一特征）。同时，投资和设立传统制造企业在初期的很短时间内（1～3 年）达到设计生产能力以后也会基本上保持稳定或低速增长的模式，国内外的加工制造业企业都有这方面的特征。然而，只有基于创新项目成果而创建的创业企业才具有长期高速增长的特征，这是创业项目所具有的根本特征，即由于创业项目利用了创新项目的成果所创造出的高速增长和高风险的高回报。另外，创业项目还有如下几个方面的特性。

1. 创业项目是组织或团队开展的

创业活动可以始于个人（创业者），但是创业项目不是个人行为，而是由组织或团队

[①] 杰弗里·蒂蒙斯. 创业学：21 世纪的创业精神. 8 版. 北京：人民邮电出版社，2014.

（创业团队）所开展的有组织创业活动。这包括家庭、企业、社团、政府等各种组织，它们根据既定组织目标（包括实现盈利或扩展市场以及科技进步和社会发展）所开展的创业活动全过程才属于创业项目的范畴。很显然，这就要求在创业项目评估中必须对创业团队或组织进行全面的评估，因为只有创业团队等方面的组织保障，创业项目才有可能获得成功。

2. 创业项目是为实现组织既定目标服务的

任何创业项目都是为实现组织既定的商业经济利益目标或（和）社会发展进步目标服务的，这也是创业项目与其他项目的区别之一。创业项目是组织或团队为实现既定目标的途径或手段而不是目的，组织和团队是通过创业项目去实现它们为"解决问题"或"抓住机遇"所设定的既定目标的。这说明创业项目是一种为实现组织既定目标而开展的有组织活动或工作。这就要求对创业项目的评估要按照"项目目标导向"的原则和方法去开展，即创业项目评估的内容及其可行性的判断都必须以创业项目最终能否实现组织既定目标为核心和出发点。实际上人们开展创业（或者任何其他有组织的活动）都是为了满足美好生活的需要服务的，所以创业项目评估的关键在于分析和度量创业项目在商业价值与社会进步两方面如何去实现人们美好生活的需要和目标。所以，创业项目一定要有项目财务评估和项目国民经济评估，任何不利于社会进步和国民经济发展的创业项目都是不可行的。

3. 创业项目需要在已有的创新项目成果基础上开展

根据上述的讨论可知，创业项目是在已有的创新成果基础上开展的一种为实现商业价值所做的项目。这表明人们要想开展创业项目先要开展创新项目，并且只有在创新项目取得成果的基础上才能进一步去开展创业项目。创业项目是为了实现创新项目的商业价值而开展的一种独特项目，所以这种项目的评估必须包含对它所使用的创新项目成果进行评估（商机评估）。由图 17-4 可知，创业项目全过程的起始阶段是"创立企业"，因为这一阶段是从 0 年开始标注的年份，很显然此处的 0 年就是指创业项目之初的第 1 年初。但是它的前序"科技研发"阶段虽不属于创业项目的范畴（因为这阶段的年份是从负值开始到 0 年结束，）这就要求对于创业项目的评估必须涉及对其所依赖的创新项目成果的评估，这就是创业项目评估中的商机评估的核心内容，因为创业项目是靠利用创新项目成果去实现商业价值的。由此可知，创新项目和创业项目是两个既相互独立又相互关联的项目，所以在创新项目评估中会涉及后续创业项目的内容，而在创业项目评估中也必须涉及此前的创新项目的内容。

4. 创业项目需要应对发展变化的内外部环境

由于创业项目是在不断发展变化的内外部环境约束下开展的，这种约束既包括国家和政府的各种政策发展变化所造成的约束，也包括人们的需求和价值观不断发展变化的约束，更包括市场环境和条件以及各种资源的约束，等等。所以创业项目的评估就必须对项目所处不断发展变化的这些组织内外部环境进行评估，因为创业项目是一个包括数个项目阶段的过程，在这个相对较长的过程中人们必须应对好创业项目所面临的各种环境与条件的发展变化。确切地说，创业项目这方面的评估就是要认识项目所处环境发展变化，以便将来在项目过程中能够很好地应对创业项目环境发展变化。很显然，创业项目评估就是为组织抓住机遇和不断地趋利避害服务的。其中，抓住机遇是指人们需要借助创业项目评估去找出并利用好创新项目成果所具有的商机，趋利避害是指通过应对好各种项目环境与条件的发展变化而去努力抓住创业项目的风险收益和消减其风险损失。

5. 创业项目具有不同于其他项目的众多特性

创业项目是人们所开展的具有时限性、独特性、开创性、不确定性、风险性和社会性等一系列特性的一种项目。这些创业项目的主要特性都是在创业项目评估时需要进行分析和评估的。人们只有针对这些创业项目的特性去开展评估，才能够把握住创业项目的商机而最终实现创业项目的既定目标。因此，创业项目还必须开展项目时机的评估、项目风险性的评估、项目创新性的评估、具体项目独特性的评估等一系列的创业项目评估。

综上所述，创业项目是一种十分独特的项目，所以需要采用独特的创业项目评估的方法对创业项目进行科学的评估。

17.2.2　创业项目评估的方法

创业项目评估的内容主要涉及三个方面的内容，即创业项目所涉及的商机、资源和环境、创业团队和创始人，如图 17-5 所示。很显然，这是将创业项目作为一种风险投资项目去开展评估的，所以这是一种从投资人的角度所开展的创业项目评估。当然，创业项目的投资人最初多是"创始人"自己，但是创业项目后续的很多投资都是由风险投资组织或个人（天使投资人）开展的，所以这种项目的评估具有风险投资评估的某些特性。创业项目这三个方面的评估内容和方法分述如下。

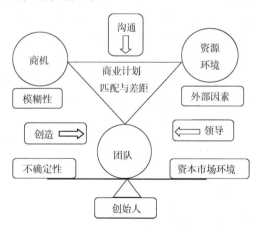

图 17-5　创业项目三要素模型示意图

1. 创业项目商机的评估方法

创业项目评估的首要内容是商机的评估，由于创业项目商机的模糊性和风险投资资本市场环境的不确定性，所以创业项目评估的核心在于发现和确认商机并明确模糊性的商机的风险情况。因为创业者及其团队要获得和利用他人拥有的资金、市场、经验等各种资源，并且想在不确定性的风险资本市场上获得融资，就必须首先能够科学正确地评估创业项目的商机。这种商机主要是指创业项目未来的市场和盈利情况，以及创业项目的产品、服务或技术未来的推广和应用情况。通常，这种创业项目的商机是由创业项目的商业计划书给出的，所以创业项目商业计划书就是这种项目商机评估的具体对象。因此任何创业项目的商业计划书的内容都应该包括：对于创业项目商机的描述，对于创业项目全过程的描述，对于创业项目所处环境与条件的描述，对于创业项目各种风险的描述，等等（因篇幅所限，有关内容请参见作者即将出版的《创业项目管理》一书）。创业项目评估中最为核心的就是对于创业项目商业计划书所涉及的这些内容的评估，所以具体的评估方法包括创业项目风险评估方法、创业项目微观与宏观环境评估方法、创业项目财务评估和国民经济评估的方法等。虽然创业项目的这些评估方法不完全等同于前面各主要章节讨论的项目评估方法，但是在原理上还是相同的，只是人们需要按照创业项目的独特性去选用有针对性的评估方法而已。

2. 创业项目资源与环境的评估方法

由图 17-5 可知，创业项目的成功在很大程度上取决于创业项目商业计划给出的资源需求和环境支持，以及创业项目所处环境与条件的匹配程度。所以创业项目所需资源和它所处环境的匹配性就成了创业项目评估的三大核心内容之一。由于创业项目团队和创始人不可能拥有创业项目所需的全部资源和条件，所以创业项目必须从其所处环境中去获得各种资源，这包括人力资源、物力资源、财力资源、信息与知识资源、市场资源等。由于这些创业项目所需资源多数可以借助资金从市场上获得，所以创业项目的资源与环境评估主要就是对于风险投资的资本市场环境的评估。这包括对于创业项目不同阶段的资本市场环境的评估，即项目初始阶段和早期成长阶段的天使投资人与风险投资市场环境的评估，项目高速成长阶段的 A、B、C、D 等各轮风险投资市场的评估，等等。这方面的评估方法是一种项目融资的评估方法，即将创业项目的收益作为追求对象的融资评估方法。这是一种有限追索权的融资评估方法，详细可见作者出版的《贷款项目评估》[①]一书中关于项目融资评估方法的介绍。另外，对于创业项目的退出阶段也必须开展退出环境和资金收回等方面的评估，实际上任何投资者所投资的任何项目都必须对投资的回收情况进行评估，而创业项目的投资回收是靠创业项目退出阶段实现的。这包括借助上市去退出，借助职工持股模式去退出，借助转卖创业项目或者是使用收购与兼并等手段去退出，这些都是回收创业项目投资并获得收益的途径，所以当创业项目选定退出方法以后必须使用针对具体退出手段的评估方法去做这方面的评估。

3. 创业项目团队和创始人的评估方法

创业项目评估与其他项目评估最大的不同在于，必须对于创业团队及其创始人进行全面的评估。因为创业项目是使用人们的聪明才智去创造财富的项目，如果创业团队和创始

---

① 戚安邦. 贷款项目评估. 北京：中国商业出版社，2007.

人在能力与人员匹配等方面有问题，创业项目是无法成功的。这需要对创始人的能力、素质和道德等方面进行全面的评估，包括对创始人的领导、沟通和创造三方面能力的评估。因为这是发现和确认具有模糊性的创业项目商机，获得和利用外部资源，在不确定性资本市场上获得融资等各方面工作所需的。同样，对于创业团队的综合能力也需要这三方面的评估，因为整个创业项目是靠创业项目团队共同努力去实现成功的。其中，对于创始人的领导能力的评估是首要的，因为创业项目是靠创始人去"领导"项目团队开展和完成的。但是，最核心的是创始人的沟通能力，因为这涉及创始人能否说服团队成员和外部资源拥有者去支持与帮助完成创业项目。按照哈佛商学院的说法，一个领导者 90%以上的时间花费在沟通上，他们需要借助沟通去获得信息和发布信息，最终是要使用正确的信息去做出正确的决策，由此可见沟通能力是一个创始人的核心能力。最后一个是创始人的创造能力，这包括超常规的想象能力（设想和预测未来的能力）、过人的创新能力（能够破旧立新的能力）和发现问题与解决问题的能力，因为创业项目多是"前所未有"的项目，所以创始人必须具备这些能力才能够带领创业团队完成创业项目。由于每个人各有所长，而且没有办法一个人"包打天下"，因此就需要由创业项目团队这一集体去共同完成创业项目，而创业项目团队实际就是创始人的帮手，他们各有所长而会聚在一起"取长补短"去完成创业项目。所以创业团队评估的核心还是整个团队的领导、沟通和创造能力，但是在此基础上还不能做好创业团队的相互能力匹配方面的评估，即项目团队成员构成上是否具有能力"取长补短"的情况，在创业团队建设方面是否能够保障这种能力互补的成功实现，等等。这些针对创业项目创始人和团队能力的评估所使用的方法多数是一些人力资源评估的方法，甚至有很多涉及管理心理学方面的评估方法，而最多采用的是专家评估的方法（主观评定的方法）。

综上所述，创业项目是一种独特的项目，所以它具有独特项目评估对象和内容，需要使用独特的评估原理和方法。但是由于篇幅所限，无法全面展开这方面评估内容与方法的讨论，对此感兴趣的读者可以去阅读作者出版的《创业项目管理》一书。

17.3　跨国项目的评估

我国自 2013 年提出"一带一路"倡议并不断推进其建设以来，有大量的跨国项目不断涌现，这使得跨国项目成为当今我国十分重要和急需进行科学评估的项目。此前，我国有很多这方面的项目因为评估内容与方法的不足，而导致十分不利的经济和社会后果（如以前的沙特轨道交通项目和最近的马来西亚高铁与管道项目等）。所以本章将专门讨论这种项目的评估内容与方法，以便能为我国急需的跨国项目评估提供帮助。

17.3.1　跨国项目的独特性分析

跨国项目最大的独特之处就在于"跨国"二字，由于跨了两个或多个国家就导致这种项目具有与前述各种国内项目不同的特性，所以需要开展很多不同方面的项目评估。跨国项目评估中最大的特性有三个：其一是评价跨国项目所涉及国家之间在各方面的

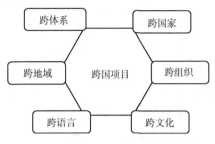

图 17-6　跨国项目独特性的构成示意图

不同；其二是评价由于"跨国"而导致所需"跨越"的多种"界面"，这包括由于跨越国界所带来的跨越不同国度的组织边界、跨越不同的文化、跨越不同的时区、跨越不同治理体系和跨越不同语言等一系列"跨越"特性的项目；其三是评估找到能够弥补这些"跨越"带来的问题和解决方案。跨国项目的独特性可以使用图 17-6 给出示意，相关说明如下。

1. 跨国家和跨组织

跨国项目的首要特性就是它涉及两个或多个国家，这是为实现两个或多个国家的经济利益和社会福利所开展的项目。虽然国内项目的工作也有分布在不同地区或地点的工作，但是项目团队成员基本是同一个国家公民，所以项目不涉及跨越组织开展的问题。虽然，国内项目的全体相关利益主体也是来自不同的组织和群体，但是这些组织和群体所构成的项目全团队成员都具有共同的国家利益。跨国项目因跨国家和不同国家之中的组织就会涉及不同国家利益的问题，所以跨国项目涉及不同国家利益的特性是导致其他特性的根源所在。由于跨国项目跨越国家就使得这种项目的团队成员来自不同国家的组织，他们首先要为自己的国家和组织负责，然后才是对跨国项目进行负责，因此跨国项目就涉及协调不同国家和不同国家组织的利益方面的问题。同时，跨国项目还涉及不同国家中众多组织所构成的项目相关利益主体，包括不同国家中参与项目的企业（项目业主和承包商）等营利组织和政府主管部门的非营利性的组织。由于需要跨越不同国家中的组织边界，这同样会为跨国项目及其所创价值如何实现最大化和利益分配的合理化带来问题与机遇，因此在跨国项目的评估中必须包括跨国项目所面临的不同国家及其组织的共同合作和利益分配方面的内容。

2. 跨文化和跨语言

跨国项目跨越了不同国家和组织的界限，这就导致跨国项目的另一个特性，即跨文化和跨语言的特性。在国内项目中最多会涉及跨越不同地区或企业的"亚文化"问题，但是跨国项目面临的是跨越国家主流文化和不同语言的问题，这种跨越主文化和不同语言的障碍和挑战是跨国项目的一个十分独特的方面。从跨主流文化的角度上说，由于具有不同民族、宗教和不同传统的国家，在社会价值、道德规范、宗教信仰、风俗习惯以及饮食文化等众多方面会有很大的不同，因此开展跨国项目评估就必须客观评估这方面的困难和挑战。例如，2010 年中国铁建在沙特麦加的轻轨项目上中标，合同规定该项目需于 2010 年 11 月 13 日开通运营并达到 35%运能，结果中国铁建理解为开通 35%运能是指只需要开通 4 个车站就可以了，而沙特的实际要求是全部开通 9 个车站，加上其他原因最终使得中国铁建亏损了约 7 亿美元（折合人民币 40 多亿元）。由此可见，跨国项目中的跨文化和跨语言问题会给跨国项目的管理带来十分严重的困难与挑战。这就是跨国项目的跨文化和跨语言问题方面的评估失误所带来的损失，这就是由于主流文化背景和语言不同所导致思维逻辑不同所带来的问题。全世界现有两大语系中的汉藏语系和印欧语系在形式逻辑与思维逻辑上有很大的差异，汉藏语系的语法逻辑是一句话里最重要的部分放在后面，而印欧语系则是将一句话的最重要部分放在前面。这就形成了使用不同语言的人们具有了完全不同的思维逻辑，这是跨国项目沟通、组织、管理与合作中最为重要的障碍和挑战。

3. 跨地域和跨体系

跨国项目涉及的国家会处在不同的地域，这就涉及跨地域所导致的问题，包括地理方面跨越地域问题、地缘政治方面的问题、时区跨越方面的问题等一系列的问题，从而使得跨国项目不再是单纯的项目管理，而包含了很多政治和地区势力范围以及时区不同的管理问题。同时，跨国项目涉及的国家也会有法律法规、政策制度和治理结构等方面的不同，这就使得跨国项目需要在这些不同的体系中开展管理，从而大大增加管理的难度和挑战。当跨国项目所涉及的国家处于世界的不同地区或时区时，这种跨不同地区给跨国项目及其管理会增加很大的难度。例如，在"一带一路"建设的跨国项目中，项目投资方可能来源于欧洲的发达国家，项目管理者可能来源于亚洲基建发达的国家，项目所在地（或东道国）可能是相对不发达的非洲国家。这样一个项目就会涉及欧洲、亚洲和非洲三个不同的区域，这就使得跨国项目团队需要在全球中的不同时区的时间去开展管理。这还会涉及欧盟和非盟等地区组织，也会涉及相关的地缘政治和大国博弈等方面的问题。所以跨国项目会涉及跨越不同地区而导致的地理位置和地缘政治等方面的问题，会导致跨国项目管理面临项目沟通的信息滞后性和跨国项目不确定性的提高以及风险性的增加。这些也都是跨国项目评估的关注重点，所以跨国项目评估多数时间还会涉及地缘政治等方面的评估。由于跨国项目具有"跨越国家"的特性，而不同国家会有不同的国家治理体系和机制，这就使得跨国项目具有了更大的问题和挑战性。因为从社会体制上说，如果由社会主义和资本主义两种不同体制的国家共同开展跨国项目，就会面临很多国家之间在现行财税制度、财政金融政策、经济、产业和投资法律法规与政策等方面的差异，这些更会给跨国项目及其管理带来困难和挑战。另外，发展中国家和发达国家之间在治理体系方面也会存在很大差异，因为相对而言发达国家的治理体系比较完善和有效，国家的各种财政、金融、经济、财税、产业和投资等方面的法律与法规会比较透明、完善和执行有力；但是发展中国家（或称新兴经济国家）在国家治理体系方面的建设相对滞后，所以它们的各种财政、金融、经济、财税、产业和投资等方面的法律与法规会相对不透明、不完善和执行不力。由此可知，在跨国项目的评估中最大的挑战是如何评估项目所跨越国家的现行法律、法规和政策等治理体系相关要素，以便跨国项目能够适应所跨越国家的治理体系、法律法规和政策等带来的差异挑战。

综上所述，跨国项目具有自己十分独特的属性和内涵，这些独特的属性和内涵使得跨国项目的评估与国内项目评估具有很大的不同，所以跨国项目评估必须具有研究和评估如何应对这些困难与挑战的原理和方法。

17.3.2　跨国项目评估的方法

如上所述，跨国项目具有很多自己的独特性，所以跨国项目的评估内容和方法与国内项目的评估有很大不同。跨国项目不同特性的评估方法分述如下。

1. 跨国项目的"跨国家"特性评估方法

首先，由于跨国项目具有"跨国家"的特性，所以这种项目的经济评估需要使用不同的方法。不管是跨国项目的财务评估还是跨国项目经济评估，在内容和方法上都会涉及不同"国家利益"的问题以及汇率、税收、影子价格等一系列的问题。从跨国项目财务评估上说，所有的跨国项目收益和成本都必须考虑汇率方面的问题，这包括跨国项目建设和运营两个阶段都存在的汇率变化问题。例如，跨国项目财务净现值的计算就必须考虑汇率的因素去确定财务折现率，甚至需要使用两国的房地产价格变化比率作为财务折现率的计算依据（详见作者 1992 年发表的这方面文章）。对于跨国项目经济评估就必须考虑所跨越国家的国家利益，其中最为直接的就是所跨越国家的税收（包括关税、企业所得税和销售税等），因为这关系到不同的"国家利益"问题。另外，许多新兴国家或发展中国家都有"创汇"的需求，所以考虑项目运营的产品能够如何"出口创汇"也是这种跨国项目经济评估的重要环节。更进一步，跨国项目还涉及许多为东道国带来的社会福利和转移支付等方面的经济效益，所以跨国项目的国民经济评估需要使用与这些问题相关的方法，包括外汇影子价格确定方法、转移支付分析方法、比较利益分析方法和社会福利计算法等。

2. 跨国项目的"跨组织"特性评估方法

由于不同的组织有不同的使命、愿景、目标、战略、组织结构、组织文化、管理体制、控制机制（集权或分权）等一系列的不同之处，对于跨国项目所跨越的组织而言，每个国家的组织还包括为国家所担负的使命和任务，因此这种项目的项目组织内部条件的评估必须针对这些不同去使用不同的评估方法。跨国项目这方面的评估内容主要包括四个方面：其一是投资国或实施国的组织给项目带来的项目组织内部条件的分析与评估，其二是东道国的组织给项目带来的项目组织内部条件的分析与评估，其三是跨国项目"跨越组织"的问题和挑战分析与评估，其四是跨国项目"跨越组织"的问题解决方案的分析与评估（或者叫作这方面的综合评估）。这方面的评估方法最大的不同在于东道国组织与投资和实施国的组织之间的差异分析方法，以及这种差异所造成的问题和挑战的评估方法。这方面评估的方法最主要的是使用"国际比较分析"的原理和方法，这是管理学中比较管理学科所使用的一种方法。

3. 跨国项目的"跨文化"特性评估方法

很显然，跨国项目不仅跨越了不同国家的主流文化，而且跨越了不同跨国项目所涉及的不同地区和企业的"亚文化"，这就导致跨国项目评估必须对于"跨文化"所带来的问题和挑战进行评估。这涉及跨国项目的组织内部条件评估和跨国项目组织外部环境评估两个方面。其中，对于"跨越了不同国家的主流文化"方面的评估属于项目宏观环境评估的范畴，对于跨越不同跨国项目所在地区的"亚文化"方面的评估属于项目微观环境评估的范畴，而对于跨越不同跨国项目所在涉及企业的"亚文化"方面的评估属于项目内部条件评估的范畴。因此，这三个方面的评估需要使用不同的评估方法。其中，最为主要的是跨国项目

"跨文化"所导致的文化冲突方面的评估，这涉及不同民族和宗教、不同传统和社会价值、不同道德规范和宗教信仰、不同风俗习惯和饮食文化等众多方面导致跨文化冲突的评估内容，这方面所使用的评估方法主要就是管理学中的"冲突分析和评估"的方法。

4. 跨国项目的"跨语言"特性评估方法

如前所述，不同的语言不但会导致语言不通的沟通障碍问题，而且会导致由于语言和思维逻辑的不同所形成的互不理解的问题。由于跨国项目都具有"跨语言"的问题，因此这方面的评估就变成跨国项目评估的一项重要内容。这种跨国项目的"跨语言"问题不仅会给跨国项目沟通和组织带来问题，而且会给跨国项目的管理与合作带来障碍和挑战。所以这种跨国项目的"跨语言"特性的评估就必须从项目沟通管理和项目管理决策两个方面的问题与挑战去进行，需要使用完全不同于国内项目的评估方法。首先，从项目沟通管理角度这方面需要评估的内容包括跨语言所导致的信息失真、信息误解和信息滞后等方面的问题与挑战，这种评估的方法属于信息学的分析评估方法，这种评估的结果是规定出跨国项目团队"公用"的语言、及时的沟通频率与时机、信息反馈的机制和方法等。其次，从项目管理决策方面的问题和挑战去进行的评估内容包括项目合作模式、项目冲突解决方法、项目工作授权机制、项目合同法律责任、项目决策机制与流程等方面的问题和挑战，这种评估的方法属于管理学的分析评估方法，这种评估的结果是要规定出跨国项目团队合作伙伴协议、工作授权机制与办法、项目合同各方的管理责任和法律责任、项目决策机制、流程和方法等。

5. 跨国项目的"跨地区"特性评估方法

这方面的评估属于跨国项目环境评估范畴，因为跨国项目跨越了地区就会涉及项目的微观环境和宏观环境的评估，而且会涉及跨国项目的国际环境的评估。特别需要强调的是，这种跨地区所带来的附带效应是"跨越时区"，有时甚至会出现所跨越国家在时间上"黑白颠倒"的问题，从而使得在不同时区工作的项目团队出现协调和管理方面的困难。所以这方面评估的核心内容是跨地区和跨时区两个方面的评估，跨地区事关跨国项目微观和宏观环境，而跨时区事关跨国项目的管理与控制。其中，对于跨地区所带来的微观环境的评估方法基本上与国内项目评估方法是一致的，但是由于跨时区所带来的管理问题和挑战就是与国内项目评估的方法不同了。这方面不但要进行由此带来的问题和挑战的评估，而且要对如何应对和解决这些问题与挑战的方案进行评估。但是这方面评估最大的不同是跨国项目的宏观环境评估必须开展地缘政治方面的评估，即评估跨国项目所跨地区带来的地缘政治格局变化以及由此会产生的大国博弈等方面的问题。很显然，这方面的评估必须使用地缘政治分析的方法，这是国内项目没有的独特评估内容和方法。

6. 跨国项目的"跨体系"特性评估方法

由于跨国项目所跨越国家会有不同的国家治理体系和管理机制，这直接影响跨国项目的管理与决策并带来诸多问题和挑战性。不管是跨越了社会主义和资本主义这两种不同的体制去开展跨国项目，还是跨越了君主立宪和民主立宪这两种机制，跨国项目必然会面临所跨越国家之间在现行财税制度、财政金融政策、经济、产业和投资法律法规与政策等方面的差异，这些给跨国项目及其管理带来的困难和挑战也是跨国项目评估的独特内容。这涉及所跨越国家在财政、金融、经济、税收、产业和投资等各方面的立法、司法和守法等环境方面的评估，这方面评估的方法分成两个部分：首先是对于所跨越国家各自的国家体系所造成的跨国项目宏观环境评估，这方面所使用的方法与前面讨论的项目宏观环境评估方法（PESTEL 方法）基本上是一致的，只不过国内项目只有一国的项目宏观环境评估，而跨国项目却有两个或多个国家的项目宏观环境评估；其次是对于跨国项目所涉及的两个或多个国家的项目宏观环境评估的差异和问题的评估，这就需要使用比较管理学的比较分析的方法去评估。最终，人们必须评估和给出能够应对跨体制的问题和挑战的解决方案，从而使得跨国项目具有应有的项目可行性。

综上所述，跨国项目评估具有诸多方面的独特性，所以需要开展针对这些独特性的项目评估，并且需要使用不同于国内项目评估的独特评估方法。需要指出的是，由于篇幅所限而无法全面展开这方面评估内容与方法的讨论，对此感兴趣的读者可以去阅读作者出版的《跨国项目管理》一书。

17.4　科学研究项目的评估

科学研究项目是一种高度复杂而又具有高不确定性的项目，是一种具有较大风险性的项目。所谓科学研究项目，就是人们对新知识和新技术的探求项目，由于是探索新的知识和新的技术，所以这类项目最大的特征是首创性，正是这种首创性使得这种项目的评估内容和方法完全不同。科学研究项目是一种人类获取对客观世界和人类社会认识新知识的过程，所以一般认为只有具有首创性的基础科学研究和应用科学研究项目才可以被称为科学研究项目。其中，基础科学研究项目是人们为认识自然和社会的全新知识而开展的科学研究工作（属于人类认识世界的范畴），它不以任何专门或特定的应用推广使用或盈利为目的。应用科学研究项目是指人们运用所获得的新知识去改造自然和社会从而为人类创造更多财富和福利所开展的首创性的研究（属于人类改造世界的范畴），它具有应用特定知识去实现盈利或发展目的的特征。这两种科学研究项目的评估的目的是为这类项目的管理提供科学、客观、真实、公正的信息，这是一种十分独特的项目，所以需要十分独特的项目评估。

17.4.1　科学研究项目的独特性分析

科学研究项目本身就是一种对于人类认识世界和改造世界的知识创造过程，所以这种项目最主要的特性是它具有很高的不确定性。人们在开展科学研究项目的过程中有可能达到项目的目标而获得科研项目既定的成果，也有可能达不到项目的目的而获得不了科研项目既定的成果，甚至还有可能在未能达到项目既定目标的情况下而获得了意想不到的科研成果。同时，在项目之初和项目实施过程中很难预测这种项目的最终结果，多数情况下这种项目只能在最后阶段才能知道项目的成败。所以科学研究项目的评估一直是项目评估这一学科中的难点，有关这种项目的特点可以用图 17-7 给出示意。

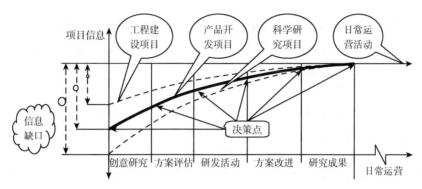

图 17-7　科学研究项目的开放性和过程性示意图

科学研究项目是国家和企业形成其核心竞争力与获得战略发展的基本手段，这也是我们国家开展创新型国家建设和提升企业自主创新能力的原因所在。虽然这种项目的评估十分困难，但是人们仍然需要对科学研究项目进行全面的评估。由于每个科学研究项目的内容不同，每个科学研究项目的评估内容也不相同，因此本节就不讨论科学研究项目的评估内容了，而只讨论科学研究项目的评估方法。科学研究项目的评估方法虽然有很多，但是最常用的是项目生命周期整体评估模型的方法、科学研究项目的选择评估方法、科学研究项目的整体评估模型方法等。虽然现在有人提出了一些这类项目定量评估的方法，但是这种项目的评估仍然以专家的定性判断方法为主。

17.4.2　科学研究项目评估的方法

科学研究项目评估的方法主要是定性的方法（如同行评议、权威决策、领导拍板等），也有一些定量的评估方法。从本质上说，科学研究项目的评估最初出于经济和商业考虑大多采用财务评价方法，近年来人们发展了许多度量项目绩效的非财务分析方法，它们着重从项目的选择、项目的质量、时间和满意度等方面去评估。这类项目评估方法的选择会直接影响评估结果的有效性，因为这类项目的成败决策依赖于这种项目评估选择方法的正确性选择和运用。有人提出选择科学研究项目的评估方法必须明确七个具体因素：项目的战略意义明确，目标与功能相配合，项目有创造性，能够获得足够的信息，组织目标清晰，合理地评估项目结果，提高组织信誉化。科学研究项目综合集成方法的构造应满足特定的评估对象和评估要求：既可发挥单个评估方法所长，又可弥补各自所短；能解决单一评估方法所不能解决的问题，或比单一的评估方法能更好地解决问题；这种评估方法有系统性。构建科学研究项目综合集成方法的基本步骤是：由定性方法确定评估指标，计算权重并构成评估体系，用定量方法与模型计算评估值。

1. 科学研究项目立项评估方法

科学研究项目的立项评估是项目最初阶段的评估，也是最为重要的科学项目评估，科学项目最终的成功往往取决于项目立项评估的正确性。对于科学研究项目的立项评估方法，不少学者提出了一系列的综合集成方法，通常可以使用德尔菲法与层次分析法等作为前期评估处理方法，然后利用目标规划方法等进行项目定量评估的综合评估。另外，科学研究项目的前期评估也可以采用同行评议方法去获得定性或定量的判断。由于这种评估方法是在多个项目评估者之间寻求平衡，所以人们可以采用多指标、多决策的模型（multi-criteria decision-making，MCDM）评估方法。这些具体的评估技术方法的主要内容说明如下。

（1）同行评议法。对于科学研究项目来说，同行评议法是最常用的立项评估方法，也是使用频率最高的评估方法。同行评议法实际上就是由从事该领域或接近该研究领域的专家来评定一项科学研究项目的必要性或重要性的方法。这种方法由某领域的专家采用同一种评估标准，对提出的科学研究项目进行评估，其评估结果可用于对项目立项决策提供支持。同行评议法中的两个关键因素是评估标准的确定和同行专家的选择。科学研究项目的评估标准涉及项目的创新性、科学性、价值性和对科学发展的影响性等，同时也要评估科学研究项目申请者的科学能力和学术水平等。美国科学基金委员会在评估其基金项目时主要有两个标准：科学研究项目的科学价值和质量，开展该项目能产生哪些广泛的科学与社会影响。它们选择的评议专家是在研究前沿保持活跃的研究学术活动和在本领域有较高的研究能力与水平的学者。同时，这类项目评估专家的个人品质和学风等也是一个重要的考虑因素。根据经验，一般科学项目的立项评估的专家小组往往需要3～10个同行专家。然后，科学研究项目的评议机构要综合立项评估专家们所给出的评估意见，对科学项目做进一步的总体分析和评估。这种综合评估既可以是定性的评估，也可以是定量的评估。这种同行评议法的科学项目立项评估方法的操作简单、容易、成本低，同时由于有多位专家把关，一般会避免出现原则性或根本性的错误。但是没有人能够真正预测科学研究项目的产出结果，同时人们也难以杜绝庸俗的关系圈和人情评审等问题。

（2）MCDM方法。这种方法是针对在科学项目立项评估中所需的多个决策者和多个评估标准的项目选择问题而提出的。传统的单目标优化的方法用于科学研究项目的评估是片面地建立在一种理想和假设条件上的，而这种方法则允许更多的群体决策，多准则的满意化的科学项目评估。这种方法的显著特点是：多目标、多属性、准则间可以存在冲突、准则间没有统一的度量标准，这种方法的解是在多个选择方案中寻找最满意的方案。一个MCDM问题的解可以表达为：假设对 N 个项目方案进行选择评估，确定了 k 个指标，每个指标的权重可以表示为

$$\overline{W}_i，且\sum_{i=1}^{k}\overline{W}_i=1 \tag{17-2}$$

某个指标的分指标数 f，且分指标权重 $\overline{W}_{ij}$ 满足

$$\sum_{j=1}^{f}\overline{W}_{ij}=1 \tag{17-3}$$

另外，有 m 个专家，其中第 l 个专家对第 i 个指标第 j 个分指标的评分为 E_{lij}，m 个专家对第 i 指标第 j 个分指标的平均评分值为

$$E_{ij}=\sum_{l=1}^{m}\frac{E_{lij}}{m} \tag{17-4}$$

m 个专家对第 i 指标的平均评分值为

$$E_i = \sum_{j=1}^{f} \overline{W}_{ij} E_{ij} \qquad (17\text{-}5)$$

m 个专家对某项目方案总评估的得分为

$$E_r = \sum_{i=1}^{k} \overline{W}_i E_i \qquad (17\text{-}6)$$

比较各个项目方案得分 E_r 的大小就可以得到一个得分从高到低的排序,而排在前面的项目或项目方案为好的科学研究项目或项目方案。

(3) 同行评议与 MCDM 的综合集成评估方法。该方法首先要用同行评议对项目进行评估,即给 m 位专家发评估标准,要大家根据标准给每一个项目打分并咨询相关专家对指标权重进行处理,第二步进行 MCDM 定量处理,相对于每一个指标,其权重为 $\overline{W}_i$,专家给出的分值为 E_i,则可得项目方案的评估总分为

$$E_r = \sum_{i=1}^{k} \overline{W}_i E_i \qquad (17\text{-}7)$$

将各个项目方案得分从大到小进行排序,使得每一项目需求经费为 D_r,总经费为 D,则可资助的项目数 h 取决于

$$\sum_{r=1}^{h} E_r \prec D \prec \sum_{r=1}^{h=1} E_r \quad (h < p) \qquad (17\text{-}8)$$

其中:p 为计划选择的项目或项目方案数量。

这一综合集成的方法将同行评议结果定量化处理,它能够向科学研究项目的决策者提供更为准确、具体的信息支持。但是总体而言,由于科学研究项目的开发性,所以这种项目的评估方法的有效性是十分有限的。

2. 科学研究项目成果的评估方法

这方面的评估方法几乎都是采用专家法,因为只有同行专家才有能力评估科研项目成果的好坏。具体方法与上述科学研究项目立项评估方法中的同行评议法基本上是一样的。

17.5　新产品开发项目的评估

新产品开发项目也是一种具有较高复杂性和不确定性的项目,所以这种项目也具有较高的风险性。新产品开发项目是指人们利用已有的知识和技术,进而研究制作出供人们享用的新产品或服务的探索项目。这种项目是在科学研究项目完成以后,运用科学研究项目的成果或人们的创新性思维而开发新产品的项目。所以国际上研究与开发的通行规律是先有科学研究项目,然后才有产品开发项目。当然,新产品开发项目与一般的产品开发项目也有所不同,因为新产品开发项目要求具有自主创新性和价值性等特性,正是新产品开发项目的这些特性使得其评估内容和方法具有不同之处。其中,新产品开发项目的自主创新性是指这种项目不是简单的产品升级或对他人产品的模仿抄袭,新产品开发项目的价值性是指这种项目必须能够给企业或组织带来新增的好处或利润。因此这两方面就成了新产品开发项目评估的主要内容之一,以便其项目评估的结果能够为这类项目的决策提供依据、

信息和决策支持服务。

17.5.1　新产品开发项目的独特性分析

新产品开发项目的独特性主要是由新产品本身的独特性决定的，因此只有弄清楚新产品本身的独特性才能够更好地认识新产品开发项目的独特性。

1. 新产品的基本要素和特征

新产品的基本要素和特征可以从以下四个方面进行描述。

（1）新产品的核心要素和特征。新产品的核心要素是新产品的使用价值。所谓的使用价值，实质上是为解决客户某种问题而提供的服务，这种服务是由新产品的实际功能所提供的。

（2）新产品的实体要素和特征。这是新产品核心要素的载体，包括新产品质量水平、产品特征、式样设计、品牌名称、产品包装等，新产品必须有不同于其他产品的这些特征。

（3）新产品的引申要素和特征。它是企业为新产品使用者提供的各种附加服务和附加利益，主要包括新产品的质量保证、购买信贷、运送、安装、技术指导、维修等。

（4）新产品的扩张要素和特征。它是从长期和动态发展的观点考察新产品与老产品之间的联系，考虑新产品技术在产业内的"集群效应"和在产业间的"扩散效应"，导致其产业或相关产业的加速发展，甚至形成一个全新的产业。

2. 新产品开发项目的特征

新产品开发项目的本身是不确定的，新产品开发项目的过程是在不断变更中完成的，图 17-8 给出了新产品开发项目的过程模型。

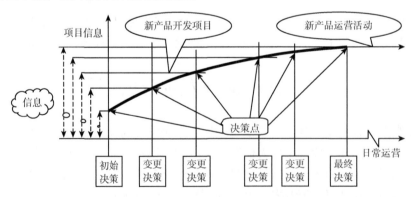

图 17-8　新产品开发项目的过程模型

从图 17-8 可以看出，在新产品开发项目的过程中人们会不断地根据研究开发的最新情况去修订自己的决策以保障新产品开发项目的成功。根据新产品开发项目的模型可知，新产品开发项目具有创新性、过程性、学习性、风险性、开放性等特性。

（1）新产品开发项目的创新性。新产品开发项目的创新性是指这种项目必须具有自主创新的开发活动，这种项目必须能够为社会提供具有新功能和新价值的全新产品。

（2）新产品开发项目的过程性。新产品开发项目的过程性是指这种项目具有自己独特的过程，这是一种逐步展开和实施的过程，这种过程是由一系列不同的阶段构成的。

（3）新产品开发项目的学习性。新产品开发项目的学习性是指这种项目的过程实际上是一个学习的过程。在这种项目过程中，人们不断地学习和变更，从而逐步走向成功。

（4）新产品开发项目的风险性。新产品开发项目的风险性是指这种项目可能成功也可能失败，从而这种项目也可能给组织带来收益或者损失，所以它具有风险性。

（5）新产品开发项目的开放性。新产品开发项目的开放性是指这种项目必须建立在对顾客和技术了解的基础之上，并且企业管理、开发、营销及客户等都要参与这种项目。

3. 新产品开发项目评估的原则

基于新产品开发项目具有的创新性、过程性、学习性、风险性、开放性等特性，在新产品开发项目的评估中必须具有自己的原则。

（1）新产品开发项目自身的基本原则。新产品开发项目应考虑如下原则：首先应考虑客户的喜好，新产品必须满足客户的各方面的要求；其次应考虑对环境的影响，新产品的生产和使用应能节约资源；另外还应考虑企业自身的生产能力，考虑生产程序和装配步骤，不能将设计功能和生产功能分裂开来，要用更低的成本生产出高质量的新产品。

（2）消费者对新产品概念的认可原则。新产品开发项目首先要注意了解消费者对新产品概念的反应。评估消费者对新产品的概念的反应可以使用表 17-1 中的方法和指标。

表 17-1　对新产品概念的感受和相应重要性的评价

项　目	对新产品品质概念的感受					对新产品品质重要性的评价				
	极差		一般		好	极差		一般		好
使用效果	5	4	3	2	1	5	4	3	2	1
环保效果	5	4	3	2	1	5	4	3	2	1
易于维护	5	4	3	2	1	5	4	3	2	1
安全性	5	4	3	2	1	5	4	3	2	1

（3）新产品概念开发中的主导用户分析的原则。通常仅有少数的几个用户能完全知道自己需要什么样的新产品，这种新产品的用户通常被称为"主导用户"。所谓主导用户分析法就是按照识别主导用户、鉴别主导用户的需求、测试新产品概念是否可以得到目标市场中主导用户的认可等步骤去评估新产品概念的方法。使用主导用户法评估新产品开发的特点是花费少、成本低，且可增强技术人员和市场营销人员在了解新产品方面的合作。

17.5.2　新产品开发项目评估的方法

新产品开发项目评估与其他项目评估一样，也需要全面地从技术经济、市场、环境和社会等诸方面综合考虑，所以这种项目的评估通常采用多指标综合评估模型方法。新产品开发项目评估方法可以用计算新产品开发可行度来评估新产品开发项目的好坏。这种评估方法的程序如图 17-9 所示。

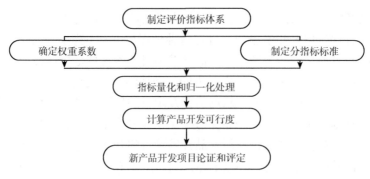

图 17-9　新产品开发项目评估程序

由图 17-9 可知，这种新产品开发项目评估过程的主要步骤和方法如下。

1. 制定新产品开发项目评价指标体系

新产品开发项目评估指标体系可以设定为目标层、指标层、分指标层和方案层四个层次结构的指标体系，如前面第 10 章中关于项目综合评估指标体系的模型所示。

2. 确定项目评估指标的权重系数

新产品开发项目评估指标相对于评估目标的重要性程度，人们可以用德尔菲法、层次分析法等方法确定，但是整个指标体系必须符合相互独立的基本原则。

3. 制定项目评估指标的期望标准

新产品开发项目评估指标可以通过抽样调查或询问专家等方法测定，如购买比率指标的期望标准（指标值）就可以通过调查获得：肯定购买、很可能购买、可买可不买、可能不买、肯定不买，分级评分为 5、4、3、2、1，最终测定给出它的期望标准值。

4. 项目评估指标的量化和归一化处理

新产品开发项目评估的定性指标需要进行量化处理，如购买比率若得出"很可能购买"就可量化定为 4。这种评估指标的归一化处理是对各指标中重叠信息的清除处理。

5. 分析和计算新产品开发项目的可行情况

新产品开发项目评估多数使用定性和定量分析相结合的方法，所以在完成定性指标的量化处理以后，就可以分析和计算给出新产品开发项目的可行情况了，其公式为

$$y' = \sum_{i=1}^{n} \overline{W}_i X_i' = \sum_{i=1}^{n} \sum_{j=1}^{m} \overline{W}_i \overline{W}_{ij} X_{ij}' \tag{17-9}$$

其中：每个指标的权重可以表示为

$$\overline{W}_i,\ \text{且} \sum_{i=1}^{n} \overline{W}_i = 1 \tag{17-10}$$

若某指标有分指标数 m，则分指标权重 $\overline{W}_{ij}$ 满足

$$\sum_{j=1}^{m}\overline{W}_{ij}=1 \qquad (17\text{-}11)$$

其中：$i=1$，2，$\cdots$，n；$j=1$，2，$\cdots$，m；X_i 为 i 指标分值；X_{ij} 为 i 指标第 j 分指标分值。

6. 给出新产品开发项目评估的结论

可使用上述计算得出的新产品开发项目可行度 y' 值进行判断，若 y' 达到规定的数值则该项目可行。然后根据这些指标的经济技术含义给出新产品开发项目评估的结论即可。

 思考题

1. 创新项目评估的特点是什么？
2. 创业项目评估的特点是什么？
3. 跨国项目评估的特点是什么？
4. 科学研究项目的评估方法有何不足？
5. 新产品开发项目的评估方法有何不足？
6. 科学研究项目与新产品开发项目的评估有哪些不同？